清华国学

第一辑

陈来 主编

本辑执行主编 赵金刚

清华大学国学研究院 主办

社会科学文献出版社
SOCIAL SCIENCES ACADEMIC PRESS (CHINA)

《清华国学》编委会

主　　　　编　陈　来

副　主　编　丁四新　唐文明　圣　凯

编辑委员会（按汉语拼音音序排列）

　　　　　　陈壁生　陈　来　丁四新　方诚峰　高海波
　　　　　　顾　涛　侯旭东　黄德宽　李飞跃　李　震
　　　　　　刘　石　马　楠　马银琴　倪玉平　沈卫荣
　　　　　　圣　凯　唐文明　袁　艾　赵金刚　仲伟民

编辑部主任　高海波

本辑执行主编　赵金刚

编　　　　辑（按汉语拼音音序排列）

　　　　　　安　鹏　高思达　何明阳　胡海忠　黄　湛
　　　　　　孔馨悦　李　昕　李　哲　刘大钊　王安琪
　　　　　　王天煜　薛　可　叶芳舟　叶乐扬　于超艺
　　　　　　郑博思　周川雄

卷首语

  1925年清华成立了研究院国学门，亦通称清华国学研究院。在清华国学研究院不长的几年办院历史里，培养了70位学有专长的国学学者，其中有几十位后来成为我国人文学界的著名学者或国学大师。清华国学研究院几位导师的研究在代表了当时我国国学研究的最高水平。清华国学研究院创造的辉煌与产生的影响奠定了清华初期的学术声誉，清华国学研究院也成为清华大学百年光荣历史传统的一部分。

  清华国学研究院是我国近代文化教育发展的产物，它以"学术第一、讲学自由、兼容并包"的精神，开创了清华大学早期人文学研究的黄金时代。清华国学研究院师生共同创造的这一辉煌历史业绩对后来清华各个学科的发展都有示范意义，也构成了清华人文学科三四十年代卓越发展的先导。不仅如此，清华国学研究院兴办的成功经验也为清华大学理念的提出，提供了实例和基础。我们知道，梅贻琦先生1931年提出"所谓大学者，非有大楼之谓也，有大师之谓也"，其心得与提炼，正是和他曾兼管国学研究院院务，与梁启超、王国维等大师有过具体合作的经历密切相关的。

  清华国学研究院的教研实践显示，清华国学研究院对国学和国学研究的理解，始终是把国学作为一种学术、教育的概念，明确国学研究的对象即中国传统学术文化，以国学研究作为一种学术研究的体系；在研究方法上，则注重吸取当时世界上欧美等研究中国文化的成果和方法。这表明，老清华国学研究院的国学研究从一开始就不是守旧的，而是追求创新和卓越的；清华国学研究院的学术追求，不是限于传统的学术形态与方法，而是通向新的、近代的、世界性的学术发展。

  这种求新的世界眼光，是清华国学研究院得以取得如此成就和如此影响的根本原因之一。事实上，在20世纪20年代，在大学成立国学研究院所的，清华并不是第一家，但最终还是清华国学研究院后来居上，声望和成就超出

其他国学院所，成为现代中国学术史的标志。究其原因，主要有三：一是聘请一流学者担任清华国学院的教授，如王国维、梁启超本身是当时我国国学研究的大师，其学术研究代表了当时我国学术的最高水平；二是清华国学研究院以中西文化融合的文化观为基础，在中国文化的研究方面，沉潜坚定，不受反传统的文化观念所影响；三是把国人的国学研究和世界汉学的研究连成一体，以追求创新和卓越的精神，置身于世界性的中国文化研究前沿，具有世界的学术眼光。

20世纪三四十年代，清华大学的文、史、哲等人文学科都达到了当时国内的一流水平，对中国近代的学术转型与人才培养做出了重要贡献。今天，大力发展人文社会学科已经成为清华大学建设世界一流大学的重要组成部分，得到了清华广大校友和校内外各方面的极大重视和支持。

在今天的中国，我们正在努力实现中华民族伟大复兴的中国梦，而中华民族的伟大复兴必然同时是中华文化的伟大复兴。在这样的历史条件下，大力发扬清华学派"中西融合"的文化观，全面推升"文化自觉"，深入中国历史文化的研究，传承中华文化，弘扬民族精神，是时代赋予我们的使命。

重建国学研究院是学校发展文科的重大举措，是清华大学新世纪文科规划发展的重要一环。清华大学国学研究院是直属清华大学的跨学科研究机构，研究院以"中国主体，世界眼光"为宗旨，依托清华大学现有人文学的多学科条件，大力发展校内外、国内外的学术合作与交流，力求把"清华国学研究院"办成具有世界影响的中国文化研究中心。

为了达到上述目的，我们决定创办一份新的集刊《清华国学》，借这个园地，以文会友，会同中国文化的众多研究者，推动中国文化研究的不断进步。

清华大学国学研究院
2022年5月

目录

纪念朱子诞辰890年会议专栏

朱熹对中庸之道的诠释与建构 ·· 朱汉民　3
艮斋性理学的结构及其特色 ·· 张学智　16
经学入宋与宋元明经学的变革 ·· 向世陵　29
蒙培元先生的朱子哲学研究 ·· 刘　丰　50
因小学之成以进乎大学之始
　　——浅谈朱子之"小学"对于理解其《大学》工夫的意义 ······ 郭晓东　65
试论朱子与阳明学体用观的差异
　　——以二者对"体用一源"命题的诠释为中心 ···················· 高海波　77
韩国朱子学视域中的饶双峰《大学》解 ···································· 许家星　115
朱子易学对于《太极图》与《先天图》的交互诠释 ···················· 陈睿超　134
朱子论气化的世界 ·· 赵金刚　147
"纪念朱子诞辰890周年学术研讨会"在清华大学举行
　　··· 魏鹤立　索巾贺　164

佛学研究

中古佛教的师弟之道和孝道观念 ·· 圣　凯　177
黑水城文献中发现的藏传佛教替身仪轨研究 ······························ 侯浩然　195

经学与子学研究

郑玄经学与汉晋郊天礼
　　——以圜丘为中心 ·· 陈壁生　221

君君臣臣
　　——《丧服》所见之封建关系 ………………………… 杨　帆　249
从天志明鬼看墨子道德思考的二重向度 …………………… 李　卓　262
义利之辨
　　——《盐铁论》中贤良文学尊孟立场的展开 …………… 钮则圳　280
"三代"的发展与回归：对龚自珍"以制作自为统"的
　　命题新释 …………………………………………………… 高思达　295

清华国学

莘莘年少子，相期共艰危
　　——1920年代的梁启超及其教学生活 …………………… 黄　湛　315

纪念朱子诞辰890年会议专栏

朱熹对中庸之道的诠释与建构

朱汉民

（湖南大学岳麓书院）

摘　要：在早期儒家典籍中，中庸之道主要体现为一种实践性智慧和德性，所谓"中"明显具有知行一体、主客互动、天人合一的思想特点。朱熹《中庸》学的突出特点和重大贡献，就是以"理"诠释"中"，对原典的中庸之道做出了以理为依据的创造性诠释。由于朱熹以"理"诠释"中"，故而能够从知行一体中拓展出知识理性，从主客互动中拓展出主体精神，从天人合一的精神境界建构出天人一理的哲学体系。朱熹通过对《中庸》的一系列创造性诠释，推动了儒家中庸之道的思想创新和理论建构，使中庸之道的哲学意义得到进一步提升，《中庸》也因此成为中华文明的核心经典。

关键词：朱熹　《中庸》学　中庸之道　天理

自中唐至北宋的儒家学者如韩愈、张载、二程等将《中庸》从《五经》礼学体系中独立出来，并对其做出新的诠释，使《中庸》的经典地位和思想内涵开始发生变化。而到了南宋，朱熹进一步将《中庸》纳入《四书》的新经典体系，并对《中庸》做出一系列创造性诠释，推动了儒家中庸之道的思想创新和理论建构。此后，中庸之道的哲学意义得到进一步提升，《中庸》开始成为中华文明的核心经典。

在早期儒家《中庸》及相关典籍中，中庸之道主要体现为一种实践性智慧和德性，明显具有知行一体、主客互动、天人合一的思想特点。朱熹《中庸》学的突出特点和重大贡献，就是以"理"诠释"中"。他在诠释《中

庸》一书时，继承了原典里的中道思想和智慧，但是他对原典的中庸之道做出了以理为依据的创造性诠释。这样，他讲的中庸之道已经不局限于原来的含义，而是纳入以"理"为核心的哲学系统、思想体系。故而他的中庸之道能够从知行一体中拓展出知识理性，从主客互动中拓展出主体精神，从天人合一境界中拓展出天理哲学。总之，朱熹通过上述几个不同的思想维度，推进了中道之道的思想发展与哲学建构。

一 从知行一体拓展出知识理性

《六经》原典的"中"与"礼"密切联系，礼具有宗教禁忌与生活实践一体化的思想特点。到了春秋战国时期，儒家诸子进一步将《六经》的"中"提升为"中庸之道"。儒家诸子在建构中庸之道思想时，保留了与《六经》之"礼"相通的实践型特点。《中庸》记载孔子的话说："舜其大知也与！……执其两端，用其中于民，其斯所以为舜乎！"可见，"中"既不是纯粹的知识，也不是纯粹的行动，而是人的自觉实践活动中的合宜、适当与恰到好处，"中"完全是知行一体的。

早期儒家的"中"源于三代先王的经世活动，故而其中道仍是知行一体的，其长处是强调知必须和行结合起来，坚持了儒学的实践务实品格。但是，这种知行一体难以使"中"成为确定性标准和知识化程序。普通学者并不容易把握"中道"，他们对"中"的判断和执行，往往在观念上比较模糊而实践中难以捉摸。譬如，孔子及其儒家之所以将"中"称为"时中"，因为他们意识到，实践活动的程序合理、行动恰当，总是与主体实践过程的具体时空联系在一起，并不是确定不变的。可见，怎样在不同时空实现"中"，并没有一个确定性标准，只能够靠动态化知行过程中实现对"中"的直觉性领悟。儒家原典记载的"执中""中行"，均是一种实践性的经验和体悟，对"中"的把握与确认必须依赖于人们在社会实践中感悟和直觉。如何从"中道"拓展出一种知识理性，以建构出一种普遍化、程序化的认识指导自己的社会实践？这就需要进一步开拓"中道"的知识理性。

宋儒在此走出一大步，朱熹建构的中庸学拓展了儒家的知识理性。他努力从一种实践理性的中庸之道，发展出了一种具有知识理性色彩的天理论和格物致知论。朱熹早年开始从李侗学，即"受《中庸》之书，求喜怒哀乐未发之旨未达"①，到晚年他的理学体系及其《四书》学的完成，终于将一种以直觉体悟为特征的中道，发展成一个包括自然、社会、宇宙等各种知识原理在内的百科全书式的学术体系，从而为新儒家奠定了知识理性的哲学基础。

朱熹《中庸》学的重大贡献，就是以"理"诠释"中"。朱熹将那一个原本会随着时空变化而改变的动态性、不确定性的"中"，改变为一个具有相对确定性标准、法则的"理"。朱熹诠释《中庸》时，逐渐将这一个不确定的"中"诠释为一套以"理"为核心的思想体系。这使得他建构的中庸之道发生了很大变化。在《中庸章句》的篇首中，朱熹解释了作为篇名的"中庸"的内涵，他说：

> 此篇乃孔门传授心法，子思恐其久而差也，故笔之于书，以授孟子。其书始言一理，中散为万事，末复合为一理。"放之则弥六合，卷之则退藏于密"，其味无穷，皆实学也。②

这一段话既是对"中庸"两字的诠释，也是对全书中庸之道的诠释。其中有两个重要观点值得特别关注：其一，将全书的"中道"统一以"理"诠释之；其二，这一个"理"既可以是"一理"，又可以是"万事万物"之中的"分殊之理"。这一对"中道"的诠释，表达和实现了朱熹对中庸之道的思想拓展与哲学提升。既然"中"就是万事万物之中存在的"万理"，人们可以通过观察、积累、推理而建构起表现"万理"的知识体系。也就是说，对"一理"的把握靠精神信仰或哲学思辨，而对万事万物之"分理"的把握却只能够靠知识积累与理性思考。

由于朱熹《中庸章句》将"中"诠释为"理"，以"理"为基础完全可以建立一套客观化、形式化的知识体系。他认为天下万事万物各有其理，这时，"中"就可能发展出相对独立的知识理性，建构以"理"为支撑的知识体系，正如他所说：

> 上而无极、太极，下而至于一草、一木、一昆虫之微，亦各有理。

---

① 朱熹：《中和旧说序》，《朱文公文集》卷75，《朱子全书》，上海古籍出版社、安徽教育出版社，2002年点校本，第24册，第3634页。
② 朱熹：《中庸章句》，《朱子全书》，第6册，第32页。

一书不读，则阙了一书道理；一事不穷，则阙了一事道理；一物不格，则阙了一物道理。须着逐一件与他理会过。①

朱熹的"格物""穷理"之所以是一种"知识理性"追求，是因为"穷理"与"执中"确实有极大的区别。"执中"是一种知行一体的动态过程，"中"是一种总是与主体实践过程的具体时空联系在一起的合理、恰当，而"穷理"探究的却是一种可以独立于"行"之外的"知"，"理"表述的是客观事物的规律、规范。朱熹说："'中'是虚字，'理'是实字。"② 这是朱熹以理释中的重要原因。

为什么"理是实字"？朱熹对"理"有一个解释："至于天下之物，则必各有所以然之故，与其所当然之则，所谓理也。"③ "理"虽然在春秋战国时期就已经是一个被诸子使用较多的概念，但是只有在两宋时期才成为兼容理性与信仰、自然与社会的核心概念。朱熹将其定位为天下之物的"所以然之故"与"所当然之则"，应该是推动了两宋中庸之道的重要发展。

首先，朱熹以"理"为"所以然之故"，其实包含万事万物的本质、规律、机制的意义，这当然也与两宋时期科技发展有密切关系。众所周知，两宋是中国科学技术发展最繁荣的时代，在各个领域均取得了突出的成就。朱熹以"理"释"中"，确实与他的科技背景有密切联系。朱熹是一个十分关注当代科技发展的学者，他掌握了包括天文学、地质学、生物学、物理学、数学等诸多领域的知识学问，在某些领域还有特别的创建。譬如，朱熹对生物化石、地质变迁、宇宙演化的许多见解，都是走在当时世界科技界的前沿。④ 著名中国科技史专家李约瑟也曾经肯定，朱熹是"一位深入观察各种自然现象的人"⑤，并赞扬了他在许多科技领域的重要思想和杰出贡献。朱熹的科技思想与两宋科技发展有密切联系。两宋时期，许多科技领域的学者就开始以客观精确的"理"来表达模糊的"中""宜"。《周官·考工记》有："天有时，地有气，材有美，工有巧，合此四者，然后可以为良。"

---

① 黎靖德编《朱子语类》卷 15，《朱子全书》，第 14 册，第 477 页。
② 黎靖德编《朱子语类》卷 62，《朱子全书》，第 16 册，第 2042 页。
③ 朱熹：《大学或问》，《朱子全书》，第 6 册，第 512 页。
④ 参见乐爱国《朱子的格致论与科学研究》，载《朱子格物致知论研究》，岳麓书社，2010，第 182~225 页。
⑤ 潘吉星编《李约瑟文集》，辽宁科技出版社，1986，第 521 页。

所谓"巧"就相当于"中",李泽厚将其称为人类"生产技能中所掌握的'度'。"① 但是,到了北宋,科学家们往往称之为"理"。沈括的《梦溪笔谈》就将中国古代先民在科技活动领悟的"中""宜"以"理"称之。"理"不是模糊的"中",而是人们经过观察、积累、推理而认知的客观规律、本质。他提出:"大凡物有定型,形有真数。……非深知造算之理者,不能与其微也。"② 掌握了自然界的"造算之理"就可以提升人们的科技知识。再如农学家陈旉《农书·天时之宜篇》提出:"顺天地时利之宜,识阴阳消长之理,则百谷之成,斯可必矣。"③ 从"顺天地时利之宜"的恰当、适度,到转化为"识阴阳消长之理"的理性认知,展现了宋代科技知识水平的发展。

其次,朱熹"所当然之则"的理是从社会规范提升而来,与唐宋之际礼法制度的变革有关。《六经》是三代礼乐典章的记载,故而是"以礼为本";《中庸》原本是《礼记》的一篇,是早期儒家以"中"诠释"礼"的重要典籍。因唐宋之际的重大历史变迁,宋儒希望重振儒家礼义文明,他们既希望复兴儒学,又追求创新儒学,故而对汉唐礼乐制度采取有因有革的态度。但是,礼乐制度因革的标准如何确立?宋学强调礼仪有更根本的"礼意",推动熙宁变法的王安石说:"知礼者贵乎知礼之意。"④ 而寻求社会改革的理学派朱熹则进一步强调"礼意"就是"理",礼仪制度必须是合乎"所当然之则"的道理。朱熹说:"礼学是一大事,不可不讲,然亦须看得义理分明,有余力时及之乃佳。不然,徒弊精神,无补于学问之实也。"⑤ 礼学固然重要,然而义理是礼学的依据,这是要将儒家礼乐制度重新奠定在天理基础上,同时也是为唐宋之变的礼乐重建提供一个人文理性的依据。为了建设一个合"理"的礼仪制度,朱熹还编撰了《仪礼经传通解》《家礼》等著作。据朱熹的学生王过说:朱熹在编撰《仪礼经传通解》时,"欲以《中庸》《大学》《学记》等篇置之卷端为《礼本》"⑥。《中庸》《大学》之所以

---

① 李泽厚:《人类学历史本体论》,青岛出版社,2016,第240页。
② 《梦溪笔谈校正》(上),上海古籍出版社,1987年点校本,第304~305页。
③ 陈旉:《天时之宜篇》,《农书》卷上,文渊阁四库全书影印本。
④ 王安石:《礼论》,《全宋文》,上海辞书出版社、安徽教育出版社,2006年点校本,第64册,第327页。
⑤ 朱熹:《答陈才卿》,《朱文公文集》卷59,《朱子全书》,第23册,第2848页。
⑥ 黎靖德编《朱子语类》卷19,《朱子全书》,第14册,第663页。

能够成为《礼本》，是因为它们均是朱熹以理诠释"礼"的核心经典，即礼必须合乎"所当然之则"的"理"，才是宋代礼仪重建的理性依据。

由于朱熹的"分殊之理"是一个可以通过知识理性而掌握的对象，学者应通过博学、审问、慎思、明辨的知识化途径而获得。《中庸》原来就将中庸之道的实行分为两个不同的境界和方法："自诚明，谓之性；自明诚，谓之教。"对于广大的士君子而言，均是"自明诚"的"贤人之学，由教而入者也"①。为了强化《中庸》学的知识理性，朱熹还将《中庸》博学、审问、慎思、明辨、笃行称为"为学之序"，与《大学》的格物致知的"八目"结合起来，以拓展出一种以理为本的知识理性。他在补《大学》"格物致知传"时说："所谓致知在格物者，言欲致吾之知，在即物而穷其理也。盖人心之灵莫不有知，而天下之物莫不有理，惟于理有未穷，故其知有不尽也。"② 朱熹强调"理"的多样性，天下之理是不可穷尽的，为此，他强调在广泛格物、大量积累的基础之上，达到一种豁然贯通的境界。但是，豁然贯通必须以逐渐积累为前提与基础，理存在于天下万事万物之中，应该以不同的认知方法去穷理，不断积累对于理的认识与把握。

正由于朱熹具有这一对知识理性的执着追求，他能够成为那一个时代最博学的百科全书式的学者。他不仅对经学、史学、诸子学、文学、宗教等传统知识有全面的了解和深刻的见解，同时也是自然科学领域最博学的学者。总之，在以朱熹为代表的宋儒这里，"天地时利之宜"的恰当、适度，能够转化为"所以然之故"的自然之理，以致明清以来形成以科技知识为主体的"格致学"；而"人事之仪则"的恰当、适度，则转化为"所当然之则"的人文之理，强化了儒家智识主义传统，也推动了两宋以后学术史发展。③

二 从主客互动中拓展出主体精神

儒学"中道"源于三代先王的政治实践，在早期儒家的经、传、子的典

---

① 朱熹：《中庸章句》，《朱子全书》，第6册，第49页。
② 朱熹：《大学章句》，《朱子全书》，第6册，第20页。
③ 参见余英时《从宋明儒学的发展论清代思想史——宋明儒学中智识主义的传统》，载《中国思想传统及其现代变迁》，《余英时文集》第2卷，广西师范大学出版社，2004，第157～184页。

籍中，"中"广泛体现为圣王、君子无过与不及的政治实践。"中"作为主体与客体互动过程中的合宜与适度，既体现为人的目的性活动，又受制于客观事物的法则，体现出人的目的性与事物规律性的耦合关系，也就是《中庸》的"发而皆中节谓之和"，即"中和"。

尽管儒家的"中"存在于主客互动的实践活动过程中，但是仍然可以分别有客体化礼义和主体化人心的不同体现，在儒学典籍中被分别称为"礼义之中"与"人心之中"。① 《六经》体系是"以礼为本"，《六经》倡导的主要是客体化的"礼义之中"。《尚书·商书·仲虺之诰》载："王懋昭大德，建中于民。以义制事，以礼制心，垂裕后昆。"② 这个"中"就是"礼仪"，所以才有"以义制事，以礼制心"之说。可见，在《六经》体系中，礼义才是中道的根本，"人心之中"必须依靠"礼义之中"才能够得到规定、制约（"以礼制心"）。在《五经》为主导的汉唐时代，"礼义之中"是儒家思想的主导，《五经》规定了"礼义之中"的中庸之道。

其实，早期儒家形成了重心性的思孟学派，子思的《中庸》就体现出明显的将礼仪与心性联系起来的特点，他们发现了"人心之中"的重要性。但是，两汉经学的目标是要建立一套适应中央集权的礼法制度，子思以人心立中的思想并不被人们关注，所以《中庸》被看作《五经》中礼学的组成部分。而到了两宋时代，理学家重新发现并强烈认同"人心之中"的重要性。在"礼义之中"与"人心之中"的不同关系中，强调并确立人心之中的重要性，并进一步对如何达到人心之中的修身实践做了深入探讨。在以周敦颐、二程、张载、邵雍、朱熹为首的道学家群体中，心性之学成为他们关注的核心思想，他们特别强调中庸之道的关键不再是礼法制度而是人的心性。由于《中庸》一书的核心思想就是将"中庸"归结为心性，故而子思《中庸》一书受到前所未有的重视。

朱熹将《中庸》列为《四书》的新经典体系时，首先强调《中庸》是

---

① "礼义之中"的"礼义"大多指礼仪，与"仁义"中的"义"不同。如《礼记·乐记》："是故先王本之情性，稽之度数，制之礼义。"在《汉书·礼乐志》就写作"制之礼仪。"（《汉书》卷22《礼乐志第二》，中华书局，1962年点校本，第1037页。）又如汉贾谊《新书·胎教》："然后，为太子悬弧之礼义。"（《新书校注》，中华书局，2000年点校本，第391页）王聘珍注："义，读为仪。"（《新书校注》，第398页）
② 《尚书正义》卷8《仲虺之诰》，中华书局，2009年点校本，第2册，第342页。

讲"心法"的经典。他在《中庸章句》开篇即明确提出："此篇乃孔门传授心法，子思恐其久而差也，故笔之于书。"① 朱熹以《中庸》为"孔门传授心法"之书，就是要强调儒家中庸之道的根本不是外在礼法，而是主体内在的"心性"。初看起来，朱熹大讲《中庸》"心法"，似乎与陆王心学区别不明显。其实，朱熹、陆九渊的心性之学本有相同之处，比较汉学的"礼义之中"而言，宋学更为强调"人心之中"。但是，朱熹、陆九渊的"人心之中"又有重要区别。尽管朱熹特别重视"心"，但是他又说："这个典礼，自是天理之当然，欠他一毫不得，添他一毫不得。惟是圣人之心与天合一，故行出这理，无一不与天合。"② 朱熹虽然强调"心"的主体性，但是"心"又依据"天理之自然"，故而其"心"纳入性理之学的体系中。根据朱熹"心统性情"的思想，作为主体的"心"是兼有并统摄"性"与"情"两个方面，虽然《中庸》的"心法"凸显了人的主体性，但是"心"必须依于形而上的性理，故而朱熹又称其为"道心"。显然，朱熹的"心法"不同于陆王那种不分"性""情"，将形而上、形而下混同的"心即理"观点。

所以，朱熹的"人心之中"纳入理性化主体的"心统性情"中，在"礼义之中"与"人心之中"的不同中道中，朱熹强调并确立了"人心之中"的理性依据。朱熹将《古文尚书》的"人心惟危，道心惟微，惟精惟一，允执厥中"，确定为尧舜禹三圣传授的十六字"心传"，就因为这十六字"心传"将"允执厥中"与人心、道心联系起来。朱熹解释这一"心法"说："心之虚灵知觉，一而已矣。而以为有人心、道心之异者，则以其或生于形气之私，或原于性命之正，而所以为知觉者不同，是以或危殆而不安，或微妙而难见耳。"③ 虽然朱熹也标榜自己的学说是"心学"，但是他还从主体性之心中，确立了能够决定实践恰当、合理的天理依据。

朱熹在诠释《中庸》之书时，特别重视思孟学派"人心之中"思想，但是他又发展出一种突显主体性精神的"心法"。所以，他认为礼、乐、刑、政体现出来的"礼法之中"，其实源于主体性之"人心之中"，他说：

> 人物各循其性之自然，则其日用事物之间，莫不各有当行之路，是

---

① 朱熹：《中庸章句》，《朱子全书》，第6册，第32页。
② 黎靖德编《朱子语类》卷84，《朱子全书》，第17册，第2885页。
③ 朱熹：《中庸章句序》，《朱子全书》，第6册，第29页。

则所谓道也。……圣人因人物之所当行者而品节之，以为法于天下，则谓之教，若礼、乐、刑、政之属是也。盖人之所以为人，道之所以为道，圣人之所以为教，原其所自，无一不本于天而备于我。①

朱熹认为"礼义之中"既是"本于天"的理，又是"备于我"的性。也就是说，礼、乐、刑、政体现"中道"只不过是我心中之理的制度化。从这个意义上说，朱熹的中庸之道又可以被称为"心法"。

正由于朱熹立足于中庸之道的"心法"，所以他在诠释《中庸》时，特别关注《中庸》所说："喜怒哀乐之未发，谓之中；发而皆中节，谓之和。中也者，天下之大本也；和也者，天下之达道也。"这里将人内在"心法"的"中和"与天下之"大本"的"中和"联系起来。朱熹明确诠释这一内在之中就是"吾之心"，并且明确指出"吾之心"能够主宰"天地之心""天地之气"。他说：

盖天地万物，本吾一体，吾之心正，则天地之心亦正矣；吾之气顺，则天地之气亦顺矣，故其效验至于如此。②

我们注意到，朱熹在《中庸章句》之首解释"中"的意义时强调："中者，不偏不倚、无过不及之名。"显然，他论述的"中"，首先就是"心"的"不偏不倚、无过不及"。朱熹不仅特别突显了中道的主体性精神，还将这一主体性精神的"心法"提高到形而上的层面，将它与宇宙意义的"天地之心""天地之气"联系起来。

在《六经》体系里，汉唐儒家探寻客体化的礼法制度即礼义之中，而到了《四书》体系里，宋儒强调主体性的道德自觉即"人心之中"。经过朱熹等诠释的《中庸》之义，则是继承了思孟学派"人心之中"的主体性精神，将其提升到为自然立法的思想高度。但是，朱熹诠释的《中庸》学，其"中"如何可以既是客观法则的"理"，又是主体精神的"心"？这是一个值得深思的问题。我们强调这几点理由。其一，从中庸之道的思想渊源来看，早期儒家的"中道"存在于主客互动的实践性活动，它具有客体和主体两方

---

① 朱熹：《中庸章句》，《朱子全书》，第6册，第32页。
② 朱熹：《中庸章句》，《朱子全书》，第6册，第33页。

面因素，朱熹在提升中庸之道的思想时，既需要拓展其法则的客观性，又需要拓展其心法的主体性。其二，从中庸之道的文化功能来看，它也包含内圣外王之道的两方面表达，以"理"释"中"可以开拓"外王"开物成务的一面，而以"心"论"中"则可以开拓"内圣"心性修养的主体精神一面。其三，从中庸之道的哲学体系来看，它其实是儒家天人境界的哲学建构，"中"提升为"理"以后，"理"既可以是"天理"，也可以是"人性"，也就是我们将进一步讨论的，朱熹如何将中庸之道建构为形而上的天理哲学。

三　从天人境界建构出天理哲学

在早期儒学那里，中庸之道是在人的生活实践中总结、提升出来的。孔子提出的"过犹不及""乐而不淫，哀而不伤"，均是在两个极端中寻求适度、合宜的德性和智慧。子思进一步认为，人们应该"各循其性之自然"即可实现中庸之道，这一"性之自然"源于自己的内在主体，但也合乎外在客观法则。人的"性之自然"之所以如此完美，是因为它来自伟大的天。《中庸》开篇提出："天命之谓性，率性之谓道，修道之谓教。"人的中道之性源于伟大的天命。但是，人性与天命的关联靠什么建立起来的呢？《中庸》描述的其实只是一种天人合一的精神境界或神秘直觉。这一天人合一境界的哲学依据是什么？就成为后来儒家学者必须解决的一个重要问题。

汉代儒家主要是通过阴阳五行的自然哲学来思考天人之际的问题。汉儒建构了一套完整的礼法制度，形成了"礼法之中"的中庸之道。但是，他们认为，这一"礼法"并不是汉代儒家创造出来的，而是依据于阴阳五行的"天道"。也就是说，"礼法之中"的人道秩序，依据于"自然之中"的天道秩序。这就把礼法之中归结为阴阳五行的自然秩序，这一种天人合一的中庸之道主要是将人和天作外在形象和功能结构的比附。这是一种人与天的简单类比，在理论上还存在许多问题，在现实中也暴露出许多难以解答的问题。所以，汉唐儒学将中庸之道以及人性与天命的关系等重要的哲学问题，留给了后来的儒家学者。

由于受到佛道之学的挑战和启发，宋儒意识到以天人论中庸不能够仅仅是一种神秘直觉，两汉儒家的中庸之道将人和天做简单的比附，并不能真正解决中庸之道。隋代王通有《中说》一书专论中道，他的天人之论明显地体现出汉唐儒家通过阴阳五行的自然哲学来思考天人之际问题的思想特点。但是，北宋儒者阮逸为《中说》撰写序言时说：

> 大哉，中之为义！在《易》为二五，在《春秋》为权衡，在《书》为皇极，在《礼》为中庸。谓乎无形，非中也；谓乎有象，非中也。上不荡于虚无，下不局于器用，惟变所适，惟义所在，此中之大略也。《中说》者，如是而已。①

阮逸之《序》明显表达出宋儒重建形上意义的哲学体系以阐发中庸之道的追求。他以无形和有象的统一说"中"，使中庸之道既不流于广漠的虚无，又不拘泥于具体的器用，这种说法讲"中庸之道"，恰恰体现出宋儒的思想追求和学术贡献。如何使得儒家中庸之道能够"上不荡于虚无，下不局于器用"，从而充分表达出中道是一种"谓乎无形，非中也；谓乎有象，非中也"的存在？宋儒必须能够做出一系列创造性的思想建构。宋初阮逸以无形和有象的统一说"中"，恰恰表达了宋儒创建的一种新的中庸之道哲学的登场。

《中庸》之"中"是"天下之大本""天下之达道"，一个与主体性实践活动相关的合宜、适度的行动，如何可能成为一种外在超越性、必然性的"天道"？程朱等宋儒"发明"了"天理"，他们在诠释"中"的时候，强调"中"就是形而上的"理"，并将"天命之中""礼法之中""人心之中"均以"一理"贯之。这样，原本是"天命之中""礼法之中""人心之中"的不同中道，通过一种哲学化的"理"而实现了统一。朱熹的《中庸》学不仅是要解决"谓乎有象，非中也""下不局于器用"，故而论证了中庸之道与形而上之天道的联系；他还要解决中庸之道"谓乎无形，非中也""上不荡于虚无"的问题，他必须让"中道"回归到世俗社会的"平常"生活。儒家之学不同于佛老之学，就在于它的入世和平常。所以，朱熹等宋儒必须重建"中庸之道"平常与超越的合一，这正是宋代儒家士大夫的学术使命。

儒家的中庸之道本来就来自生活实践，"中"主要是"行"的恰当、合理、适度。以朱熹为代表的宋儒引入"理"来诠释"中"，"理"可以具有脱离"行"的相对独立性，但是，朱熹特别强调这一理学化了的中道仍然是一种"平常"之道。朱熹在解《中庸》的篇名时，以"不偏不倚、无过不

---

① 阮逸：《序》，《文中子中说》，凤凰出版社，2017年点校本，第3页。

及"解"中",却是特别以"平常"解"庸",强调"庸,平常也。"① 因为"中"虽然是形而上的"一理",但是在人类生活的现实世界,我们面对的总是形而下的器物,"理"总是以"分殊"的形态存在于万事万物之中。所以朱熹在诠释中道之"理"说,总是要反复强调"中"其实就是"平常之理"。他解释为什么"君子时中"时说:"盖中无定体,随时而在,是乃平常之理也。"② 可见,"中"不仅是能够上达与形而上的天道,而且同样应该下学与生活日用,是一种我们时时刻刻不可须臾离的"平常之理"。

经过朱熹的诠释,儒家"中庸之道"完全成为形上之天道与形下之器物合一的哲学理论。在他的《中庸》学的思想里,"中"既是一个与人的喜怒哀乐有关的心理情感,它总是表现为一种形而下的"平常"生活;又是一个超越的人的喜怒哀乐的本然存在,是一种形而上的"天理""天道"。这样,中庸之道就是一种"上不荡于虚无,下不局于器用"的存在,是平常与超越能够合一的普遍存在。朱熹通过对《中庸》原典的诠释,使中庸之道的核心价值、思维方式意义均发生了重要变化,使得原本主要是道德价值、政治价值的中庸之道,具有了不一样的思想视界和多元意义。特别是他们将中庸之道深入精微的心性发端、情感念虑,并且提升到广大的宇宙化生、天地阴阳的,还能够从人的内在心灵和外在宇宙中,同时追溯出一种超越世俗的形上价值,进一步使中庸之道获得了超越性的哲学化的重要意义。

朱熹在对《中庸》一书开篇的"天命之谓性,率性之谓道,修道之谓教"的诠释中,融入了一个具有形而上意义的宇宙论哲学,使早期儒学的这一个简约思想具有了形而上宇宙论理论背景新思想,故而其思想内容变得更加丰富、深刻、系统。他诠释说:

> 命,犹令也。性,即理也。天以阴阳五行化生万物,气以成形,而理亦赋焉,犹命令也。于是人物之生,因各得其所赋之理,以为健顺五常之德,所谓性也。率,循也。道,犹路也,人物各循其性之自然,则其日用事物之间,莫不各有当行之路,是则所谓道也。③

---

① 朱熹:《中庸章句》,《朱子全书》,第6册,第32页。
② 朱熹:《中庸章句》,《朱子全书》,第6册,第34页。
③ 朱熹:《中庸章句》,《朱子全书》,第6册,第32页。

在朱熹看来，外在"天命"是天之理，内在"人性"是性之理，而人们生活实践的"中"就是中之理，他以"理"来表述人们实践、行动的恰当、合理、适度。当《中庸》的"天命""性""中"均被纳入一个以形而上之"理"为核心的宇宙本体论哲学，这样，儒家的"中庸之道"就获得了系统的、哲学化的论证。于是，无论是个人的喜怒哀乐的主体之中，还是社会的礼乐刑政的客体之中，其实均因源于形而上的宇宙之中。从而不仅在学理上论证了中庸之道与宇宙天道的联系，也为儒家人文信仰奠定了理性的基础。

结　论

儒家的"中"与社会生活实践密切联系，"中"主要是一种社会生活实践的合宜、恰当、适度。所以，《中庸》以及早期儒学的中庸之道，体现出知行一体、主客互动、天人合一的思想特点。但是，宋儒将《中庸》从《六经》的礼学体系中单独抽出，将其纳入的《四书》学的理学体系之后，儒家传统的中庸之道开始发生了一系列重要变化，中庸之道获得了重要的思想变化和理论提升。朱熹及其宋儒从中庸之道的知行一体中拓展出儒家的知识理性，从主客互动中拓展出主体精神，从天人合一境界中拓展出天人一理的哲学，使儒学发展到一个新的历史阶段，充分体现了宋代新儒家的思想开拓和知识创新的精神。

朱熹所确立、完成的《四书》学体系，其中庸之道的核心价值、思想体系得到进一步的提升。他通过对《四书》原典的诠释，进一步推动中庸之道的文化拓展与思想重建，使得原本主要是道德价值、政治价值的中庸之道，进一步发展为思辨性哲学与超越性信仰结合的思想体系。

艮斋性理学的结构及其特色

张学智

（北京大学哲学系）

> **摘　要**：艮斋田愚代表了朝鲜王朝末期儒者抗争外来殖民文化，保存传统文化的努力。他的思想以朱子学为主，兼综畿湖学派，创造了"性师心弟""性尊心卑"等学说；他的性理学着重在坚守传统伦理，为民族国家奠立社会基础；发挥东方学术的宗教意味，为士人安身立命寻找理论基石；坚持义利之辨，反对新学的功利主义。晚年特重修持实践，诠释传统礼仪，阐扬宗法文化，为保存传统文化作了最后的抗争。
>
> **关键词**：艮斋性理学　性师心弟　《艮斋礼说》

艮斋田愚（1841~1922）是朝鲜王朝末期最后一位大儒。他在日本殖民主义统治朝鲜半岛，推行日化教育，传统文化行将不保的情况下，以性理学为基础，广泛阐发各方面思想，为保存国脉、保存文化进行了最后的抗争。他的性理学，吸收孔孟、朱子之学，并对朝鲜历史上的大儒李栗谷、宋尤庵等人的思想进行统合。艮斋的性理学具有多重结构和实效功用，特色鲜明。本文主要对这些方面进行探究和阐发。

一　艮斋性理学的结构

1. 朱子为主，兼综畿湖，尤重《论语》

艮斋性理学广博渊深，他继承了孔孟、朱子之学及李朝的重要思想家李栗谷、宋尤庵的思想，并融会农岩、陶庵、渼湖、近斋、老洲、梅山、全斋诸家，是畿湖学派洛论系统的集大成者①。在艮斋看来，朱子是性理学最为精深的学者，他的思想糅合周敦颐、二程、张载、邵雍等人，深邃中和，最符合孔孟精神。朱子对四书的注释，用功极深。故而准确全面，平正无偏，具有原发性。故学习性理学，须以朱子为圭臬。他在与友人论学书信中说："学道者宜以四书及朱注为本，不然所得亦浅矣。《抱朴子》言：'探明珠不于合浦之渊，不得骊龙之夜光；采美玉不于荆山之岫，不得连城之尺璧。'余谓四书及朱注，合浦荆山之谓也。"②认为朱子得孔孟真传，其余理学家虽各有精彩，但皆难免其偏处，对朱子可谓推崇备至。他又说："讲学只要将四书仔细究索，真实践行。及其成熟也，虽为孔曾思孟可也。近世理气之辩盛行，几乎人自为师。今只要将晦翁注说为正，而后来同异无不以是为准，则见道明而立论正矣。"③这里也以朱子四书注释为见道、立论的准的，非此皆有偏蔽。他在门人弟子中提倡朱子"涵养须用敬，进学在致知"，二者交养互发之义，及朱子读书法，说："低心顺理，此朱子教也。始学于理义，未易晓彻，须是先从圣贤书逐章逐句熟读潜玩且从事为上。随时随处详审精察，如是之久，所谓理义者将自然呈露矣。"④此处所谓圣贤书，指四书。读四书之法，宜遵朱子之训：低心顺理，详审精察，静思待义理呈露。这与他尊性贬心的思路一致。对四书，艮斋尤重《论语》，此亦有取于朱子。盖朱子之读四书法中，以《论语》为打基础、立根本之书，最为看重；读书须先读《论语》，而学者之最后归宿，也在《论语》，可谓"始条理而终条理"者。因孔子说功夫极实，又就其中体会上达处，故体用兼赅，本末全提。艮斋对此体会极深，故也极重《论语》，他屡屡在与朋友论学中劝读《论语》，甚至说朱子的学问尤得力于《论语》："读《论语》甚善甚善！此书是吾儒门中独一无二正典，苟能熟读精思而实践之，以至于心与书合而为一，即此是圣人。故晦翁终身读《论语》，以至于孔子后一人也。"⑤艮斋之性理学，从《论语》所体现的正大中和、笃实精微、下学上达中获益不少。

---

① 参见艮斋学会编《艮斋先生的学问与思想》第2辑，艮斋学会，2015。
② 《答李徽在》，载《艮斋先生全集》（下文引用，简称《全集》），保景文化社，1984，第641页。
③ 《答高东是》，载《全集》下，第639页。
④ 《答宋万镛守镛》，载《全集》下，第648页。
⑤ 《答宋铎》，载《全集》下，第639页。

2. 以"性师心弟""性尊心卑"为主脑

艮斋之性理学,"性师心弟"为主脑,虽意思有取于前人,语词为艮斋独创。凡论艮斋者,此义无不涉及。因前贤说之已多,本文只约略提及,重点讨论他提出此论的用心所在。"性师心弟"是说,在心性二者中,性是内在的、恒定的,心是外在的、活动的;性是主宰,心为听命;性是不动的性质、法则、原理等价值本体,心是活动的、运用的、自主性弱的知性主体。因此性是师傅,心是弟子,弟子须以师训为遵。艮斋解释此义说:"性师心弟,大概言为心者运用之际,以性善之发见者为模范而一一效法也。盖师者只施教而已,而弟之所为如何能逐一检点?故曰程门人自不谨严,干程先生甚事!至于'心能尽性',又当以弟子能尽其师之所以教者譬之,无不可通也。"① 这里明确说,所谓性,指人天赋的本善之性,非告子所谓无善无恶的性;性是人之所以为人的独特标准,非"食色性也"之与动物无别的性。人须以性为主宰、统领,就是须以人之所以为人者为标准,而非其他;须以价值为考量的首要因素,而非以功利或其他为首要因素。人应该服从性这唯一的主宰,而非来自其他的命令。艮斋说:"学者何所学?学夫性也。谁学之?心学之也。……或曰:学性有据乎?曰:学道、学礼、学仁义,皆学性也。"② 这里"性师心弟"一语的内涵及性的内容表示得很清楚。艮斋服膺朱子的"性即理"说,性的内容是正面的价值,既有代表义理的道、仁义等,也有表现道、理等根本原则的具体礼乐规范。在艮斋这里,性和心代表人的两种最根本的存在方式,对二者的不同强调和功夫进路导致圣与凡两种不同结果:心自然奉行性理,功夫纯熟,则为圣人之诚;心能强力奉行性理,功夫未熟则为贤者之敬。一般人则须时时提撕,强恕而行,竭力从事,庶几可以为圣人之徒。至于弃性从心,失却主宰,罔顾性理,私欲是务,则小人而已。这也是对孟子"从其大体为大人,从其小体为小人"及朱子"道心人心"说的继承。

与性师心弟相关的是他的性尊心卑说。此说重在反对心学派对心的高扬。退溪因补朱子的"四端,理之发;七情,气之发",而创为"四端,理发而气随之;七情,气发而理乘之"之说,欲弥缝其间理气二物之嫌。但栗

---

① 《性师心弟辨辨》,载《全集》上,第650页。
② 《答吴信泳》,载《全集》上,第260页。

谷仍嫌其不周全，创人心道心源一流二之说，认为人气道心皆根源于唯一之理，但气在流行中有顺理与不顺理之别。顺理之气为道心，不顺理即对气发生改变，理乘此气为人心，道心人心本皆根源于理。栗谷说"七情即人心道心善恶之总名也。孟子就七情中剔出善一边，目之以四端。四端即道心及人心之善者也。四端固可谓之道心矣，七情岂可只谓之人心乎？七情之外无他情。"① 艮斋于此多有继承，认为气在流行中会对理发生疏离，故须时时以心奉理，以心贯性。二者之中，性主心从，性尊心卑。否则易堕入陆王认心为性之坑堑。艮斋主张性体作主，反对骋心纵欲，此论他时时提起，用以警诫门生。如《答郑然国》中说："所论横渠'沙溪以心为师'，尤庵'师心易差'，两义甚善，不易见得到此。区区尝谓人：才有张子之戒，其心已自警得几分而占得道理地步渐近。如是积一二年之功，则可以守得牢固。至于不以理为主而自骋其私智，则安有不差失者？此尤翁之垂戒尤切于后学也。"② 其中"不以理为主而自骋其私智者"，指中国的陆王之学与韩国的传承者。艮斋终生对陆王心学斥之不遗余力，而奉畿湖派为正宗："陆王余波不须问，潭华遗绪不可坠也。惟检束有觉之心，钦承无为之性一事，端的是二先生之正法眼藏，而出自洙泗洛闽之传也。"③ 也可以说艮斋是继承了二程"吾儒本天，释氏本心"之说，对天理的实在性、确定性加以赞扬，而对心学之心，主要视之为灵觉之心，其中无性体所含蕴的内容。当然，这是否符合心学所谓心，当另有辨，此处不论。这里只关注其立论用心即可。

艮斋性师心弟、性尊心卑论表明，他是一个确定论者。意谓，他处处信奉有确定性的东西，对变化万端的东西不甚信用。在他这里，性、理代表确定不移的价值性原理，它是自在于天地之间，同时也自在于人的本性中的，不是后天从学习而得。本然的东西才是价值的凝聚物，才是具有必然性的法则、原理，后天从人心中生出的，都不具有自在、原本的性质，也不具有确定性。因为心是灵动的，多变的，随时起用的，具有很大偶然性。自在的、原本的东西中有一种天然的合理性、权威性，多变的、非恒定的东西应该效法它、遵循它。从理气二者说，性是理本身在人身上的表现，它是形而上的、无不善的；气则是人的身体的构成材质，有清浊厚薄之分，

---

① 〔韩〕李珥：《栗谷全书》，华东师范大学出版社，2017年整理本，第512页。
② 庚申：《答郑然国》，《全集》下，第641页。
③ 《答宋一柱》，载《全集》下，第647页。

是形而下的。理无不善，气则有善有恶，这是从朱子、栗谷及畿湖诸师一脉相传的思想方法。艮斋在对从栗谷到全斋诸师的集大成中，结合时代背景，特别强调这一点。这是他坚守民族文化的信心和定力的思想来源。

3. 早晚岁学问规模有变化，由喜辩理气到实践之儒

艮斋早岁喜与人辩理气心性诸理论问题，这当然是治学必不可少的阶段，因为可借以增加理论深度和广度，并遍观诸先哲之书，广泛撷取、融合各家学说，增广道脉，培植学养。但到晚年，他看到诸家学说纷然杂出，人各为说，高自崖岸，如上引"近世理气之辩盛行，几乎人自为师"，即贬斥此种现象。再加上有的学者只以辞藻为务，弋取声名，而行己有亏。在外敌入侵，强虏势张之时缄口钳舌，不敢奋笔疾呼，为国家民族出头。艮斋遂以反身实践为功夫重点，冀能培养士子深沉之精神，诚笃之品格。而这也可以看作他从遵从栗谷到遵从尤庵的转变，是紧密切合时代变化的。

实践之儒，以尽伦尽制为重点。尽伦，侧重于人伦之奉行；尽制，以谨守礼仪为重。以世俗声利为务的学者，则是陋儒、俗儒。他曾说："五常是人道之定本，四勿是圣学之定本。故圣人以尽伦为极，儒者以谨礼为重。夫伦与理是上天所以赋于人心者也，尽与谨是人心所以奉循天命者也。若夫专力于记览词藻以邀世俗之称誉者，濂翁谓之'陋'，而晦翁谓之'俗儒'矣。"[①] 欲去其陋其俗，唯有立志为圣学，养成慧眼与大胆，并笃实躬行孝悌。对此艮斋说："乱世士子，苟非有慧眼大胆者鲜能不迷不挠矣。慧眼大胆非从外得，如知言养气、明善克己之类皆是也。"[②] 慧眼者学养丰沛，大胆者有士人之担当精神；一为学，一为志，皆须笃实培养，其功夫在具备孟子之知言养气、《中庸》之明善、《论语》之克己复礼。而其切近处为孝悌。孝悌二字艮斋说之极多，强调极为恺切。艮斋曾有寄子孙书多函，反复申明孝悌之意义，如："父子、兄弟、夫妇，人伦之切近者，情意不能通融，去处家道，何由可成？"又说："吾以区区之说，略扶道术，少补世程，以不负父师之教训尔。以钦钦之心，虔奉烝尝，善事父母，以无失儒家规度焉。"[③] 其

[①] 《答李颜范》，载《全集》下，第648页。
[②] 《答柳永善》，载《全集》下，第640页。
[③] 《寄镒孝》，载《全集》下，第653页。

意以为孝悌虽门内事，但其精神可施于国家；移孝为忠，即以门内施之国中。在国变日亟之时，尤宜讲孝悌二字，内以孝亲，外以忠君。而此时之忠君，首在不为叛臣，不做奸佞，坚持民族气节，坚守文化传统。艮斋曾十分恳切地声明自己的立场："今天下大乱，只宜杜门养亲，读书明农，以守礼义，以保身家也。"① 又说："世人诬圣侮贤，我则尊圣慕贤；世人毁形背道，我则保体守道；世人坏败心性而不畏父母师长，我则存养心性而敬奉父母师长。如此而已，更无奇诀可传。只与同志聚精会神而力行古学，免堕今俗，则善矣。"② 此为艮斋晚年与门人书中之语，可证艮斋晚年之兴趣，确有从理论向实践之转变。此亦国变之刺激，更兼身老多病之感悟。在他看来，国亡日亟，犹讲论理气心性等远离实际的纯理论问题，易堕入空谈误国之讥。面对国将不国的紧迫局面，学人首先须亮明的是出处大节，是实际行动而非理论主张。即使有所论说，也以立身大本及出处大节为首要内容。所以艮斋晚年变成一个实践之儒，着重实地做功夫，以气节相号召，甚至多谈论生死问题，就是十分自然的了。

4. 晚年对性为心主、性师心弟依然持守，老而弥笃

艮斋晚年从热衷于辩论理气等问题向实践之儒转变，但性为心主、性师心弟这一点始终不变。在晚年的书信、讲学中，对这一点仍然强调不辍。如《答柳相吉》："志是灵觉之所之，仁是性体（用在其中）之自然。或指心为理，认道为有为，此大谬。只加操心循礼之功，而己莫或为其所眩也。"③ 而对宋尤庵之以性理做主，防止性理为心气所主宰一义反复致意："尤翁言，太极为阴阳之主，而反为阴阳之所运用，凡生于太极阴阳者，莫不皆然。按此理天人同然也，则性为心宰，而反为心之所运用也，恶可以为所运用之故，遂谓心与阴阳尊，而性与太极卑乎？此一义力与阐扬，实为今日之第一大务也。"④ 又对学生反复强调尊性卑心，以礼御气之说："所询学问之法，愚未之能行，但欲小心而尊性，御气而循礼而已。"⑤ 并重言指出，此点是儒学与俗学、正学与异端的分界："吾儒检气以复性，异学使气以凿性；吾儒

---

① 《答卢东教》，载《文集后编》卷十一。
② 《答全建谦》，载《全集》下，第646页。
③ 《全集》下，第639页。
④ 《答权纯命》，载《全集》下，第640页。
⑤ 《答田亨镇》，载《全集》下，第642页。

小心以尊性，异学尊心而降性；吾儒虚心而学性，异学主心以教性。"① 这些资料出自《艮斋先生尺牍》，这类教训书中俯拾即是，可证艮斋对这一代表他独特创见的理论是终生以之坚守不渝的。

二 艮斋性理学的特色

1. 以性理学为理论基础，阐发各方面观点，以保存传统文化，反对殖民统治

性理学是中国宋明理学的理论形态。理学自传入朝鲜半岛，便深深扎下根来，成为学问大宗。特别是其中的朱子学，深受学者喜爱和尊重，中间大儒辈出，经过退溪、栗谷、尤庵等学者推阐发挥，并融合朝鲜的学术文化，成就了朝鲜性理学。尤其经过持续数百年的四端七情之辩，呈现为前所未有的深刻和全面，为学者阐发政治、经济、思想文化、修养方法等奠定了基础。自朝鲜王朝末期西学传入，民族文化根基被撼动，各种思想蜂拥而入。传统文化特别是其中的性理学成了守旧固执、不敢创新，甚至孤陋寡闻的代名词。学者唯恐跟不上此种时代潮流，争相声言抛却国学，弃旧图新。许多志士仁人不甘于此种命运，从传统中寻求救国救民的思想理论和现实道路。艮斋生当这样一个新旧学激烈碰撞并尖锐对立的时代，他对传入的西学毫不动心，深耕于畿湖学派洛学一系中，以性理学为基础，阐发对当世危机的各种应对之道，以明天理、正人心，卫正斥邪、尊王攘夷等为号召。在他看来，性理学不惟不过时，反而给人更广阔的器识和眼界。性理学以天道观照人道，以天性贯通人性，以性理为人事的标准，是更高远的胸襟眼界和更广大的理论工具。而且能更便利地接受和改造传统的文化和思想资源。他认为，当时许多学者对社会弊病提出的批评意见和纠治之方往往就事论事，抛弃了对性理本身的观照，缺乏对物性人性的深刻体察，多属皮相之见。性理之学是代代相传的道统、学统，在士大夫和一般读书人中有深厚基础。在强敌殖民、存续道统学统为当务之急的情况下，更应大声疾呼，发展和推衍性理之学。所以他大胆出头，坚持性理之学。而实现这一点必须有极大勇气和强力意志，他尝说："世衰道微，欲出而有为，须是硬着脊梁始得。硬着脊

---

① 《与李云来》，载《全集》下，第647页。

梁是彻上彻下语。"又说："今世圣门正路榛芜已甚，独有贤者可以维持世道，是为所恃者耳。盖士人旧案上一卷残编，虽若小然。然天下义理也从此出，世间事业也从此出。世人绝不识此理，可叹也已。"① 此语发自晚年，可以看作他一生坚持性理之学的一个说明。并且明确说，学者看似力量小，但理论力量无穷。只要坚持，必能有成。此须多数学者努力，不能靠几个人和几个家族。而自己家人、弟子中并无一人堪为入此道、传此学者②。

2. 以性理学发挥东方学术的宗教意味，为士人安身立命寻找理论基石

艮斋之重视性理之学，与他对中韩学术特点的认识有关，这个特点就是学问义理与终极关怀、安身立命融为一体，也就是说，是合哲学与宗教为一的。这是中韩学术形态与西洋的一个根本不同。这是艮斋的杰特之处。以古希腊为代表的西方哲学自始就关注形上学，以探究宇宙本体为根本要务。柏拉图创立理型说，就有把"最普遍的理念"绝对化的倾向。自亚里士多德强调第一推动力——"不动的推动者"，更把本体绝对化而成为不与万物为偶的超越存在。但东方思想与此完全不同。虽然基督教在韩国的渗入在艮斋时代就已经相当普遍了，但艮斋仍然以传统思想为根据，把它作为士人安身立命之基，以天、道等最高存在为终极关怀对象，用它来解决精神的终极归宿问题。对此，同是自外国传入的文化，艮斋宁以中国的孔孟、朱子之道为宗教，用来对抗西方传入的宗教，他说："今天下万国各有宗教，而我韩则人皆曰孔孟之道也。以孔孟宗教为名，而所尚之实，则乃外国之制，非孔孟之训，故汉面胡肠者、骑墙配剑者往往焉而至，使仇虏率兵围宫，夺下全局而莫之禁也。……伏愿陛下亟宜主张孔孟之道，而自为宗教之主人焉。苟能如是，其于奠安邦家、备御邻国也何有。"③ 这里明确主张以孔孟学说为国教，以国君为教主，实行政教合一，以凝聚国人之心，以本国传统思想为基，抵御西方文化的倾销和日本殖民教育，保存传统文化赖以不坠。他多处批评西方宗教，《苟庵语录》载："先生语及西洋，则必曰洋贼！洋贼！而曰：彼虽袭僧家堂狱祸福之说，而实则佛氏之贼也。此贼之去发与佛不同。佛虽去发而其教则凡世间物累皆令去之，彼则其所知唯财色二字而已。……今之士不念天

---

① 《艮斋私稿续编·语录》，载《全集》下，第326页。
② 《全集》下，第327页。
③ 《因变乱再疏》，载《全集》下，第341页。

序天秩之重与圣贤教训之严，而唯夷制是从，甚可痛也。"① 艮斋坚守儒学，并不喜佛教，但在佛教与西洋宗教中，他宁愿选择佛教，故有此说。而在学生问及假如殖民当局强制实行改装束发式之令当如何处，艮斋回答："华夷之辨至严，亦何可从之？可避则避，不可避则有死而已。"② 表现了为保持民族文化不惜一死的气节。

艮斋坚持性理学的一个根本原因是他认定，东亚学术是即学问即宗教的，它不是现代意义上的宗教，但可以使士人即此安身立命，与自己的终极关怀为一。它是现世的，又是超现世的；它是指导士人日常生活，特别是在非常时期指导士人出处大节的指针。性理学重视华夷之辨，而华夷之辨在当时反抗殖民统治的浪潮中是士人坚守民族国家立场、坚守民族文化的重要口号。当然他说基督教唯以财色二字为宗，是将西洋世俗文化的特性当作宗教的特性，这是认知上的差失，更是出于贬抑西方文化的需要。另外他以为基督教的天堂地狱、福善祸淫之说取自佛教，也是一种不正确的说法。其目的是为了使人们厌弃西方宗教，张大民族文化，在国家或将成为外国文化倾销场的局面下争一日之长。

3. 坚守传统伦理纲常，为民族文化奠立社会基础

除了宗教这一立身之大本之外，艮斋高扬和坚持性理学的目的还在于坚持本国的伦理纲常。因为性理学认为天理与人性一根而发，天道与人道贯通不二。《中庸》"天命之谓性，率性之谓道，修道之谓教"直接将天地人、天道人性、修养方法一体直贯而下。艮斋服膺《中庸》此理，把它当作性理学的起源和归宿。坚持性理学就是坚持从天道的眼光、天道的识度立体性地看待人的问题，而世人则皆仅是平面的、就事论事的，缺乏通透的识度和高远的境界。世俗的学问多是追求现实利益的，以个人欲望的满足为出发点，性理之学则从理的不得不如此、性的确定不拔有其根据和法则为考量的出发点。虽然当时世界大势是西学大盛，洋风劲吹，但朝鲜民族的根脉不能丢失。所以他的性理学是为保存传统文化之大端——纲常伦理为目的的。他希望以此为基，唤起士人的伦理自觉，增强民族自信心，形成同仇敌忾的意志和勇气。他曾在国变后不久上疏朝廷，疾呼保存国家伦理纲常："伏以自古

---

① 《全集》下，第327页。
② 《全集》下，第327页。

帝王，维持国家，遭遇变乱，莫不以纲常为本。夫纲常者天地之栋梁，人民之质干。故纲常立则国家安，皇室尊；纲常坏则国家危，皇室瞽。以近日之变观之，可以视诸掌矣。"① 对于殖民主义者提出的不正当要求，艮斋以死相拒，"宁殉宗社，绝不许许"，并提出"将虏使渝盟越法、勒兵胁约之罪，布告天下而共摈斥之。又宜延揽英俊贤能之士，与之励精图治，卧薪尝胆，期以扶植纲常，誓雪仇耻"② 的主张。

艮斋的性理之学中，华夷之辨为其重要方面，所以他首倡"尊王攘夷"之说。尊王就是保卫和延续政统，攘夷就是反对外敌入侵，保卫和延续道统、学统。在艮斋的时代，尊王攘夷突出的是朝鲜国家政权与日本殖民统治的关系，是朝鲜民族文化和殖民主义者强行推行的殖民文代的关系。这对朝鲜知识分子特别是有着强烈民族主义精神，希望靠民族文化的传承来保教保种，激烈抵抗外来侵略的知识分子而言，是一个生死攸关的考验和抉择。艮斋在出处大节上，代表了当时有气节、有担当的知识分子应有的立场。他曾上疏君主，对日本提出的移外交于东京，立统监于汉城，改领事为理事这三条丧权辱国的要求表示坚决反对，并以《春秋》大法乱臣贼子人人得而诛之为号召，再三请斩亲日逆臣之首。也在讲学中对吴澄屈身事元表示不满，斥为叛臣；而对宋朝富弼出使金国以死相拼争"献纳"二字极表敬佩之情。他特别反对当时主张抛弃民族文化，斥为旧学，主张全盘西化者，他在给君主的上疏中直言指出："近年朝野之人，无不以外国开化为美而喜趋之，先圣制度为陋而羞称之。今既行数十年，得无毫末而丧逾丘山，论者犹谓儒术不可用，吁！真梦呓也！以臣愚见言之，所谓儒术者，能使人君信贤而爱人，人臣尊主而庇民，能使将帅折冲而御侮，士卒亲上而死长，能使邻邦释怨而归德，民俗好义而忠上。如此君不显而国不治者，未之闻也。"③ 此处，表彰儒术以保国保教、兴复文化的意愿跃然纸上。

艮斋所谓性理之学为道，为学，而道、学、政三者在他看来是一致的。道是价值目标，是精神方向，是行为准则；学是传承此道、修身立本的原理之探讨，道路之选择，气质之养成，二者是目标与手段、归趣与方法的关系。为政有道有术，政道仍属于道与学的范围，而政术则是道与学在经国治

---

① 《全集》下，第340页。
② 《因变乱疏》，载《全集》下，第340页。
③ 《再疏》，载《全集》下，第341页。

民具体措施上的推广、运用。前者是体，后者是用。这是艮斋的根本识度，基本立场，他对二者的关系有清楚说明："道学政术无二致，内修外攘为一事，此横渠、南轩二先生所以眷眷为朝廷言者。今日所宜言亦莫切于此二者。而二者之中，学政无二之说尤为切要。盖必须得真正道学之人，其所以发号施令者，乃可合以先王之政。而其与御蛮夷、化仇敌之道，亦举此而措之耳。"① 凡出处大节有亏，失身事夷者，皆性理之学不立，学术基础未筑，人道之义不明，儒者风骨未有所招致也。艮斋对此曾恳切说明："内夏外夷，尊王贱霸，进贤出邪，闲圣辟异，自是吾儒家常茶饭。然此须先将遏欲存理做个根子，方是有体有用之学也。盖由事功起脚，只是事功，未是学问；由学问立义，但见学问，不见事功。"② 此中以性理学立基，其余诸事皆从中推出的意思甚为鲜明。他曾批评一班浅识之人，此等人多谓道学鄙薄事功，只是空谈心性，无与国计民生的实际问题，此乃大错。许多国事，皆因知识人入于此等论调，附合浅识之人，谓儒学害事不足学而起。故他表彰中国历史上国家分裂，民族矛盾尖说之时仍不忘性理之学的学者如朱熹、张栻等，视之为能传圣学，能保文化，能献良策而纾国难者。而对只见时局，不见文化；只见功利，不识大义的人则斥为浅薄。对韩国、朝鲜的"小中华"文化底蕴，艮斋充满自信，认为只要按儒家圣贤遗教去行动，就能重振国家，战胜殖民统治者，他强调："国必自夷、自兽而后人始夷之、兽之耳。今使朝廷公卿苟能上义下利，而唯贤能是用，纪纲是振，不复以门地拘，不复以货赂进，儒林士子苟能尊性制心，而唯德行是务，节义是崇，不复以气势伸，不复以声誉移。只此数语，便可已夷者复华，已兽者复人矣。"③ 对性理之学的功用给予极大的肯定。

4. 坚持义利之辨，反对新学的功利主义

艮斋之不显于世，遭人诟病，很大程度是因为他在李朝末期举国之人皆欲弃旧图新、转东向西的时代潮流下对新学的保守、敌视。他曾说："新学果为发达我民之正智而裨益我邦之实事者，则鸿儒硕士必先为之，不待仇夷之所使，新闻之所劝也。何以言之，新闻之人无不承望仇夷之指，仇夷之计

---

① 《与崞堂李丈》，载《全集》下，第343页。
② 《答朴年吉》，载《全集》下，第344页。
③ 《答朴年吉》，载《全集》下，第345页。

无非侵虐我邦之事,则其所设始而奖劝之者,决非发达民智,裨益国计者也。"① 此中所假设者实有不如理之处,因为所谓"新学",是因为本国历史上尚无之,是从他国输入的。不能说好的东西必是本国鸿儒硕学先已做过的。但他对趋奉新学的投机者的疾言力斥,则是与他一贯立场相符的。他多处抨击新学中的投机者:"今日之欲为新学者,无非前日之伺候于权奸之门,醉梦于荣利之场者。今日为此之心,即前日为彼之心,非能改前日之邪心而为今日之善心也。何以验之?试使倭奴复令为孔孟程朱之旧学,而曰我将选其尤者而官之,则彼将复读邹鲁洛闽之书而效今日儒者之为矣。其心曷尝有一毫义理之正哉!"② 他认为在当日欲克去功利之习,必须心中有义理之正;要培树义理之正,必须对性理之学有深入把握。儒家义利之辨,是艮斋斥邪卫正,在国变之时勘验君子小人的试金石。他指出,当时呼吁革去旧学迎立新学之人,多是势利小人,非真能替国家着想者。此辈且不论,即使真正出于国家强盛的考虑,而持功利之见,也易为殖民主义者所利用。只有不为功利所动,坚持卓荦之人格方向,才是国变之际的应有立场。性理之学使人知人之性质,人在宇宙中的地位,人之异于禽兽的根本之点,人之高贵尊严之所在。故作为社会中坚、世人典范的知识人必须有性理学作为立身行事的基础。这是艮斋的根本识度,也是他一切思想理论与现实作为的索解之处。

5. 通过《艮斋礼说》,阐扬宗法文化,保存传统社会礼制基础

艮斋以韩国为东国礼仪之邦,儒生之日常行为,须守礼以为规范,故对礼讲论甚多;虽无礼学专书,但散见于各著作中之说礼篇章不少。其弟子权纯命将之编为一书,名《艮斋礼说》六卷。其中卷一为冠礼、婚礼、宗法之礼,卷二为通礼,卷三、卷四为丧礼,卷五之一部为丧礼,一部分祭礼,卷六为国礼、国服、国哀等礼。从内容看,其中大部分是丧礼,因为在艮斋看来,最能代表传统的宗法社会的是丧礼,宗法制度遗留最多、最直接的是丧礼。他对礼的仪文与解说,大体遵从《仪礼》《礼记》,适应社会发展需要而有所变通,最后折衷于《朱子家礼》。艮斋是把礼看作性理之学的体现与贯彻,性理是体,具体的礼文是用,礼及对它的解说是性理之学的有机构成部分。此点他的弟子吴震泳在此书跋语明确说:"先生生于道术分裂、礼义乱

---

① 《全集》下,第648页。
② 《全集》下,第648页。

亡之世，倡率匡域，矜绅讲明；周孔之旨，身体力行八十年。之间尽其继开扶植之功，功莫京而德至盛也。夫性理精微广博，为天地人物之大原，礼之本固于是乎尽矣。然其仪文常变之，古今不一。世儒各以所见言之，必待如朱子之精切权度，裁合于周公之大经，乃免乎末之丧本、变之害常矣。"[①] 此中明言，艮斋之所以倡导性理之学，是因为他把性理之学视为在西学大兴，朝鲜原有的学术文化行将不保之时保存国学的唯一途径，是继绝学开新统的有力方式，必须用性理之学讲明天地人物之本根，礼义教化之大原，使一切学术文化立于性理之学的深厚基础之上，才能根深本固，枝叶繁茂。而礼乃持世之大纲，行己之矩范。特别在外敌入侵，国亡无日的艰危时刻，更是深养宗法文化，培植道统学统的不二法门。性理是礼文的内在理则，礼文是性理的外部表现。二者是体用一源、表里不二的关系。这仍是接受了宋明理学"礼者理也"这一根本识度的结果。艮斋的礼说貌似复古用古，实则在保存国脉、保存文化上用心深厚，立意高远。

---

① 《全集》下，第537页。

经学入宋与宋元明经学的变革

向世陵

（中国人民大学国学院）

摘　要：经学"变古"而由汉学转至宋学，治学风气从"稍尚新奇"走向舍传求经和疑经改经。宋儒虽注意发掘圣人的"微言大义"，但同时强调对经典的尊重和循序治学的必要。治经主张"依经立义"，要求"本之经文"以正经，"变古"实际上承载了"破"与"立"的双重任务。从"二大经"到整个"五经"，传统经典在被重新审视中，价值得到了新的发明。仅有五经，不足以承担起为新经学提供全部资源的重任。"四书"以"五经"为基础，又集中于性命义理的探讨，且更简洁亲切，故更受学者关注。"四书"与"五经"不是替代超越，而是互相倚重的关系。经学家的集体努力，最终促成了宋元明经学的"焕然大明"。

关键词：经学　变古　五经　四书

宋元明经学的发展，是以汉学转至宋学而铭刻于历史舞台的。自汉唐以来，儒家经学因其与中国社会和国家政治的特殊关系，不论世代之污隆，气化之荣悴，始终保持了自己独有的发展轨迹。但是，经学发展的连续性并不意味就排斥断裂。宋学取代汉学，既是汉唐经学发展的逻辑结果，又是在新的环境和学风影响下变革旧学的产物。宋儒解经，不重训诂而重己意，固然对经典的权威有所冒犯，但同时也为经典注入了内在的活力，促成了经学的更新和发展。

一 经学"变古"与新经学的兴起

从中唐以后至宋初,经学求新之风已经开始浸润。经学进入宋代,是与整个儒学的复兴相呼应的。但若着眼于经学"变古"的整体样态,初期的"变古"与"不失古义"的"笃守"还是并存的。宋仁宗庆历年间经学家集体性的"舍传求经"可谓一标志性的事件。自此,宋儒的新经学开始走上历史舞台[1]。

1. "变古"以出新

马宗霍说:"宋初诸儒治经,大都谨守前人之说,罕有逾越唐人《五经正义》之藩篱者。降至庆历(公元1041~1048)之间,则诸儒渐思立异。"[2]庆历时期诸儒"渐思立异",是经学史上的流行观点。不过,在庆历前,王昭素、胡旦、乐史、柳开等一辈人就已经开始"立异"了。降至庆历,呼唤破除"疏不破注"的陈陈相因,从崇奉"师法""家法"的汉唐泥古束缚中解脱出来,逐渐已成为学者们的共识。孙复在给范天章的书信中,指言守旧于治经无益:"专守王弼、韩康伯之说而求于《大易》,吾未见其能尽于《大易》也。专守《左氏》、《公羊》、《穀梁》、杜、何、范氏之说而求于《春秋》,吾未见其能尽于《春秋》也。专守毛苌、郑康成之说而求于《诗》,吾未见其能尽于《诗》也。专守孔氏之说而求于《书》,吾未见其能尽于《书》者也。"[3]孙复所谓的"尽"于经典,自然不是指寻章摘句以疏通文字,而是窥求经典所载圣人之意。"言"虽可守而"意"却难尽,王弼、韩康伯一辈治经本来有别于汉儒,也是注重发挥义理的,但若固守他们的经学注疏,实际上丢掉了玄学思辨的真正精神。

在此情形下,作为旧经学代表性学风的"专守"古训,已越来越不适应新的学术发展要求。基于"故必得之于心,而后成之于言"[4]的立场,孙复

---

[1] 杨新勋据孙钦善、叶国良、冯晓庭等人的研究认为:"说宋代疑经风气自庆历之后得到突出发展是不争事实,这透露出疑经与儒学复兴运动的密切关系;但谓此前'笃守古义、无取新奇',至庆历间'始异''稍尚',则不尽然,与事实不符。"参见杨新勋《宋代疑经研究》,中华书局,2007,第54~55页。

[2] 马宗霍、马巨:《经学通论》,中华书局,2011,第291页。

[3] 《宋元学案》卷2《睢阳子集》,中华书局,1986年标点本,第99页。

[4] 《宋元学案》卷2《睢阳子集》,第99页。

置传统的"三传"不顾，而以己意发掘圣人的"微言大义"。《春秋尊王发微》开篇，孙复便开宗明义：

> 孔子之作《春秋》也，以天下无王而作也，非为隐公而作也。然则《春秋》之始于隐公者，非他，以平王之所终也。何者？昔者幽王遇祸，平王东迁，平既不王，周道绝矣。观夫东迁之后，周室微弱，诸侯强大，朝觐之礼不修，贡赋之职不奉，号令之无所束，赏罚之无所加。坏法易纪者有之，变礼乱乐者有之，弑君戕父者有之，攘国窃号者有之。征伐四出，荡然莫禁。……《春秋》自隐公而始者，天下无复有王也。①

《春秋》开始于鲁隐公元年（公元前722年），但"春秋"史的纪年通常是从周平王元年（公元前770年）即"东周"开始，为何《春秋》书的纪年几乎晚了半个世纪，经学史上一直不得详解。孙复的解释则是就《春秋》论"春秋"，笼统地将隐公元年与平王终年（公元前720年）合二而一，又据平王东迁之后礼坏乐崩的天下大势判定王既不王、周道绝矣。那么，《春秋》自隐公始，就是为了凸显"天下无复有王"的现状，这正是孔子作《春秋》的大义所在。

接下来，孙复解释"元年春王正月"又说："夫欲治其末者，必先端其本；严其终者，必先正其始。元年书王，所以端本也，正月所以正始也，其本既端，其始既正，然后以大中之法从而诛赏之，故曰元年春王正月也。"②孙复此说，可以明显感受到汉学到宋学转换的轨迹。"大中之法"固然是汉唐诸儒的习用概念，但从本末关系出发，期待"王"能够"端本""正始"，则可以感受到作为后继的二程之学的苗头："故本朝理学虽至伊洛而精，实自三先生而始。"③宋末黄震的这一判断是有理由的。三先生之间，石介师从孙复，"（胡）瑗治经不如复，而教养诸生过之"④。说明孙复的治经确实领时代之先⑤。

---

① 孙复：《隐公》，《春秋尊王发微》卷1，《文渊阁四库全书》，台湾商务印书馆，1986年影印本，第147册，第3页。
② 孙复：《隐公》，《春秋尊王发微》卷1，《文渊阁四库全书》，第147册，第3页。
③ 《宋元学案》卷2《泰山学案》，第73页。
④ 《宋史》卷432《孙复传》，中华书局，1985年标点本，第12833页。
⑤ 其时也不乏批评孙复的学者。如欧阳修、吕公著、王安石等皆称赞和推荐过的常秩，《宋史》就谓："秩长于《春秋》，至斥孙复所学为不近人情。著讲解数十篇，自谓'圣人之道，皆在于是'。"参见《宋史》卷329《常秩传》，第10596页。

孙复讲经在当时虽然影响很大，但如果分说"著书"与"立说"，孙复著作的问世则相对较晚，直到晚年病重时，才由弟子祖无择奉朝廷命自其家抄录而得。而在这之前，刘敞的《春秋》学著作似已在流传。四库馆臣言曰："先是刘敞作《春秋意林》，多出新意。孙复作《春秋尊王发微》，更舍传以求经，古说于是渐废。后王安石诋《春秋》为'断烂朝报'，废之不列于学官。"① 即把刘敞的"出新意"放在了孙复"舍传求经"之前，突出了刘敞开先风的地位，并据此划分出从刘敞的出新意到孙复的舍传求经、再到王安石废《春秋》经的三个阶段。从而，"《七经小传》出而稍尚新奇矣，至三经义行，视汉儒之学若土梗"②。经学的"变古"已是大势所趋。

就前两个阶段来看，刘敞解经"稍尚新奇"，故与孙复又有不同："盖北宋以来，出新意解《春秋》者，自孙复与敞始。复沿啖、赵之余波，几于尽废'三传'；敞则不尽从'传'，亦不尽废'传'，故所训释为远胜于复焉"③。四库馆臣以孙复和刘敞为出新意解《春秋》的代表，但二人的经学道路却有明显差别：孙复是沿着啖助、赵匡"舍传求经"的路子走下来的，几乎完全抛弃了"三传"；刘敞虽也改易经义，但毕竟是在为经作传，于"三传"也有所依循，故其训释，在严谨性上远胜于孙复。两宋之际叶梦得作《石林春秋传》，从"礼"出发针砭诸家义疏，犹诋孙复《春秋尊王发微》，以为其不深于礼学，故言说多自相矛盾，而深有害于经。"惟于敞则推其渊源之正。盖敞邃于礼，故是书进退诸说，往往依经立义，不似复之意为断制。此亦说贵征实之一验也。"④

那么，刘敞深于礼学，既是"依经立义"，又能"说贵征实"，这大致是相较于先前"谈经者守训故而不凿"⑤来说的。不过，在四库馆臣看来，情况并非如此。而是"盖好以己意改经，变先儒淳实之风者，实自敞始"⑥ 即刘敞治经是既改经又不实。显然，这涉及不同的经学立场。叶梦得虽不是理学家，但毕竟是在宋学的氛围下谈经学，故只要是"依经"所立之义，那就

---

① 《四库全书总目提要》，河北人民出版社，2000年标点本，第698页。
② 王应麟：《经说》，载《困学纪闻（全校本）》第8卷，上海古籍出版社，2008年标点本，第1094页。
③ 《四库全书总目提要》，第695页。
④ 《四库全书总目提要》，第694页。
⑤ 皮锡瑞：《经学历史》，中华书局，2004年标点本，第156页。
⑥ 《四库全书总目提要》，第859页。

可以说是"征实"。

至于从刘敞《七经小传》到王安石新经义之间的关系，则不是那么确定。晁公武著《郡斋读书志》，载元祐史官意见说："'庆历前学者尚文辞，多守章句注疏之学，至敞始异诸儒之说。后王安石修《经义》，盖本于敞。'公武观原父说'伊尹相汤伐桀，升自陑'之类，《经义》多剿取之，史官之言，良不诬也。"① 晁公武同意史官意见，以为王安石经说是抄袭刘敞的。其实，王安石与刘敞本为同一时候人，刘敞不少处都是批驳王安石新学的。《四库总目提要》评价说，刘敞《公是弟子记》固然有驳王安石新学，但又不是专门针对安石，而是整体上针砭元祐诸贤之意。② 只是由于刘敞与王安石治经"往往穿凿"，从其治经路数看二者相同，故有所谓剿取的流俗传闻，在一定程度上还相当有影响。比叶梦得略晚的吴曾就曾认为："庆历以前，多尊章句注疏之学。至刘原甫为《七经小传》，始异诸儒之说。王荆公修经义，盖本于原甫。"③ 对此，四库馆臣有考辨说："然考所著《弟子记》，排斥安石，不一而足，实与新学介然异趣。且安石刚愎，亦非肯步趋于敞者。谓敞之说经，开南宋臆断之弊，敞不得辞。谓安石之学由于敞，则窃鈇之疑矣。"④

事实上，刘敞对王安石学术的批评并不少见，如王安石推重孟子的"人皆可以为尧舜"，在刘敞，不过是王安石想要自命为圣人的缘故；又坚持性善而批评王安石的性无善恶之说等，故很难说王安石与刘敞是前后关联的承接关系。客观上讲，从王安石学术的性质、内容以及他的个人性格看，吸取刘敞学术的成分或许有，但说成是剽窃刘敞的成果，就属于捕风捉影了。刘敞与王安石，以及庆历时期及之后其他诸儒，可以说共同掀起了宋代经学的"变古"之风。

王应麟引陆游语云："唐及国初，学者不敢议孔安国、郑康成，况圣人乎！自庆历后，诸儒发明经旨，非前人所及，然排《系辞》，毁《周礼》，疑《孟子》，讥《书》之《胤征》《顾命》，黜《诗》之序。不难于议经，况传

---

① 《郡斋读书志校证》卷4《七经小传五卷》，上海古籍出版社，1990年标点本，第143页。
② 《四库全书总目提要》，第2356页。
③ 《四库全书总目提要》，第858页。
④ 《四库全书总目提要》，第859页。

注乎!"①陆游此说并不十分准确，实际上"国初"学者已经在议孔安国、郑康成了。当然陆游的用心，是在突出庆历之后全局性的怀疑经传。皮锡瑞解释说："排《系辞》谓欧阳修，毁《周礼》谓修与苏轼、苏辙，疑《孟子》谓李觏、司马光，讥《书》谓苏轼，黜《诗序》谓晁说之。此皆庆历及庆历稍后人，可见其时风气实然，亦不独咎刘敞、王安石矣。"② 那么，陆游这段颇为典型的总结，所以刚好缺失刘敞与王安石，原因之一，可能在他二人属于带头倡导，而陆游只举了随后的相应跟从，皮锡瑞之解大致应是在这一层面上。例如，皮氏说"讥《书》谓苏轼"，实则刘敞在其前。刘敞不但提出《尚书》不少文字有讹误，如《尧典》"宅南交"当为"宅南曰交趾，后人传写脱两字"；《皋陶谟》"愿而恭"之"恭当作荼字"等；又考定《武成》篇先后而重新排列经文次序，因为该篇"简策错乱，兼有亡逸"，如武王之诰还当有"百工受命之语，计脱五六简矣"；等等。③ 后南宋蔡沈著《书集传》吸收了刘敞的意见，并作《今考定武成》篇，将刘敞的"改正次序"变成了现实④。

此外，陆游不提刘敞与王安石，也可能与他们对这些经典的态度与取舍不那么绝对化有关。如刘敞治《春秋》，四库馆臣的评价是"敞则不尽从'传'，亦不尽废'传'，故所训释，为远胜于复焉"；对《孟子》，刘敞既赞同性善论，又批评孟子的"人皆可以为尧舜"。王安石推尊孟子，后又认为性无善恶，一生论性也多变。但大致可以说是于《孟子》有取有舍，而不拘泥于一边。

也是在这一氛围之下，司马光既专门著《疑孟》，却又对当时疑经的不实学风明确进行谴责，其曰：

> 新进后生，口传耳剽，读《易》未识卦爻，已谓《十翼》非孔子之言；读《礼》未知篇数，已谓《周官》为战国之书；读《诗》未尽《周南》《召南》，已谓毛、郑为章句之学；读《春秋》未知十二公，已谓三《传》可束之高阁。⑤

---

① 王应麟：《经说》，载《困学纪闻（全校本）》第8卷，第1095页。
② 皮锡瑞：《经学历史》，第156页。
③ 刘敞：《公是七经小传》卷上，《文渊阁四库全书》，第183册，第4、5、8页。
④ 参见王春林《〈书集传〉研究与校释》，人民出版社，2012，第287~291页。
⑤ 王应麟：《经说》，载《困学纪闻（全校本）》第8卷，第1092~1093页。

经学是务实的学问，知识和技能都需要一步步积累，而不应躐等。如果仅仅是谓《十翼》非孔子之言、《周官》为战国之书、毛郑为章句之学、治《春秋》可超越"三传"，还不是主要问题，因这在当时，已经形成为风气；关键还在于，对经典提出质疑，要站在尊重和熟悉经典的基础之上。如果只凭借口传耳剽来的一知半解就否定经典，实在是浅薄得很。司马光此说后得到朱熹的呼应。朱熹接着说：

> 近日学者，病在好高。《论语》未问"学而时习"，便说"一贯"；《孟子》未言"梁惠王问利"，便说"尽心"；《易》未看六十四卦，便读《系辞》。此皆躐等之病。①

以好高躐等作为其时学者的通病，从司马光到朱熹，应当是有共识的。这说明宋初以来的经学"变古"，实际上形成的是两种风向：一是整体上怀疑经传之风流行，导致对儒家经典权威性和经学研究严谨性的动摇；二是仍强调对经典的尊重和循序治学的必要，要求脚踏实地的学术研究。

2. "二大经"与"三经"之拣选

"变古"求新之风结合经典来说，《周易》和《春秋》其时最引人注目。石介认为，其师治经，最看重的就是这两部经典。他说：

> 先生尝以谓尽孔子之心者《大易》，尽孔子之用者《春秋》，是二大经，圣人之极笔也，治世之大法也。②

从孙复到石介对经典的认识，已经进入了心迹、体用关系的义理思辨。在此视域下，《周易》承载了"不可得而闻"的孔子心学；而《春秋》则将褒贬是非的"空言"，见之于当时之行事并深切著明之，以为将来之用。"二大经"的结合，正好也体现了理学思辨发展中注重形而上与形而下之体用双方打通的路向。事实上，从孙复、胡瑗到程颐，他们都有《易》学与《春秋》学的专著，便是其例证。

《周易》与《春秋》在群经中的突出地位，后来得到《四库总目提要》的认同，其曰：

---

① 王应麟：《经说》，载《困学纪闻（全校本）》第8卷，第1093页。
② 石介：《泰山书院记》，载《徂徕石先生文集》，中华书局，1984年标点本，第223页。

盖六经之中，惟《易》包众理，事事可通。《春秋》具列事实，亦人人可解。一知半见，议论易生。著录之繁，二经为最。故取之不敢不慎也。①

四库馆臣生活的时代，乾嘉汉学繁荣正盛，但他们对《周易》与《春秋》二经典籍繁多给出的理由，却是基于宋人从佛教那里吸取来的理事关系的立场。一理贯万事，穷理即可知事，学者垂青于理而重《易》；《春秋》"事实"虽然显见，但何以如此，其道理却由人解说，从而导致议论纷纷，也给典籍的编纂挑选带来了困难。不过却从一个角度说明，经学入宋之后的兴盛，《周易》与《春秋》实为其大宗②。《四库全书》所收的经学著作，绝大多数出自宋以后。

从石介到司马光、朱熹和陆游，他们批评谈经者好高骛等，都不吝举治《周易》者之例。的确，《易》为六经之首，其地位要更为重要，宋代著名的学者，几乎没有不研究《周易》并以此讲学传教的。例如作为胡瑗、孙复的"表扬"者的范仲淹③，便被认为是"泛通《六经》，长于《易》，学者多从质问，为执经讲解，亡所倦"④。受范仲淹点拨而读《中庸》的张载，亦与范仲淹本人一样，其经学著述和讲学，重心都在《易》说上。

就《周易》经传而言，疑经的核心是落在《易传》上。在这里，最重要的，无疑是欧阳修《易童子问》提出的系统质疑。欧阳修认为《易传》十篇，只有《彖》上下、《象》上下四篇为孔子所作，其余《系辞》等六篇，从其文字的累赘抵牾和繁衍丛脞，可知均非圣人所作⑤。但这是否皮锡瑞所言"平心而论，疑经改经，宋儒通弊，……皆由不信经为圣人手定"⑥，则需

---

① 《四库全书总目提要》，第679页。
② 钱穆亦称："其时所注意者，要要在《易》《春秋》两经。石介谓尽孔子之心者大《易》，尽孔子之用者《春秋》。是二大经，圣人之极笔，治世之大法。此可谓是宋初新儒之共同意见。故孙复有《春秋尊王发微》，又有《易说》；胡瑗有《易解》，亦有《春秋说》，只因《易》《春秋》同为讲明人事之书，伊川《易传》颇承胡《易》，而其著精神处亦在实际人事。此乃宋初学风特征。"参见钱穆《中国学术思想史论丛》（五），生活·读书·新知三联书店，2009，第2页。
③ 王梓材：《高平学案序录·又案》云"安定（胡瑗）、泰山（孙复）诸儒皆表扬于高平（范仲淹）"。参见《宋元学案》，第133页。
④ 《宋史》卷314《范仲淹传》，第10267页。
⑤ 参见欧阳修《易童子问》，载《宋元学案》第4卷，第194～195页。
⑥ 皮锡瑞：《经学通论》，中华书局，1954，第97页。

要具体分析：一方面，如欧阳修言《系辞》《文言》以下各篇"皆非圣人之作"，可谓"不信经为圣人手定"；但另一方面，包括欧阳修在内，宋儒固然有疑经改经的"通弊"，但并不是一概"不信经为圣人手定"，而恰恰相反，他们的经典研究，正是强调依循和卫护"圣人之意"的，并力求根据经典本身的合理性去考定疏通经传文字。"圣人""圣经"在他们的意识中应当是十分完满，而不可能出现"繁衍丛脞而乖戾也"的情形。可以说，正是因为"信经为圣人手定"，才"不信"传世典籍中的那些非圣人所言。

可能正因为如此，后人遂有宋学不始于宋初"三先生"，也不发端于刘敞的《七经小传》，而是应当从欧阳修、王安石开始之说。根据就在于欧阳修"这些人是从专经开始怀疑汉学的"①。因为刘敞等人只是对各经典泛泛发论，而欧阳修、王安石等则是针对专门经典及汉儒注疏进行系统的质疑。欧阳修不仅以《系辞》以下非孔子所作而反对汉唐易学，又撰《毛诗本义》怀疑《诗序》不可靠；王安石则有《周官》《尚书》《毛诗》三部《新义》，又组织"经义局"，以自己的"新经学"去推动变法。②

不过，就王安石本人而言，他并不认可欧阳修的疑经之风，反以其为堕坏学术。《续资治通鉴长编》记载：熙宁三年，宋神宗论文章，以为华辞无用，不如吏材有益。王安石对答道："华辞诚无用，有吏材则能治人，人受其利。若从事于放辞而不知道，适足以乱俗害理。如欧阳修文章于今诚为卓越，然不知经，不识义理，非《周礼》，毁《系辞》，中间学士为其所误几至大坏。"③ 王安石垂意于自己的"新经学"，以呼应他"一道德"的政治需要④。而与此对应的"华辞"，则只是取巧而"不知道"的空言。所以，"知经"需要"识义理"；如果"识义理"，自然就会了解《周礼》《系辞》的经典意义。

---

① 周予同：《中国经学史论》，载朱维铮编校《周予同经学史论》，上海人民出版社，2010，第618~619页。
② 参见周予同《中国经学史论》，载朱维铮编校《周予同经学史论》，第619页。
③ 《续资治通鉴长编》卷211，神宗熙宁三年，中华书局，1995年标点本，第5135页。
④ 由于"道德一于上，习俗成于下"，德行风教才能得以落实。王安石总结当时的弊病便是："今人材乏少，且其学术不一，异论纷然，不能一道德故也。"土田健次郎先生认为："'一道德'就是统一经书的解释，为此必须达成对文字的共同理解，而且那也并不单纯停留于文字解释或经学的领域，作为其结果的伦理性的情操培养也被期待。"参见〔日〕土田健次郎《道学之形成》，朱刚译，上海古籍出版社，2010，第344页。

王安石的"三经"《新义》，不包括《周易》和《春秋》这"二大经"。但这不等于王安石不重视，晁公武记载王安石著有《易义二十卷》，并称："介甫《三经义》皆颁学官，独《易解》自谓少作，未善，不专以取士。故绍圣后，复有龚原、耿南仲注《易》，三书偕行于场屋。"① 据此，《新义》不包含《周易》，在王安石认为系其年少所作，不成熟，而不能用来取士。在王安石去世后，门人龚原、耿南仲的两部《易注》，加上王安石的《易解》，又被一起推了出来，并通行于科场之中。显然，王安石的经学研究，是紧密联系于取士选拔人才的需要的。

《春秋》受到冷落，原因则要稍微复杂些。门人陆佃记述说：

> 若夫荆公不为《春秋》，盖尝闻之矣。公曰："三经所以造士，《春秋》非造士之书也。学者求经，当自近者始。学得《诗》，然后学《书》；学得《书》，然后学《礼》。三者备，《春秋》其通矣。故《诗》、《书》、执礼，子所雅言，《春秋》罕言，以此。"②

《春秋》之被冷落，关键即在其"非造士之书"，故不能被为变法搜罗人才的王安石看重。同时，经典的学习和研究，需要有循序渐进的次第：由《诗》而《书》而《礼》，能将这三经融通，即由《诗》开发性情，到《书》知悉政教，再落实为依循礼制，《春秋》之义便已经在其中了，也用不着再专门花费精力。

而且，孔子自己并不重视《春秋》，《论语》记载"子所雅言，《诗》、《书》、执礼，皆雅言也"③。孔子诵说的是《诗》《书》《礼》三经，根本没有提及《春秋》，孰轻孰重，已经能够分辨。当然，王安石是否以《春秋》为"破烂朝报"，还是值得商讨的。

起初，苏辙《春秋集解·引》述曰：

> 近岁王介甫以宰相解经，行之于世，至《春秋》漫不能通，则诋以为"断烂朝报"，使天下士不得复学。呜呼！孔子之遗言而凌灭至此。

---

① 《郡斋读书志校证》卷1《王介甫易义二十卷龚原注易二十卷耿南仲注易二十卷》，第41页。
② 陆佃：《答崔子方秀才书》，《全宋文》，上海辞书出版社、安徽教育出版社，2006年标点本，第101册，第188页。
③ 杨伯峻译注《论语译注》，中华书局，1980，第71页。

非独介甫之妄，亦诸儒讲解不明之过也。①

苏辙以为，王安石因不能读通《春秋》，遂诋毁为"断烂朝报"；但这非王安石个人的问题，其时诸儒也大都不能真正理解《春秋》，故导致了社会对《春秋》经的蔑视。不过，此事是否属实，并不那么确定。前述陆佃之言明显予以否认，四库馆臣按语称："安石不以《春秋》取士，至谓为'破烂朝报'。独此论甚正，疑未必出自安石。或佃欲为师回护其短耳。"② 对"断烂朝报"说实际持怀疑态度。比陆佃稍晚而反对王安石新学的杨时亦言：

> 熙宁之初，崇儒尊经，训迪多士，以谓"三传"异同，无所考证，于六经尤为难知。故《春秋》不列于学官，非废而不用也。而士方急于科举之习，遂阙而不讲，可胜惜哉！③

杨时实际肯定了王安石"崇儒尊经"的业绩。《春秋》不列于学官，主要还是因为其本身"难知"，而不是废而不用。

《春秋》难知难读，在宋儒不是个别的看法。王应麟说：

> 王介甫《答韩求仁问春秋》曰："此经比他经尤难，盖三《传》不足信也。"尹和静云："介甫不解《春秋》，以其难之也。废《春秋》，非其意。"朱文公亦曰："《春秋》义例，时亦窥其一二大者，而终不能自信于心，故未尝敢措一辞。"④

读《春秋》本来要借助于"三传"的辅助，但"三传"既不值得信任，那就没有传注可以参考了。虽然有可能窥测到其中个别的"大义"，但毕竟没法证实，而难以确信。杨时、朱熹与王安石在学术立场上是相互对立的，理学家又激烈反对王安石的"新"经义，但双方在认为《春秋》难读难解这一点上反倒达成了共识⑤。加之读《春秋》于科举取士没有帮助，即解决不

---

① 苏辙：《春秋集解·引》，载曾枣庄主编《宋代序跋全编》卷14，齐鲁书社，2015，第378页。
② 陆佃：《陶山集》卷12，《文渊阁四库全书》，第1117册，第154页。
③ 杨时：《孙（觉）先生春秋传序》，载《杨时集》第3册，中华书局，2018，第677页。
④ 王应麟：《春秋》，载《困学纪闻（全校本）》第6卷，第730~731页。
⑤ 朱熹又称："大抵《春秋》自是难看。今人说《春秋》，有九分九厘不是，何以知圣人之意是如此？平日学者问《春秋》，且以胡文定《传》语之。"参见黎靖德编《朱子语类》卷123，中华书局，1986年标点本，第2960页。

了士子"急于科举之习"的"用"的问题,其在讲习中被略去也就很自然了,而不必把《春秋》的失宠强与王安石指斥《春秋》为"断烂朝报"相联系①。

不论"断烂朝报"说是否出自王安石,王安石要求"知经"需要"识义理",而不能"不知道"而"害理",事实上体现了"崇儒尊经"的精神。即便在政见不合的反对者那里,他的《新经义》也得到了同情的理解。王安石罢相后,"执政欲废王氏《新经义》,先生以当与先儒之说并行,论者服其平"②。"先生"指程颢的同调韩维(持国),韩维虽不直接是理学阵营中人,但程颐认定韩维能知其兄之道,并委托他撰写程颢的《墓志铭》,也可以称作是理学同调。正是由于韩维等人的维护,"至其(王安石)经义,盖与先儒之说并存,未尝禁也"③。尽管受政治立场和治国主张不同的影响,理学家们整体上反对王安石新学,但这并不妨碍他们认同并实际承袭了"知经"需要"识义理"和"知道"这一新的学术精神。

二 从疑经到"立"经

北宋时期的经典框架,虽然已经有了"十二经"的系统,但如果不算后来上升为"经"的诸"传"和原属于"诸子"的典籍,最基础的部分仍是传统的"五经"。经学家们倡导回归"六经",实际集中在对"五经"体系的新的整理和拣选。汉唐注疏的成果在重新审视中被吸纳,适应时代需要的新内容被添进。

1."五经"资源及经义的发掘

随着时代学风的转向,"其时君汲汲于道艺,辅治之臣莫不以经术为先

---

① 杨时同门尹焞,更是明确认定"断烂朝报"说非为王安石所言。尹焞后学林希夷记载说:"尹和靖言介甫未尝废《春秋》,废《春秋》以为断烂朝报,皆后来无忌惮者托介甫之言也。韩玉汝有子宗文上介甫书,请六经之旨,介甫皆答之,独于《春秋》曰:'此经比他经尤难,盖三传皆不足信也。'和靖去介甫未远,其言如此其公,今人皆以断烂朝报之语为荆公之罪,亦冤甚矣。"参见朱彝尊撰,林庆彰、蒋秋华、杨晋龙、冯晓庭主编《经义考新校》,上海古籍出版社,2010,第7册,第3337页。
② 《宋元学案》卷19《范吕诸儒学案(全氏补本)》,第793页。
③ 《宋元学案》卷98《荆公新学略》,第3253页。

务，学士搢绅先生，谈道德性命之学，不绝于口"①。《周易》、《尚书》、《诗经》、《礼记》和《春秋》中有助于"一道德"而与性命义理勾连较多的话语被重新挖掘，但五经资源的不充足性也日益凸显。在此情形下，《论语》《孟子》和原来只是《礼记》不显眼篇目的《大学》《中庸》的地位上升，成为经学家们发挥自己思想更重要的资源，"四书"的新经典也因之成型。但是，对新经典的重视并不意味着旧有"五经"系统的丢弃，双方共同构成了宋元明经学的基本文献。

对于宋代新经学的开拓者来说，"变古"实际上承载了"破"与"立"的双重任务。疑经改经，批判章句训诂之学以及当时盛行的西昆体的文风都属于破，而回归经典并发明其义理则可以说是立。有学者问程颐："圣人之经旨，如何能穷得？"程颐回答说："以理义去推索可也。"② 以理义推索的结果，是儒家新经学体系的成立。破字当头，立便在其中。但此"立"是立在儒家经典体系基础之上的，只是治经的重心转向了窥探圣人立经之意。石介为朝廷推荐进士士建中，认为其所以优秀，就在他"性识通敏，经术深明，读书不取其语辞，直以根本乎圣人之道；为文不尚其浮华，直以宗树乎圣人之教"③。"性识通敏"可以说是天赋，"经术深明"则是士建中积二十余年劳心苦学的结果。但这个"经术深明"，不在于士建中能精通多少经典注疏，而在于他能直达圣人之道。所以他才是朝廷真正需要的能够"补益国家"的人才。

以《尚书》为例，南宋初胡宏治经学，经过对《尚书》文献的认真考量，深感后世竞传"纷乱怪诞迷误"的"古先事"，认为需要"考其事，穷其理，以自正"，使不诬罔于圣人。因而，经传文字逻辑上是否合理，成为他经学研究的一个重要标准。但他的经学立场，又并非纯从己意出发质疑辩难。他以为自己仍然遵守了经学的一般原则，是"皆本之经文，非敢以胸臆乱古书之旧"④。至少从主观立意来讲，他是希望与"以胸臆乱古书之旧"的无原则的疑经改经之风区别开来的。他的这一立场，直接贯穿在他对《康诰》等为成王书的不确及《尚书》篇次的不当所进行的辨正之中。

---

① 《宋史》卷202《艺文一》，第5031页。
② 《二程集》，中华书局，1981年标点本，第205页。
③ 石介：《代郓州通判李屯田荐士建中表》，载《徂徕石先生文集》第20卷，第241页。
④ 胡宏：《皇王大纪论·载书之叙》，载《胡宏集》，中华书局，1987，第263页。

41

《尚书》各篇的先后次序,一直是《尚书》学研究的疑难问题,宋儒为此提出了不同的解决方案。接续胡宏辨《君奭》《无逸》等篇次,朱熹学生蔡沈论《康诰》《酒诰》《梓材》当在《金縢》之前,都是这一思考的成果。尽管具体的论证理由和提供的论据可以商讨,但不能否认他们在发明圣人之意上,仍然秉持了严谨的学风。有无"是理"是他们认定典籍是否为圣人所作的基本的标准。之所以如此,按胡宏所说,是"孔子定《书》,必有先后之义,经秦焚毁,圣人之意不可尽见"①。那么,"本之经文"以正经也就成为必要,宋儒自觉承担起了这一历史职责。

宋以后,至元明清,吸收前人意见的蔡沈《书集传》成为科举考试的官方定本,虽然后人也对《书集传》所说进行了不少修补,但主要是基于蔡沈是真实地记载和贯彻了其师的意图还是自为其说。"盖在朱子之说《尚书》,主于通所可通,而阙其所不可通","而沈于殷'盘'、周'诰',一一必求其解,其不能无憾也故宜。然其疏通证明,较为简易,且渊源有自,大体终醇"②。蔡沈对包括《康诰》在内的周"诰"类文献,因其一一求解,反有不能圆通之处。如此批评还算中肯。而其"大体终醇"的评价,则在总体上认可了宋儒"本之经文"以求圣人之意的"正经"之学。

《尚书》的重要性,在于为传统社会的政治架构和治国方策提供最基本的经典依据。所谓"《书》记先王之事,故长于政"③。这一基本功能入宋以后并没有变化。宋太宗视察国子监,令孙奭讲《尚书·说命》三篇,至"事不师古,以克永世,匪说攸闻"时,太宗言:"诚哉是言也。"太宗"意欲切励辅臣,因叹曰:'天以良弼赉商,朕独不得耶!'遂饮从官酒,别赐奭束帛。"④《尚书》成为切合时政需要的经筵讲读的重要经典,经学家亦充分运用了这一得力的资源。到仁宗时,孙奭画《无逸图》以进,强调君主当勤政"无逸";又"讲至前世乱君亡国,必反复规讽,帝竦然听之"⑤。不过,对于随后的新经学来说,关注点已不再停留于此,而是有所转移。王安石著《洪范传》,认为古来人君之所以未能使有能者尽才、有为者尽德而国家昌

---

① 胡宏:《皇王大纪·载书之叙》,载《胡宏集》,第262页。
② 《四库全书总目提要》,第335页。
③ 《史记》卷130《太史公自序》,中华书局,1982年标点本,第3297页。
④ 《续资治通鉴长编》卷36,第801页。
⑤ 《续资治通鉴长编》卷110,第2564页。

盛，原因就在不通天下之志和不同天下之德。要解决这一问题，就需要穷理尽性。故强调"通天下之志，在穷理；同天下之德，在尽性"①。将《周易》的"穷理尽性"吸纳到了《尚书》，重心落在了《尚书》所蕴含的性理资源；程颐则抓取了《大禹谟》中"人心惟危，道心惟微，惟精惟一，允执厥中"的所谓十六字"心传"，如此"心传"的人心道心之说，由二程经朱熹到蔡沈，被加工为整个理学道统论的核心资源。而其中的关键性语句"允执其（厥）中"，却又是从《论语·尧曰》中"比此加详"而来。《尚书》与《论语》可以谓之合而论道。

那么，经典是原有的，意涵却是新生的，宋儒的新经学承担了建构理学道统论的职责。譬如治《周易》的关键，就在求取"易之义"。"义"有大有小，天地万物、君臣父子、治乱盛衰事大；大衍之数、筮占之法事小，后者不过《易》之末事。欧阳修说："得其大者可以兼其小，未有学其小而能至其大者也，知此然后知学《易》矣"②。他提醒治《易》者，要清楚什么才是最重要的事情。程颐同样将《易》学重心放在"易之义"上。称"圣人作《易》，以准则天地之道。《易》之义，天地之道也，'故能弥纶天地之道'。"③《易》本来就是讲天地变化之道的，故"易之义"落实在"道"上，"易"学在二程，实质上就是"道"学。

再看《诗经》，其本来所具的"兴"的功能是在托言他物以兴起所要咏叹的语词，但在宋儒，却成为儒家道统传承的有力证明。程颢说："《诗》可以兴。某自再见茂叔后，吟风弄月以归，有'吾与点也'之意。"④ 其后学胡宏，便以此"吟风弄月以归"为据，判定周敦颐所传承者，不是种放、穆修一系狭隘的《周易》象数学，而是尧舜三王孔孟而下的儒家道统，"启程氏兄弟以不传之学，一回万古之光明"，其道其功盖在孔孟之间，"而圣门之事业无穷矣"⑤。如此之"兴"，显然不是传统《诗》学可以容纳下的。

《大雅·烝民》称："天生烝民，有物有则。民之秉彝，好是懿德。"这

---

① 王安石：《洪范传》，载《王文公文集》第25卷，上海人民出版社，1974年标点本，第286页。
② 欧阳修：《易或问三首》，载《欧阳修全集》第18卷，中华书局，2001年标点本，第301页。
③ 《二程集》，第1028页。
④ 《二程集》，第59页。
⑤ 胡宏：《周子通书序》，载《胡宏集》，第161页。

原是为赞美贤臣仲山甫而来,孟子则引孔子语称许"为此诗者,其知道乎"!"道"意味着凡有物就有物的法则,这是上天生民而来的必然,所以,人民都秉有自己的常法(性),爱好这样的美德。理学家承接孟子,从《孟子》上溯到《诗经》,《烝民》篇所言遂成为理学家构造以性、以理为本的经学哲学体系的重要经典依据。同时,则、彝、德都属于不可形象之事,正适合描述理学家的性、理本体,是《文王》篇所谓"上天之载,无声无臭",虽不可持而有,却又光耀天下,展现为君臣父子、兄弟夫妇的人伦物理。这是理学家着力从《诗经》中引出的结论。

"杂引经传"(朱熹语)是"四书"的一个重要特色。"四书"中篇幅最小的《大学》,虽然开篇提出的三纲领八条目源自《大学》自身,但为论证其所以成立,却广引《尚书》和《诗经》。而在《中庸》,作为全文归结的末章,逐次引述了《诗经》的"衣锦尚䌹""潜虽伏矣,亦孔之昭""相在尔室,尚不愧于屋漏""奏假无言,时靡有争""不显惟德!百辟其刑之""予怀明德,不大声以色""德輶如毛",层层铺垫,直至进达"上天之载,无声无臭",以此句为全篇结语而呼曰"至矣",最后完成了对无形迹可寻的哲学本体的理论塑造。《中庸》言心性道统受到理学家推崇,与《诗经》提供的文献资源密不可分。《诗经》的疏解,已不再停留于"多识于鸟兽草木之名"的名物训诂,也不限于一般意义的德行伦理,而是为理学的本体论思维提供了鲜活的经典证明。

2. "五经"与"四书"相倚重

宋儒于"四书",谈论得最多的是《论语》和《孟子》。作为"二大经"的《周易》与《春秋》在宋得以兴盛,也与《论语》《孟子》的文献资源分不开。

还在中唐,柳宗元肯定佛学之有长处,就在其理论"往往与《易》《论语》合"[①]。《周易》与《论语》因其所含藏的与佛教相近的心性哲学资源,成为儒家经典的代表作。事实上,《论语》中提出的"不可得而闻"的"性与天道",是经学研究的深度义理,也是宋明理学追寻的中心课题。而"性与天道"在张载那里就是"易",所谓"易乃是性与天道,其字日月为易,

---

① 柳宗元:《送僧浩初序》,载《柳河东全集》第25卷,中国书店,1991年影印本,第285页。

易之义,包天道变化"①。日月阴阳,天地变化,成为性与天道的现实证明。《宋史》概括张载之学是"以《易》为宗,以《中庸》为体,以《孔》《孟》为法"②,标点本点校者将此"孔、孟"标点为书名,应当说是有见识的,《易》《庸》《论》《孟》构成为张载学术的经典依据。不止张载,对于其他的经学大家,《宋史》的这一概括多半也可以成立。

不过,《宋史》并没有将《大学》包括在内,张载与《大学》的关系实乃匪浅,并在《大学》地位的提升中发挥了重要作用。弟子范育称:"盖'大学'之教不明于世者千五百年,先是,扶风张先生子厚闻而知之,而学者未始信也。"③范育身体力行,请神宗"用《大学》诚意正心以治天下国家,因荐横渠等数人"④。而从二程、朱熹到王阳明,作为"孔氏遗书"和"入德之门"《大学》,都受到了特别的推崇。而《中庸》,由于直接体现着道统的传承,其地位更显得重要。张载正是因范仲淹劝读《中庸》,才开始喜爱儒家的典籍,并最后"反而求之六经"的。

至于《春秋》,如果没有《孟子》的大力提携,也难以在号称遥接孟子的宋明经学家那里找到知音。张载言:"《春秋》之为书,在古无有,乃圣人所自作,惟孟子为能知之。"⑤《春秋》为孔子自作,前人已言;但突出孟子方能"知"此,则为宋儒极力弘扬。而且,他们还为治《春秋》设置了"理明义精"的前提和标准。推而广之,包括《诗》《书》《礼》《乐》在内,汉唐儒治经,正是因为不能达到这一标准,"故其说多穿凿"⑥。

事实上,《孟子》书所载"王者之迹熄而《诗》亡,《诗》亡然后《春秋》作。晋之《乘》,楚之《梼杌》,鲁之《春秋》,一也:其事则齐桓、晋文,其文则史。孔子曰:'其义则丘窃取之矣。'"(《孟子·离娄下》)奠定了《春秋》的性质和孔子修《春秋》的地位。又引孔子曰"知我者其惟《春秋》乎!罪我者其惟《春秋》乎!"和"孔子成《春秋》而乱臣贼子惧"(《孟子·滕文公下》)等语,更明白地揭示了孔子与《春秋》的关系。孔子

---

① 张载:《易说下·总论》,载《张子全书》,西北大学出版社,2015年标点本,第247页。
② 《宋史》卷427《道学一·张载传》,第12724页。
③ 范育:《吕和叔墓表》,载陈俊民辑校《蓝田吕氏遗著辑校》,中华书局,1993,第612页。
④ 《宋元学案》卷31《吕范诸儒学案》,第1113页。
⑤ 吕大临:《横渠先生行状》引,载陈俊民辑校《蓝田吕氏遗著辑校》,第589页。
⑥ 吕大临:《横渠先生行状》引,载陈俊民辑校《蓝田吕氏遗著辑校》,第589页。

著《春秋》在孟子已被等同为像大禹平治洪水、周公安定天下百姓那样的巨大功劳,而那些僭礼犯上的乱臣贼子读到《春秋》便会感到恐惧,好像字字句句都是在针对和谴责他们。虽然真实的"乱臣贼子"并未因为《春秋》而感到惧怕,但《孟子》所说已成为后来社会定位《春秋》价值的正统与标准的解答。

在"四书"自身,它们进入经学家的视野和受到重视的程度不完全一样。若只从后来流传和保存的情况看,《论》《孟》类著作明显多于《学》《庸》类,但在宋以前,情况也不容乐观:"赵岐、何晏以下,古籍存者寥寥;梁武帝《义疏》以下,且散佚并尽。"①《论语》自汉开始成为经典,以后一贯地受到重视,但留存下来的著作仍只有不多的几种,直到入宋后才有根本性的改变;《孟子》方面,《四库全书》收录的《孟子》注疏,宋之前流传下来的只有赵岐的《孟子注》,这是唯一的一部,宋以后才有大量的增加;《大学》和《中庸》原来只是《礼记》的组成部分,现在作为单篇而特出,方受到广泛的注重。

以《孟子》为例,它在宋代被看重,在于它所传扬的心性哲学内涵,为宋明理学提供了最直接的理论资源。起先,司马光作《疑孟》批评《孟子》,不赞同孟子的性善论,而主张扬雄的性无善恶说。胡宏虽然十分推崇司马光的为人,却对司马光的《疑孟》不满而提出批评,作《释疑孟》为孟子、实为他自己的性本论进行论证。张九成的《孟子传》成为提高孟子的地位、系统发掘《孟子》思想并从而奠定他本人心学理论的重要学术代表作。陆九渊则认为他发明本心的哲学思想是"因读《孟子》而自得之"。而叶适批评《孟子》的"专以心性为宗主",认为它导致了学术的虚而不实,从根本上背离了孔子开创的实践儒学的道路。可以说,不论是尊崇还是批评《孟子》,都直接或间接地认可了《孟子》在宋以后已成为不可忽视的经典。然而,换一个角度,"孟子道性善"②能够成立并得以广播,又是离不开《孟子》中随处可见的《诗》《书》《礼》等典籍文献的支撑的。

"四书"富含性命义理资源而为理学理论的建构准备了条件,但它并不能脱离"五经"而单独发生作用。综合看"四书"与"五经"的关系,它

---

① 《四库全书总目提要》,第914页。
② 杨伯峻译注《孟子译注》,中华书局,1960,第112页。

们存在明显的交叉是不争的事实。不只是关联《礼记》的《大学》《中庸》，整个"四书"都大量引用"五经"。在此意义上，可以说没有"五经"，也就没有"四书"。既然如此，理学家为何又更为强调"四书"，而且事实上"四书"的地位后来超越于"五经"之上呢？这里可以程颐之言为例做一分析。程颐说：

> 学者当以《论语》《孟子》为本。《论语》《孟子》既治，则"六经"可不治而明矣。读书者，当观圣人所以作经之意，与圣人所以用心，与圣人所以至圣人，而吾之所以未至者，所以未得者，句句而求之，昼诵而味之，中夜而思之，平其心，易其气，阙其疑，则圣人之意见矣。①

"六经"尤其是《易》《书》《诗》《春秋》，作为历史文献和公共资源，孔子对它们只是修订整理；《论语》《孟子》等则不同，由于记载的是儒家代表人物自己的言说，能够更恰当反映儒家先贤本人的思想，而且在情感上也更为亲切，更容易理解。"四书"既以"六经"作为基础，又集中于性命义理的探讨，抓住它们，也就从根本上明白了六经的意蕴。

程颐将读书治经的目的定格在明了圣人作经之意及如何沿循圣人之意走向圣人，那么，诵求圣人直接留下的言语，自然就更为省力和方便。读书治经是由易到难的，从亲切简洁的孔孟之语入手，再深入其他经典，"四书"也就成为五经之阶梯。程颐说："学者先须读《论》《孟》。穷得《论》《孟》，自有个要约处，以此观他经，甚省力。《论》《孟》如丈尺权衡相似，以此去量度事物，自然见得长短轻重。"②"他经"不是不读，而是要先掌握评判的标准，这是需要熟读《论》《孟》才能自觉提炼出来的。手中有了标准，再读五经，就很容易发现经文的脉络和精华所在。③

---

① 《二程集》，第322页。
② 《二程集》，第205页。
③ 在这里，先读《论》《孟》是相对五经而言的，如果就"四书"自身说，则又是以《大学》为先。故学生问程颐"初学如何"时，程颐的回答是："入德之门，无如《大学》。今之学者，赖有此一篇书存，其他莫如《论》《孟》。"（参见《二程集》，第277页）初学所以从《大学》开始，乃因《大学》正是从"明明德"开篇的，又以"止于至善"为德行修养的最高境界，将齐家治国平天下的儒家理想目标奠基于修身的基础之上。而《中庸》则放在最后，因为"《中庸》工夫密，规模大"，"亦难读，看三书后，方宜读之"（参见黎靖德编《朱子语类》卷14，第249页）。

如此一条治经道路，朱熹有一个通俗的比喻。他说"《语》《孟》《中庸》《大学》是熟饭，看其它经，是打禾为饭"①。"四书"作为"熟饭"，是当即可以充饥并能直接为人所消化的；"五经"则连生米都说不上，它们还是在收割舂碾中的稻谷，根本不可能马上食用。正是在此意义上，朱熹告知朋友说："《易》非学者之急务也。某平生也费了些精神理会《易》与《诗》，然其得力则未若《语》《孟》之多也。《易》与《诗》中所得，似鸡肋焉。"② 阅读"四书"可以事半功倍，急于"五经"则相反，是事倍功半。所以，他费力费神去"理会"《周易》与《诗经》，收获却不相匹配，得到的东西并没有太多的价值。

概而言之，"四书"客观上更切合于时代需要并为解决经学理论建构提供了急需的思想资源，故"得效多"；"五经"内容庞杂必然造成"工夫多"，实际导致了治经的困难。伴随着理学创生所体现的对时代核心话语更深入的探究，原有的"五经"文本不足以承担起为新学术提供全部资源的重任，相对简洁的《论语》《孟子》《大学》《中庸》更受关注也就在情理之中。南宋以后，随着朱熹无人可比的理学地位的确立和程朱理学的官学化，经朱熹"章句集注"诠释后形成的"四书"，成为新的经典文献而与"五经"并列，产生了先"四书"后"五经"的"四书五经"的流行称谓。

不过，既然是"流行称谓"，就不代表正式或官方的学术定位。在反映国家意志的层面，不论是明代官修的三部《大全》——《五经大全》《四书大全》《性理大全》，还是清乾隆时编纂的《四库全书》，"五经"都位于"四书"之前。而且，就经学文献的数量而言，"四书"由于自身分量、篇幅和宋以后才兴起的缘故，其著作总量远远低于"五经"。《四库全书》中，"经部"所收录的"四书类"文献，大约只有"五经类"文献的十分之一，仅《周易》一经的文献，就比全部"四书类"文献的两倍还多。就此也可看出，即便在"四书"流行的时代，"四书"也没有撼动"五经"的基础性地位。

入清以后，清人讥讽宋学，因为宋学是在质疑删改旧经学的过程中创建起来的，故其疑经改经的治学风气招致了人们对其学术空疏的担忧。纪昀比较汉宋学术说：

---

① 黎靖德编《朱子语类》卷19，第429页。
② 黎靖德编《朱子语类》卷104，第2614页。

> 盖汉儒重师传，渊源有自；宋儒尚心悟，研索易深。汉儒或执旧文，过于信传；宋儒或凭臆断，用于改经。计其得失，亦复相当。唯汉儒之学，非读书稽古，不能下一语；宋儒之学，则人人皆可以空谈。其间兰艾同生，诚有不尽餍人心者，是嗤点之所自来。此种虚构之词，亦非无因而作也。①

纪昀所说，大致还算公允，但是所谓人人"空谈"本身却又事出有由。作为重在发掘其性命义理内涵的经典研究精神的体现，宋学也有它值得肯定之处，尽管"兰艾同生"的事实难免会引起清代学者的讥笑指摘。其后，皮锡瑞有"若论经学，宋以后为积衰时代"的断言，但就其所说"宋人说经之书传于今者，比唐不止多出十倍，乃不以为盛而以为衰者，唐人犹守古义而宋人多矜新义也"② 来看，主要还在于他不认同宋人破旧立新的经学变革及其所"立"起来的"新义"。经学本身是倡明、极盛还是积衰，其实取决于看问题的角度，并不能一概而论，尤其不能以清儒的视角为经学评判的确定标准。

元人作《道学传》，以"道学"的视野看经学，故秦汉以来遭到颠错、支离和幽沉的"凡《诗》《书》六艺之文，与夫孔、孟之遗言"，经由程朱而焕然大明，并超越诸子而上接孟氏③，道统成为六经、孔孟之学的精神内核。清张廷玉主持编修《明史》，认可《宋史》规制的这一"上承洙泗"的"儒宗统绪"，肯定"有明诸儒，衍伊、雒之绪言，探性命之奥旨"的用功，虽然最终的结果不容乐观：明儒"经学非汉唐之精专，性理袭宋元之糟粕，论者谓科举盛而儒术微，殆其然乎"④！科举与儒术本来是相得益彰而相互促进，现在却形成此长彼消之势。程朱理学在清代仍是国家的指导思想，经术与性理的沟通也是宋元明经学的现实，但要使双方恰当、完美地融合，仍不是一条可以轻松走通的道路，这或许也是经学发展在这一时期区别于其他朝代的重要缘由。

---

① 纪昀：《滦阳消夏录（一）》，载《阅微草堂笔记》第1卷，重庆出版社，2005年标点本，第12页。
② 皮锡瑞：《经学历史》，第198、202页。
③ 《宋史》卷427《道学传·序》，第12710页。
④ 《明史》卷282《儒林传·序》，中华书局，1974年标点本，第7222页。

蒙培元先生的朱子哲学研究

刘 丰

(中国社会科学院哲学研究所)

摘 要：蒙培元先生的理学研究以朱子作为理学的集大成者，他叙述理学的演变是从朱子开始的。对照学界关于理学的诸种分系说，我们可以把蒙培元先生关于理学演变的历史概括为"一系三支"说。"一系"就是朱子系，理学后来的演变都是朱子哲学内部矛盾演化的结果。"三支"即心学派、气学派和正统派。尤其是后来的心学和气学两大流派，都是从朱子哲学中演变而来，而且最终走向了朱子哲学的对立面。蒙先生的这个看法进一步确立了朱子作为理学集大成者的枢纽地位。在理学研究中，蒙培元先生将朱子看得最高、最重。

关键词：蒙培元　朱子哲学　理学一系三支　心学　气学

在20世纪80年代以来的宋明理学研究中，蒙培元先生起到过开创性和奠基性的作用。蒙先生于80年代出版的《理学的演变》和《理学范畴系统》这两部著作既是他的成名作和立身之作，同时蒙先生也通过宋明理学史的研究而进入中国哲学研究以及哲学建构，他之后在中国哲学研究中进一步提出的心灵哲学、情感哲学、生态哲学等思想，都是建立在宋明理学研究的学术基石之上的。从学术史的角度来看，蒙先生的这两部著作不但体现了80年代宋明理学研究的最高水准，同时也为后来的理学研究奠定了坚实的学术基础。蒙培元先生为推动、深化宋明理学以及中国哲学的研究做出了重要的学术贡献。

关于蒙培元先生的哲学思想的研究，很多学者都关注蒙先生提出的心灵境界、情感与理性等问题；但对于蒙先生哲学史研究的学术意义和贡献，则多是一些宏观性的概述,[①] 少有具体深入的讨论。本文以蒙培元先生的宋明理学史为中心,尤其是以蒙先生关于朱子哲学的研究为核心,从哲学史的角度来讨论蒙先生对于理学研究的学术贡献。我们希望通过对蒙先生朱子哲学研究的梳理,不但可以凸显蒙先生的学术创见,而且可以更加清楚地看出蒙先生从哲学史家到哲学家的思想发展历程。这对于全面理解蒙培元先生的哲学思想,学习蒙培元先生的研究方法,进而推进朱子哲学、宋明理学以及中国哲学的研究,都有比较重要的学术意义。

一 朱熹是理学的集大成者

蒙培元先生于1984年出版的《理学的演变——从朱熹到王夫之戴震》是蒙先生的第一部学术著作。这是一部理学史的著作,又是一部特殊的理学史的著作。所谓的"特殊",是因为这部书讲理学的演变,是从朱熹开始的。这就表明了蒙先生对于理学的产生、发展及演变有自己独特的看法。

蒙培元先生于2006年在《理学的演变》一书的"再版后记"中说:"在我看来,朱熹理学既总结了北宋以来的全部成果,又有自己的理论体系及其内在张力。而南宋以后的理学,无不与朱熹有关。正是在朱熹之后,理学才开始了真正意义上的分化与演变。这当然不是说,后来的理学发展,与北宋的理学家毫无关系,而是说,后期理学家们的理论学说,无不是经过朱熹理学这个环节而提出的,或者说得更直接一些,是从朱熹理学的体系脱胎而来的。"[②] 蒙先生还承认,从朱熹开始讲理学的演变,是他一直没有改变的学术观点。

新版的《理学的演变》还增加了一个"绪论",标题是"论理学形成三阶段",这其实是蒙先生于1986年发表的一篇文章(发表于《晋阳学刊》1986年第二期)。蒙先生将这篇文章收作"绪论",说明这篇文章当中的观点可以代表他一贯的看法。在这个绪论当中,蒙先生简要地叙述了理学产

[①] 例如任文利《蒙培元先生哲学思想概述》;张斯珉、乔清举《中国哲学的"蒙式话语"——蒙培元先生中国哲学研究述评》;何晓《究天人之际,成一家之言——蒙培元学术思想评介》,均收入黄玉顺、杨永明、任文利主编《人是情感的存在——蒙培元先生80寿辰学术研讨集》,北京大学出版社,2018。

[②] 蒙培元:《理学的演变——从朱熹到王夫之戴震》,方志出版社,2007,第374页。

生、形成的三个阶段。他认为，理学作为一种延续达七百多年的哲学思潮，有一个较长的酝酿、形成时期。具体来说，中唐以后的"古文运动"是理学的发端时期，代表人物有韩愈、柳宗元、李翱、刘禹锡等人；北宋初期为理学的开创时期，代表人物有范仲淹、欧阳修、胡瑗、孙复、石介等人；北宋中期为理学的形成时期，这一时期涌现出一批重要的理学派别和理学家，主要以"北宋五子"为代表。这说明，理学的发端、开创和形成时期，同时也是中唐以来的儒学复兴运动和新儒学的产生时期。在这个长达两三百年的时间里，尤其是在北宋建立以来理学的开创时期和形成时期内，产生了不同的学派，同时也涌现出一大批著名的儒学家和理学家。这些不同派系之间的相互融合，最终融汇为南宋时期的朱熹理学。蒙先生指出："朱熹作为理学的集大成者，绝不仅仅是继承和发展了二程，他兼采众说，综罗百代，全面继承和发展了理学思想，从而建立起一个庞大的理学体系，可说是对北宋以来的理学思潮进行了一次全面总结。朱熹哲学虽以二程为基础，却同二程有很大区别。对于理学来说，朱熹所从事的绝不只是绍述，更重要的是创造。"①

具体来说，第一，朱熹把二程哲学思想中的不同倾向统一起来，吸收并容纳在自己的哲学体系之内。第二，朱熹批判地吸收了张载的气化学说，第一次全面地讨论了理气关系，提出了系统的气化学说。在这一点上比二程要完备得多。第三，朱熹继承、发展和改造了周敦颐的太极说，提出"太极阴阳"说，把太极解释成为宇宙的最高本体。这就大大发展了二程的"天下只是一个理"的思想，并克服了二程只侧重于人伦道德之理的局限性，把太极之理说成是整个自然和社会的精神本体，并且建立了理有层次的"理一分殊"学说。第四，朱熹批判继承了邵雍思想中的"一分为二"的方法和"元会运世"的历史哲学，同时也大量吸收了邵雍的易学思想。第五，朱熹和谐地吸收了佛学的思维成果，融会贯通，使之成为他的哲学的一个重要组成部分。同时他又坚持了儒家的立场，从理论上批判了佛学。

> 总之，朱熹哲学，无论从深度和广度上，都远远超过了二程，它是对理学思想的一次系统的、创造性的总结。正因为如此，他才被称为"集大成者"，成为理学的代表人物。所谓集大成，绝不是简单地兼收并

---

① 蒙培元：《理学的演变——从朱熹到王夫之戴震》，福建人民出版社，1984，第4页。

蓄，将各家思想拼凑在一起，而是经过批判、改造和扬弃，把各种思想加以锻造，融为一体，构造出一个有系统的哲学体系。这个体系用最概括的语言来说就是以理为最高哲学范畴的客观唯心主义体系。这个体系的每一组成部分无不出于先儒，但却是他自己在前人的思想资料的基础上进行精密的力量创造的结果。①

朱熹之所以是宋明理学的集大成者，是因为他的理学思想综合了北宋以来周、张、二程等人的思想。从这个角度来说明朱熹是理学的集大成者，是学术界普遍承认的看法。如钱穆先生，就是从学术传承融合的角度说明朱子是理学的集大成者。② 蒙培元先生所指出的朱熹是理学的集大成者，不但同样承袭了学界普遍的看法，而且更为重要的是，蒙先生是通过梳理理学演变的历程、建立理学的分系说，进一步确立了朱熹作为理学集大成者的枢纽地位的。

二 理学的分系——"一系三支"说

理学作为一个延续数百年、跨越几个王朝的庞大的思想体系，内部派系林立，错综复杂。传统上就认为，理学内部有濂、洛、关、闽等不同的派系。传统的学术史著作《宋元学案》和《明儒学案》分列出了诸多不同谱系的学术派别。一般认为，广义的理学有"理学"和"心学"的区分，或"程朱理学"和"陆王心学"的对立。尽管很多学者指出，用"理学"和"心学"作为区分宋明理学派别的专有术语有很多问题，但作为一种通用的术语，大家也都在约定俗成的意义上使用，在很大程度上也可以达到划分理学派别的目的。

尽管对于宋明理学的分系难以取得一致的意见，分系的标准也因人而异，但对于如此庞大的思想体系，分系本身是完全必要的。只有对理学内部做出适当的划分，才能比较完整地把握住理学发展的内在脉络和学理的异同。在现代学术史上，严格学术意义上的理学的分系，主要是"三系说"。

---

① 蒙培元：《理学的演变——从朱熹到王夫之戴震》，福建人民出版社，1984，第5页。
② 参见钱穆《朱子新学案》第1册，九州出版社，2011，第21～23页。另外，钱穆先生不但指出朱子集理学之大成，而且指出朱子集宋学之大成以及集汉唐诸儒之大成。钱先生的这些看法，都是从学术史的角度来论证的。

在大陆学界有影响的是张岱年先生提出的"三系说"。张岱年先生在早年的《中国哲学大纲》中就指出，中国传统哲学的本根论"最显著者有三：一是理则，二是气体，三是心"。根据这三种不同的"本根"而形成三种关于本根的学说："以理则为本根者，即是道论与唯理论或理气论；以气为本根者，即是太极论与气论；以心为本根者，即是主观唯心论。"① 依这三种有关本根的学说，也可以把宋明理学划分为三系。张岱年先生后来又进一步总结说：

> 近几十年来，研究中国哲学史的，大多认为宋明理学分为两大学派，即程朱学派与陆王学派。我在此书（即《中国哲学大纲》）中首次提出：自宋至清的哲学思想，可以说有三个主要潮流，一是唯理论，即程朱之学；二是唯心论，即陆王之学；三是唯气论，即张载、王廷相、王夫之以及颜元、戴震的学说。这一论点到近年已为多数哲学史家所承认了。②

根据张岱年先生的"三系说"，宋明理学可以区分为理本论、心本论和气本论。这个看法在学术界得到了普遍的承认。如李存山先生《中国传统哲学纲要》就依据张岱年先生的看法，将宋明理学划分为以张载为代表的气本论、以程朱为代表的理本论和以陆王为代表的心本论。③ 与此相对照的是牟宗三先生提出的另外一种"三系说"。按照牟先生的划分，三系一为五峰、蕺山系。这一系统承濂溪、横渠而至明道之圆教模型而开出。此系统客观地讲性体，以《中庸》《易传》为主；主观地讲心体，以《论》《孟》为主。二为象山、阳明系。此系以《论》《孟》摄《易传》《中庸》，而以《论》《孟》为主。此系只是一心之朗现，一心之伸展。三为伊川、朱子系。此系以《中庸》《易传》与《大学》合，而以《大学》为主。此系所讲的道体、性体浓缩为一本体的存有，即"只存有而不活动"之理。工夫的落实处在格物致知。

牟宗三先生还认为，此三系又可以合并为两系。五峰、蕺山系与象山、阳明系都是以《论》《孟》《易》《庸》为标准，二者立足点不一样，但可以

---

① 张岱年：《中国哲学大纲》，中国社会科学出版社，1982，第89页。
② 张岱年：《我与中国20世纪》，载《张岱年全集》第8卷，河北人民出版社，1997，第511页。
③ 参见李存山《中国传统哲学纲要》，中国社会科学出版社，2008，第56页。

会通为一大系。此一大系又称为"纵贯系统"。伊川、朱子系为"横摄系统"。"故终于是两系。前者是宋、明儒之大宗,亦合先秦儒家之古义;后者是旁枝,乃另开一传统者。"①

比较这两个影响甚大的"三系说",牟先生理论的特点之一是突出表彰了明道——五峰——蕺山一系,而以伊川、朱子一系即程朱理学为歧出,"别子为宗"。这是牟先生重视心学的直接体现。同时,在他的系统中抹杀了气论一派,以刘宗周为理学的终结,这也就否定了王夫之的地位。这种看法是大陆学者不能接受的。而张岱年先生提出的三系中则重点表彰了从张载经罗钦顺、王廷相至戴震的气学传统。这也是两个"三系说"的重要区别之处。

近年来还有向世陵先生提出的"四系说"。这就是在一般所认为的理学、气学、心学之外,再加上以湖湘学派为代表的"性学"。按照向老师的看法,"四系说"的提出"目的在弥补两大三系说或漏掉性学或否定气学的不足,以便更准确地反映和更恰当地解释宋明理学的理论体系及其历史发展"。②

以上对宋明理学的各种类型的分系说,各有依据。不同的分系说也体现了对理学的不同理解,以及分系者自身的哲学立场。正是从这个意义上,研究理学的诸种分系说是有学术价值的。蒙培元先生没有明确对理学的分系提出看法,但是在他的论著当中又明显地体现了理学分系的看法。如果对照学术史上对理学分系不同的观点来看,我们可以把蒙培元先生的观点概括为"一系三支"说。蒙先生的分系说与学术界已有的诸种分系说既不相同,但又有或多或少的学术关联。我们将蒙先生的"一系三支"说与学界已有的各种观点进行分析比较,不但能够更加清晰地认识到蒙先生对于理学研究的特点、思路,同时也能更加恰当地评价蒙先生对于宋明理学研究的贡献。

所谓"一系"就是朱子系。蒙培元先生讲理学的演变,就是从朱熹到王夫之戴震,也就是从南宋直至清代中期六七百年时间内,理学的发展演变在本质上都是朱子学内部不同因素向不同方向的发展。蒙先生认为朱熹是宋明理学的集大成者,首先就是他综合融合、汇通了北宋以来不同思想倾向的不同学派,把张载、二程、周敦颐、邵雍等人的重理、重气、重心的不同思

---

① 牟宗三:《心体与性体》上册,上海古籍出版社,1999,第43页。
② 向世陵:《理气心性之间——宋明理学的分系与四系》,湖南大学出版社,2006,第295页。

想,以及佛道二教的思想融合贯通而形成一个完整、庞大思想体系。而南宋以后理学的发展,都是朱子学内部不同思想倾向的发展。蒙先生在晚年还坚持认为,他在数十年的理学研究过程中,很多看法都发生了变化,"但是在理学如何演变这个问题上,我的基本观点始终未变。我既不是从北宋的不同学派开始,也不是从理学奠基人二程开始,而是从南宋的朱熹开始,讲理学的历史演变"①。在蒙先生看来,朱熹综罗百代,建立了一个庞大的理学体系,之后理学的发展都是朱熹理学不同层面的发展。由此可见蒙先生的宋明理学研究,是将朱熹的地位提升到了理学承前启后的关键位置上。

所谓"三支",就是朱熹之后理学在数百年的发展、演变过程中出现的气学派和心学派,都是从朱熹哲学中发展而来的,其根源都在于朱熹哲学内部所蕴含的矛盾,这是其思想矛盾发展变化的必然结果。除此之外,朱子后学中,从南宋的陈淳等人开始,历代都存在一个庞大的坚持朱子学立场、捍卫朱子学正统地位的正统派。只是因为他们重在传承朱熹哲学,且墨守成规,少有思想的创新,因此在理学史的研究中不受重视,也没有太大的研究价值。但其实,即使像陈淳、元代的许衡和许谦、清代的李光地等朱子学的嫡派,他们在不遗余力地捍卫朱子学的正统地位的同时,也都对朱子学有一些发展或改造。蒙培元先生的理学研究重在发掘对朱熹哲学的发挥、创新,重在理学的演变,因此他没有将这个正统派算在朱熹理学演变的范围内。但整体上来看,传承朱熹哲学的正统派,原则上坚持朱熹哲学中的理气观、格物致知论的传承派,也应算作是朱熹之后理学中的一个派别。蒙培元先生说,在朱熹之后,他的"哲学向三个方向发展。一是客观唯心主义体系的发展,继承这一思想的是理学的正统派,他们在理论上没有什么贡献。二是向心学主观唯心主义发展,从南宋末年到明中期,这一派占了很大势力。三是向唯物主义转化,这一派是理学的批判者,他们对朱熹理学体系进行长期的批判和改造,终于发展出唯物主义哲学"②。

在朱熹哲学的演变中,真正具有思想意义的是向心学和气学这两个方向的发展。在朱子的后学中,真德秀、魏了翁就发挥了朱熹心学的思想,是朱熹哲学向心学演变的一个环节。宋元之际的吴澄是主张朱陆合流的代表人

---

① 蒙培元:《理学的演变——从朱熹到王夫之戴震》,方志出版社,2007,第374页。
② 蒙培元:《理学的演变——从朱熹到王夫之戴震》,福建人民出版社,1984,第8页。

物,也反映了朱熹哲学向心学发展的趋势。明代的吴与弼、陈献章、湛若水则进一步发展了朱熹的心学思想。至王阳明则是"理学向心学转变的完成者,也是心学集大成者。朱熹哲学经过长期演变,到王守仁终于完成心学体系,从朱学中独立出来,自成一派"①。蒙先生认为,在朱熹哲学中一直就存在"心本体"的思想,但由于朱熹理学体系的需要,这个思想没有被最后确定下来。但是在朱熹后学中,"一直存在着向心学发展的思潮,由小到大,由微到显,最后终于冲破朱熹哲学体系,建立心学体系"②。

朱子后学中,黄震、文天祥等人发挥了朱子的气学思想,是朱熹哲学向唯物论方向发展的重要环节。明代的薛瑄以及罗钦顺、王廷相则进一步改造了理学,将朱熹哲学进一步推向了气学发展的方向。他们都是从朱熹到王夫之之间思想发展过程中的中间环节。

蒙培元先生认为,以朱熹为代表的理学经过长期的发展和演变,特别是经过罗钦顺、王廷相等人的批判改造,逐渐形成了一股唯物主义思潮,到明清之际,随着启蒙主义思潮的发展,出现了对理学的总批判、总清算。这一批判的代表人物就是王夫之。"王夫之是理学史上一位杰出的唯物主义哲学家,他完成了一个唯物主义哲学体系,而同朱熹的理学体系相对立。但是,王夫之哲学,又是从朱熹哲学中演变、分化出来的。"③

蒙培元先生认为,王夫之把理学的批判运动推向了一个高潮,对理学进行了一次总清算,但他并没有完成这个任务。王夫之以后,这个批判运动继续向纵深发展,有很多史学家继续了王夫之的工作,从不同方面对理学进行了深入批判。其中有突出贡献者是颜元和戴震。他们尽管在理论上没有达到王夫之那样的理论深度,但他们批判的锋芒更加锐利,问题更加集中,尤其是在人性论问题上超过了王夫之,并克服了王夫之的某些理论局限。蒙先生高度评价了戴震的思想,尤其是对理学"存天理,灭人欲"的批判,具有深刻的理论意义和强烈的时代特点。"在理学的长期演变中,没有一位思想家像戴震这样尖锐而深刻地揭露、批判理学是'祸斯民';也没有哪一位思想家像戴震这样,对理学家所谓'存天理,灭人欲'之辩公开提出控诉,并指出这是'以理杀人'。从这个意义上说,戴震完成了王夫之所没有完成的任

---

① 蒙培元:《理学的演变——从朱熹到王夫之戴震》,第301页。
② 蒙培元:《理学的演变——从朱熹到王夫之戴震》,第310页。
③ 蒙培元:《理学的演变——从朱熹到王夫之戴震》,第427页。

务，正式宣告了理学的终结。"①

以往学者的理学分系说，尽管观点看法不一，但不同的分系分派都还要落实到具体的历史发展过程中。蒙培元先生的理论也是如此。一方面，从横的方向来看，或者说从演变的"理论模型"来看，蒙培元先生重点研究了朱熹哲学向心学和气学的两个方面的演化，而且演变的结果都是突破了朱熹哲学的框架，走到了朱熹哲学的反面。另一方面，从纵的方面来看，或者说从历史的演化来看，蒙先生又认为理学的演变经历了五个历史阶段。

第一个阶段为南宋末期，这个阶段以解释、发挥朱熹哲学的方式，表现了不同的思想倾向。代表心学思想倾向的有真德秀、魏了翁等人，他们着重发挥了朱熹的心本论；代表唯物主义思想倾向的有黄震、文天祥等人，他们在道气等问题上，初步改造了朱熹哲学。

第二个阶段是元代。这个时期出现了朱陆合流的趋势，以许衡、吴澄为代表的理学家，进一步发展了朱熹哲学中的心学思想，提出了一条向内发展的心学路线。刘因、许谦等人则坚持了朱熹哲学中"格物致知"等外向发展的方向。

第三个阶段是明朝初年。朱熹哲学出现了明显的分化。吴与弼、陈献章终于把朱熹哲学发展为心学理论。薛瑄等人则开始解决朱熹哲学重理气论的矛盾，初步提出了唯物主义的思想。

第四个阶段是明朝中期。朱熹哲学正好分化为两条对立的哲学路线，一条发展为王阳明心学，另一条分化出罗钦顺、王廷相的唯物主义哲学。

第五个阶段即最后一个阶段是明末到清中期。随着启蒙主义思想的出现，开始了对理学的总批判。以王夫之为代表的史学家，全面总结和清算了朱熹哲学，建立起唯物主义的哲学体系。颜元、戴震等人继续发展了这种唯物主义学说，从而宣告了理学的终结。李光地等人编纂了《性理精义》等理学著作，代表了维护朱熹哲学的一方，但历史的潮流不可抗拒，理学终于变成了"僵尸"，停止了发展。

由此可见，蒙培元先生将理学七百多年纷繁复杂、千门万户的历史发展，从理论上用"一系三支"说加以统领，同时又按理学发展的历史阶段，将理学的演变划分为五个时期，叙述了理学从演变到终结的历史过程。这

---

① 蒙培元：《理学的演变——从朱熹到王夫之戴震》，福建人民出版社，1984，第515页。

样,纵横相错,将理学七百多年的历史发展纳入一个完整的体系当中。由此可见,蒙培元先生的理学研究,是以朱熹为枢纽,建立起来一个严密完整的体系。

三 "一系三支"说的分析与评价

很明显,蒙培元先生对于宋明理学所持的"一系三支"说,与学术界已有的诸种理学分系说既有区别,又有一定的联系,比较完整地体现出蒙先生对于理学及其发展演变的总的看法。那么,我们该如何认识评价蒙先生的这个看法呢?笔者认为可以从如下几个方面对蒙先生的学术思想进行分析和讨论。

第一,从学术史的角度来看,要建立理学的"一系说",有两个重要的学术问题必须解决。

其一,关于二程思想的异同。对理学的不同划分的都是建立在二程思想有很大的甚至本质的区别之上的,这是现代理学研究中一个普遍的看法。如冯友兰先生指出:"(二程)兄弟二人之学说,旧日多视为一家之学……但二人之学,开此后宋明道学中所谓程朱、陆王之二派,亦可称为理学、心学之二派。程伊川为程朱,即理学一派之先驱,而程明道则陆王,即心学一派之先驱也。"[①] 后来冯先生在《中国哲学史新编》中依然坚持这个看法,认为"二程的哲学思想是不同的。朱熹继承、发展了程颐的哲学思想,而程颢的哲学思想,则为'陆王'所继承、发展"[②]。按照冯先生的看法,二程在重心还是重理方面就有根本的不同,这才导致了后来理学和心学的区别和对立。冯先生直到晚年还认为,对二程的分疏是他一直引以为豪、一生不变的两个观点之一。[③] 张岱年先生则指出:"(理学)到南宋时,遂分裂为二大派。一派宗小程,以居敬穷理为宗旨,其首领是朱熹。一派则发挥大程的思想,主张发明本心,首领是陆九渊。"[④] 张岱年先生认为二程思想有同有异,但他并没有将二者思想的差异直接挂在"本根"论上心与理的差别上,因此

---

① 冯友兰:《中国哲学史(增订本)》下册,台湾商务印书馆,1993,第869页。
② 冯友兰:《中国哲学史新编》第5册,人民出版社,1988,第91页。
③ 参见冯友兰《三松堂自序》,生活·读书·新知三联书店,1984,第224页。
④ 张岱年:《中国哲学大纲》,中国社会科学出版社,1982,"序论",第22页。

心学与理学的对立就是二程后学发展、改造的结果。这是他和冯先生的看法稍有不同的地方。

整体上来看，二程兄弟的思想开启了后世心学和理学两大流派，这是很多学者都赞同的看法。牟宗三先生的三系说也包含了这个看法。蒙培元先生认为理学是一系，突出了朱熹的地位，因此对于很多学者所认可的二程兄弟开启后世心学和理学两大流派的看法就不能认同。蒙先生认为，二程的思想倾向的确有所不同，比如程颐强调理气、道器相分，而程颢则强调二者相即。程颐强调理是客观精神，程颢则强调"心即理"，主张"仁者浑然与天地万物一体"，着重内外合一之学。但这些不同只是枝节问题，二程的思想整体上是一致的。而且，他们思想内部的差异、区别也都融合在了朱熹的哲学思想当中了。因此，二程思想的差异就不足以导致后世理学的分派与分系。

其二，朱陆关系。历来研究、分判朱陆异同的学者，都有一个思想前提，即将朱熹思想和陆九渊的思想看作并列的两个类型的思想体系，或者是理学内部并列的两大流派。因此，如将理学看作"一系"，朱、陆思想之关系也是一个必须严肃审视的问题。

蒙培元先生指出，朱熹哲学以理为最高范畴，但同时他又很重视心的作用。"理是朱熹哲学的出发点，但不是它的归宿。朱熹不是简单地回到天理，而是把理安置在人的心中。通过穷理尽性，达到天人合一的精神境界，这才是他的哲学的最终目的。因此，理学又叫做性命之学或心性之学。朱熹的心性论，实以心为主而不是以理为主。"[①] 按照蒙先生的理解，朱熹的思想中就蕴含着心学思想的因素。在心性问题上，朱熹和陆九渊一样，都强调主观精神的作用，这是他们相同的地方。但朱熹除了心性为一的思想之外还认为心性之间又有区别，而陆九渊则认为心性之间没有区别，"只是一般物事"。这又是他们思想的不同之处。但是从整体上来说，由于朱熹哲学中理本论和心本论之间的矛盾，"从理本论发展到心本论，是朱熹哲学发展的一种必然趋势"[②]。也就是说，尽管朱陆之间在哲学思想方面存在着一些差异和分歧，但这些差异和分歧都可以统收在朱子学的内部，陆九渊的思想不构成和朱熹并

---

① 蒙培元：《理学的演变——从朱熹到王夫之戴震》，福建人民出版社，1984，第34页。
② 蒙培元：《理学的演变——从朱熹到王夫之戴震》，第47页。

列且对立的一派，而且心学的发展也是朱子哲学中固有矛盾演变的必然结果。这样，象山学以及整个心学就只能是朱熹哲学发展演变过程中的一个支派。这也就从理论上杜绝了将（狭义的）理学和心学二分的倾向，是建立理学"一系说"的一个非常有力的理论支点。

第二，蒙培元先生以"一系三支"说为统领，为理学的发展演变建立了一个完整的体系。理学纵横数百年，根深叶茂，头绪甚多。古今各种对于理学的分系说，都是试图为理学建立一个比较完善的思想、学术谱系，为解释理学提供一个比较可靠的思想框架。因此，比较、衡量诸种分系说的一个重要标准就是这个理论框架的完整性、严密性和解释的普遍性。

其实，为中国古代哲学梳理出一个清晰、普遍的系统，建立一个解释有效的理论框架，这是自中国哲学产生之日起就一直追求的目标。冯友兰在《中国哲学史》上册的"绪论"中就针对所谓"中国哲学无系统"的看法做了辩解，指出"所谓系统有二，即形式上的系统与实质上的系统"。中国哲学虽无形式上的系统，但有实质上的系统。冯友兰先生指出："中国哲学家之哲学之形式上的系统，虽不如西洋哲学家；但实质上的系统，则同有也。讲哲学史之一要义，即是要在形式上无系统之哲学中，找出其实质的系统。"[①] 如果按照冯友兰先生的要求，蒙培元先生正是从理学的发展、演变的历史过程中梳理出其中蕴含的"实质的系统"。在《理学范畴系统》一书的开篇，蒙先生就说："理学作为一种哲学形态，有一个完整的范畴系统。"[②] 在此书的"重印自序"中，蒙先生进一步指出，尽管"范畴"这一术语来自西方哲学，但中国哲学有自己独特的范畴系统。"中国哲学，特别是理论色彩比较浓厚的宋明理学，并不看重每一范畴的独立意义及其分析，而是重视各个范畴之间的相互联系，并由此形成一个有机系统。"蒙先生就是在这样的认识指导之下，对理学范畴做了系统的梳理，建构出一个完备的理学范畴体系。《理学的演变》和《理学范畴系统》两部著作，前者侧重于历史，后者着眼于理论，但都为错综复杂的理学整理出一个线索清晰、体系完备的系统。这是蒙先生对理学研究的重要贡献。

第三，与学界普遍流行的理学二系说、三系说甚至四系说相比，蒙先生

---

① 冯友兰：《中国哲学史（增订本）》上册，台湾商务印书馆，1993，第13~14页。
② 蒙培元：《理学范畴系统》，人民出版社，1989，第1页。

的"一系三支说"有些特别。其实，若仅从形式上来看，劳思光先生的理学"一系三型说"和蒙先生的看法有些类似之处。劳思光先生的"一系说"，就是在认清宋明理学内部各家各派区别的基础之上，将整个宋明理学看作一个整体，并且"通过一发展演变之动态观，以安顿此种种差异于一整体过程中。换言之，学说之差异皆视为整体过程中之阶段特征"。①

尽管劳思光对于理学持一种整体的态度，但实际上他对理学的标准是非常严苛的，是以恢复孔孟之学为衡定理学之依据，以距离这个目标的远近程度作为判断理论成熟度的依据。在这个整体之内，依据他划定的理论标准，将理学分为"天道观"、"本性论"与"心性论"三个类型，"此三型平铺观之，或可作为'三系说'之依据；但就理论效力而言，则前两者皆不足自立，必归于第三型"。② 依劳思光的看法，周、张属于第一型，距离孔孟原旨最远，程、朱属于第二型，而陆、王则属于第三型，最接近孔孟原旨。按照历史发展阶段而论，理学发展也经历了三个阶段。第一阶段以周、张为代表，其理论特征是以"天"为主要观念，混合了形上学及宇宙论以建构其哲学系统。第二阶段以程朱为代表，其理论特征是以"性"或"理"为主要观念，淘洗了宇宙论成分而保留了形上学成分。第三阶段以陆王为代表，以"心"或"知"为主要观念，肯定"主体性"，建立了心性论形态之哲学系统。劳思光认为，在理学的发展过程中，朱熹尽管很特殊，是综合了理学发展前两个阶段的思想家，但在他所划定的理学发展脉络中，朱熹依然属于第二阶段。

在劳思光看来，理学的发展是一个整体，这就是所谓的"一系"。但在这个"一系"内部，又有三个类型和三个阶段，且这三个阶段是递进的发展。理学的发展最终以陆王心学一派最接近孔孟儒学之旨，是理学发展的最高形态。王阳明完成了宋明儒学以复归孔孟为宗旨之儒学运动。

蒙先生和劳先生的这两个"一系说"，尽管表面看来有一些类似之处，都是将理学看作一个整体，但在这个整体内部，又有很大的不同。蒙先生以朱子为枢纽，朱子之后的理学演变过程中有并列的三支；劳思光先生则认为，理学的"一系"内部有三个不同的递进发展阶段，且以阳明为理学发展

---

① 劳思光：《新编中国哲学史》卷3上，生活·读书·新知三联书店，2019，第45页。
② 劳思光：《新编中国哲学史》卷3上，第61页。

的最高阶段。"三支"和"三型"虽然在形式上也有一些类似之处，但二者除了并列与递进的区别之外，本质的不同是对于理学的终结理解有差别。劳思光尽管在思想上和新儒家有一些不同，但他还是受到牟宗三的影响，推崇阳明学，他以阳明作为理学发展的最高形态，完成了新儒学的复兴运动。劳思光先生的理学体系基本排除了气学一派的影响和地位，这是包括蒙先生在内的大陆学者所不能接受的。蒙培元先生受自张岱年先生以来表彰气学传统的影响，尤其是在1949年之后学术界重视发掘中国古代唯物主义思想的影响，大力表彰理学中的气学一派，认为气学一派的思想根源于朱熹思想中理气观的矛盾，并且以王夫之作为气学思想的集大成者，同时也是理学的终结者。这也是蒙先生的"三支说"与劳思光的"三型说"、牟宗三的"三系说"的根本不同。

除此之外，在80年代以来的宋明理学研究中，冯友兰先生在《中国哲学史新编》中提出的"两期三段说"也是关于理学分系的重要一种看法。蒙培元先生作为冯先生的学生，他的看法表面看来和冯先生不同，但实质上也有很多的相似相通之处。冯先生的所谓"两期"，即理学（冯先生称为道学）经历了前后两个时期。"三段"就是每个阶段都有一个黑格尔式的肯定—否定—否定之否定的阶段。与冯友兰先生的看法相比，他们的一个共同之处都是突出了朱熹的重要性。冯友兰先生认为，朱熹哲学是前期道学的否定之否定阶段。"从三段法的发展阶段，前一段落的否定之否定，就是后一段落的肯定。朱熹是前期道学的否定之否定，到了道学后期就成为肯定了。"[①] 朱熹哲学是前期道学的否定之否定阶段，同时又是后期道学的肯定阶段，承前启后。而且朱熹之后理学的发展，按冯友兰先生的理解，也就是对朱熹哲学的否定过程。这些思想和蒙培元先生对理学的理解基本是一致的。只是冯先生认为，在后期，王夫之是否定之否定，他是后期道学的集大成者，也就是全部道学的集大成者。而蒙培元先生则认为，王夫之"是对朱熹理学的一次批判性总结"[②]，同时是理学之终结。蒙先生尽管也高度评价了王夫之的思想，但并没有将王夫之提升到理学集大成者的地位。理学的集大成者依然是朱熹。如果按照冯先生经常用的肯定—否定—否定之否定三段式，蒙先生的理

[①] 冯友兰：《中国哲学史新编》第5册，人民出版社，1988，第20页。
[②] 蒙培元：《理学的演变——从朱熹到王夫之戴震》，福建人民出版社，1984，第427页。

学演变阶段应是，朱熹是肯定阶段，王夫之（包括戴震）是否定阶段，而否定之否定则应当是近代启蒙思想了。这一点蒙先生的著作中并没有明确提出，尽管他多次提到王夫之思想中具有启蒙思想的因素，但从他的整体思想中，我们可以逻辑地推出这个结论来。

结　语

通过以上的分析可知，蒙培元先生的宋明理学是以朱子哲学为核心的。他将朱子作为宋明理学的集大成者，尤其是通过他独具特色的"分系"说，进一步确立了朱子在理学发展演变过程中的核心、枢纽地位。在理学研究中，可以说蒙培元先生将朱子看得最高、最重。

蒙先生在晚年又回到了理学与哲学史的研究，并于 2010 年出版了《朱熹哲学十论》。这部著作着重探讨了朱子哲学中的十个重点问题，包括"怎样注解四书？——从方法论的角度看""一个世界还是两个世界？——理气论""如何理解世界的统一性与多样性？——'理一分殊'说""存在与价值能统一吗？——'所以然'与'所当然'之说""心是什么？——心体用说""情感与理性对立吗？——'心统性情'说""德性还是知识？——'尊德性'与'道问学'""有无宗教精神？——敬的学说""有无生态哲学？——'生'的学说""何谓真善美的境界？——'心与理一'说"等等。蒙先生在本书的"自序"中说："这十个问题是过去的朱熹哲学研究中未曾提出过的新问题，但是能代表朱熹哲学的基本内容和实质。对这些问题的探讨和论述也是全新的，不同于过去研究朱熹哲学的框架，从一个新的视角重新解读朱熹著作，解释其深层意蕴，发掘其普遍价值，从中得到应有的启迪。"[①] 其实，这是蒙先生在对理学史做了深入解读、对中国哲学做了全新的诠释之后，以哲学家的视角对朱熹哲学做了新的思考和解读，不但提出了很多新颖的观点和深刻的见解，更为重要的是，也突破了一些他之前的看法，实现了一个哲学家的自我更新。由于本文是从哲学史的角度来梳理蒙先生的朱子哲学研究，对于蒙先生晚年在《朱熹哲学十论》中的创造性诠释，笔者另有专文论述，这里就不再涉及了。

---

① 蒙培元：《朱熹哲学十论》，中国人民大学出版社，2010，"自序"，第 1 页。

因小学之成以进乎大学之始[*]

——浅谈朱子之"小学"对于理解其《大学》工夫的意义

郭晓东

(复旦大学哲学学院)

> **摘 要**：朱子以格物为《大学》工夫之首，但在朱子的整个工夫序列中，格物不过是其中的一个中间环节而已。朱子认为，格物工夫要以其"端绪"为前提，此"端绪"即本心之体的发见处，亦即格物所要"因"的"已知之理"。然而，此"端绪"非本能呈现，在朱子看来，它有赖于"小学"涵养履践工夫的培养。"小学"与"大学"工夫是相辅相成的关系，无"小学"则"大学"工夫无根本，无"大学"则"小学"工夫难以圆满。
>
> **关键词**：朱子 小学 大学 格物

一

众所周知，朱子平生用力最多者，在《大学》一书，朱子曾自称其"平生精力尽在此书"[①]，故学者研习朱子之说，大多将关注的重心放在朱子对《大学》的诠释上，如牟宗三先生在对宋明理学进行三系分疏时，就认为伊川朱子一系的主要特征即是"以《大学》为主"[②]。相较而言，朱子对"小

---

[*] 本文为国家社会科学基金重大项目"多卷本《宋明理学史新编》"（17ZDA013）的阶段性成果。

① 黎靖德编《朱子语类》卷14，中华书局，1994年标点本，第258页。

② 牟宗三：《心体与性体》第1册，正中书局，1969，第49页。

学"的论述则较少有人予以应有的重视,或者仅将朱子之"小学"视为一种蒙学教育。淳熙丁未(1187)朱子与门人刘清之合编《小学》一书,朱子序文中有"授之蒙童、资其讲习"① 云云,似乎朱子亦同样将"小学"视为蒙学。

淳熙己酉(1189),朱子序定《大学章句》,明确将"小学"与"大学"相提并论:

> 人生八岁,则自王公以下,至于庶人之子弟,皆入小学,而教之以洒扫、应对、进退之节,礼乐、射御、书数之文;及其十有五年,则自天子之元子、众子,以至公、卿、大夫、元士之適子,与凡民之俊秀,皆入大学,而教之以穷理、正心、修己、治人之道。②

从上文看,我们很容易得出结论认为,朱子心目中"大学"与"小学"的区别,仅仅在于受学对象年龄的不同,以及所学内容的差别,从而以之阐明"大学"之为"大人之学"的意义所在。③ 然而,朱子在《大学或问》中又说:

> 学之大小固有不同,然其为道则一而已。是以方其幼也,不习之小学,则无以收其放心,养其德性,而为大学之基本。及其长也,不进于大学,则无以察夫义理,措诸事业,而收小学之成功。④

就此而言,大学、小学固有不同,但没有实质性的差异,仅在于为学次第之先后而已,"其为道则一",因而二者是相辅相成的关系,故朱子视"小学"为"大学之基本",视大学为"收小学之成功",《章句序》中亦称,"因小学之成功,以著大学之明法"。那么,我们应该如何理解朱子的这些表述呢?"小学"在何种意义上可以被视为"大学"之"基本"呢?

---

① 朱熹:《小学原序》,《朱子全书》第13册,上海古籍出版社、安徽教育出版社,2001年整理本,第393页。
② 朱熹:《四书章句集注》,中华书局,1983年标点本,第1页。
③ 《大学章句》即云:"大学者,大人之学也。"见朱熹《四书章句集注》,第3页;《大学或问》则说:"此对小子之学言之也。"见朱熹《四书或问》,上海古籍出版社、安徽教育出版社,2001年整理本,第1页。
④ 朱熹:《四书或问·大学或问上》,第1页。

二

为了阐明"小学"对于"大学"的意义,我们不妨从《大学》的工夫入手予以讨论。

《大学》工夫之次第,以"格物致知"为首,朱子对《大学》的诠释,亦显然以"格物"说为中心,朱子不但在《大学章句》中为《大学》作了一段"格物补传",而且称"此一书之间,要紧只在格物两字上"①,又称"格物致知是《大学》第一义"②,陈来先生也认为,"格物是朱熹大学思想的核心观念"③。因而欲理解《大学》之工夫,首先必须理解《大学》之"格物"说。然而,诚如钱穆先生所说:"朱子思想,以论格物穷理为最受后人之重视,亦最为后人所争论。"④ 宗朱学者固然以朱子之说为不刊之论,但我们同时似乎可以看到更多的是对朱子"格物"说的批评。早在与朱子同时代就有陆象山批评朱子的格物工夫为"支离"⑤,其后王阳明亦质疑朱子的格物工夫无助于自身的成德。⑥ 在现代学者中,冯友兰与牟宗三两先生的批评亦颇具代表性。在冯友兰先生看来,"格物"是"增进人对于客观上的各个具体事物的知识",他评论朱子的《格物补传》说:"这篇《补传》实际上分为两段。在豁然贯通焉以前为前段,以后为后段。前段的要点是'即物而穷理',说的是增进知识,后段的要点是'吾心之全体大用无不明矣',说的是提高精神境界。这本来是两回事,分开来说本来是可以的。朱熹全篇文章是把'即物而穷理'作为'吾心之全体大用无不明矣'的方法,这就成为问题了。这就是把两回事混为一回事,把'为学'和'为道'混为一谈,这就讲不通了。"⑦ 牟宗三先生的批评与冯先生相类似,他认为朱子的"格物致

---

① 黎靖德编《朱子语类》卷14,第255页。
② 朱熹:《答宋深之》第四,《朱文公文集》卷58,《朱子全书》第23册,第2773页。
③ 陈来:《朱熹哲学研究》,中国社会科学出版社,1993,第207页。
④ 钱穆:《朱子新学案》第2册,九州出版社,2011,第621页。
⑤ 如象山为鹅湖之会所作的诗中便讥刺朱子之学为"支离事业竟浮沉",见陆九渊:《语录上》,《陆九渊集》卷34,中华书局标点本,1980,第427页。
⑥ 如《传习录》卷下说:"先儒解格物为格天下之物,天下之物如何格得?且谓一草一木亦皆有理,今如何去格?纵格得草木来,如何反能诚得自家意?"见《王阳明全集》上册,上海古籍出版社,1992年整理本,第119页。
⑦ 冯友兰:《中国哲学史新编》下册,人民出版社,2007,第168页。

知"说是"泛认知主义","格物致知是心知之明与在物之理之间的认知摄取关系"①,从而"将知识问题与成德问题混杂在一起讲"②。如果诚如陆、王及冯、牟诸贤所批评,则朱子工夫论的理论缺陷是显然的。不管怎么说,知识与道德毕竟分属两个不同的领域,以知识为成德之阶,当然可以认为是在缘木求鱼。然而,我们不得不对此提出质疑,朱子之学居然浅薄如斯?正如金春峰所指出的,"硬将其套为西方的认识论,解格物为研究穷索物理,致知为积累客观知识,《大学补传》就不仅显得十分贫乏,而且以求知为成德之途,弄成矛盾、混乱,扞格不通,起码的思想水准也没有了。"③ 以朱子在理论上一贯周匝缜密而言,似乎不当如此。于是,我们不妨重新对朱子的"格物致知"思想做一审察。

《大学》称"致知在格物",朱子在《大学章句》中解释说:

> 致,推极也。知,犹识也。推极吾之知识,欲其所知无不尽也。格者,至也。物,犹事也。穷至事物之理,欲其极处无不到也。④

所谓"致"是推极,"致知"是"推极吾之知识",单就此讲,颇不容易理解,到底何谓为"吾之知识"?学者或有将"致知"解为获得知识者,但朱子显然不是训"致"为获得,而训为"推极","推极"者,自内向外也。朱子又训"格"为"至",则格物者,"至物"也。然而,仅仅说"至物",并没有太大的实质性意义。关键的问题是,我们要到事物那里去干什么?在这一点上,《大学》文本没有给出任何说法,朱子遂由"至物"而引申为"穷至事物之理",亦即所谓"穷理"。因而,所谓"格物",便被朱子诠释为到物那里去穷理,或者说是去穷尽事物的理。虽然朱子认为"格物"与"穷理"两个概念仍然存在细微的差别,但在一般意义上讲,"格物"可以认为就是"穷理"。⑤ 对"格物"的理解关键也在于对"穷理"的理解。那么,什么是"穷理"呢?一般的说法是将"穷理"理解成研究事物的道理。⑥

---

① 牟宗三:《心体与性体》第3册,第397页。
② 牟宗三:《心体与性体》第1册,第50页。
③ 金春峰:《朱熹哲学思想》,东大图书公司,1998,"自序",第15页。
④ 朱熹:《四书章句集注》,第4页。
⑤ 陈来:《朱熹哲学研究》,第209页。
⑥ 陈来:《宋明理学》,辽宁教育出版社,1991,第180页;杨立华:《宋明理学十五讲》,北京大学出版社,2015,第233页。

这样，朱子之"格物致知"似乎就是到物那里去穷理而获得知识。① 但问题是，从工夫的角度看，如何才可能到物那里去穷究事物的道理呢？对此最经典的表述莫过于《格物补传》：

> 所谓致知在格物者，言欲致吾之知，在即物而穷其理也。盖人心之灵，莫不有知，而天下之物，莫不有理。惟于理有未穷，故其知有不尽也。是以大学始教，必使学者即凡天下之物，莫不因其已知之理而益穷之，以求至乎其极。至于用力之久，而一旦豁然贯通焉，则众物之表里精粗无不到，而吾心之全体大用无不明矣。此谓物格，此谓知之至也。②

就文本的第一句讲，"致知在格物"，似乎可解为到物那里去穷尽事物的道理而获得知识，虽然我们说朱子并不训"致"为获得。但是，朱子所"欲致"的"吾之知"，并不是泛义上所讲的"我的知识"，而是"我本有之知"，故"致"才可以训为"推极"，即自内而向外推致。朱子讲"人心之灵，莫不有知"，则"知"者，实乃我本有之知。③ 朱子又云"即凡天下之物，莫不因其已知之理而益穷之，以求至乎其极"，这句话对于理解朱子"格物致知"说尤其关键，其中的关键词即在于所谓"已知之理"。也就是说，格物致知之工夫，必须"因其已知之理"，才有下手处，若无"已知之理"，则工夫势必落空。

《朱子语类》（简称《语类》）中又说：

> 穷理者，因其所已知而及其所未知，因其所已达而及其所未达。人之良知，本所固有。④

此亦明确地指出：第一，穷理必因其已知而及其所未知；第二，此已知者，即人本固有的良知。此良知也即《大学》所谓的"明德"。《大学》文本开篇即云，"大学之道，在明明德"，此即已预设了我们每个人都有可明之

---

① 如陈来说："朱熹所说的致知只是指主体通过考究物理在主观上得到知识扩充的结果。"见陈来：《朱熹哲学研究》，第212页。
② 朱熹：《四书章句集注》，第6~7页。
③ 《朱子语类》卷14云："致知乃本心之知。"见黎靖德编《朱子语类》，第283页；又曰："知者，吾自有此知。"见黎靖德编《朱子语类》，第293页。
④ 黎靖德编《朱子语类》卷18，第392页。

"明德"。① 朱子在《章句》中释"明德"云："人之所得乎天，而虚灵不昧，具众理而应万事者也。"② 则此明德得乎天而具众理，即心之本体，实即《中庸》所讲的"天命之性"。正因为心具有众理，则格物穷理的工夫才有可"因"之"已知之理"。

然而，既然"人之良知，本所固有"，那么我们就要问，为什么我们现实中的良知不能全体朗现？为什么我们有明德良知的同时还要将之推致到极处？《章句》说：

> 明德者，人之所得乎天，而虚灵不昧，以具众理而应万事者也。但为气禀所拘，人欲所蔽，则有时而昏，然其本体之明，则有未尝息者。故学者当因其所发而遂明之，以复其初也。③

《语类》又说：

> 刘圻父说格物、致知。曰："他所以下'格'字、'致'字者，皆是为自家元有是物，但为他物所蔽耳。而今便要从那知处推开去，是因其所已知而推之，以至于无所不知也。"④

又曰：

> 人心莫不有知，所以不知者，但气禀有偏，故知之有不能尽。所谓致知者，只是教他展开使尽。⑤

"人心之灵，莫不有知"，或者"人之良知，本所固有"，或者"自家元有是物"，这是"格物"可能的前提。而"所以不知者"，此"知"所以有"未知""未达"者，盖在于"气禀所拘，人欲所蔽"。然而，在朱子看来，尽管有"气禀"与"人欲"的拘局与遮蔽，但良知"本体之明，则有未尝息者"，即此良知总有"发见"的时候。对于朱子来说，此良知所"发见"之处，便是工夫的下手处，所以朱子才说"当因其所发而遂明之"。"所发"

---

① 《语类》卷14云："明德，谓本有此明德也。"见黎靖德编《朱子语类》，第267页。
② 朱熹：《四书章句集注》，第3页。
③ 朱熹：《四书章句集注》，第1页。
④ 黎靖德编《朱子语类》卷15，第292页。
⑤ 黎靖德编《朱子语类》卷14，第264页。

即良知所"发见",其工夫即是"因"此而推明之,此亦即《格物补传》所谓"因其已知之理而益穷之"。此可"因"之"知"与"理",朱子又称为格物的"端绪":

> 若今日学者所谓格物,却无一个端绪,只似寻物去格。如齐宣王因见牛而发不忍之心,此盖端绪也,便就此扩充,直到无一物不被其泽,方是。致与格,只是推致穷格到尽处。凡人各有个见识,不可谓他全不知。如"孩提之童,无不知爱其亲;及其长也,无不知敬其兄",以至善恶是非之际,亦甚分晓。但不推致充广,故其见识终只如此。须是因此端绪从而穷格之。未见端倪发见之时,且得恭敬涵养;有个端倪发见,直是穷格去。亦不是凿空寻事物去格也。①

这里所谓的"端绪"或"端倪",即我们前面所说的吾人明德之发见处,如齐宣王所发之恻隐之心。故格齐宣王见牛这件事,其"端绪"或"端倪"就是见牛而发出的不忍之心,而穷格推极之工夫,就是将对牛而产生的不忍之心扩充,使无一物不被其泽,这才构成朱子所讲的一次完整的格物致知的过程。因此,格物前须有一"端绪",若"端倪"未见,则只有涵养而谈不上格物,只有当人心感事而有明德之发见时,才可就此推开穷格,否则就是成了"凿空寻事物去格"。后人不解此意,以至于王阳明有庭前格竹子之病,按钱宾四先生的说法,这正是所谓的"无端绪寻物去格"也。②

三

既然《大学》的"格物"工夫离不开应有的"端绪",那么,此"端绪"又来自哪里呢?从理论上说,固然如朱子所称,每个人良知"本体之明,则有未尝息者",即此良知总有"发见"的时候,此良知"发见"处,可以作为"格物"下手的"端绪""端倪"。但是,在现实层面上讲,正如《章句》所说,人的"明德"由于"气禀""人欲",总是暂明暂灭,如果只是消极坐等良知之发见,则非儒家工夫之道。从积极的工夫角度来说,更应

---

① 黎靖德编《朱子语类》卷18,第402~403页。
② 参见钱穆《朱子学提纲》,载《朱子新学案》第1册,九州出版社,2011,第147页。

该做的是主动地去培养可资以"格物"的"端绪"。然而，如何才能养成此"端绪"呢？就"大学"工夫来讲，既然是以"格物"为首，而"格物"又有赖于其所"因"的"端绪"，则此"端绪"之培养，必不能由"大学"来完成。《语类》卷十四记：

  "未格物以前，如何致力？"曰："古人这处，已自有小学了。"①

朱子这里提及"未格物以前如何致力"，从这里可以看出，虽然"大学"工夫是以"格物"为首，但从工夫的整体上看，"格物"亦不过只是全体工夫的一个中间环节而已，在"格物"之前仍有工夫。从朱子论工夫的次第上讲，"格物"之前的工夫就是"小学"工夫。所以朱子又说：

  盖幼而不知小学之教，故其长也，无以进乎大学之道。②

又《语类》曰：

  今人小学都不曾去学，却欲便从大学做去。且如今格一物，若自家不诚不敬，才格不到，便弃了，又如何了得！工夫如何成得！③

是以在朱子看来，若无"小学"之教，便失去了进入"大学"工夫的根基，所以《章句序》视"小学"为"大学"之"基本"。更进一步地说，在朱子看来，这种在"大学"之前的"小学"工夫，事实上就是培养作为"格物"之"端绪"的重要工夫。朱子称：

  今人不曾做得小学工夫，一旦学大学，是以无下手处。④

在朱子看来，若无"小学"工夫，骤然学"大学"，则"大学"工夫就没有"下手处"，也就是说，"小学"工夫是要为"大学"工夫提供"下手处"，此"下手处"，其实就是上文所讲的"端绪"或"端倪"。那么，"小学"工夫是一种什么样的工夫呢？按《章句序》所说，"小学"所学，是

---

① 黎靖德编《朱子语类》卷14，第279页。
② 朱熹：《经筵讲义》，《朱文公文集》卷15，《朱子全书》第20册，第710页。
③ 黎靖德编《朱子语类》卷18，第403页。
④ 黎靖德编《朱子语类》卷14，第251页。

"教之以洒扫、应对、进退之节,礼乐、射御、书数之文",朱子又说,"小学是事,如事君,事父,事兄,处友等事,只是教他依此规矩做去。"① 可见,小学所学的,是人之为人的一般教养,以及日常生活中的基本道德规范。然而,以上只是在工夫的节目上说,如果论其精神,在朱子看来,则是通过"涵养践履"来落实"孝悌诚敬",如朱子说:

> 古人由小便学来,如"视无诳",如"洒扫、应对、进退",皆是少年从小学,教他都是诚敬。②

也就是说,"洒扫、应对、进退"之教,只是养其诚敬而已。反过来,如果没有"诚敬"的精神,则虽然存在其节目,但已不能谨乎此"洒扫、应对、进退"之教,《大学或问》说:

> 盖吾闻之,敬之一字,圣学所以成始而成终者也。为小学者,不由乎此,固无以涵养本原,而谨夫洒扫、应对、进退之节,与夫六艺之教。③

朱子又在《答吴晦叔》第九说:

> 盖古人之教,自其孩幼而教之以孝悌诚敬之实,及其少长,而博之以诗书礼乐之文,皆所以使之即夫一事一物之间,各有以知其义理之所在,而致涵养践履之功也。(自注:此小学之事,知之浅而行之小者也。)及其十五成童,学于大学,则其洒扫应对之间,礼乐射御之际,所以涵养践履之者,略已小成矣。于是不离乎此而教之以格物以致其知焉。④

尽管朱子称"小学"之事为"知之浅而行之小者",但通过"教之以孝悌诚敬之实",事实上在十五岁入"大学"之时,"小学"涵养践履的工夫体现在效验上已经是略有"小成"了。那么,这所谓"小成",又意味着什

---

① 黎靖德编《朱子语类》卷7,第125页。
② 黎靖德编《朱子语类》卷18,第403页。
③ 《四书或问·大学或问上》,第2页。
④ 朱熹:《答吴晦叔》第九,《朱文公文集》卷42,《朱子全书》第22册,第1914页。

么呢？一方面，"小成"当然是相对"大成"而言，学既有小、大之分，其"成"亦有小、大之分，"小成"者，是因为"小学"之事为"知之浅而行之小者"，因为"小学"只是《大学或问》中所说"收其放心，养其德性"，尚未能够做到"大学"所要求达到的"察夫义理，措诸事业"，所以视其"成"为"小"。然而，从另一方面来讲，"小成"虽小，但毕竟也是有所"成"，所谓"收其放心，养其德性"即是其"成"。朱子又说："小学涵养此性"，"忠信孝弟之类，须于小学中出"。① 在朱子看来，经过"小学"的养成，已经有了"诚敬善端"的"发见"。② 也就是说，一个人经过"小学"的工夫，已经成为一个"善"的人了。③ 朱子甚至比喻说，"小学"之后，"已自有圣贤坯模"，"大学"之功不过是在此坯璞加些"光饰"而已。④ 朱子又说："古人于小学存养已熟，根基已深厚，到大学，只就上面点化出些精彩。"⑤ 可以说，此"诚敬善端"之"发见"，或所养成的"圣贤坯模"，才是"大学"格物致知工夫的根基所在。故朱子称"不离乎此教之以格物以致其知焉"。反过来，若离此根基，则不足以从事"大学"的工夫：

> 诚欲因夫小学之成以进乎大学之始，则非涵养履践之有素，亦岂能居然以夫杂乱纷纠之心而格物以致其知哉？⑥

也就是说，如果不经"小学"涵养履践有素之工夫，则人心尚处于"杂乱纷纠"之中，朱子认为是不可能下"大学"格物致知的工夫。所以然者，

---

① 黎靖德编《朱子语类》卷14，第252页。
② 如朱子说，"古人小学养得小儿子诚敬善端发见了。"见黎靖德编《朱子语类》卷7，第124页。
③ 在朱子看来，"小学"阶段养成"善"，"大学"之工夫则可臻于"至善"。朱子固然极重视《大学》"止于至善"之说，有"'善'字轻，'至'字重"、"善，须是至善始得"（《朱子语类》卷14）等说法，但同时亦认为欲"止于至善"，却离不开"小学"所打下的"善"的根基。有关朱子论"善"与"至善"的关系，可参见拙文《善与至善：论朱子对〈大学〉阐释的一个向度》，《台大历史学报》2001年第28期，第23~50页。
④ 如朱子说："古者小学已自养得小儿子这里定了，已自是圣贤坯璞了，但未有圣贤许多知见。"黎靖德编《朱子语类》卷7，第124页。又："古者，小学已自暗养成了，到长来，已自有圣贤坯模，只就上面加光饰。"黎靖德编《朱子语类》卷7，第125页。钱穆先生亦称，在朱子那里，"做起码圣人是小学工夫，做杰出透格圣人是大学工夫。"参见钱先生随笔《成色与分两》，载《湖上闲思录》，生活·读书·新知三联书店，2000，第30页。
⑤ 黎靖德编《朱子语类》卷7，第125页。
⑥ 《答吴晦叔》第九，《朱文公文集》卷42，《朱子全书》第22册，第1915页。

若人心始终处于"杂乱纷纠"之中,"气禀""人欲"偏胜,导致"本体之明"多处昏蔽之中,则"已知之理"不明,"大学"工夫所赖以存在的"端绪"就很难显现出来,自然也就无法因其已知而推致其所未知,因其已明而推致其所未明。所以朱子才说,"未见端倪发见之时,且得恭敬涵养"①,而"小学"工夫的意义,恰恰在于通过涵养履践来保存心体之本然,是以朱子又说:"故《大学》之书,虽以格物致知为用力之始,然非谓初不涵养履践而直从事于此也。"②

不过,朱子有关"小学"的种种论说,在某种意义上讲,都是他对古代的某种理想性设想,是所谓"三代之隆,其法浸备"的结果,而实际情况是,"及周之衰,贤圣之君不作,学校之政不修,教化陵夷,风俗颓败"③,从而三代理想的"小学"并不行于后世。不过,既然"小学"不行于后世,那对朱子而言,"大学"工夫所需要的"端绪"又从何而来呢?又如何建立起一套完整的工夫体系呢?在朱子看来,三代之后"小学"不行,这是事实,故其编《小学》一书,就有甚深的意味,而非仅是启蒙的需要。与此同时,就工夫而言,既然"小学"工夫"洒扫、应对、进退"之教,只是养其诚敬而已,是以朱子就据伊川的说法,以持敬来补"小学"之阙:

问:"《大学》首云明德,而不曾说主敬,莫是已具于小学?"曰:"固然。自小学不传,伊川却是带补一'敬'字。"④

这样,从工夫的整体上看,朱子"主敬"的工夫就有了更为重要的意义,它实质上替代了"小学"的工夫,或者说"主敬"就被视作"小学"工夫,⑤ 因而成为"大学"工夫的"入手处"。不过,从另一方面来讲,朱子认为"主敬"的工夫较之"小学"工夫而言,涵盖的范围要来得更宽泛一些,故其说:"某看来,小学却未当得敬。敬已是包得小学。敬是彻上彻下工夫。"⑥ 所谓"彻上彻下",即指"敬"不仅是"大学"工夫之前的工夫,

---

① 黎靖德编《朱子语类》卷18,第403页。
② 朱熹:《答吴晦叔》第九,《朱文公文集》卷42,《朱子全书》第22册,第1915页。
③ 朱熹:《四书章句集注》,第1页。
④ 黎靖德编《朱子语类》卷17,第370~371页。
⑤ 如朱子说:"如今全失了小学工夫,只得教人且把敬为主,收敛身心,却方可下工夫。"见黎靖德编《朱子语类》卷7,第125页。
⑥ 黎靖德编《朱子语类》卷7,第126页。

同时也贯穿于"大学"的整个工夫过程中。① 在这个意义上讲，朱子通过论"小学"与"大学"的工夫，事实上与其论《中庸》"主敬涵养"的"未发"工夫可互相发明。

四

总之，对朱子而言，《大学》工夫不可以孤立地看待，我们不能将《大学》工夫单独割裂出来。在《大学》之八条目中，固然以"格物致知"为首，但在朱子的整个工夫序列中，格致亦不过是全体工夫中的一个环节而已。也就是说，格致之工夫本身仍然离不开它的前提，即所谓"格物"之"端绪"，而这个"端绪"则来之于"格物"这个环节之前的工夫，亦即"小学"的工夫，同时也就是"主敬涵养"的工夫。"大学"工夫是"因小学之成"而开始的，无"主敬涵养"之工夫，也就不能"因小学之成功，以著大学之明法"②。可以说，"小学"与"大学"在工夫上是相辅相成的关系，无"小学"则"大学"工夫无根本，无"大学"则"小学"工夫难以圆满。同时，也正是《大学》"格物致知"之工夫离不开"小学"涵养履践之功，我们对"格物致知"工夫的性质及其得失也才可能有一个真切的了解，从而对朱子工夫论的批评，也相应地可以在一定程度上得以澄清。

---

① 《大学或问》说："敬之所以为学之始者然矣，其所以为学之终也，奈何？曰：敬者，一心之主宰而万事之本根也。知其所以用力之方，则知小学之不能无赖于此以为始。知小学之赖此以始，则夫大学之不能无赖乎此以为终者，可以一以贯之而无疑矣。盖此心既立，而由是格物致知以尽事物之理，则所谓'尊德性而道问学'；由是诚意正心以修其身，则所谓'先立其大者，而小者不能夺'；由是齐家治国以及乎天下，则所谓'修己以安百姓，笃恭而天下平'。是皆未始一日而乎离乎敬也，然则敬之一字，岂非圣学始终之要也哉！"见朱熹《四书或问》，第 2 页。
② 朱熹：《四书章句集注》，第 2 页。

试论朱子与阳明学体用观的差异

——以二者对"体用一源"命题的诠释为中心

高海波

（清华大学哲学系）

> **摘 要：**"体用一源（原），显微无间"最早是伊川提出的命题，伊川用这个命题表达易学诠释中理象一体共在、互相涵摄的关系。朱子早年曾经受湖湘学派影响，主张性为未发，心为已发，在体用观上，也与湖湘学派及伊川不异。在己丑"中和新说"之后，朱子改变了自己对未发已发问题的看法，由此也影响了他对"体用一源"命题的理解。此后，朱子确立了体先用后，"体立而用有以行"的体用观。朱子对伊川"体用一源"命题的阐发实际上是一种深刻的创造性"误解"，由此决定了其"理先气后"的本体论和"性体情用"的心性论及"静而存养、动而省察"的工夫论。相比较而言，阳明和薛侃均倾向于从体用互摄，一体共在的角度来理解"体用一源"命题。由此决定了其一元性的致良知工夫，即"即用以求体"。朱子与阳明学对"体用一源"命题理解的差异体现了朱子与阳明学在哲学本体论、方法论与工夫论方面的分歧。
>
> **关键词：**朱子 体用一源 阳明 二元 一元

体用是中国哲学中的一个非常重要的问题，它主要处理哲学上本体和现象的关系，其中既包括作为整体的世界及其存在活动根据的问题，也包括具体事物及其存在活动根据的问题。[①] 当然，这二者往往存在密切关系，如在

---

① 当然，在中国哲学中也有反形而上学、本体论的哲学，它们只承认现实世界是一元平面的世界，而不承认现实世界之内或之上存在一个本源性、支配性的本体。在这些哲学中，体用论往往是解构的对象。

朱子哲学中，作为本体的太极，既是世界存在活动的根据，也是每一事物存在和活动的根据，所谓"统体一太极，物物一太极"。就具体事物而言，体用除了探讨事物与世界的统一本体、本原关系之外，也具有一般的方法论意义，即讨论每一事物的存在及其功能、作用的关系，比如有桌子之体，即有桌子之用，有椅子之体就有椅子之用。在这些地方，体用论并不涉及具体事物与世界终极本原的关系问题。

关于体用概念的来源，学界有很多讨论，本文并不打算进一步论述。本文想重点讨论一下"体用一源（原），显微无间"这个命题，因为这一命题在宋明理学中具有非常重要的本体论、方法论意义，理学家除了用它来批评佛老，也用它来作为衡定儒学家理论体系是否圆融的标准。

一　"体用一源，显微无间"命题的提出及其含义

"体用一源，显微无间"的命题首见于伊川《易传序》：

> 易有圣人之道四焉："以言者尚其辞，以动者尚其变，以制器者尚其象，以卜筮者尚其占。"吉凶消长之理，进退存亡之道，备于辞。推辞考卦，可以知变，象与占在其中矣。君子居则观其象而玩其辞，动则观其变而玩其占。得于辞，不达其意者有矣；未有不得于辞而能通其意者也。至微者理也，至著者象也。体用一源，显微无间。观会通以行其典礼，则辞无所不备。①

从序文的内容来看，伊川认为，《周易》具有四个方面的重要内容和功用，即辞、变、象、占。在这四者中，辞（文辞）具有重要意义，因为《周易》所反映的消长变化之理就存在于其中。同时，通过推求考察文辞和卦体，也可以通晓变化的态势，那么卦象与占卜活动也就可以被把握。尽管有人学习了《周易》的文辞，可能并不能通晓易道的意义，但不了解《周易》的文辞，就一定不会了解易道的真意。也就是说，伊川认为，通过对《周易》文辞的深入把握，是可以掌握圣人作易的深意的。至于怎样才能"得于辞而能通其意"，那就要理解以下内容："至微者理也，至著者象也，体用一

---

① 《二程集》，中华书局，2004年点校本，第582页。

源，显微无间。"

不难看出，"至微者理也，至著者象也，体用一源，显微无间"这句话在整个序文中具有根本的意义。伊川在其中指出了解《周易》真实意蕴所应该遵循的根本原理，他认为只有把握了这一根本原理，方能"得其辞而能通其意"，就不会产生王弼解《易》时所说的"言不尽意"的问题。至于这一原理的具体内容是什么，那就是要解决易学诠释史上理、象的关系问题。众所周知，汉代的象数易学注重象数，其弊流为穿凿附会，无法揭示《周易》所表达的哲学义理。魏晋时期，王弼一扫象数易学的烦琐支离，坚持从义理方面来理解《周易》，提倡"得意在忘象"，"倒向对象数的否定"。① 伊川一方面认为"易之义本起于数"，反对把《周易》仅仅视为一套象数的推衍体系；另一方面也不同意王弼对象数的否定，主张义理与象数兼顾。不过，就根本上来说，他认为义理要先于象数。"有理而后有象，有象而后有数。《易》因象以明理，由象以知数，得其义则象数在其中矣。……理无形也，故因象以明理。理见乎辞矣，则可由辞以观象。故曰'得其义则象数在其中矣。'"② 一方面，易数产生于易象，易象产生于义理，《周易》通过象数来彰显义理，把握到了义理，表达义理的象数也就涵盖其中。因此，没必要本末倒置，沉迷于琐碎的象数中，否则就是"寻流逐末，术家之所尚，非儒者之所务"。③ 另一方面，尽管易象生于义理，但义理是无形的，需要通过易象来彰显，所以易象实际上是义理的外在表现，所以把握到了义理，表达义理的象（数）也就涵盖其中。

也就是说，在伊川看来，《周易》的义理与象数并不是相互排斥、彼此对立关系，而是合一关系。义理是象数的根据，象数是义理的表现形式。举例来说，伊川在解释履卦时说："为卦天上泽下，天而在上，泽而在下，上下之分，尊卑之义，理之当也。"上天下泽就是履卦卦象，伊川认为《周易》用此来表达"上下之分，尊卑之义"。在解释谦卦时，伊川说："为卦坤上乾下，地中有山也。地体卑下，山高大之物，而居地之下，谦之象也。以崇高之德而处卑之下，谦之义也。"高山出于平地之下，就是谦卦的卦象；道德高尚却很谦卑，就是谦卦的卦义。卦象与卦义紧密结

---

① 朱伯崑：《易学哲学史》第2册，昆仑出版社，2005，第230页。
② 《二程集》，第271页。
③ 《二程集》，第271页。

合，一体不分。

从此我们可以看出，伊川在《易传序》中所说的"至微者理也，至著者象也，体用一源，显微无间"，其实就是要阐明自己对《周易》义理与卦象关系的理解，并说明自己解易的根本方法。据记载，伊川的学生尹和靖在读了这篇序文后，曾问伊川："'至微者理也，至著者象也，体用一源，显微无间'，莫太泄露天机否？"对此，伊川回答说："如此分明说破，犹自人不解悟。"① 伊川所谓的"分明说破"，其实就是指这句话明白说出了自己解易的原则和方法。

结合前面的论述，再来看伊川《易传序》中的这句话，它其实表达了这样一种看法：《周易》的主要内容包括两个方面，即义理与象数，义理是隐微无形的存在，而易象则是表现义理的显著外在形象，二者融合无间，这就是"显微无间"。如果从体用的角度来看，则义理是隐微的本体，易象是显在的作用，二者同出一源，具有一致性。因此，"体用一源（原）""显微无间"二者实际上是用不同的范畴表达了相同的意思，即义理与易象具有一致性且二者融合无间。如果还怀疑这一点的话，我们不妨再看看伊川另一段论述理事关系的话：

> 至显者莫如事，至微者莫如理，而事理一致，微显一源。古之君子所谓善学者，以其能通于此而已。②

这段话在逻辑上基本和上述论述理象关系的那段话一致。"一源"在《易传序》中用来描述"体用"关系，在这里用来描述"微显"的关系，且与"一致"互文，说明"一源"的主要内涵应该是指二者来源相同，从而具有一致性。从此我们也可以佐证，"体用一源，显微无间"中的"一源""无间"内涵也基本一致，都是描述体用、显微双方同出一源，融合无间，由此说明《周易》中理象二者密不可分的关系。而且，伊川"体用一源"中所谓的"一源"并不是指两个分离的东西出于同一个来源，而是指二者一体融贯，相互涵摄。在《二程粹言》中，杨时曾经记载了伊川另一句关于动静

---

① 《二程集》，第 430 页。
② 《二程集》，第 323 页。

关系的语录，在其中，伊川说："静中有动，动中有静，故曰动静一源。"①这里的"动静一源"，显然不是指动静作为两个独立的存在拥有一个共同的来源，如一个母亲生出两个孩子一般，而是指动静相互涵摄，一体共在。关于"体用一源，显微无间"，宋代熊刚大在《性理群书句解》中的注解是："微者其体，著者其用，同出一源。""故体隐而微，用著而显，本相融贯。"②应该说和我们的理解是一致的。

伊川在《易传序》中提出"体用一源，显微无间"命题之后，并没有自觉将其作为一个哲学上的普遍命题并运用到易学之外。不过，我们也不能说，伊川在易学中所领悟到的这一原理，不具有普遍意义。在我们上述所引伊川论述理事关系的文字中，"事理一致，微显一源"的说法就非常接近"体用一源，显微无间"的提法。在这段话中，伊川是在更为普遍的事理关系的意义上来展开论述，因此我们有理由推断，"体用一源，显微无间"所反映的原理，其实可以构成一个普遍的哲学原理。有关这一点，从后儒对这个命题的反复引证阐发就可以看出。

"体用一源，显微无间"的命题，在二程著作中出现仅此一次。相较而言，伊川倒是更常使用"体用"概念。比如，在解释《论语》的"夫子之道，忠恕而已矣"中的"忠恕"时，伊川说"忠者体，恕者用"。③ 在解释《孟子》中的"理义之悦我心犹刍豢之悦我口"中的"理义"时，伊川说"理义，体用也"。④ 在解释《孟子》知言养气章的"配义与道"时，伊川也说："道是体，义是用。"⑤ 这些都说明，"体用"概念在伊川那里已经是一个普遍性的范畴，伊川经常用这个范畴来阐发其他概念。

体用在时间方面是一种什么关系呢？从伊川对"体用一源，显微无间"命题的使用来看，它们应该是一种共时性关系，而非一种时间先后的关系。关于体用的先后问题，伊川在论及咸、恒两卦时曾明确说："咸恒，体用也。体用无先后。"⑥ 这里所谓的先后，就是指时间方面的关系，所谓的"无先

---

① 《二程集》，第1182页。
② 《性理群书句解》，华东师范大学出版社，2018年点校本，第140页。
③ 《二程集》，第124页。
④ 《二程集》，第133页。
⑤ 《二程集》，第161页。
⑥ 《二程集》，第119页。

后"就是指二者共时性的关系。

二 朱子对"体用一源,显微无间"的阐释及运用

伊川之后,给予"体用一源,显微无间"这个命题高度重视的当推朱熹及其讲友张栻。① 张栻在《癸巳论语解》中三次使用了这一命题,一次是解释《论语》中的忠恕一贯,② 一次是解释《论语》中的"知者动,仁者静"③,还有一次是解释《论语》的"孔子五十以学易"。④ 张栻以体用阐发忠恕明显是继承了伊川对《论语》的解释,只不过比伊川进一步,他将对忠恕的解释上升到"体用一源"的高度。张栻论"孔子五十以学易"时与体用相关的文字则是直接引用了伊川《易传序》的内容,并无进一步的解说。在论"仁者动,知者静"的内容中,张栻使用了"动静交见,体用一源"的说法,⑤ 也是直接使用"体用一源"这一命题来说明仁知动静的关系。在《癸巳孟子说》中,张栻引用了伊川关于敬义关系的讨论,说明《孟子》中对乡人长者发自内心的尊敬就是义的基础,从而说明"义内"。为了说明敬义关系,张栻使用了"体用一源"的说法。⑥ 另外,在《南轩集》的《答吴晦叔》中,张栻两次提到了"体用一源,显微无间"命题,一次是和吴晦叔讨论"太极"的问题,显然涉及对《周易》"太极"概念的理解,在其中,张栻说"体用一源,显微无间,其太极之蕴欤";另外一处,张栻在给吴晦叔的答书中,提到了朱子的"太极之论",并说"易有太极,而体用一源可见矣"。⑦ 另外,在《答朱元晦秘书》的三封书信之一中,张栻与朱子讨论了对"仁"概念的理解问题。在其中,张栻指出在人心未发时,存在于性中的爱之理,是仁之体;人心在已发时,将爱施加到外物上,则为仁之用。张栻

---

① 朱子、张栻之前,胡宏在《五峰集》卷2,胡寅在《斐然集》卷25 中各使用过一次"体用一源"的命题,但均未对其有进一步的阐发,参见《胡宏集》,中华书局,1987 年点校本,第135 页;《斐然集》,岳麓书社,2009 年点校本,第523 页。
② 《张栻集》,中华书局,2015 年点校本,第129 页。
③ 《张栻集》,第152 页。
④ 《张栻集》,第162 页。
⑤ 《张栻集》,第152 页。
⑥ 《张栻集》,第543~544 页。
⑦ 《南轩先生文集》,华东师范大学出版社,2010 年点校本,第305、307 页。

评论说:"体用一源,内外一致,此仁之所以为妙也。"①

可以看出张栻对"体用一源,显微无间"这一命题的使用,除了继承了伊川关于体用的一些说法外,已经尝试将其运用到更多文体的解释中,从而使得这一命题突破了易学诠释的范围,具有了普遍的方法论意义。更为值得重视的是,张栻将这一命题与太极概念联系起来,这一点也与朱子有不谋而合之处,关于这一做法的意义,我们后面再讲。

尽管张栻多处使用了这一命题,并将其上升为普遍的原则,但他并未对这一命题的内涵给出解说。而真正认识到这一命题的重要意义,并给予清楚解释的则是朱子。

> 至于体用一原、显微无间之语,则近尝思之。前此看得大段卤莽,子细玩味,方知此序无一字无下落,无一语无次序。其曰"至微者,理也;至著者,象也。体用一原,显微无间"。盖自理而言,则即体而用在其中,所谓一原也;自象而言,则即显而微不能外,所谓无间也。②

从这段话可以看出,朱子曾对这一命题有着持久深入的思考。朱子此处解释的一个显著特点就是并不仅仅将"体用一源(原)"与"显微无间"看成分别从体用与显微角度论述理象关系的不同表达方式,而是认为"体用一源"是从理的角度来谈论理象关系:理为体,象为用,体用不离,提起体,用就蕴含其中,从而提起理,象也自然包含其中,这就是所谓的"一源"。至于如何是"一源",朱子此处其实并未交代得很清楚。而所谓"显微无间",则是从象的角度来谈理象关系:象显而理微,至显之象中即包含至微之理,所以象理二者是"无间"。从朱子的解释来看,"显微无间"的"无间"虽然意义有待进一步澄清,但可以肯定的是,此时显与微是一种共在的一体关系。至于朱子理解的"体用一源"的"一源",究竟是指体用二者同时具有同源关系,还是指用潜在地就包含于体中,从而体就是其来源,尚不能确定。从朱子的另外一段话看,朱子对"体用一源"的理解应该属于后者:

> "体用一源",体虽无迹,中已有用。"显微无间"者,显中便具微。

---

① 《南轩先生文集》,第319页。
② 朱熹:《答汪尚书》,《朱文公文集》卷30,《朱子全书》,上海古籍出版社、安徽教育出版社,2002年点校本,第21册,第1306~1307页。

天地未有，万物已具，此是体中有用；天地既立，此理亦存，此是显中有微。①

如果"体虽无迹，中已有用"，那么这种体中之用也只能是一种用的潜在形式，而不可能是现实的功用或作用，因为根据这个命题的原意，用是体的外在显现，显现出来的用则一定"有迹"，而不是"无迹"。也就是说，朱子认为"体用一源，显微无间"命题中的"体用一源"是指，从体的角度来看，体中已经包含用的潜在形式，这一点从朱子上面一段话后面部分关于天地与万物之理关系的举例中也可以看出。朱子认为，即使天地没有发生，作为万物之体的无形之理已经存在，在这一意义可以说"万物已具"，但万物的这种存在只是一种逻辑上的可能，并没有现实地实现出来。这就是"体虽无形，中已有用"。当然，显著的天地万物产生之后，作为天地万物根据的隐微之理也就存在其中，这就是"显中有微""显微无间"。

朱子对"体用一源"的分析，其本意可能是想说明体在逻辑上的本源性，但也潜在地包含一种倾向，即认为存在一个本体世界，由此表现为或产生出纷繁的作用世界，有体方有用，体立才能用行。

朱子对"体用一源，显微无间"命题非常重视，不仅将其视为伊川解《易》的重要原理和方法，而且将其视为具有普遍的本体论意义的原理，他认为这一命题与周敦颐的《太极图说》一样，是阐释世界本体的重大理论。这一点我们可以从他对邵雍理论的评价中看出：

汉卿问："一阳初动处，万物未生时"。曰："此在贞、元之间，才见孺子入井，未做出恻隐之心时节。"因言："康节之学，不似濂溪二程。康节爱说个循环底道理，不似濂溪二程说得活。如'无极而太极，太极本无极'；'体用一源，显微无间'，康节无此说。"方子。广录见下。②

朱子在此除了对康节理论进行解释评价以外，特别将其与濂溪的"无极而太极""太极本无极"，伊川的"体用一源，显微无间"理论进行比较，

---

① 黎靖德编《朱子语类》卷67，中华书局，1986年点校本，第5册，第1654页。
② 黎靖德编《朱子语类》卷71，第5册，第1794页。

认为康节的主要理论是一种循环论,有些固定死板,不及濂溪、伊川的理论灵活。从中我们也可以窥测到朱子并不是在一般意义上肯定濂溪、伊川的这两组哲学命题,而是将他们提高到元理论的层次。此外,朱子并不是简单地将濂溪、伊川的命题排比于此,而是认为它们都揭示了宇宙根本之道,彼此具有相通性。这一点,我们从弟子黄榦对朱子学术的评价中可以看出:

> 濂溪周先生不由师传,洞见道体,推无极太极以明阴阳五行之本,人物化生,万事纷扰,则定之以中正仁义,而人极立焉,盖与河图洛书相为表里。周子以授伊洛二程子。程子所言道德性命皆自此出,而微词奥义,学者未之达也。新安朱先生禀资高明,厉志刚毅,深潜默识,笃信力行,体用一源、显微无间之旨超然独悟。而又条画演绎,以示后学,周程之道,至是而始著矣。①

黄榦从道统意义上肯定了朱子的学术贡献。他描述了从周敦颐到朱子的道统传承:濂溪洞见了宇宙的根本之道,将其表现在《太极图说》中,并传授给二程兄弟。二程兄弟哲学的很多内容就是来自这个宇宙根本之道,只是学者并没有真正了解其中的"微词奥义"。黄榦所谓的"微词奥义"是什么呢?从黄榦的表述来看,它应该是指"体用一源,显微无间"这一命题及其中包含的深意。黄榦认为,朱子独自体悟到了这个命题的深意,又将其加以系统的整理并演绎出来,以便让后学容易领悟,从而使得周程之道重现光显。也就是说,朱子不仅体悟到"体用一源,显微无间"所具有的本体论意义,而且认为伊川的这一命题是对濂溪《太极图说》道体理论的继承,从而具有道统的意义。黄榦的这个概括是否属实呢?上海商务印书馆1937年出版的万有文库本《周子全书》收有朱子的《太极图说解》,与他本小异,比通行本多出了一些小注,其中有一段解文如下:

> 是以自其著者而观之(小注:是就阴阳上看),则动静不同时,阴阳不同位,而太极无不在焉(小注:可见道之显微而无间也)。自其微者而观之(小注:言就太极上看),则冲漠无朕而动静阴阳之理已悉具

---

① 黄榦:《鄂州州学四贤堂记》,《全宋文》,上海辞书出版社、安徽教育出版社,2006年点校本,第288册,第392页。

于其中矣（小注：可见道之体用一原也。以上二段是合说理气。）①

从小注可以明确看出，朱子认为《太极图说》的主要理论与伊川的"体用一源，显微无间"理论是完全相通的，甚至可以互相诠释。从中我们也可以进一步了解朱子对"体用一源，显微无间"的理解。朱子认为《太极图说》中的太极就是理，阴阳就是气。理与气是什么关系呢？从显在的阴阳动静的角度来看，尽管它们具有不同的时空形态，但隐微的太极之理始终存在其中，这就是"显微无间"。从隐微的太极之理的角度来看，虽然太极之理没有任何形迹朕兆，但是阴阳动静之理已经全部存在其中，这就是"体用一原"。朱子在这里用"显微无间"对《图说》进行注解，其内涵比较容易理解：理为微，气为显，理气一体，故"显微无间"。但是，当他用"体用一原"对《图说》进行注解时，却包含歧解。在此，朱子只是从理的角度进行论述，朱子认为体用皆是指理。如果进一步分析的话，体应该是指太极之理，而用则应该是指动静阴阳之理。所谓的"体用一原"只能理解为：现象世界之理都源于同一个太极的理世界，这就是所谓的"一原"。

在上面《太极图说解》内，朱子明确使用了"体用一原，显微无间"命题作为注文。除此之外，在《太极图解》中，他虽然没有明确引用这一命题，但是却使用了体用的范畴来对其进行解说。在《太极图解》中，朱子说第一图表示太极，是"动而阳，静而阴之本体"。在解说第二图带有"阳动"字样的左半图时，朱子说这是"〇之用所以行也"，在解说第二图带有"阴静"字样的右半图时，朱子说这是"〇之体所以立也。"在《太极图解》后半部分，朱子用《太极图说》的内容来解说《太极图》，认为《图说》中"定之以中正仁义"中的"中""仁"可以对应第二图左半图的"阳动"，是"〇之用所以行也"，"正""义"可以对应第二图右半图的"阴静"，是"〇之体所以立也"。在《太极图说解》中解释"定之以中正仁义，而主静立人极"一段时，朱子使用了"必体立而后用有以行"的说法。在解说《图说》最后一段"立天之道曰阴与阳，立地之道曰柔与刚，立人之道曰仁与义"时，朱子使用了"故有三才之别，而于其中又各有体用之分焉"的说法。② 可以看出，朱子将其体用思想充分融入了对《太极图》《图说》的

---

① 万有文库本《周子全书》卷1，上海商务印书馆，1937年点校本，第7页。
② 《周敦颐集》，中华书局，2009年点校本，第1~7页。

解释中。

朱子对《太极图》《图说》的解释，不仅使用了体用的范畴，更重要的是他将体用与阴阳动静结合起来，提出了"必体立而后用行"的说法，由此得出了体先用后的思想。朱子的《太极图解》《太极图说解》一出，立刻引起了很多人的辩难，朱子在《附辨》中列举了时人对他的七点质疑，其中两点质疑与体用思想有关：

> 愚既为此说，读者病其分裂已甚，辩诘纷然，……或谓不当以仁义中正分体用，……又有谓体用一源，不可言体立而后用行者。①

朱子对这两条分别进行了回应，关于后一条质疑，朱子回应说：

> 若夫所谓体用一源者，程子之言盖已密矣。其曰"体用一源"者，以至微之理言之，则冲漠无朕，而万象昭然已具也。其曰"显微无间"者，以至著之象言之，则即事即物，而此理无乎不在也。言理则先体而后用，盖举体而用之理已具，是所以为一源也。言事则先显而后微，盖即事而理之体可见，是所以为无间也。然则所谓一源者，是岂漫无精粗先后之可言哉？况既曰体立而后用行，则亦不嫌于先有此而后有彼矣。②

有人怀疑朱子在《太极图说》中"体立而后用行"的说法与伊川"体用一源"说法的本义不合。从朱子的回应来看，我们猜测质疑者可能认为伊川"体用一源"的说法应该是指体用并存，而朱子"体立而用行"的说法，则意味着体用有先后之别，因此如果遵循伊川"体用一源"的本义，就不能使用"体立而后用行"的说法。朱子回应说，伊川的这个说法其实非常缜密。"体用一源"是就"至微之理"方面说：理虽无形迹朕兆，但是现实事物之理都清楚地存在其中。而"显微无间"则是从"至著之象"上说，隐微之理就存在其中。从理的方面谈起，理为体，事物为用，所以在措辞上是"体"先"用"后，因为说到体，（作为事物的）用之理已经包含其中，所以说体用二者是同一来源（万理同出一源）。从事的方面说起，之所以在措辞上先"显"后"微"（事显理微），因为提起事，理实际上就存在其中，

---

① 《周敦颐集》，第8页。
② 《周敦颐集》，第10页。

即事可以见理，所以事理并不存在间隔（无间）。正是建立在这样一种理解之上，朱子认为伊川所说的"一源"并不是指体用二者不加分别的同源共在，而是认为体用二者有精粗先后之别。言外之意，体用二者相较，体为先为精，用为后为粗，用之理全部来自体，此之谓"体用一源"。最后，朱子说，自己在《太极图说解》中既然使用了"体立而后用行"的说法，也就不避讳别人对自己先有体（此），后有用（彼）的怀疑。

需要指出的是，在朱子看来，就宇宙整体而言，太极之理的存在与万物的生化并非一种时间先后关系。朱子"先体后用""先显而后微"的说法，实际上想表达这样一种看法：太极之理是万物的本体，是万物的共同来源，万物则是太极之理的作用和表现，"由体而达用"：

> 自太极至万物化生，只是一个道理包括，非是先有此而后有彼。但统是一个大源，由体而达用，从微而至著耳。①

也许，朱子是为了强调作为太极之理的逻辑上的优先性，才使用"先体后用""体自先有""必体立而后用得以行"等具有歧义性的说法，这些说法与其"理先气后""理生气"的说法类似，都不能简单地视为一种时间的先后关系。

在改定了《太极图说解》，并写了一篇回应质疑的文章之后，朱子应该是将其一起寄给了吕祖谦征求意见，吕祖谦看过之后，回信说：

> 向承示以改定《太极图论》《解》，比前更益觉精密。……所先欲请问者，如《易传序》"体用一源，显微无间"，先体后用、先显后微之说，恐当时未必有此意。②

---

① 黎靖德编《朱子语类》卷94，第6册，第2372页。
② 吕祖谦：《与朱侍讲》，《东莱吕太史集》别集卷7，《吕祖谦全集》，浙江古籍出版社，2017年点校本，第374页。中华书局本《周敦颐集》中将朱子回应质疑的文字题为"附辨"，并有校记一条，"'附辨'原作'论曰'，据张本、董本改"。上海古籍出版社、安徽教育出版社本的《朱子全书》此处亦作"论曰"，应该是朱子著作的原貌。只有知道这一点，才不至于把吕祖谦在回信中所说的《太极图论》《解》误认为《太极图说解》。今本《太极图说解》中，根本不存在关于"先体后用""先显后微"的内容。吕祖谦质疑的内容是出于朱子《太极图说解》后那篇回应质疑的论文，朱子当时是以"论曰"的形式，附于《太极图说解》之后。

吕祖谦先是表扬朱子的改定本比以前更为"精密",进而表示自己对其中的很多内容还没有完全弄明白,因此要先花时间好好消化一下,然后再行请教。目前,他姑且先提出一个疑问。有意思的是,吕祖谦和上述的质疑者一样,同样认为朱子"先体后用""先显后微"的解释不一定符合伊川《易传序》的本义。朱子可能后来又有答书对此进行进一步解释,但吕祖谦似乎并没能完全解除对此的怀疑,有关这一点,可以从张栻给朱子的信中看出:"伯恭昨日得书,犹疑《太极说》中体用先后之论。"①

从上面的分析看,我们认为,朱子对"体用一源,显微无间"这一命题的解释,和伊川本义之间存在一定的紧张。在伊川那里,"体用一源"与"显微无间"中的"一源""无间"只是表示理象关系密不可分,一体融贯的关系,未必是指从理、象两面的不同表达。从伊川"体用无先后"的说法,也可以推测"体用一源"是指体用的同源共在,而不是一种先体后用的关系,这是一点。另外一点,朱子不仅将伊川的这一原本限于易学诠释的命题上升为一个普遍性的最高哲学原理,同时也将其与周敦颐的《太极图说》的宇宙本体论联系起来,在某种程度上创造性地重构了周敦颐与二程之间的道统联系。同时,由于朱子是理本论者,为了强调理世界的本体地位,所以他在理气关系上经常主张"理先气后",尽管朱子是用此表示一种本体论上的逻辑先后关系,但也引起了不少人的误解,认为这是一种时间的先后关系。为了从宇宙本体论角度建构其理气论,朱子高度重视周敦颐的《太极图说》,将理气论融入《太极图说解》中。可以说,朱子以"先后精粗""体立而用有以行"来诠释伊川的"体用一源",某种程度上与其视理为世界本源、理先气后的看法有密切联系。此外,为了在文本上贴合《太极图说》中"动而生阳""静而生阴",以及"主静"(静为主)的理论,朱子将对"体用一源"的解释偏向于从本体上看,从而将其诠释为"冲漠无朕而万象昭然已具""举体而用之理已具"。总之,多种原因导致了朱子对伊川"体用一源"命题的深刻"误解",从而偏离了伊川体用不分先后、同源一致的原初意涵,走向了体先用后、"体立而后用有以行"的模式。

朱子的体用观不仅是一种有关宇宙整体的普遍原理,也是一种具体的哲

---

① 《南轩先生文集》,第315页。张栻所说的《太极说》应当是指朱子对《太极图说》的注解,严格来说,其中应该包括《太极图说解》及"论曰"之后的内容。

学方法，朱子常用它来分析具体事物，在这些场合，"先体后用"的思想往往就不仅仅是一种逻辑关系，也是一种时序关系：

问："前夜说体、用无定所，是随处说如此。若合万事为一大体、用，则如何？"曰："体、用也定。见在底便是体，后来生底便是用。此身是体，动作处便是用。天是体，'万物资始'处便是用。地是体，'万物资生'处便是用。就阳言，则阳是体，阴是用；就阴言，则阴是体，阳是用。"①

体是这个道理，用是他用处。如耳听目视，自然如此，是理也；开眼看物，着耳听声，便是用。②

人只是合当做底便是体，人做处便是用。譬如此扇子，有骨，有柄，用纸糊，此则体也；人摇之，则用也。如尺与秤相似，上有分寸星铢，则体也；将去秤量物事，则用也。③

譬如扇子，只是一个扇子，动摇便是用，放下便是体。④

如水之或流，或止，或激成波浪，是用；即这水骨可流，可止，可激成波浪处，便是体。如这身是体；目视，耳听，手足运动处，便是用。如这手是体；指之运动提掇处便是用。⑤

在朱子看来，就具体事物而言，体是事物的存在本身，用则是指事物的运用（或事物发挥其功能、作用）。推广到抽象的道理上，具体的道理是体，对具体道理的运用则是用。这些说法都可以概括为一句话："见在底便是体，后来生底便是用。"

既然在具体事物上，体用可以有时间的先后之别，那么此时如何讲"体用一源"呢？在这些场合，朱子更多讲体用"只是一个事物"，"便只是一物"，具体而言就是，每一事物都有其存在（体）和运用（发用），运用（发用）不能离开其存在（体）。尽管事物不一定时刻都处在运用中，但是运用总是某事物的运用，运用离不开事物，运用时的事物与未运用之前的事物是

---

① 黎靖德编《朱子语类》卷6，第1册，第101页。
② 黎靖德编《朱子语类》卷6，第1册，第101页。
③ 黎靖德编《朱子语类》卷6，第1册，第102页。
④ 黎靖德编《朱子语类》卷94，第6册，第2372页。
⑤ 黎靖德编《朱子语类》卷6，第1册，第101页。

同一个事物。如果在事物上可以说"体用一源"的话,也许应该这样理解。

> 安卿问"全体大用"。曰:"体用元不相离。如人行坐:坐则此身全坐,便是体;行则此体全行,便是用。"①
>
> 忠、恕只是体、用,便是一个物事;犹形影,要除一个除不得……忠与恕不可相离一步。②
>
> 忠是体,恕是用,只是一个物事。如口是体,说出话便是用。不可将口做一个物事,说话底又做一个物事。③
>
> "若把作体、用说,恐成两截。"曰:"说体、用,便只是一物,不成说香匙是火箸之体,火箸是香匙之用!如人浑身便是体,口里说话便是用。不成说话底是个物事,浑身又是一个物事!"④

将此点延伸到作为宇宙整体的分析上,太极之理是万物的本体,万物是太极的发用（运用）,先有太极之理,才能有万物的发用,体先而用后,"体立而后用有以行"。同时,不管太极之理发用与否,太极之理总是存在。朱子在本体论上所说的"体用一源",其实就是在这一意义上说的,即太极之理是万物发生的"一源"。不过,具体事物上的这种体用模式在转移到论述太极和万物关系时,却存在一个困难:宇宙是无限的,没有开始,也没有终结（动静无端,阴阳无始）,如何存在太极不发用的时候？就具体的一个人的坐与行而言,我们固然可以说坐时的身体是体,身体的行动是用,存在只有身体而没有活动的时候,但作为整体的宇宙,没有开端与结束,时刻处在动静循环的运动之中,作为本体的太极如何有不发用的时候？尽管在《语类》中朱子说:"盖静即太极之体也,动即太极之用也。譬如扇子,只是一个扇子,动摇便是用,放下便是体。"⑤ 但这只是站在太极的角度,来谈太极自身的存在及其发用,并不是在现实的时空序列中来谈论太极先有不发用的时候,然后由此再发用为万物。

朱子的体用思想也体现在其心性论中。乾道己丑（1169）之悟之后,朱

---

① 黎靖德编《朱子语类》卷16,第2册,第326页。
② 黎靖德编《朱子语类》卷27,第2册,第672页。
③ 黎靖德编《朱子语类》卷27,第2册,第672页。
④ 黎靖德编《朱子语类》卷27,第2册,第677页。
⑤ 黎靖德编《朱子语类》卷94,第6册,第2372页。

子就坚持心有体用，未发为心之体，已发为心之用。就心与性情的关系而言，心之体为性，心之用为情，心则兼包体用。

> 履之问未发之前心性之别。曰："心有体用。未发之前是心之体，已发之际乃心之用，如何指定说得！"①
>
> "心统性情"，故言心之体用，尝跨过两头未发、已发处说。仁之得名，只专在未发上。恻隐便是已发，却是相对言之。②

朱子所理解的《中庸》的未发是指内心无事、没有明显的情感念虑活动的平静状态，而已发则是指与外在事物接触、内心产生明显情感念虑活动的状态。"方其未有事时，便是未发；才有所感，便是已发。"③"'喜怒哀乐未发谓之中'，只是思虑未萌……只是这个心自有那未发时节，自有那已发时节。"④"才涉思，即是已发动。"⑤ 因此在朱子看来，未发、已发是有时间先后之别的。就一个具体的情感的产生过程而言，一定首先是内心没有这种情感，然后才产生出这种情感。既然未发、已发指人心的相对静止、明显活动两种不同状态，且未发为体，已发为用，那么体用也应该有先后之别，即体先用后。

《中庸或问》记载：

> 曰：然则中和果二物乎？曰：观其一体一用之名，则安得不二？察其一体一用之实，则此为彼体，彼为此用，如耳目之能视听，视听之由耳目，初非有二物也。⑥

中和对应体用，其关系恰如耳目之于视听，虽然视听之时不能没有耳目，但耳目却有未视未听之前，和已视已听之后。所以，对应中和的体用，当然有先后之别。而且，只有先有未发之中，然后才能有已发之和，未发之中是已发之和之体，已发之和是未发之中之用。对应中和的体用，也遵循

---

① 黎靖德编《朱子语类》卷5，第1册，第90页。
② 黎靖德编《朱子语类》卷5，第1册，第94页。
③ 黎靖德编《朱子语类》卷62，第4册，第1509页。
④ 黎靖德编《朱子语类》卷62，第4册，第1509页。
⑤ 黎靖德编《朱子语类》卷62，第4册，第1509页。
⑥ 朱熹：《中庸或问》，《朱子全书》，第6册，第559页。

"体立而后用有以行"的原则。在《中庸章句》中,朱子在注解"致中和,天地位焉,万物育焉"时就明确说:"是其一体一用虽有动静之殊,然必其体立而后用有以行,则其实亦非有两事也。"①

不仅如此,朱子认为《中庸》对应中和的体用,也可以用"体用一源"的命题进行解释。

> 故《中庸》首章言"中""和"之所以异,一则为"大本",一则为"达道"。是虽有善辨者,不能合之而为一矣。故伊川先生云:"大本言其体,达道言其用。"体用自殊,安得不为二乎?学者须是于未发已发之际识得一一分明,然后可以言体用一源处。然亦只是一源耳,体用之不同,则固自若也。②

上文内容出自朱子给吕祖谦的回信。在此之前,吕祖谦写信给朱子,认为朱子在解释《中庸》首章时,将中、和与天地位、万物育分别对应的解释过于分析,他主张天地位、万物育二者不能分作两项与中和对应解释。然后吕祖谦又质疑杨时"中故天地位焉,和故万物育焉"的说法与子思"致中和则天地位焉,万物育焉"的说法气象不类。③ 吕祖谦在信中并没有涉及"体用一源"的问题,但是朱子在答书中,却将"体用一源"命题也牵涉其中。朱子认为,应该遵循伊川的解释,清楚区分未发已发与中和的体用关系,然后才可以谈论"体用一源"。朱子之所以在这里要涉及"体用一源"的命题,主要是因为在《太极图说解》中有关"体用一源"的问题上,他一直和吕祖谦存在分歧。这一点我们在前面已经讨论过。吕祖谦解书比较浑融,而朱子则喜好分析,字分句解,因此在对有些经典文本的解释上,二者经常存在不同意见。尤其是,在"体用一源"的问题上,二者的分歧比较大,以致朱子在和张栻讨论对《中庸》"君子之道费而隐"章中"费""隐"二字的理解时,朱子仍不忘挖苦吕祖谦:"其他如首章及论费隐处,后来略已修改如来喻之意。然若必谓两字全然不可分说,则又是向来伯恭之论体用一源矣。如何如何?"④

---

① 朱熹:《中庸章句》,《朱子全书》,第6册,第33页。
② 朱熹:《答吕伯恭问龟山中庸》,《朱文公文集》卷35,《朱子全书》,第21册,第1520页。
③ 吕祖谦:《中庸集解质疑》,《东莱吕太史集》别集卷16,《吕祖谦全集》,第545页。
④ 朱熹:《答张敬夫》,《朱文公文集》卷31,《朱子全书》,第21册,第1342页。

可以看出，朱子在以体用范畴来讨论《中庸》的未发已发问题时，其思路与解释《太极图说》的思路是一致的，即：人心有未发、已发，未发是其体，已发是其用，先体而后用，体立而后用行。建立在这样一种体用观上，朱子发展出二元的工夫论，即在未发、已发的体用两方面都要做工夫：未发时，要用静而存养的工夫；已发时，要用动而省察的工夫。朱子在《中庸章句》中认为，"戒慎恐惧"是指未发时存养的工夫，所以是"存天理之本然"，而"慎独"则是指念虑初萌时，已发省察的工夫，所以是"遏人欲于将萌"。[1]

> 圣人将那广大底收拾向实处来教人，从实处做将去，老佛之学则说向高远处去，故都无工夫了。圣人虽说本体如此，及做时，须事事着实，如礼乐刑政文为制度处处都是，体用动静互换无端，都无少许空阙处。若于此有一毫之差，则便于本体有亏欠处也。（《朱子语类》卷六十四）

在这里，朱子指出圣人之教与佛老之学的差别，根本在于佛老之学"无工夫"，不像圣学工夫"体用动静互换无端"。从此可以看出，朱子一方面将体用与动静对应，另一方面，则强调在体用两方面都要用工夫。因此我们认为，朱子的工夫论与体用观有着密切的联系。

总而言之，朱子使得伊川的"体用一源"命题超出了易学的范围，上升为普遍的哲学原理和方法。进一步，他还将这一命题与周敦颐的《太极图说》联系起来，并将其运用到对《太极图说》的解释中，从而成功地将周、程之间在宇宙本体论方面的裂缝弥合起来，而这一切都与他能够"超然独悟"于"体用一源，显微无间"这一命题的意义有密切关系。更为重要的是，朱子对这一命题进行了深入的阐发，创造性地"误解"，从而发展出一套关于体用关系的独特看法，即：体先用后，"体立而用有以行"，"举体而用之理在其中"。其中，所谓的体先用后，在宇宙本体论方面，主要是为了强调太极之理的逻辑优先性，并非意指存在一个孤立的本体世界。朱子在理气论方面"理先气后"的很多言论，也应当在这样的意义上理解。落实到具体的事物或道理之上，朱子的体用思想主要是指存在的事物或道理（体）及其运用（用）的关系。这些地方的"体先而用后""体立而用有以行"的思

---

[1] 朱熹：《中庸章句》，《朱子全书》，第6册，第33页。

想，就既包含逻辑的含义，也包含时序的含义。特别是，朱子还将其体用思想运用到他心性论的建构当中，朱子认为，心也有未发（静）、已发（动），未发是体，已发是用，体先用后，未发已发具有时序性。同时，体发为用，用不离体，"体立而用有以行"。作为未发之体的心"备具众理"，已发之后的"万事"之理皆来源于其中，这就是"体用一源"，因此所谓"一源"是指理是万物的"一源"。由于将未发之体与已发之用视为先后、动静两种状态，所以朱子的工夫论也是二元的，即体用兼顾。在未发时，强调存养的工夫，在已发时，强调省察的工夫，由此构成了"静而存养，动而省察"的二元工夫论。

三　阳明之前学者对"体用一源"命题的理解以及对朱子体用观的批评

对于"体用一源，显微无间"，其实在朱子之前的学者已经有不同的理解。小程和杨时都将《易传》的"寂然不动，感而遂通"与《中庸》的未发已发对应起来互相解释。胡宏对此表示怀疑："又，寂然不动感而遂通天下之故，与未发已发不同。体用一源，不于已发未发而分也。宜深思之。"①胡宏认为，不应该用未发已发来对应"寂然不动，感而遂通"，原因是什么呢？胡宏在另外一个地方交代得比较清楚：

> 二先生，万夫之望，百世师表，所言但当信从，不可妄疑其失。然审问明辨，《中庸》之训也。有所未明，不敢但已，承举先君子之言为诲，怆然内伤，如见颜色。惟先君子所谓"不起不灭"者，正以"静亦存，动亦存"而言也，与易"无思无为，寂然不动，感而遂通天下之故"大意相符，非若二先生指喜怒哀乐未发为寂然不动也。某愚谓方喜怒哀乐未发，冲漠无朕，同此大本，虽庸与圣，无以异也；而无思无为，寂然不动，乃是指易而言，易则发矣。故无思无为，寂然不动圣人之所独，而非庸人所及也。惟无思无为，寂然不动，故感而遂通天下之故，更不用拟议也。"喜怒哀乐未发"句下，还下得"感而遂通天下之

---

① 《胡宏集》，第135页。

故"一句否？若下不得，即知其立意自不同，不可合为一说矣。①

胡宏认为，"寂然不动"本义是赞易，是描述圣人境界，不是一般人所能具有的境界，如果将其与未发对应，未发人人具有，则常人和圣人的境界就没有区别了。胡宏还特别指出，因为"寂然不动"是赞易，易就是变化，变化已经是已发，从这个意义上说，"寂然不动"也不是指未发。在文中，胡宏还特别提到了他的父亲胡安国"不起不灭"的说法，胡安国的原来说法如何？朱子在《答石子重》中说："因此偶复记忆胡文定公所谓'不起不灭心之体，方起方灭心之用，能常操而存，则虽一日之间百起百灭，而心固自若'者，自是好语。"② 胡宏所说的其父观点，当是指此。另外，胡宏的长兄胡寅在《斐然集》中有这样一段话，也论及"不起不灭"的问题：

> 子又曰："四端五典，起灭心也。有所谓自本自根，自古以固存者。"夫自本自根，自古以固存者，即起灭心是也。不起不灭心之体，方起方灭心之用。体用一源，显微无间，能操而常存者，动亦存，静亦存，虽百起百灭，心固自若也。③

从内容来看，胡寅对心的看法，也应该继承了其父胡安国的观点。胡寅在这里将心分为体用：起灭心是心之用，在起灭心之内尚有一个恒常不变的"不起不灭"的心体作为主宰。胡寅认为工夫的关键在于操持这个不起不灭的心体，使之无论动静都时刻存在，那么就不用担心作为其作用的"起灭心"的活动了。值得注意的是，胡寅将心体视为心的主宰，无论动静时都始终存在，动静则是其外在表现，可以看出，这种体用关系不同于朱子以未发已发、动静来区分体用的思想。胡寅认为他对心的这种看法，是符合"体用一源，显微无间"的思想的。显然，我们可以推断胡寅在这里对"体用一源，显微无间"的理解也不同于朱子。胡寅对体用的理解，确切地说，更接近于本体与现象的关系。本体表现为外在现象，现象以本体为内在根据，二者一体共在，胡寅所理解的"体用一源"应该是这一意义上的，我们认为他的这种理解可能更接近伊川的看法，而不同于朱子体先用后、由体发用的思

---

① 《胡宏集》，第 116 页。
② 朱熹：《答石子重》，《朱文公文集》卷 42，《朱子全书》，第 22 册，第 1921 页。
③ 《斐然集》，第 523 页。

维模式。

胡宏认为其父"动亦存，静亦存"的说法，与他对"寂然不动，感而遂通"的理解是一致的，而不同于伊川、杨时的看法。值得注意的是，胡宏在论述他对"寂然不动，感而遂通"理解的时候，也引用了"体用一源，显微无间"命题，并认为不能用未发已发来解释"寂然不动，感而遂通"。显然，胡宏所理解的"体用一源，显微无间"应该与以动静区分未发已发的思路不同。胡宏认为"寂然不动，感而遂通"是描述圣人之心在已发时的状态，此时的"体用一源"该如何理解呢？从他对其父观点的认同来看，他有可能认为，"感而遂通"就是描述心之用，而"寂然不动"则是描述心之体。心之用就是指心的起灭，即其外在表现，而心之体，则应该是指恒常不变的主宰，并不会因心的动静生灭的外在活动而改变。在给僧吉甫的一封信中，胡宏正面阐述了自己关于心性的看法：

> 窃谓未发只可言性，已发乃可言心，故伊川曰"中者，所以状性之体段"，而不言状心之体段也。心之体段，则圣人无思也，无为也，寂然不动感而遂通天下之故是也。未发之时，圣人与众生同一性；已发则无思无为，寂然不动感而遂通天下之故，圣人之所独。①

胡宏在这里提出了湖湘学派的一个重要观点，即"性是未发，心是已发"，他认为这一看法来自伊川。既然如此，则存在一个问题，即已发时候的心如何区分寂感？还有，如果寂感是描述心的本然体段，那么此时的"体用一源"中的"体用"，从何处区分？从上面的分析来看，胡宏应该是承认心有体用的，只不过他认为性与心似不能构成体用关系。胡宏在这里没有明说，但不管怎么样，通过胡宏对寂感的理解以及对其父观点的认可，我们可以推测他的"体用一源"思想与其父、兄的思想应该是一致的。

朱子早年虽从李延平问学，延平以"观喜怒哀乐未发气象"指导朱子，教导他要在未发心体上用工夫，但出于理性主义的性格以及强烈的知识兴趣，朱子对这种教法并未契入，不久李延平就去世了。后来，朱子与张栻定交、论学，接受了湖湘学派的观点，认为"凡言心皆指已发而言"，为学工夫重在"先察识后涵养"。己丑之后，朱子才自悟为学宗旨，形成了自己的

---

① 《胡宏集》，第115页。

看法，他认为心也有未发和已发，未发和已发时都要做工夫，从而发展出"静而存养，动而省察"的二元工夫论，从此与湖湘学派分道扬镳。

在己丑之悟之前的《中和旧说》中，朱子说：

> 盖通天下只是一个天机活物，流行发用，无间容息。据其已发者而指其未发者，则已发者人心，而凡未发者皆其性也，亦无一物而不备矣。夫岂别有一物拘于一时、限于一处而名之哉？……且以为虽先觉发明指示不为不切，而私意汩漂，不见头绪。向非老兄抽关启键，直发其私，诲谕谆谆，不以愚昧而舍置之，何以得此？①

此时的朱子认为，天运流行不息，人心也时刻发用，未发是指人心之性，不在已发之外，因此只能通过已发来体会。未发就在已发之中，并不存在于已发之外的别的时空。同时，朱子感谢张栻在这个看法上对他的启助。

在给张栻的另一信中，朱子引用了"体用一源"的命题：

> 而今而后，乃知浩浩大化之中，一家自有一个安宅，正是自家安身立命、主宰知觉处，所以立大本、行达道之枢要。所谓体用一源，显微无间者，乃在于此。而前此方往方来之说，正是手忙足乱，无著身处。道迩求远，乃至于是，亦可笑矣。②

在此书中，朱子认识到了心之主宰的重要，并反思了以前的看法，他认为，以前的看法尽管认识到了心体的流行不息，但是尚未认识到心的主宰作用，所以导致在现实中手忙脚乱，无法安身立命。朱子信中所说的"方往方来之说"出自早些时候他与张栻的另一封信：

> 自今观之，只一念间已具此体用，发者方往，而未发者方来，了无间断隔截处，夫岂别有物可指而名之哉？然天理无穷，而人之所见有远近深浅之不一，不审如此见得又果无差否？更望一言垂教，幸幸。所论龟山《中庸》可疑处，鄙意近亦谓然。又如所谓"学者于喜怒哀乐未发之际以心验之，则中之体自见"，亦未为尽善。大抵此事浑然，无分段

---

① 朱熹：《答张敬夫》，《朱文公文集》卷32，《朱子全书》，第21册，第1393~1394页。
② 朱熹：《答张敬夫》，《朱文公文集》卷32，《朱子全书》，第21册，第1392页。

时节先后之可言。今著一"时"字、一"际"字,便是病痛。当时只云寂然不动之体,又不知如何。《语录》亦尝疑一处说存养于未发之时一句,及问者谓当中之时,耳目无所见闻,而答语殊不痛快,不知左右所疑是此处否?更望指诲也。向见所著《中论》有云:"未发之前,心妙乎性;既发,则性行乎心之用矣。"于此窃亦有疑。盖性无时不行乎心之用,但不妨常有未行乎用之性耳。今下一"前"字,亦微有前后隔截气象,如何如何?熟玩《中庸》,只消著一"未"字,便是活处。此岂有一息停住时耶?只是来得无穷,便常有个未发底耳。若无此物,则天命有已时,生物有尽处,气化断绝,有古无今久矣。此所谓天下之大本,若不真的见得,亦无揣摸处也。①

朱子此书中的说法可以说代表己丑之悟之前对《中庸》的详细看法及思考,当然己丑之悟后,他彻底改变了看法,因此该书标题后有注文:"先生自注云:此书所论尤乖戾。所疑语录皆非是。"从该书"一念之间已具体用"的说法来看,体用一体同时,并无先后。朱子此时反对将《中庸》的未发已发理解为时间方面相互接续,所以对于杨时"学者于喜怒哀乐未发之际以心验之则中之体自见"的说法表示不满,认为杨时不应该使用"未发之时""未发之际"这样的说法,这一看法与前文他对"拘于一时、限于一处"的批评是一贯的。此外,他还批评伊川语录中"存养于未发之时"的说法,以及伊川对弟子的另外一些答语。在信的末尾,他还与张栻讨论了其著作中"未发之前,心妙乎性,既发,则性行乎心之用矣"那句话,并对其提出了怀疑。在其中,他也批评张栻"未发之前"的说法容易给人一种感觉,即未发与已发相互"隔截"。最后,他谈了自己对《中庸》未发已发的理解:天命流行不息,处处是已发,而使其能够永远如此的根据就是未发,用他的话说,落实到人心上就是"一念之间而具此体用"。

也就是说,在己丑之悟之前,朱子其实对未发已发的理解与之后有很大差别。此时他认为未发与已发是共时关系,因此他反对从时间概念的先后、空间概念的前后来理解未发已发的关系。当然,朱子己丑之悟之前之所以有这种看法,是因为受了湖湘学派张栻心为已发、性为未发看法的影响。与此

---

① 朱熹:《与张钦夫》,《朱文公文集》卷30,《朱子全书》,第21册,第1316~1317页。

相联系，他对体用的看法也不同于后来的看法，而是认为体用一体同时，体为内在根据，用为体之外在表现，体用实质上是一种表里关系。由此，我们认为，此时他对"体用一源，显微无间"的理解也更接近于伊川的原意，即体用一体同源，融合无间，而不是一种先体后用、"体立而用有以行"的先后关系。

对于朱子成熟时期的体用思想产生怀疑的也不乏其人。元人陈天祥就曾在《四书辨疑》中说：

> 程子以不偏为中，吕氏以无过不及为中，二说之意本同，《注》文通言之是也。《或问》中却分两意说不偏在未发之前，说无过不及为见诸行事，以为方其未发未有过不及之可名，……《语录》曰：未发之中是体，已发之中是用，亦皆过论。凡言体用者乃是一物而有两分之名，如根梢枝叶相须为义耳。若以中和言之，中为体和为用乃可说也。单独一中而有体用之分，无是理也。夫中之在心，物来则应，犹镜中之明，刃中之利也。如以未照之明为体，已照之明为用，未割之利为体，已割之利为用，可乎？未照之明与已照之明只是一个明，未割之利与已割之利只是一个利，未发之中与已发之中亦只是一个中。不偏与无过不及亦只是一个意。言不偏则无过不及在其中，言无过不及则不偏亦在其中，只注文当为定说，《或问》之说不讲可也。①

在此段文字中，陈天祥质疑朱子在《或问》中将伊川的"不偏不倚"与吕大临"无过不及"的说法分别对应未发与已发的做法不当。由此，他认为朱子在《语录》中视未发之中、已发之中为体用的看法存在问题，进而表达了自己对体用的理解。陈天祥认为，凡是谈到体用，应该是指"一物而有两分之名"，就像树与梢、枝与叶相互需要，不能分离。因此不能说未发之中、已发之中互为体用，但是说未发之中、已发之和是体用关系却是可以的。陈天祥认为，仅仅从一个中字中，又区分出体用，于理不通。在他看来，人心之中，就好比镜子的明亮，刀刃的锋利。对镜子与刀而言，未照物时和已照物时，其明是一个；刀刃未割东西与已割东西，其锋利也是一个，因此未发之中与已发之中也是同一个，分不得体用。根据陈天祥的这个分析，他认为

---

① 陈天祥：《四书辨疑》卷14，文渊阁四库全书本。

对体用关系正确的理解应该是像镜与明、刃与利的关系，二者是"一物而有两分之名"，单独一个"中"字不能再区分体用。其实，陈天祥并不知道朱子体用论的一个重要之点，就是体中就可以包含体用，朱子将"体用一源"解释为"举体而用之理在其中"，就是在体中分体用。在思想成熟时期，朱子认为未发之中为体，其中就包含已发之理（已发之中），他是在这个意义上谈"一源"，他所谓的"一源"，就是理世界。

陈天祥之后，元代吴澄在对朱子有关"体用一源，显微无间"命题的解释中，也不点名地提出了质疑：

> 程子曰："至微者，理也。至著者，象也。体用一原，显微无间。"澄按：此程子《易传序》中语也。盖至微之理者，体也，即来教所谓易之体者。然体之至微而用之至著者已同时而有，非是先有体而后有用也，故曰一原。至显之象而与至微之理相合为一，更无间别，非是显生于微也，故曰无间。①

吴澄在这里特别指出，伊川所谓的"体用一原"是指"至微之体"与"至著之象"是"同时而有，非是先有体而后有用也"，显然这一点是针对朱子"先体而后用"的说法。他认为程子所谓的"显微无间"也是指理象二者"相合为一，更无间别，非是显生于微"，也是针对朱子"先显后微"的说法。我们认为吴澄的解释可能更符合伊川原意。

四　阳明及其弟子薛侃的"体用一源"思想

阳明的理论体系是经过对朱子思想的反思批判建构而成。在思想成熟时期，阳明激烈批评朱子学"支离"，故处处提倡"合一"，刘宗周曾评论他："即知即行，即心即物，即动即静，即体即用，即工夫即本体，即下即上，无之不一，以救学者支离眩鹜，务华而绝根之病，可谓震霆启寐，烈耀破迷，自孔、孟以来，未有若此之深切著明者也。"②

---

① 吴澄：《答田副使第二书》，《全元文》，江苏古籍出版社，1998年点校本，第15册，第91页。
② 黄宗羲：《师说》，《明儒学案》，中华书局，2008年点校本，第6页。

不过，阳明早年曾读朱子之书，并未彻底摆脱朱子成说的影响，在体用等方面，还可以看出他在有些地方维护朱子的说法。正德辛未（1511），阳明33岁，还在龙场悟道之前，他曾经有一封书信与汪石潭讨论《中庸》的未发已发问题。汪石潭，名俊，《明儒学案》有传，其学颇宗程张，而于朱子的说法多有评弹。石潭于《中庸》未发之说，颇主心为已发，性为未发，而批评朱子之说：

> 心有动静，一语一默，一寐一寤，动而阳，静而阴，若流行之用，而本体则性也。无声无臭，寂然不动，无语默寤寐之间者也。程子《论中书》有谓"凡言心者，皆指已发而言"。盖谓此也。既又自以为未当，曰"心一也，有指体而言者"。自注云："寂然不动是也。""有指用而言者。"自注云："感而遂通天下之故是也。惟观其所见如何耳！"盖合心性而一言之，与前说初不相庚也。《正蒙》"性者感之体，感者性之神"，以感言心，与程子一说。朱子谓"寂然者感之体，感通者寂之用"，其言是已。而继之"人心之妙，其动静亦如此"，恐非程、张之旨。①

汪石潭认为，人心随着日常生活的语默、寤寐，会有阴阳动静的相互转化，这可以视为人心流行变化之用，而性作为心之本体，声臭俱无，尽管无法用感官直接感知，却时刻存在，贯穿于日常生活的语默、寤寐之中。建立在这一看法之上，他认为伊川"凡言心者皆指已发而言"，其确切内涵应当如此。伊川区分体用言心的说法，实际上就是从未发、已发，即心性两方面谈论心，与"凡言心者皆指已发而言"的说法并不矛盾。张载的"感者性之神"的说法，也是从感应，即已发的角度说心。由此，他认为朱子"寂然者感之体，感通者寂之用"的说法，如果是指未发之性为体，已发之心为用，则是对的，但朱子认为体用是人心的动静两种状态，却恐怕不是程、张的本旨。可以看出，汪石潭对《中庸》未发已发、体用的理解其实和湖湘学派的观点不谋而合。通过他对心性、未发已发关系的论述，我们可以判断，他说的体用，其实是一种内在本体与其现实活动的关系，因此体用是一种共时性的一体同源关系。

---

① 《明儒学案》卷48，第1144页。

阳明曾与汪石潭有书信往来，讨论《中庸》未发已发、体用问题：

> 来教云："昨日所论乃是一大疑难。"又云："此事关系颇大，不敢不言。"仆意亦以为然，是以不能遽已。夫喜怒哀乐，情也。既曰不可谓未发矣，喜怒哀乐之未发，则是指其本体而言性也。斯言自子思，非程子而始有。执事既不以为然，则当自子思《中庸》始矣。喜怒哀乐之与思，与知觉，皆心之所发。心统性情。性，心体也；情，心用也。程子云："心，一也。有指体而言者，寂然不动是也；有指用而言者，感而遂通是也。"斯言既无以加矣，执事始求之体用之说。夫体用一源也，知体之所以为用，则知用之所以为体者矣。虽然，体微而难知也，用显而易见也。执事之云，不亦宜乎？夫谓"自朝至暮，未尝有寂然不动之时"者，是见其用而不得其所谓体也。君子之于学也，因用以求其体。凡程子所谓"既思即是已发"，"既有知觉即是动"者，皆为求中于喜怒哀乐未发之时者言也，非谓其无未发者也。朱子于未发之说，其始亦尝疑之，今其集中所与南轩论难辩析者，盖往复数十而后决，其说则今之《中庸注疏》是也。其于此亦非苟矣。独其所谓"自戒惧而约之，以至于至静之中；自谨独而精之，以至于应物之处"者，亦若过于剖析。而后之读者遂以分为两节，而疑其别有寂然不动、静而存养之时，不知常存戒慎恐惧之心，则其工夫未始有一息之间，非必自其不睹不闻而存养也。吾兄且于动处加工，勿使间断。动无不和，即静无不中。而所谓寂然不动之体，当自知之矣。①

在信中，二人都认为这是一个重要的疑难问题。可能汪石潭在此前给阳明的书信中，主张心不可以未发言。因此，阳明在该信中的核心观点就是反驳他的这一观点，说明心也有未发。阳明不同意石潭的观点，他认为《中庸》的本义就是以性为未发为体，情为已发为用，心统性情。在他看来，伊川以心之寂感分体用的说法，也是同样的意思。阳明认为，如果石潭不信这样的理解的话，那么可以进一步研究一下体用理论。阳明随后提出了"体用一源"命题，认为其含义是指体用互相涵摄。阳明指出，了解了体表现为

---

① 王守仁：《答汪石潭内翰》，《王文成公全书》卷4，中华书局，2015年点校本，第179~180页。

用，也就了解了用表现体，只不过，体"隐微而难知"，用则"显而易见"，所以阳明推测石潭根据心的表现而说心无未发就可以理解了。阳明指出，石潭坚持，从早到晚，心没有寂然不动之时，就据此认为心无未发，只是说明他只认识到了心之用，而没体会到心之体罢了。学问的目的就是要通过心之作用来寻求其本体（因用以求体）。程子"既思即是已发""既有知觉即是动"的说法，都是为了矫正苏季明"求中于喜怒哀乐未发之时"的做法，并不是指心没有未发。阳明认为，朱子曾经对未发已发这个问题，下过很大工夫，因此朱子的理解并不是随便说出，自有其见地。朱子《中庸》注有问题的地方，是他对"戒慎恐惧"与"慎独"的解释过于分析，以致后来的读者产生误解，以为另外有静时存养的工夫。阳明认为《中庸》的本义是要人时刻做戒慎恐惧的工夫，不一定指静时才用存养工夫。阳明劝说石潭，暂且不管心是否有未发，只要在已发上持续不断地用工，就自然应当能了解到什么是未发之中。

可以看出，此时的阳明还是接受了朱子性体情用、心统性情的说法，并极力为朱子辩解。不过，他关于体用的看法，在实质上还是与朱子不同。他所理解的"体用一源"，就是指体用一体互涵的关系，而不是一种由体发用、先体后用的模式。阳明也反对将"喜怒哀乐未发"理解为一种时间状态，并进而将戒慎恐惧视为静时的存养工夫。他认为，戒慎恐惧的工夫时刻不能间断。另外，还可以看出，阳明此时也很重视体认未发的工夫，只不过他说的未发是指深层的心体，因此体认的工夫只能在已发的作用上用，也就是"因用以求体"。阳明的这一立场可以说贯彻终生。比如，在其思想成熟时期，当谈到正心与诚意的关系时，阳明就说"正心只是诚意工夫里面体当自家心体，常要鉴空衡平，这便是未发之中"[1]，"心之本体，那有不善？如今要正心，本体上何处用得功？必就心之发动处才可着力也"[2]。也就是说，欲求未发之体，只能通过在已发之用上做工夫。这也就是阳明在《别诸生》诗中所言："不离日用常行内，直造先天未画前。"[3]

阳明在龙场悟道之后，确立了为学宗旨，开始走向对朱子的批判，此时他开始批评朱子以动静来区分心之体用的看法：

---

[1] 《王文成公全书》卷1，第43页。
[2] 《王文成公全书》卷3，第147页。
[3] 《王文成公全书》卷20，第939页。

试论朱子与阳明学体用观的差异

侃问:"先儒以心之静为体,心之动为用,如何?"先生曰:"心不可以动静为体用。动静时也,即体而言用在体,即用而言体在用,是谓体用一源。若说静可以见其体,动可见其用,却不妨。"①

我们知道,朱子在己丑之悟后,改变了心为已发的看法,认为心有未发已发,未发是指心相对静止的状态,已发则是指心相对活动的状态,未发为静为体,已发为动为用。薛侃问阳明如何看待这个问题,阳明回答说,心的体用问题与心的动静问题不可混为一谈,动静属于时态问题,即心在不同时间的表现问题。而体用问题与具有时间性的动静不同,体用是相互涵摄,一体同源的关系。从体上说,体就是用之体,就用而言,用就是体之用,体用同时存在,一体不分。如果非要将动静与体用相比较,探讨其间的联系的话,可以说在静时,本体更容易被认识,而动时本体的作用更容易显现。可见,阳明此时已经完全摆脱了朱子的影响,建立了自己"即体即用"的成熟的体用观。

在提出致良知宗旨之后,在阳明的理论体系中,良知就成了心之本体,一切现实的心理活动则成了良知之用。在《传习录》中,陆澄问道:"良知,心之本体,即所谓性善也,……中也,寂也,公也,既以属心之体,则良知是矣。今验之于心,知无不良,而中、寂、大公实未有也。岂良知复超然于体用之外乎?"② 陆澄的疑问是,既然未发之中、寂然不动、廓然大公这些都是指心之本体,心之本体也就是良知,那么反身体验,自己的良知没有问题,但自己的内心为什么却没有中、寂、大公这样的境界呢?难道是因为良知不属于体用,而居于体用之外?阳明回答说:"良知即是未发之中,即是廓然大公、寂然不动的本体,人之所同具者也。"阳明肯定良知就是中、寂、大公的本体,但认为本体会受物欲的影响,所以才不能具备中、寂、大公的境界。不过,阳明认为,尽管现实的境界有差别,但良知本体仍然存在,不会有丝毫改变。为学工夫就是要除物欲的昏蔽,恢复良知本体的本来面目。所以"体即良知之体,用即良知之用"③,没有超然于体用之外的良知。也就是说,人心现实的发用尽管不完美,但只能说是良知的发用受物欲影响所致,并不能证明它们不属于良知的发用的范围,跟良知没有关系,所以一切

---

① 《王文成公全书》卷1,第39页。
② 《王文成公全书》卷2,第77页。
③ 《王文成公全书》卷2,第78页。

现实的心理活动，均是良知体用的表现。

根据阳明体用同时、一体共在的观点，良知之体贯穿一切时空状态，即："'未发之中'即良知也，无前后内外而浑然一体者也。有事无事，可以言动静，而良知无分于有事无事也。"① 致良知工夫也不因时地而异，静也要致良知，动也要致良知。这样就实现了本体与功夫二者各自的一贯，以及二者的合一，解决了朱子学二元工夫论的"支离"问题。同时，理学中很多看似无法调和的命题在阳明体用论的视角下，也可以实现圆融无碍，如寂感、动静、未发已发问题。

> 寂然感通，可以言动静，而良知无分于寂然感通也。动静者所遇之时，心之本体固无分于动静也。理无动者也，动即为欲。循理则虽酬酢万变而未尝动也，从欲则虽槁心一念而未尝静也。动中有静，静中有动，又何疑乎？有事而感通，固可以言动，然而寂然者未尝有增也。无事而寂然，固可以言静，然而感通者未尝有减也，动而无动，静而无静，又何疑乎？无前后内外而浑然一体，则至诚有息之疑，不待解矣。未发在已发之中，而已发之中未尝别有未发者在；已发在未发之中，而未发之中未尝别有已发者存；是未尝无动静，而不可以动静分者也。②

在朱子学的系统中，与其先体后用的体用观相联系，寂感、动静、未发已发都是表示对立的时空状态，二者不能相互涵摄。如果放在阳明的体用观下，就不存在这些问题。阳明认为，就动静问题而言，从时空状态上说，动不可以为静，静不可以为动，动静相互排斥。如此"动中有静，静中有动，动极而静，静极而动""动而无动，静而无静"等命题就很难理解。但如果从体用的角度进行解释，顺应良知本体（天理）活动就是静，杂入欲念，不顺良知本体（天理）就是动。如果将上述两种动静观结合起来，就可以使上述命题得到合理的解释。寂然与感通的关系也是如此。从时态上说，寂感相互对立，但如果从本体上说，体现为用，用即涵体，将这两种观点结合起来，寂感也可以相互涵摄。未发已发的问题就更容易解决：在阳明那里，未发已发不是动静之别，而是体用关系，"未发在已发之中，而已发之中未尝

---

① 《王文成公全书》卷2，第79页。
② 《王文成公全书》卷2，第79页。

别有未发者在",未发是体,已发是用,体用同时,体只能存在于用,而用则是体的表现,二者一体互摄,圆融无碍。这很容易让我们想起现代新儒家熊十力"体用不二"的观点。

在这种观点下,即使周敦颐《太极图说》中"太极动而生阳,静而生阴"那种带有宇宙发生论色彩的说法,也可以获得一种本体论的解释。从体用的角度说,太极之理生生不已,就是"妙用无息",这就是"动而生阳";太极之理虽生生不息,但是太极之理却万古不变,即"常体不易",这就是"静而生阴"。① 这样就可以解决在解说《太极图说》时,将宇宙发生论与本体论纠缠在一起可能造成的诠释困境。

从上面这些分析来看,阳明的体用观可能更接近伊川的"体用一源"思想。体是深层的本体,用是体的外在表现,体乃用之体,用乃体之用,体用不二,圆融一体,二者不分先后。首先,这种体用观体现在心性论领域中则是,良知是心之本体,本体不离作用,良知之用就体现于一切心理活动(意)中,展现为万事万物(物),体用合一,无前后内外之别。致良知工夫必须在其作用上用,在万事万物上用,而意与物可以说是良知之用,因此致知离不开诚意、格物,此即"因用以求体",阳明"在事上磨练"的说法也与此有关,这样就可以避免只在未发之心上从事致良知工夫可能落入的虚寂。其次,阳明虽然强调体用合一,其工夫的主脑其实是在体(良知心体)上,尽管阳明坚持要在事事物物上从事致良知工夫,但是他是将良知体现的天理推扩到事事物物当中,并不会像朱子学在外物上格物穷理可能会陷入支离烦琐。最后,体用共时,良知作为贯通一切时空状态的本体,则可以保证致良知工夫的一贯性,避免二元工夫论可能带来的支离。当然,阳明的这些看法根本来说,都是建立在他对"体用一源"的理解之上的。

阳明的这种体用观,也影响了其后学。上文中曾向阳明询问体用问题的薛侃,就对这个问题抱有很大兴趣。

> "体用一源",语体即用在体,语用即体在用,非可离而二也。故管、商有管、商之体用,老、释有老、释之体用,谓其有用而无体,有体而无用,此后儒之误也。②

---

① 《王文成公全书》卷2,第79~80页。
② 《薛侃集》,上海古籍出版社,2014年点校本,第360页。

薛侃的这个理解，显然是继承了阳明的思想。不过，薛侃对此也有进一步的发展，那就是他强调体用永不分离，由此薛侃认为，过去儒者从体用角度对佛、老的批评都是有问题的，佛老之学自有其体用，只是不同于儒学的体用而已。

> 问："心，体也；事，用也。有其事必有其心，体用一也。亦有有其心而无其事，体用不有二乎？"曰："心即事，事即心，但有微著耳。微谓之心，事之几也；显谓之事，心之著也。有其心无其事者，几而未著，非谓无也。"①

薛侃认为，心事合一，从体用的角度来看，其实就是体用合一。不过，这种观点存在一个困难之处，容易受到质疑，即有时候有其心无其事，那么不就是体用为二了吗？薛侃是从微、著角度解决这一问题，他认为心事合一，心是微，是事之几（事之微小状态）；显是事，是心之著（心的显著表现），二者是同一个东西的显微两个方面。通常所说的"有其心无其事"，只不过是指事很隐微，并没有明确显现出来，而不是说真的无其事，从这个意义上说，此时体用合一仍然有效。

薛侃还有一段关于体用譬喻的讨论，可以帮助我们进一步理解体用关系的含义：

> 以木之根叶、水之源流为体用之喻，可谓明矣。细体之，根与叶、源与流，虽是一物，犹可截而为二，若体用则安得而二之？……盖其体犹镜之明，用犹镜之照，明、照非可离也；热为火之体，爔为火之用，爔、热非可离也。②

薛侃认为用根叶、源流比喻体用，虽然可以表示体用是同一物，但二者却表示一物的不同部分，因此仍然可以分而为二。比如，可以将树分为根与叶两个部分，而不影响其各自的存在；将水的源流分截断，源流也可以成为二物。不过，我们却不能说体用也可以像这样分割，因此薛侃认为用根叶和源流来比喻体用关系，并不准确。他认为关于体用关系更准确的应该是镜之

---

① 《薛侃集》，第116页。
② 《薛侃集》，第115~116页。

明与照，火之热与燔：有镜之明即有照物的功能，明与照不能分开；有火之热必有燔烧的功能，热与燔也不能分离。从薛侃对体用的譬喻可以看出，体用是一种同时的关系，而不是一种先体后用的关系。朱子对体用关系的理解，其实更接近根叶和源流的关系，先有根才能有叶，先有源才能有流，先有体然后才会生用。朱子的这种体用观，的确容易让人产生误解，认为有无体之用，无用之体，二者各自独立存在。这种看法，在薛侃看来就是体用二源。

薛侃对朱子在《太极图说解》中"体立而后用有以行"的说法也不以为然：

"说者以阳为善，阴为恶，静为体立，动为用行，又于阴阳动静之外别言本体，何如？"曰："太极，阴阳动静而已。动而无动、静而无静者，本体也。本体运行，动而为春为夏，静则为秋为冬。如谓阴恶阳善，则太极一边善一边恶已乎？以动静分体用，则春夏有用而无体，秋冬有体而无用已乎？且阴既恶，阴恶之中，体恶乎立？仁礼属阳，义智属阴，义智亦可谓恶乎？本体如在阳动阴静之外，则本体落空矣，又可乎？"①

朱子在《太极图说解》中，注解"五性感动而善恶分"中的"善恶分"时说"而阳善阴恶，又以类分"，朱子又在注解"定之以仁义中正而主静"时说"盖必体立、而后用有以行"。② 朱子在解《太极图》时说："此所谓无极而太极也，所以动而阳、静而阴之本体也。然非有以离乎阴阳也，即阴阳而指其本体，不杂乎阴阳而为言耳。"③ 在《朱子语类》中，当被问及仁义礼智的体用之别时，朱子回答说："仁礼属阳，义智属阴。"④ 薛侃对这些说法均表示不满，他认为太极就是阴阳动静的本体，并不是阴阳动静之外的本体。阴阳动静的本体运行不息，动而为春夏为阳，静而秋冬为阴。将动静分配体用，也会得出"春夏有用而无体，秋冬有体而无用"的结论。如果说太极本体在阴阳之外，那么本体就可能脱离阴阳动静的变化而悬空。总之，薛

---

① 《薛侃集》，第96~97页。
② 《周敦颐集》，第7页。
③ 《周敦颐集》，第1页。
④ 黎靖德编《朱子语类》卷6，第1册，第106页。

侃认为朱子在《太极图说解》中有关体用的很多说法是很成问题的。

其实，从朱子学的角度来看，先体后用，"见在的体，后来生的是用"，那么的确会给人一种感觉，即体用各为异时、异处，有体用为二的嫌疑。由此进一步推理，也会得出有体而无用，有用而无体的结论。

由体用合一，相即不离，自然可以引出在工夫论方面主张合一。薛侃说："学之功在用上立体，体上致用，苟分体用，必分动静，言易分晓，功夫难修。"① 所谓"用上立体"，与阳明所说的"因用以求体"意思一致。"体上致用"，也就是由体达用，也就是阳明所说的"盖体用一源，有是体即有是用"。薛侃在这里所说的"苟分动静"，并不是反对体用的区别，而是反对将体用分离为两个独立的存在，如此则会导致做工夫的困难。至于其困难和流弊，薛侃也有论述：

> 问："体用分否？"曰："体用一分，始有舍事求心谓为立体者，离心作事谓为应用者。于是有喜简厌烦，有穷高索隐，静癖动癖，忘己忘物，纷纷多岐多论，皆由是也。"②

也就是说体用分离可能造成工夫论上的流弊：一方面离用言体，离事言心，则可能喜简厌烦，远离日常生活，"穷高索隐"。另一方面，也可能逐用忘体，专注于外在的功利事务而失去自我。这两种做法，可能导致或守己而遗物，或逐物而忘己；或喜静厌动，或动而无静，由此造成工夫的支离分歧。

对于理学家最关注的未发已发问题，薛侃也表达了自己的看法，从中我们也可以看出薛侃对"体用一源"的理解：

> "喜怒哀乐未发谓中，发而中节谓和，不可将未发是一时，已发又是一时。未发是寂，已发是感，寂时未尝无感，感时未尝非寂。心体常感，原无两个时节。"一友问："未应事何以言感？"曰："常视常听便是感，鑑无时不照，心无时不感。程子所谓'体用一原，显微无间'，阳明先生所谓'其静也，常觉而未尝无也，故常应；其动也，常定而未常

---

① 《薛侃集》，第 130~131 页。
② 《薛侃集》，第 115 页。

有也，故常寂'，某向时所论扇及烛光之譬，皆是此意。"①

薛侃反对将未发已发看成时间先后关系，他从寂感的关系上来理解未发已发。他认为，心一直在感应活动，可以说是已发，其中安定宁静的一面即可以说是寂然不动，是未发，所以寂感一体，不分时节，未发已发也不是指两种时态。不过，说心一直处于感应活动的状态，则可能会受到质疑：未应事的时候，心的感应该怎么理解？薛侃回答说：我们在日常生活中，虽然有无事的时候，但不会没有视听的感官活动，有视听的感官活动就有心的感应活动。就好像镜子时刻都在发挥照的功能一样，人心无时不在感应。也就是说，心体无时不处于活动状态，可以说是心之用，而寂然不动的心体就存在其中，这就是伊川所说的"体用一源"在人心方面的体现。反之如果以动静分体用，就是"体用二致""体用二源，形影为二物"："如以动言发，以静言未发，则体用二致。"②"未发谓中，中节谓和，一齐见在，分拆不得。若以时地分得开，便是体用二源，形影为二物。"③

可以看出，薛侃与阳明的"体用一源"思想比较一致，而论述更为清晰、充分。薛侃关于体用的总的观点就是体用合一：无无体之用，亦无无用之体；体用同时，"一齐见在"，分不得先后；由体可以致用，即用可以见体。与这种体用观相联系的工夫论则是未发已发是一个工夫，"即用以求体"。基于这种理解，他对朱子体用观的诸多批评就不难理解了。

阳明后学中关注体用思想或"体用一源"命题的学者很多，即使没有直接关于体用思想的阐述，其运思模式也潜在地受这一思维影响，尤其是在聂双江与王龙溪、邹守益、钱德洪、欧阳南野、黄洛村等人的关于良知的辩论中，更可以看到"体用一源"思想的影响。聂双江与上述王门诸子，同样都坚持以"体用一源"为自己理论合理性的标准以及作为批评对方理论的依据，但其实双方对"体用一源"的理解并不相同。聂双江对"体用一源"的理解，更接近朱子的思想，即体用是一种先后的源流关系，而王龙溪等人则坚持"无前后内外而浑然一体"（王龙溪）、"寂感无二时，体用无二界"（邹守益）一类的说法，在体用观上，坚持体用同时（未发已发、动静、寂

---

① 《薛侃集》，第21页。
② 《薛侃集》，第48页。
③ 《薛侃集》，第58页。

感),二者相互涵摄,而反对以体用分先后。由此导致了二者在工夫论上的差别,前者坚持"执体以御用",后者坚持"即用见体"或"即用以求体"。某种程度上说,聂双江与王龙溪诸人体用观的差异和对立就是朱子和阳明对"体用一源"思想理解的差异和对立。这个问题其实对理解双方的"致知之辨"具有关键作用,值得深入研究,不过,鉴于篇幅的原因,这个问题只能留待以后了。

结 论

本文首先阐发了伊川"体用一源,显微无间"命题的含义,本文认为伊川的这个命题,本义是阐发易学中的理、象关系,从而确立解易的基本原则。伊川并未将其扩展为其哲学系统的普遍性命题。不过,由于这一命题具有的抽象一般意义,仔细分析,伊川关于理事关系的论述实际上贯彻了这一思想。著者认为,伊川在这个命题中的本义是表达理象的一体共在、互相涵摄关系,伊川在体用观上"体用无先后"的说法也可以佐证其这一点。因此伊川在该命题中所说的"体用一源""显微无间"的说法实际上是表达同一意思的不同措辞,并不是如朱子所说的从理、象两方面看的不同表达。在伊川之后,胡宏父子曾经涉及这个命题,二人在运用这个命题时,对这个命题的潜在意涵的理解与伊川的本意应该是一致的。朱子早年曾经受湖湘学派张栻的影响,主张性为未发,心为已发的观点,在体用观上,尚与湖湘学派及伊川不异。可能是在己丑之悟之后,朱子改变了自己对未发已发问题的看法,由此可能影响了他对"体用一源"思想的理解。思想成熟时期的朱子,对"体用一源"命题表现了极大的关注,将其视为二程继承周敦颐道体思想的核心命题,并融入《太极图说解》中。在对《太极图说》的诠释中,朱子确立了先体后用,"体立而用有以行"的体用观。朱子认为所谓"体用一源"实际是指"举体而用之理"在其中,理世界是所谓的"一源"。落实到具体事物上,朱子的体用思想主要表现为"见在的是体,后来生的是用",与未发已发、动静相联系,则是未发为体,已发为用,静则体立,动则用行。本文认为,朱子对伊川"体用一源"命题的理解实际上是对伊川命题的一种深刻的"误解",由此决定了其"理先气后"的本体论和"性体情用"的心性论及"静而存养、动而省察"的工夫论。朱子同时,吕祖谦已经质疑朱子有关"体用一源"的诠释未必符合伊川原意。之后,陈祥道和吴澄分别对朱子的体用观提出质疑:陈祥道认为体用关系是"一物而分两名",如利于刃的关系。吴澄则认为朱子以先后分体用、显微的说法不合伊川原意。

阳明早年曾研读朱子之书,在他和汪石潭有关《中庸》中和、体用问题的讨论中,仍为朱子的性体情用、"心统性情"的命题辩护。不过,他对"体用一源"的理解已经是体用互摄,一体同源的关系,而非体先用后,已经不同于朱子。在工夫论上,阳明也提出了"即用以求体"的命题。在思想成熟之后,阳明的体用思想彻底摆脱了朱子的影响,强调"即体而言体在用,即用而言用在体"的圆融互摄的体用论,批评朱子以心之动静分体用的说法。在提出致良知思想之后,良知成了心之本体,现实的心理活动或状态是良知所表现于实际生活中的用。良知贯穿动静、有事无事等一切状态,未发已发、寂感在阳明一体同在的体用观下,被诠释为共时性的体用关系,而不是先后的时间状态。另外,由于强调体用合一,良知本体上的致知工夫一定要体现在作为其表现的心理意识及感应的事物之中,也就是说未发的工夫要在已发上用,这一切都可以概括为"因用以求体"。不过,仍需指出,阳明学说的主脑仍是作为未发之体的良知,目标仍在对于良知本体的锻炼,"事上磨练"以及格物、诚意的工夫目的仍是要使良知精明纯粹,没有气禀、物欲的遮蔽,而不同于朱子学格物穷理、随事精察力行所可能陷入的支离烦琐。

阳明后学中,薛侃表现出对体用关系的极大兴趣。受阳明影响,他坚持体用相即,体用共存,批评先儒关于佛老有体无用、有用无体的说法,主张体用合一、心事合一;将体用关系比喻为镜之明与照、火之热与燔的关系,主张体用"一齐见在",不分先后。在此基础上,他对朱子性体心用的说法进行了批评。他还站在体用合一的角度,批评朱子在《太极图说解》中以太极为超出阴阳之外的本体,以动静分体用,"体立而用有以行"的体用观。另外,他还批评了朱子以未发已发分先后的体用观,认为那是"体用二源""体用二致""形影二物"。他认为将体用分离的看法,将导致心事分离,"癖动癖静","半为禅学,半为俗学"的流弊,从而产生工夫论的分歧与支离。

可以看出,阳明学者整体而言,倾向于从体用互摄,一体共在的角度来理解"体用一源"。由此决定了其工夫论的一元性,即"即用以求体"。而朱

子则倾向于从先后、源流、根叶的角度理解体用关系，在工夫论上则坚持在体用两面双管齐下，构成了"静而存养、动而省察"的二元工夫论。朱子与阳明对"体用一源"的不同理解，也体现在聂双江和王龙溪、邹守益、欧阳南野、黄洛村等人的良知之辩中，聂双江坚持体先用后的体用观，由体达用的"体用一源"观，故在工夫上主张"归寂以通感，执体以御用"，而王龙溪等人则主张体用同时，一体互涵的"体用一源"观，因此反对聂双江致虚、归寂、主静的说法，坚持即用见体的工夫论，强调格物工夫对致良知的重要意义，反对双江"格物无工夫"的说法。限于篇幅，有关这一部分的论述只好留待以后了。

韩国朱子学视域中的饶双峰《大学》解*

许家星

(北京师范大学价值与文化研究中心　北京师范大学哲学学院)

摘　要：中国朱子后学对朱子思想的深入诠解，构成韩国朱子学理解朱子思想的重要桥梁。宋儒饶双峰作为朱子再传，对《大学》提出了颇多新颖而不同于朱子之解，引发了韩国学者的热烈讨论。他们对双峰提出的诸多新解，如"知"之解，"顾"与工夫动静之联系，表里精粗是指物还是理，诚意之诚与善恶之关系，诚意章在全书之地位，懥是否为"怒之留"，以心解矩是否妥当等，皆表达各自的臧否态度。可见韩国儒学视域中的双峰学，确乎具有穷理精密，自出新意的特点，对韩国朱子学的发展发挥了积极的推动作用，启示吾人开展中韩朱子学的比较研究将有助于促进全球朱子学研究的深入。

关键词：韩国朱子学　饶双峰　《大学》

饶鲁 (1193~1264)，字伯舆，又字仲元、师鲁，号双峰，谥文元。饶州余干 (今江西万年) 人，师从黄榦、李燔，南宋著名理学家。饶双峰虽为朱子再传，却是朱子后学中极具个性的学者，其思想以"多不同于朱子"而著称。双峰在对朱子四书诠释的过程中提出了诸多异于朱子的新颖之见，甚至直接驳斥朱子对前人之说并未看透。故朱子后学对饶双峰的态度可谓"爱恨交加"，恨其不肯为朱子下而欲自立门户的狂妄精神，爱其思想确有出乎朱子而深具启发意义者。且饶双峰虽无著作流传，但其思想新颖深刻，因各家之不断征引而对宋元明清的朱子学产生了重要影响。其说又因元新安朱子

---

* 本文得到国家社科基金课题资助，项目号21VGQ018。

学者陈栎之《四书发明》、胡炳文之《四书通》及倪士毅之《四书辑释》的大量引用,得以为《四书大全》广加采用,从而其文字亦随《四书大全》传入东亚地区,对东亚朱子学也产生了积极影响。本文拟以其有关《大学》诠释的若干出彩之论为据,来分析其思想在韩国儒学界所产生的影响,从而从一个异域的视角来展现双峰思想的精神所在,为未来朱子学的研究提供一个参照。

韩国学者基本根据《四书大全》所引双峰有关《大学》的说法,对其相应观点发表评论。评论主要围绕智、顾、格物、诚意、心矩等概念的诠释展开,体现了很强的辨名析理精神。

一 "智者,知之理,心之别"

朱子对仁、义、礼皆有所训解,唯独未对"知"加以解释,此激起了朱子后学补充"智"字解的兴趣。双峰即以"知之理,心之别"六字解之,此解从句法上完全模仿朱子的"仁,心之德,爱之理;义,心之制,事之宜",显得颇为精妙。胡云峰则据朱子说,解为"心之神明,妙众理,宰万物"。沈贵宝解为,"智者,涵天理动静之机,具人事是非之鉴"。程若庸则为"别具之理,为心之觉"。[①] 韩国学者亦提出自己新解,如农严的"别之理,心之贞",沧溪的"心之别,理之贞",也有在双峰基础上改为"心之灵,知之理"说。

比较各家之解,显然双峰解提出最早,后出各说皆受其解影响。无论就形式之简约还是就义理之精密言,双峰解确有可取之处。"知之理"对应朱子仁解的"爱之理",突出了智的体用两面,表明智是作为发用的知的原理;"心之别"对应"心之德",表明智仍属四德之一,是心之是非分辨之活动。此解说扣题严密,故韩国学界主流认同双峰说。如以下讨论:

> 朱子释智字,素称欠体用,而云峰所谓"心之神明,妙众理,宰万物",双峰所谓"知之理,心之别"者,无悖本义耶?
> 饶氏为得。[②]

[①] 史伯璿对双峰、勿斋说颇表认可,但又提出五项质疑。参见其《四书管窥》与《管窥外编》。
[②] 朴弼周:《答李伯讷》,《黎湖先生文集》卷16。

> 智字之训，胡、沈说外亦多拟议者。惟饶双峰所谓"知之理心之别"，恐最得之也。①

他们认为，双峰解兼具体用，简明扼要，而胡、沈之说皆"详于用略于体""不免牵强附会"。② 正祖也赞同双峰说，他说："勿斋说'具'字、'觉'字俱有病，农岩斥之是矣。而农岩、沧溪所谓'贞'字，亦似不能衬贴。惟饶说最得。"他认为诸家说以具、觉、贞等字去解，皆有偏颇，不够妥帖。当然，针对以"贞"解"知"不妥帖之疑问，学者有不同看法，如洪章海、金愚等皆认为"贞"说妥帖，《四书训解》则认为"心之贞"较"理之贞"说更好。③ 也有学者主张双峰、勿斋的直训法反而不如胡、沈之解。"饶、程直训恐不如胡、沈之说。"④ 总之，"知"字之训体现了双峰学术眼光的敏锐和精细，对朱子思想确有深入的把握，并具有很强的创新能力，故其所论话题，引起此中韩两国学者广泛之兴趣。

二 "静存动察皆是顾"

双峰关于"顾諟天之明命"的新解，引起了众多学者关注。双峰说：

> 静存动察皆是顾。其静也，听于无声，视于无形，戒谨不睹，恐惧不闻。其动也，即物观理，随事度宜，于事亲见其当孝，于事兄见其当悌，此之谓常目在之。（倪士毅《四书辑释》）

双峰指出"顾"表明工夫之动静两面，即静时视听于无声无形，如《中庸》戒惧不睹不闻的未发存养工夫；动时格物穷理，随事处宜的事上明理，践行伦理之当然工夫，认为此即朱注"常目在之"意。一方面，双峰以"听于无声，视于无形"为静时工夫的观点遭到李栗谷的质疑，认为"非静中气象也"⑤。但另一方面，双峰的观点得到更普遍的支持，认同者据《中庸或

---

① 朴世采：《答郑庆由问》，《南溪先生朴文纯公文正集》卷47。
② 郑云五：《上厚斋先生》，《直庵集》卷3。
③ 朴知诫：《竹林书院儒生大学讲说答问》，《屏溪先生集》卷42。
④ 李衡祥：《答李仲舒》，《瓶窝先生文集》卷6。
⑤ 李珥：《记大学小注疑义》，《栗谷先生全书》卷14。

问》"但有视听何妨其为静"之说①,指出静不是指感官之状态,而是指心体自身的未发,是从体用论而非就状态言。栗谷仅仅盯着视听二字,所见"太拘",未考虑双峰的语义重心在戒惧不睹闻。② 当然,栗谷的看法其实亦来自朱子的"才言看时,便不是未发"之说,此涉及工夫未发已发这一重要问题。有学者认为,未发工夫即是戒惧,它是一种内心的自我戒备警醒,以保持心体的清明③;且引栗谷的"未发时亦有见闻",反驳栗谷自相矛盾。

三 表里精粗指物还是理

朱子在格物补传中提出"众物之表里精粗无不到,吾心之全体大用无不明"说,双峰对此进行了细致深入的阐发,引发了韩国学者的极大兴趣。双峰说:

> 格物穷至那道理恰好闯奥处。自表而里,自粗而精,然里之中又有里,精之中又有至精,透得一重又有一重,且如为子必孝,为臣必忠,此是臣子分上显然易见之理,所谓表也。然所以为孝,所以为忠,则非忠孝一言之所能尽。且以孝言之,如居致敬,养致乐,病致忧,丧致哀,祭致严,皆是孝里面节目,所谓里也。(《四书辑释》)

双峰提出格物是穷究道理恰到好处,此略不同于朱子的至极说,特别指出道理的层次性,由表而里,由精及粗,层层深入。韩国学者仔细比较了《四书大全》所收双峰与陈北溪、卢孝孙关于格物的理解,认为双峰与卢氏说各有特点。他们说:

> 然在学者格、致之方,则双峰说亦甚亲切而有味,依其言用工未为不可。及其既格、既致,见理已尽之后,则玉溪说又极明白而无疑。④

双峰以格物为由表及里,由粗及精的重重深入之关系。卢氏则以表粗为

---

① 胡广等在《四书大全》中亦引此说:"但有知觉在,何妨其为静?不成静坐便只是瞌睡!"参见黎靖德编《朱子语类》卷96,中华书局,1986年点校本,第6册,第2470页。
② 宋时烈:《答李君辅》,《宋子大全》卷140。
③ 李祘:《大学》,《弘斋全书》卷70。
④ 郑宗鲁:《答李汝刚》,《立斋集》卷18。

理之用，即心之用；里精为理之体，即心之体。双峰侧重格物，卢氏侧重心理。学者认为饶、卢二说所见不同而各有所当，双峰更亲切于格致用功，玉溪则明白于物格心明理尽，而北溪"以精粗巨细并举"的思路则同于双峰。

有学者反思此前四十年皆落入双峰就物上论表里精粗之误，其实当就理上言。"余从前主张饶氏以为精粗表里就物上说……堕此饶、陈窠臼中垂四十年。"① 也有学者提出双峰的表里精粗之解分析太过，不如玉溪的理之体用说；但遭到学者反驳，主张双峰说与卢氏说各有所长。

> 饶氏"格物穷至那道理间奥处……"云云者，其释补亡章众物表里精粗之义发明得精切，正使朱子复生，恐点头道是矣……朱子尝论颜子既竭吾才而曰"道理无尽，剥了一重又有一重"……与饶说相印符，恐不可容易立说打破也。卢氏精粗体用之说，亦说得是道理，横说竖说各有所值。要之，二说相须，其意始备。②

学者认为双峰之说发明朱子格致传最为精切，最得朱子之意，即使朱子再生，也必将点头称赞，并举朱子相关之说如"剥了一重又有一重"说为例，证明饶、朱之说契合无间；同时也肯定玉溪精粗体用说亦有其道理，最好是二说相须，则语义完备。也有另一种观点认为当以卢氏说为主兼取双峰说。言：

> 饶双峰说鄙亦尝疑及此。然就事上实体处发明得有条理，极有力于穷理之学，退溪先生亦尝取此说。今当以玉溪说为准，而此说亦兼取而并存，恐未可执一而废二也。③

赞赏双峰说乃是就具体事实上体察发明出道理，极有条理性，体现了极高的穷理水准，退溪亦认可其说。故其说当与玉溪说兼存并取，不可偏废。

由双峰之说还引发了韩儒关于理有表里精粗的两种不同理解，他们对此反复争辩。如：

---

① 李嵩逸：《重答栽侄》，《恒斋先生文集》卷3。
② 李槾：《答汝彬问目》，《顾斋先生文集》卷6。
③ 权炳：《上大山先生》，《约斋先生文集》卷2。又见《答权景晦》，《大山集》卷19。

问：理有精粗表里云者，表与里、精及粗处，皆有理云乎？理亦有表里精粗，如气之粹驳、物之皮骨之类而言乎？

答：前说近是，以饶氏说深思而得之可也，后说非是。

按：前说非是，理自有表里精粗，《章句》"众物之表里精粗无不到"，"物"字当作"理"字看，盖曰"众物之理"云尔。饶氏曰"格物穷至那道理恰好阃奥处，自表而里，自精而粗"云者，亦以理之表里精粗而言耳。①

学者提出关于理有表里精粗的两种理解：究竟是表里精粗不同状态下皆存在理，还是理自身如气一般有表里精粗之分？退溪认为第一种理解体现了双峰之意。② 但有学者反驳退溪说，认为众物当指众物之理，故表里精粗皆是指理之表里精粗而非物，且双峰首句言"穷至那道理恰好阃奥处"即是指理。

有学者批评以心之全体大用对应物之表里精粗之说，而大体认同双峰说，但对双峰说又做出修正，认为："饶氏说大概似，然精粗虽若与表里无异，然表中也有精粗，里中也有精粗。"③ 即表里精粗不仅是对应关系，还是相互包含关系，表、里之中皆各有精粗。

有学者从天下皆一理的角度，认为理并无表里、精粗、多寡等区别，从而质疑双峰说。如：

窃疑通天下只是一理，初无表里、精粗、多寡、偏全之可论。
答：如小注饶氏说是已。理一之中，分未尝不殊也。④

但此说遭到学者的反驳，认为忽视了理一下的分殊，而此正为双峰说精义所在。

有一种观点强调表里精粗分别指理之所当然与所以然，是批评双峰的重要观点。部分学者不满双峰以事物论表里精粗，说"双峰饶氏释表里精粗皆

---

① 韩元震：《退溪集札疑》，《南塘先生文集拾遗》卷4。
② 李滉：《答金而精》，《退溪先生文集》卷30。
③ 奇正镇：《答柳德邻》，《芦沙先生文集》卷11。
④ 郭钟锡：《答曹晦仲》，《俛宇先生文集》卷140。

以事言之，妄意此非朱子本旨……然表里精粗等字非理字面目！"① "饶双峰就事上分排，恐非是。"他们认为双峰之说乃是就"事"而论，而非论"理"之意义，偏离朱子论理的本意，表里精粗是指事而非理；批评双峰解不合朱子之意，而是自成一说；指责此说以"事之大体节目而分精粗表里，太歇后"②，或认为表里精粗是指究竟无余，无毫发不尽之意，故双峰说"失朱子本意明甚"。③ 朱注强调的是"以物理之体用言，以应吾心之全体大用"④，而双峰说则把"所当然"与"所以然"对说，以表里粗为所当然，精则单独指所以然，故其说被批评为打破了表里精粗四者之对应关系，反而流于偏颇。⑤

也有学者认为双峰格物说有"各诣其极"之意，据此批评栗谷"理本在极处"说不合文义。⑥

总之，围绕双峰对朱子格物的表里精粗之解，韩国学者展开了精细深入的讨论，大体分为赞同与反对两种意见。双方在对表里精粗所指究竟是理还是物上产生分歧，由此提出"理外无物""物外无理"等物理一体观。此与玉溪的"心外无理""理外无物""理之体即心之体，理之用即心之用"说一致，皆突出心理、物理、理物之心、理、物的一体关联，强调打通主客内外，而双峰显然着眼从具体分殊之事物上升到一理之贯通。

四 "诚于中形于外，此诚字是兼善恶说"

如何理解诚意的"诚"，成为朱子学中的一个重要论题。针对诚意章"诚于中形于外"之"诚"，双峰提出"兼善恶说"，引起热烈争论。中韩学者对此皆表达了不同看法，中国明清朱子学大家蔡清、陆陇其等支持双峰的"兼善恶"说，林希元则主张此处诚是"恶"。⑦ 韩国主流观点是认可双峰的"兼善恶"说，批评双峰者则主"专善"或"专恶"说，赞同与反对者往往就双峰说展开辩论。

---

① 李醇甫：《答李子一问目》，《有心斋集》卷4。
② 参见《杂著读书随录》，《素谷先生遗稿》卷15。与《书答申明仲书》，《德村集》卷7同。
③ 黄后榦：《附录赠言》，《夷峰先生文集》卷6。
④ 李栽：《答叔父恒斋先生》，《密庵先生文集》卷9。
⑤ 金昌翕：《答安重谦大学疑义问目》，《三渊集》卷19。
⑥ 李玄逸：《答申明仲》，《葛庵先生文集》卷12。
⑦ 陆陇其：《松阳讲义》卷1，"诚中形外。诚字只当实字。双峰饶氏谓此诚字兼善恶言是也"。

其一，单指善。此观点以旅轩张显光为代表。学者认为"诚中形外"之"诚"本来形容道德光芒之外显，如今却被双峰定性为"兼善恶"，是就恶言之，如此一来，则诚意之诚，也就不再是论好善恶恶了，诚就成为一个无价值指向的空壳概念了，而"恶"也可成为"诚"了，此实为惊世骇俗之论。故诚中形外，当指诚意慎独之效用，而非双峰的"兼善恶"。他们说：

> 恶而为诚，则小人亦可曰诚意，乌在君子之必诚其意也？饶氏见其不可专归于恶，始为"兼善恶"之说，然终恐不若旅轩之单以善看。如此则其口诀当曰"诚于中"，谓小人之欲诈著其善而善不著也。①
>
> 鄙意则每欲从旅轩说，以善之诚于中当之。盖此章诚字不容夹杂说。若尔，则小人亦可曰诚意，何得谓君子必诚其意乎？②
>
> 朱先生亦以此为恶之实，然诚字之专属于恶一边，终似未稳。故饶氏有兼善恶之说。然而诚之真实终不可以淆杂，故旅轩有单指善之说。③

故他们更认可旅轩张显光的观点，把"诚"字"单以善看"，反对诚为恶、兼善恶说。盖如果恶也算诚的话，那么小人也可以说是诚意了，这就颠覆了诚意的正面意义，对君子而言，诚意即无意义。诚意工夫也就不存在了。推测双峰之诚为兼善恶说，正是有见于此的折衷之法，但此毕竟不如直接以诚为善，否则"诚于中"的《章句》说亦当改作"诈著其善而善不著"，突出"著善"而非此前的"掩恶"。他们甚至由此批评朱子，指出朱子的观点是主恶论，实不合诚之意，而兼善恶说也丧失了诚的真实不杂之义，不如主"善"论，因为"诚"乃是不容夹杂的。

学者比较了本章"诚其意"与"诚于中"之诚，认为存在"单言善、兼言恶之别"。说：

> 两"诚"字初无二意，而饶氏误以"诚于中"之"诚"作兼善恶之诚，盖因《中庸或问》而为此。然朱先生于《大学》累经修改，而其于《章句或问》曾无此意。《庸或》云云，其尚在论未定之日。④

---

① 郭钟锡：《答梁成玉》，《俛宇先生文集》卷51。
② 郭钟锡：《答安子精》，《俛宇先生文集》卷51。
③ 郭钟锡：《答韩性刚》，《俛宇先生文集》卷51。
④ 郭钟锡：《答金振玉》，《俛宇先生文集》卷51。

指出同一个"诚"字皆是真实之义，并无二义，故双峰错误的以"诚于中"的"诚"为兼善恶说不妥。分析双峰之说实受到《中庸或问》的误导，朱子《中庸或问》讨论了《大学》论小人阴恶阳善却以"诚于中"论述之问题，朱子解释是就小人而言，正是为善诚虚而为恶诚实，显然朱子是把诚解为可兼指善、恶两面了。① 故学者认为此处当以经过朱子反复修改的《大学或问》为主，盖《中庸或问》乃朱子未定之论。其实《中庸或问》朱子亦经过反复修改，此以朱子早晚不同之说来辩护的方法亦是弥缝朱子不同之见的常用手法。

其二，专言恶者。如陈栎即主恶说，主专言恶者批评双峰"兼善恶"说含糊，"然此本文之意，则专说恶一边矣。双峰说未精"②。他们对"诚为恶"说反复论说。如：

> 小人为恶之亦得诚名，虽若可疑，而诚者，实也，为恶也实，则非诚而何？盖上章言君子为善之诚，此章言小人为恶之诚，曾子曰章兼善恶之不可掩而劝戒之，富润屋章言君子诚之效而以诚申结之。四章互明而各有主，饶氏虽因"此谓"二字而言，终非本意。③
>
> 诚只是真实底心，小人虽不能为善，而为恶之心，真实于中……双峰将此诚字以为兼善恶说，则失本文正义矣。④
>
> 诚，实也。故实于恶亦谓之诚，如凶德亦谓之德也⑤
>
> 诚于中形于外，此诚字，分明指恶一边。⑥

指出小人为恶却获得"诚"之声名，确实是令人怀疑之事。但诚之意就是实，故真实为恶就是诚。上文论君子为善之实与此论小人为恶之实，正相呼应。正如凶亦是德，且朱子《中庸或问》亦是就恶而言。故此处之诚就是

---

① 《四书或问》言："然则《大学》论小人之阴恶阳善而以'诚于中'者目之，何也？曰：若是者，自其天理之大体观之，则其为善也诚虚矣，自其人欲之私分观之，则其为恶也何实如之，而安得不谓之诚哉？但非天理真实无妄之本然。"参见朱熹《中庸或问》，《朱子全书》，上海古籍出版社、安徽教育出版社，2002年点校本，第6册，第593页。
② 李显益：《上农岩先生别纸》，《正庵集》卷2。
③ 卢景任：《答兒宪相大学问目》，《敬庵先生文集》卷7。
④ 李象靖：《中庸大学疑义辨》，《大山集》卷40。
⑤ 奇正镇：《答李圣宪问目》，《芦沙先生文集》卷11。
⑥ 郭钟锡：《答崔圣雨》，《俛宇先生文集》卷51。

专指恶而言，是指小人真实为恶之心，批评双峰的诚兼善恶说。

其三，认同双峰兼善恶的学者根据上下文，如"何益矣"之批评语气，断定此"诚于中"显然不能指慎独效用，应根据词含义的复杂性论证"兼善恶"。说：

> 兼善恶云云，诚字本是好字，而今以不善之实于内者言之，故谓之兼耳。恐亦不足深非。①

同一个"诚"字在不同语境中含义不同，不可拘泥，此与诚意之诚不同。诚之本意是真实，但此处就小人而言，确有不善之实的意味，故双峰之兼善恶说无误。

有学者根据本章朱注"善恶之不可掩"说为双峰辩护。说：

> 而其下《章句》曰"善恶之不可掩如此"云云，则饶氏之说似本于此。但其所谓"兼善恶"三字语势突兀，与上文不相连属。②

> 《章句》所谓"善恶之不可掩者如此"云者，可知也。以此观之，则上文所谓"诚于中"者，饶氏以为"兼善恶"说，不无所据。③

认为双峰"兼善恶"说即来自《章句》，而确有所据，但因与上下文不大关联，故显得突兀而引发疑问。

也有学者从分辨两处"独"之含义入手，论证双峰"兼善恶"说。言：

> 饶氏兼善恶之说似好。窃尝以为第二节慎独之独，盖兼闲居独处之意而为言，与上文慎独之意少异。以曾子曰一节注"引此以明上文之意"观之，则幽独之独，亦闲居独处之独也。以是言之，并毋自欺一节看之，恐不正当。④

> "诚于中形于外"，此语本兼善恶说底，而此一节属恶一边，与下节"善之实于中形于外者"相对看。尽有分段。⑤

---

① 朴弼周：《答李伯讷》，《黎湖先生文集》卷16。
② 金榦：《答朴尚甫》，《厚斋先生集》卷8。
③ 蔡之洪：《经义问答》，《凤岩集》卷3。
④ 郑奎汉：《答朴晦仲庸学疑义》，《华山集》卷4。
⑤ 柳徽文：《答李锡汝别纸》，《好古窝先生文集》卷6。

慎独之独乃兼闲居独处之含义，实不同于诚意下的必慎其独之独。故朱注曾子曰有"虽幽独之中，而其善恶之不可掩如此"说，可证幽独之独同于小人闲居之独。又就"毋自欺"而论，则诚确有兼善恶之意。故兼善恶的证据就在朱子注中，"此谓诚于中"的"诚"兼善恶的一边，此节论小人之恶，而"富润屋"指善的一边。

有学者提出折衷看法，认为当灵活理解双峰说。言：

> 盖兼善恶之论不能紧贴上文，专言恶之论以恶为诚者，终有乖于名言。①
>
> 诚字饶氏兼善恶说，陈氏谓恶之实。
>
> 执着本文则陈氏说似当，而若以文字活看之法论之，则饶氏说得之。②

分析以诚为"兼善恶"与"恶"说各有问题。如双峰兼善恶说，则与本章诚意不相应；如纯以恶论，则以恶为诚又不合诚中形外的本意及其褒义色彩。故如拘泥文本之义，则当为陈栎主张的"恶"；如灵活体察文义，则当为饶说之兼善恶。此种意见强调文本意义完全取决于主体自我理解。

双峰特别突出诚意章在全书的枢纽意义，提出"传之诸章释八事，每章皆连两事而言，独此章单举诚意"的问题。学者对此颇有微词，言：

> 而乃饶氏为此知行二事不连之说，及诚意不特为正心之要之说，此似未免失其本意也。若果如饶说，则经文何以曰"欲诚其意先致其知……意诚而后心正"。而若是其段段连言耶？以此观之，饶氏之说与经意及朱子说相悖而终归于有病。
>
> 《大学》一篇若推其要，则惟知行二者耳。诚意以下既有许多工夫，格物又与致知相配，然举此两章而知行之大体已立，彼此相须，首尾相应。故传者特以诚意为别章，以及于格致而互致其重，使学者不待终篇而知所当务之急，此乃主意也。③

---

① 李祘：《经史讲义》五〇《大学》，《弘斋全书》卷68。
② 奇正镇：《答金乐三大学问目》，《芦沙先生文集》卷11。
③ 朴世采：《答金直卿问》，《南溪先生朴文纯公文正集》卷43。

双峰认为，一方面就致知与诚意关系而论，二者分指知行，各自独立用力，故不可并联。另一方面，诚意不仅为正心之要领，且贯穿至修齐治平，故不能仅仅关联正心而论，"诚意不特为正心之要，自修身至平天下，皆以此为要"。可见诚意单列是由它的特殊地位而确定的。学者批评双峰此说不合经文层层相连之本意，亦悖逆于朱子据经文之言以发传文层层贯通之意。指出诚意单论的理由是《大学》以知行为要领，格致与诚意两章即确立了知行之要领而相互贯通，彼此支撑，故安排诚意、格致二章独立者，在于二者分量极为重要，乃学者所学之当务，此即其用意所在。

有学者极力赞赏双峰对诚意传独立一章的解释，言：

> 诚意章之自为一传，饶氏说极好。……大抵知行二事也，诚意总要也。传所以不连上下者，非分而二之，使不相关涉也，只以示知行之分与为总括诸章之义而已，饶氏说不过如此。南塘乃引经文连续说去之训，与章下朱夫子承接之释，而深言饶说之非。若以饶氏为非，则诚意独传之意，求之于何传？①

其理由是，无论是知还是行，诚意皆是二者根本要领所在。故单列诚意而不关联其他节目如正心、修身等，意在突出诚意对各章的总领意义，而并非表明诚意与上下前后不相关联。故诚意独立一传具有两个意义：突出它与格致是指向知、行工夫之分，突出诚意在《大学》一书中居于统领地位。反驳韩元震以经文各章前后连续，及朱子"必承上章而通考"之说等对双峰的批评，坚持双峰的解释最为合理，否则无法解释诚意独传之用心。

双峰提出的"心之正不正，身之修不修，只在意之诚不诚"说，同样引起学者质疑。言：

> 饶双峰云云。若以诚意为治四有五辟之方已具焉，则诚意得尽时，心与身自无病了，下面如何说个病痛？此与正心章章下注"但知诚意而不能密察此心之存否，则又无以直内而修身者"，终是疏密不同矣。
>
> 双峰说诚有偏重之病。②

---

① 崔象龙：《大学》，《凤村先生文集》卷11。
② 柳重教：《答蔡圣初》，《省斋先生文集》卷19。

《章句》所补体用工夫无不备具，则饶氏所谓已具于诚意章之说，果似未当矣。①

他们认为双峰此说违背了经文及朱注。盖若认为正心修身只在意诚的话，则诚意工夫之后，即身心当已无有病痛，而无须正心修身工夫了。但经文于正心修身章仍明确列出诸多有待解决之身心病痛，故双峰此说显然不合经文之意，且不合朱注诚意之后尚须密察存养工夫之说。朱注强调工夫的严密性，体用皆具，层层皆有，实不可以诚意替代之，甚不满双峰的正心修身"已具于诚意"说，认为其说诚意过重，有遮盖其余工夫之嫌疑。双峰类似的"诚意即正心修身之要""意苟诚矣"说也遭到批评，但有学者试图对其进行同情的理解，加以辩护。学者言：

诚意以后，正心修身齐家等各自有工夫……饶氏一并混说，宜其为陆、汪所驳也。②

双峰一条固涉太快，然其意则以为意既诚，则如好好色如恶恶臭，必无不谨于其独，而于忿懥亲爱等无敢肆焉耳，非谓意一诚则更无正修之加功也……但来书谓"并去四者之用"，恐非本意。彼所云者，谓苟欲忿懥等之得其正，必先诚其意，何尝道并去之耶？意既不诚而有此等，则岂不失其正！③

学者批评双峰将诚意与正心、修身等工夫节目"一并混说"，不合乎《章句》"序不可乱而功不可阙"的各节皆有工夫次第和工夫要领之说。为双峰辩护者则认为，其说"固涉太快"，然其意并非如此，双峰并无以诚意吞没正心修身工夫之意，亦无消除忿懥、恐惧、亲爱、好乐四者之用意，而是强调必须先诚意方能正此四者，批评方所谓的"并去四者之用"乃是对双峰的误解。

总之，在关于诚意的问题上，陈栎、胡炳文、倪士毅等皆认可双峰说，故《四书大全》亦引之，而史伯璿则大体同于韩国持反对意见者，对双峰说加以批评。

---

① 金榦：《答朴尚甫》，《厚斋先生集》卷8。
② 崔演：《大学记疑》，《艮斋先生文集后编》卷19。
③ 李瀷：《答睦士懋》，《星湖先生全集》卷16。

五 "忿者，怒之甚。懥者，怒之留"

《大学》正心章有"心有所忿懥"说。关于"忿懥"，朱子视其为一个词语，解为"怒也"。双峰则拆开解释，认为分别是指怒的不同状态：怒之甚与怒之留。此看似字义之小事，无关大雅，而实则所系不轻，引发韩国学者普遍批评。如下所言：

> 窃谓"怒之甚""怒之留"，若于字书训诂忿、懥二字，则固精矣，今于此注则失之。《大学》论心之病，元不在于忿懥、恐惧等字，只在"有所"二字。……若以忿为"怒之甚"，懥为"怒之留"，则只此二字，便包无限病痛，不必待"有所"而后心失其正，又直须要无不可……朱子只将"怒"字为释，正自有意。饶说剩赘，反害本旨。[①]
>
> 叔道以为若如饶说，不待"有所"而已成病矣。饶说之失，叔道之言恐得。[②]
>
> 饶氏以为怒之留，恐非是。若曰"留"，则已有矣，上着"有所"字不得。
>
> 饶说当弃之。[③]
>
> 盖才言"留"，则便已带得有所之意，不待别言有所也。[④]

学者提出，应当区别词语训诂之义与在此正心章中的语境之义。就辞典中的一般意义而言，双峰之解可谓精明，然就正心章言则是败笔。因为经文所言"身有所忿懥（恐惧、好乐、忧患），则不得其正"等要害不在忿懥等四种情感，而在"有所"。根据朱注，四种情感皆是"心之用而人所不能无者"。双峰解的问题在于，以怒之甚、怒之留解释忿懥，则忿、懥已经是包含无限病痛的不可有之情感，已非中和之情，偏离了情不可无而不可着的本旨，且"怒之留"与经文"有所"重复，"留"已经是有所之意，故当抛弃此说。

[①] 林象德：《大学》，《老村集》卷10。
[②] 李柬：《答成士孝》，《巍岩遗稿》卷10。
[③] 朴胤源：《答平叔大学问目》，《近斋集》卷20。
[④] 柳重致：《答鱼升汝》，《省斋先生文集》卷22。

学者批评双峰与西山皆未能领会朱注"四者心之用也"之用意,致有此失。言:

> 又曰"四者,心之用也"。其意正恐人误以"忿懥"看作不正也。至双峰乃曰"忿者,怒之甚。懥者,怒之留",已失朱子本旨。今又专属之人心,其失尤远矣。双峰见得深,西山见得偏,西山之病尤甚。①

朱注的用意在防止学者误把忿懥视为不正,而双峰解恰恰偏离了朱子本旨,而西山又以此完全归于人心,二者分别犯有见得过深与过偏之病,而西山病更重。

有人根据双峰"懥,怒之留"说受到启发,从而提出新解,主张把忿懥、恐惧、好乐、忧患分别拆成两组,并不满朱子以"有所"为心之病说,言:

> 或引饶双峰懥是怒之留之说,以忿恐好忧为心之用而人所不能无者,以懥惧乐患为一有之而不能察,然则当以下四字为病,而"有所为病"之论误矣。此说何如?
>
> 东观对:懥惧乐患,是情之流而成心于内者。此章病痛以此四字当之,似胜于"有所"二字矣。②

其观点认为当以前四字"忿恐好忧"为心之发用而人所不能无之情,以后四字"懥惧乐患"才是人所不应有之情感,是情感之流荡而缠绕于心者,此才是本章病痛所在。这种把一个词语(组)一分为二的做法极为新颖,并反击了"有所"二字为病之说。③

六 "仁属孝,让属弟,贪戾者,慈之反也"

双峰把齐家治国章上句孝悌慈与下句仁、让、贪戾结合解释,提出

---

① 任圣周:《心经》,《鹿门先生文集》卷12。
② 李祘:《大学》3,《弘斋全书》卷69。
③ 就此问题,史伯璿的观点亦同于韩国学者,批评双峰说不妥。史云:"双峰以怒之'暴、留'释之,然后二字乃不好耳。愚尝遍考子书,并无以'暴、留'之意释忿懥之义者。然则双峰暴字、留字之意,得非本《语录》'忿又重于怒',与'忿懥是怒之甚'者二句而言乎?"参见史伯璿《四书管窥》,文渊阁四库全书本,台湾商务印书馆,1988年点校本,第699~700页。

"仁属孝,让属弟,贪戾者,慈之反也"说。韩国学者认为双峰说不合文义。说：

> 饶说未见其然。上说孝、弟、慈,到此又说仁、让等道理,渐渐放阔去。①
> 蔡氏清曰：饶氏说不然。味《或问》仁让言家,贪戾言人之说,则贪戾,仁让之反也。而仁兼孝慈,让专属悌可矣,况贪字于不能慈幼之义,亦不甚切。②

指出前文论孝悌慈,此则是论仁让之道理,由前者到后者,存在逐渐放开的过程；并引蔡清说批评饶说不合《或问》的仁让、贪戾分别就家和人之说,推出贪戾乃是仁让的反面,仁兼具孝慈,让则专属于悌,且贪戾不合慈幼之义,故双峰将之关联不切。

中国学者就此也有讨论。或认同卢玉溪的贪戾对应仁让说,不同于双峰的贪戾慈之反,说"下文玉溪曰：'贪则不让,戾则不仁。'恐当以玉溪说为正。"③ 也有的引陆陇其说,加以讨论。

> 按：陆氏稼书曰："孝悌慈之蔼然者仁,秩然者让,不必仁属孝,让属悌。"此言恐得之。④
> 不必如是分属。盖仁让通言孝悌慈,贪戾通言其反……一章之内,多有反言之者,皆所以应经文末节之意也。⑤

陆氏的新看法是,反对双峰把仁让分属于孝悌,而主张以孝悌慈统摄仁、让,仁让分别作为孝悌慈的两种状态,仁是和蔼,让是秩序。陆氏此说未能获得认可。学者认为,齐家治国全章多有对反之论,故此处亦然,贪戾是通论孝悌慈之反,仁让则通贯于孝、悌、慈三者。

---

① 金元行：《答李弘人》,《渼湖集》卷12。
② 金榦：《大学传》九章,《厚斋先生集》卷23。
③ 金昌协：《答李显益》,《农严集》卷16。
④ 金正默：《大学》,《过斋先生遗稿》卷3。
⑤ 李和甫：《答李子一问目》,《有心斋集》卷4。中国学者史伯璿亦批评双峰此说。史云："孝弟是专事事亲事长而言,仁、让则通主待人接物而言。若以为仁属孝,让属弟,则一家之人父兄,亦自在其中。……贪戾二字,恐便是仁让之反。贪则不让,戾则不仁。贪戾亦通主待人接物而言。"参见史伯璿《四书管窥》,第704页。

总之，学者普遍认为双峰不必如此细分拆解，一一对应。此亦显出双峰喜好分析、细密深入的穷理特点。

七　"以何物为矩？而度之亦惟此心而已"

双峰对《大学》平天下章的絜矩之矩，加以新解，认为当是以心为矩。此说引起学者极大兴趣，他们特别关心双峰的"心"究竟是何等意义之心。如正祖曾与臣下讨论此说。正祖询问双峰以心为矩，和卢氏、胡云峰以矩为当然之则之异同。宋祥濂的解答是：

> 祥濂对：饶氏所谓心，原指义理之心，与玉溪，云峰之说初无二致。而此章之恕，推爱己之心以爱人也。上章之恕，推治己之心以治人也。一主爱人上说，一主治人上说，不无所从言之异矣。①

他认为，双峰之心是义理之心，即本心，也即云峰等的当然之则，故所解之义无别。而上章与本章之恕分别就爱己以爱人与治己以治人而言，在所针对对象上有所差异。

学者认为，双峰之心矩说，实是以矩为心之所同。言：

> 惟饶双峰以心为絜矩之说，微似来谕之云。而细观其意，亦推说矩字之意主于心之所同云尔。②

心之所同自然是义理之心，但也有学者反对双峰等以心为矩说，并追溯此说之来源加以辨析之。言：

> 又《语类》中有"矩者心也"之说，恐亦周舜弼书之类耳。后儒不察，遂以此矩字看作絜上面事……近复反覆参验，乃始究见其义，而决然从絜而方之之释。③

认为"以心为矩"说是受《语类》"矩者心也"之误解，朱子在答《周

---

① 李祘：《大学》4，《经史讲义》7，《弘斋全书》卷70。
② 李樱：《答密庵先生》，《顾斋先生文集》卷5。
③ 李祘：《大学》，《弘斋全书》卷70。

舜弼》书中已经明确絜矩的含义,"二字文义,盖谓度之以矩而取其方耳"。即朱子是把矩与絜一并理解,不能脱离絜来理解矩,甚至把矩看成高于絜之上一层,故矩即絜而方之之义。

在《论语》从心所欲不逾矩章中,双峰以矩为心之天则,"矩者何?此心之天则也"。双峰此说在韩国学界引起热议。考虑到明儒把双峰此说攻击为佛学之本心的情况,学者对此加以辩护。言:

> 明儒多攻饶氏此说,至比之本心之佛学,甚误。此盖不知心性之辨,而且以心专当不好底看,故乃为此胡说,可笑也已。夫心是受天则而行天则者也。天则何?性是也。以其可以受天则而行天则,故善也。然为血气所拘而不能行天则,则恶也。自其受而行之而谓之本心,自其拘而不行之而谓之有恶。自古言心,只斯而已矣。……若使饶氏直曰"心天则",则固无曲折而为语病也。以矩为心之天则,是分别心性而为言者,何不可之有?若如明儒吕晚村等诸人之说,则朱子之取胡氏本心之说者,亦不害佛氏之归耶?①

指出明代朱子学者攻击双峰此说,盖出于忌讳言心的心理,故视此为佛学之本心,是不知心性之别的误解。且把心视为"不好底",亦未能把握心实来源于天之法则、遵循天之法则的特性,天则即性,故心实为善。此心即本心,只有受到血气拘束而无法行其天则之心,才发而为恶,故正心即在于正本心之正而去拘染不正之心。双峰的"心之天则"说其实是把握了心性之别,并不是佛学之心,其说无病。再则,朱子亦采用了胡寅等本心之说,若如吕留良等攻击双峰之论,则朱子亦当归于佛学了。此外,还有批评双峰以矩为义外说偏于外而无内外兼具之意;批评双峰以矩为不逾矩章要领说,过于精巧而不合本意,不如胡云峰以"心"为本章要领说紧切。

综上所述,饶双峰在对朱子《大学章句》的解释中所提出的若干独到说法,引起了韩国学者的极大兴趣和反复讨论,支持与反对双方都提出了各自的理由,留下了颇具思考性的问题。其一,这些讨论确实显示了双峰学辨析精密、善于穷理的特色,故能引起学者进一步探究的兴趣,如他关于智、格物、诚意等的理解即是如此。其二,显示了韩国学者对双峰的兴趣居于自身

---

① 金正默:《论语》,《过斋先生遗稿》卷2。

的问题意识而具有与中国学者不同的视野。如特别讨论双峰关于"顾"的理解，是居于工夫的未发已发之动静，此解并未引起中国学者的注意。又如关于格物表里精粗之所指，亦未引起中国学者太多关注，而为韩国学者所抓住，深究其中蕴含的理与物的关系。其三，体现了中韩学者具有的共同问题意识。如关于双峰的诚意"兼善恶"说，也是中国学者热烈争议的话题，它直接关涉对"诚意"这一重要工夫之把握。但韩国学者的讨论显示出特别细腻的一面，较之中国学者有过之而无不及。其四，韩国学者对双峰问题的关注及评价，与对双峰有深入研究，且持批评态度的元代朱子学者史伯璿往往有着一致性，如关于忿懥、关于诚意为正心之要，不逾矩、智，仁让等说。从相关材料来看，韩国学者在批评的过程中并未援引史伯璿之说，对之似并不熟悉。事实上，史伯璿虽是元代对朱子学有专精研究的学者，但其学术影响较弱。考虑到此点，中韩学者对双峰评价的"所见略同"，恰表明双峰思想中存在的若干新颖而背离朱子之处，引起了对朱子具有深入研究且带有维护心态学者的相同兴趣。这一案例印证了中韩朱子学有着内在的共同性，同时韩国儒学也具有其居于自身关切的特殊性。而饶双峰等朱子后学对朱子所做细密新颖之解，既对中国朱子学产生了深刻影响，同样也对韩国朱子学的发展发挥了桥梁中介作用，产生了积极的推动效果。这一个例启示我们，对朱子学及朱子后学的研究应当注重比较的视野，这是未来朱子学发展的一个重要方向。

朱子易学对于《太极图》与《先天图》的交互诠释

陈睿超

（首都师范大学政法学院哲学系）

> **摘 要**：周敦颐《太极图》与邵雍《先天图》两类易学图式在朱子易学中具有核心地位，二者之间构成了交互诠释的紧密关联。朱子一方面以源自《先天图》的"加一倍法"诠释《太极图》的整体象数结构，本于先天数理而赋予《太极图》以根本于普遍天理的通贯性原理架构；另一方面以源自《太极图》第二圈阴阳互含结构的"交易"之法诠释《先天圆图》（简称《圆图》）之成图，将阴阳对待互根之理注入其中，使《圆图》成为对于天理本体所蕴阴阳动静"错综无穷"之神妙特质的象数表征。由此，朱子得以融通濂溪、康节两家之易，将其共同纳入统一的理本论易学体系建构中。
>
> **关键词**：朱子 《太极图》 《先天图》 易学诠释

在易学领域，朱子赞周敦颐《太极图》（简称《太极》）"立象尽意，剖析幽微"[1]"明道体之极致"[2]，复推邵雍《先天图》（简称《先天》）为"易学纲领，开卷第一义"[3]，可知《太极》《先天》两图共同构成了其以太极天理为本原的易学哲学思想建构的核心。以往的哲学史研究关于朱子之《太极

---

[1] 朱熹：《朱文公文集》卷三十一，《朱子全书》（修订本）第21册，上海古籍出版社，安徽教育出版社，2010年点校本，第1341页。
[2] 朱熹：《朱文公文集》卷四十五，《朱子全书》（修订本）第22册，第2111页。
[3] 朱熹：《朱文公文集》卷四十五，《朱子全书》（修订本）第22册，第2057页。

图》与《先天图》诠释的单独探讨并不鲜见①，但对于二者在朱子易学中的相互联系则少有关切。实际上，仔细寻绎朱子易学的相关文本，我们会发现：朱子一方面以《先天》之数释《太极》，另一方面以《太极》之理释《先天》，在两者之间构建起一种交互诠释的紧密关联，从而将濂溪"图学"、康节"数学"两类相异的易学系统融会贯通，整合于其理本论易学的统一架构当中。下面，我们便从朱子易学对于《太极图》与《先天图》交互诠释的两方面典型例证出发展开讨论。

一　以源自《先天图》的"加一倍法"诠释《太极图》

朱子以《先天》释《太极》的主要体现，是引入邵雍《先天图》之"加一倍法"即"一分为二"的数理原则来阐述《太极图》的整体象数结构。我们知道，康节先天易学之"加一倍法"是从《易传·系辞》"易有太极"章之"一（太极）—二（两仪）—四（四象）—八（八卦）"的数字加倍关系中抽绎出来的，是《先天图》成图之所本。濂溪《太极图》的易学建构尽管同样本自"易有太极"章，但其"太极—二气—五行—万物"各环节所现之"数"，显然与"一分为二"的一贯数理并不完全贴合。而朱子却把先天学推尊为"伏羲氏之易"，认为阴阳、奇偶自"一理之判"不断二分的象数模式是"自然流出，不假安排"的，是普遍的、纲领性的易学法则。②因此在朱子看来，展现太极化生万物进程的《太极图》亦应按照"一分为二"的数理逻辑加以诠解。他在答复学生黄榦的一封书信中论及《太极》《先天》两图时说：

> 故论其格局，则《太极》不如《先天》之大而详；论其义理，则《先天》不如《太极》之精而约。盖合下规模不同，而《太极》终在

---

① 近年来有关朱熹《先天图》诠释的讨论，可参见张克宾《论朱熹先天象数学与理气论之融通》，《哲学动态》2017年第8期；李育富《邵雍先天易学探析——兼论朱熹对邵雍先天易学的别解》，《周易研究》2019年第3期；陈屺《论朱子对先天学的改造及其影响》，《哲学动态》2020年第2期。有关朱熹《太极图》诠释的讨论，可参见王风《无形而有理——朱熹的太极之学》，《朱熹易学散论》，商务印书馆，2017，第155~183页；陈来《朱子〈太极解义〉的哲学建构》，《哲学研究》2018年第2期。
② 朱熹：《朱文公文集》卷四十五，《朱子全书》（修订本）第22册，第2057页。

《先天》范围之内，又不若彼之自然，不假思虑安排也。若以数言之，则《先天》之数自一而二，自二而四，自四而八，以为八卦；《太极》之数亦自一而二，刚柔。自二而四，刚善、刚恶、柔善、柔恶。遂加其一，中。以为五行，而遂下及于万物。盖物理本同而象数亦无二致，但推得有大小详略耳。①

所谓"《太极》终在《先天》范围之内"，即将《太极图》纳入《先天图》的数理格局中。这里朱子也给出了"《太极》之数"合于《先天》的理据，即小字夹注之"刚柔"（自一而二）与"刚善、刚恶、柔善、柔恶"（自二而四），其语实出自周敦颐《通书·师第七》所论人性分异。《通书》此章云"性者，刚柔善恶，中而已矣"②，将人性先二分为刚、柔两类，复各自善、恶二分而成四种，确可谓暗合于先天学"一分为二"的数理原则。但以《太极图》的天人同构关系来看，此章所谓"刚柔善恶中"五类性格，与图式第三圈所示天道"五行"与人道"五性"（五常之性）或本无瓜葛。③但朱子着眼于"一分为二"之理的普遍性，认为必须用《通书》之文隐含的"自一而二、自二而四"的数理解释《太极图》自太极、两仪到五行的象数结构。④ 在此解释方式下，《太极图》之五行即如先天学之"四象"，为"两仪"之阴、阳各分阴、阳的结果。其中，阳中再分阳、阴而得火、木，阴中再分阴、阳而得水、金，土则是阴阳之气的协调冲和状态。朱子专门诠释《太极图》的《太极图说解》以火、木为"阳盛""阳稚"，水、金为"阴

---

① 朱熹：《朱文公文集》卷四十六，《朱子全书》（修订本）第 22 册，第 2155～2156 页。
② 周敦颐：《通书·师第七》，《元公周先生濂溪集》卷四，岳麓书社，2006 年点校本，第 58 页。
③ 依《图说》"五性感动而善恶分"，可知《太极图》第三圈于天道象征"五行"，对应人道之"五性"，即仁、义、礼、智、信"五常"之性，皆为本然之善性；善、恶的分判尚在"五性感动"之后，对应图式第四圈"乾道成男，坤道成女"。则《通书》所言"刚柔善恶中"之性实为现实中人接触万物有善、恶之别以后形成的实然人性，与"五行""五性"并无相应关系。
④ 《朱子语类》（简称《语类》）记载，朱子学生之中已有人发觉《通书》此章与《太极图》五行圈之意不尽相合，而提问朱子"今以善恶配为四象，不知如何？"但朱子答以"更子细读，未好便疑"，认为此章蕴含"凡物皆有两端"的普遍道理，"周子止说到五行住，其理亦只消如此"，仍坚持自己的诠释方式。参见黎靖德编《朱子语类》，中华书局，1986 年点校本，第 2399 页。

盛""阴稚",土为"冲气",正反映出"一而二、二而四"之数理。① 其《易学启蒙》第二章《原卦画》以"易有太极"章为依据,按奇偶爻画叠加的"加一倍法"推演先天卦序[即《先天横图》(简称《横图》)卦序],亦引《太极图说》以为证。其中"是生两仪"一节云:"周子所谓'太极动而生阳,动极而静,静而生阴,静极复动,一动一静,互为其根,分阴阴阳,两仪立焉',邵子所谓'一分为二'者,皆谓此也。""两仪生四象"一节云:"周子所谓水火木金,邵子所谓'二分为四'者,皆谓此也。"② 这无疑进一步确认了《太极》与《先天》之"物理本同而象数亦无二致"。

朱子《太极图》诠释对于《先天》数理的援引,亦反映于其对《太极图》所蕴天道人事之"元亨利贞"四环节模式的揭橥中。我们知道,邵雍先天学依"加一倍法",将周天气运之阴、阳或消、长两段"二分为四"而成"长而长""长而消""消而长""消而消"四节,以此阐释春夏秋冬之时、元会运世之数、皇帝王伯之道,形成了从天地生生运化到人世历史兴衰的通贯线索。③ 朱子亦取法于此,联系《通书·诚上第一》所云"元亨,诚之通;利贞,诚之复"④,将《太极图》之太极(诚)、两仪、五行(四象)诸环节按照"一分为二"数理,纳入由《乾》之四德""元亨利贞"划定的四阶段运行模式中。《语类》云:

> 太极、阴阳、五行,只将元亨利贞看甚好。太极是元亨利贞都在上面;阴阳是利贞是阴,元亨是阳;五行是元是木,亨是火,利是金,贞是水。⑤

其后更附有如下的图式,用以说明《太极图》中蕴含的"元亨利贞"结构。⑥

---

① 朱熹:《太极图说解》,《朱子全书》(修订本)第13册,第70页。
② 朱熹:《易学启蒙》,《朱子全书》(修订本)第1册,第219页。
③ 按消长分四节本为邵雍对"皇帝王伯"之道的区分,而"皇帝王伯"正对应春夏秋冬、元会运世。见邵雍《邵雍集》,中华书局,2010年点校本,第20页。
④ 周敦颐:《通书·诚上第一》,《元公周先生濂溪集》卷四,第55页。
⑤ 黎靖德编《朱子语类》,第2378页。
⑥ 黎靖德编《朱子语类》,第2378页。

图1 《太极图》元亨利贞结构示意

如图1所示，在"太极"或"天理"本体自身的层次上，"元亨利贞"尚未在现实中呈现，处于混一未分的状态，为统一本体内蕴的潜在差异性。至"两仪"则"一分为二"，"元亨"属"阳动"，阳长发生，为"诚之通"；"利贞"属"阴静"，阴消敛藏，为"诚之复"。至"五行"或"四象"则"二分为四"，于阴阳消长中再分阴阳消长而成四段，依五行与《乾》之四德"的对应关系，"元是木，亨是火，利是金，贞是水"，依次与春、夏、秋、冬四时相配，构成气化流行生物之节次。此诠释思路由天道延伸于人事，复用以解说《太极图说》所述圣人定立之"人极"——作为人世最高价值标准的"中正仁义"。"中正仁义"尽管为"四"者，与"四象"之数偶合，但濂溪从未明确将二者联系起来。而朱子则基于此种"数"的相关性，将"中正仁义"创造性地诠释为与"《乾》之四德"相应的"仁义礼智"，以为"中即礼，正即智"①，从而将"人极"也囊括于"一分为二"数理所

---

① 朱熹：《通书注》，《朱子全书》（修订本）第13册，第103页。

成之"元亨利贞"普遍模式中。按此解释，"中正仁义"之序对应五行为"火水木金"，与《图说》所云"阳变阴合是生水火木金土"之五行生序大体相合。故朱子认为《图说》语"人极"之"中正仁义而已矣"是"言生之序，以配水火木金也"①，正与天道层面太极衍生之四象五行相配合。由此可见，正是在《太极》《先天》数理一致的诠释前提之下，朱子在《太极图》之天道架构与人世价值之间建立起了更其紧密的思想关联。

二 以源自《太极图》的"交易"之法诠释《先天圆图》

以上我们看到，源自《先天图》的"加一倍法"深刻影响了朱子的《太极图》易学诠释中。反过来，《太极图》蕴含之义理也同样影响到朱子对《先天图》的理解，其突出体现就是朱子诠释《先天圆图》的"交相博易"之法。朱子早年在答复柯翰的书信中论及《先天圆图》，即提出"易者，盖因阴阳往来相易而得名"②，认为此图卦序是通过左右半圈的阴阳爻画之间往来互换而形成的。③朱子五十七岁作成《易学启蒙》后，即确立了《先天圆图》是通过《横图》变形而来的观点④，但同时仍然保留了"左方百九十二爻本皆阳，右方百九十二爻本皆阴，乃以对望交相博易而成此图"⑤之说，表明以左右阴阳"交相博易"诠释《圆图》是朱子的一贯主张。此"交相博易"之法所涉"交易"概念，恰渊源于《太极图》。《语类》云：

> 阴阳有个流行底，有个定位底。"一动一静，互为其根"，便是流行底，寒暑往来是也；"分阴分阳，两仪立焉"，便是定位底，天地上下四

---

① 黎靖德编《朱子语类》，第2381页。
② 朱熹：《朱文公文集》卷三十九，《朱子全书》（修订本）第22册，第1730页。
③ 束景南考证此书作于孝宗隆兴元年闰十一月，朱熹三十五岁时。按此书虽提出以"阴阳往来相易"释《圆图》的观点，但对具体方法语焉不详，且文意多有不明处。参见束景南《朱熹年谱长编》，华东师范大学出版社，2001，第335~336页。
④ 朱子《答叶永卿》书云："须先将六十四卦作一横图，则震、巽、复、遘正在中间。先自震、复而却行以至于乾，乃自巽、遘而顺行以至于坤，便成圆图。"［朱熹：《朱文公文集》卷五十二，《朱子全书》（修订本）第22册，第2471页］此即将《先天横图》从正中分为两段，首尾反接而成《圆图》之法。陈来考证此书作于《启蒙》成书之淳熙十三年或稍后，参见陈来《朱子书信编年考证》（增订本），三联书店，2007，第255页。
⑤ 朱熹：《朱文公文集》卷五十二，《朱子全书》（修订本）第22册，第2471页。

方是也。"易"有两义：一是变易，便是流行底；一是交易，便是对待底。①

从这条材料可知，朱子对"易"之"变易""交易"两义的区分，正出自《太极图》第二圈（阳动阴静圈）蕴含的"流行""对待（定位）"之意。"变易"即"流行"，对应《图说》之"一动一静"，为此圈所象阳动阴静往复推移转化的流行过程；"交易"即"对待"，对应《图说》之"分阴分阳"，为此圈所示阴阳左右分立而相交互含的对待关系。而《先天圆图》八卦、六十四卦卦象的排布，也是左半为阳而含阴，右半为阴而含阳，"东边一画阴，便对西边一画阳"②，正可以"交易"解之。《启蒙》成书后不久朱子答复袁枢的书信中，即叙述了以阴阳"交易"推演《圆图》卦序的详细方法。③ 据书中所述，朱子此法是以《观物外篇》描述《圆图》成图的一节文字为依据的，《易学启蒙》亦引之于《伏羲八卦图》《伏羲六十四卦图》（即《先天方圆图》）后：

> 太极既分，两仪立矣。阳上交于阴，阴下交于阳，而四象生矣。阳交于阴，阴交于阳，而生天之四象；刚交于柔，柔交于刚，而生地之四象。八卦相错，而后万物生焉。是故一分为二，二分为四，四分为八，八分为十六，十六分为三十二，三十二分为六十四，犹根之有干，干之有枝，愈大则愈小，愈细则愈繁。④

按照朱子对上引文字的逐句疏解，"交易"之法盖以图中左右阴阳爻画往来交换，并依"加一倍法"叠生阴阳，累变而成《圆图》八卦、六十四卦之序，具体步骤如下：

---

① 黎靖德编《朱子语类》，第 1605 页。
② 黎靖德编《朱子语类》，第 1614 页。
③ 此为朱子《答袁机仲》第二书，束景南系之于淳熙十三年三月《启蒙》成书以后不久。参见束景南《朱熹年谱长编》，第 842 页。
④ 朱熹：《易学启蒙》，《朱子全书》（修订本）第 1 册，第 238～239 页。按此节中"阳上交于阴，阴下交于阳"一句，邵雍《皇极经世书》、张行成《观物外篇衍义》均作"阳下交于阴，阴上交于阳"，而朱熹《启蒙》《文集》及《语类》论及《圆图》处皆作"阳上交""阴下交"，胡方平《易学启蒙通释》诸本亦同。这说明朱子所据《观物外篇》版本或不同于邵雍原文，这亦影响到其对《圆图》的诠释。参见胡方平《易学启蒙通释》，中华书局，2019 年点校本，第 87 页注释 1。

首先，"太极既分，两仪立矣"，由混一太极分生"左一奇为阳，右一偶为阴"，分别为图式"左三十二卦之初爻" ━ 与"右三十二卦之初爻" ╌ ，是为两仪。

其次，两仪通过"阳上交于阴，阴下交于阳""以第一爻生第二爻"而生四象。左方阳 ━ 之下半"上交"于右方阴 ╌ 之上半，阴之右上得一阳为少阳 ⚎，其右下保持阴性而为太阴 ⚏；右方阴 ╌ 之上半"下交"于左方阳 ━ 之下半，阳之左下得一阴而为少阴 ⚍，左上保持阳性而为太阳 ⚌。是为四象。（以《先天八卦圆图》示意如图2）

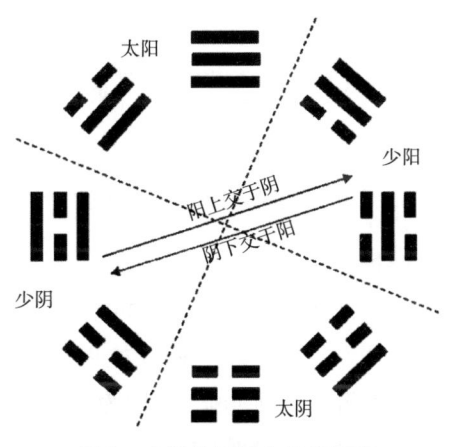

图2　交易法两仪生四象示意

最后，四象通过"阳交于阴，阴交于阳""刚交于柔，柔交于刚""以第二爻生第三爻"而生八卦。朱子解"阳谓太阳，阴谓太阴，刚谓少阳，柔谓少阴"，仍以"阳上交于阴，阴下交于阳"的模式左右互交：太阳下半"上交"太阴 ☷ 上半，则太阴上半得一阳为艮 ☶，下半仍阴为坤 ☷；太阴 ☷ 上半"下交"太阳下半，则太阳下半得一阴为兑 ☱，上半仍阳为乾 ☰。同理，少阴（居左属阳）下半"上交"少阳（居右属阴）上半，则少阳上半得阳为巽 ☴，下半仍阴为坎 ☵；少阳（居右属阴）上半"下交"少阴（居左属阳）下半，则少阴下半得阴为震 ☳，上半仍阳为离 ☲。朱子以"乾、兑、艮、坤生于二太，故为天之四象；离、震、巽、坎生于二少，故为地之四象"，天地四象合而为八卦。至此便形成了《先天八卦圆图》。（以《先天八卦圆图》示意如图3）按上述方法再进行三轮往来交易，即生第四、五、六爻之"一奇一偶"，由八卦复分十六、三十二、六十四，便是"八卦相间

错,而六十四卦成矣",可得《先天六十四卦圆图》。①

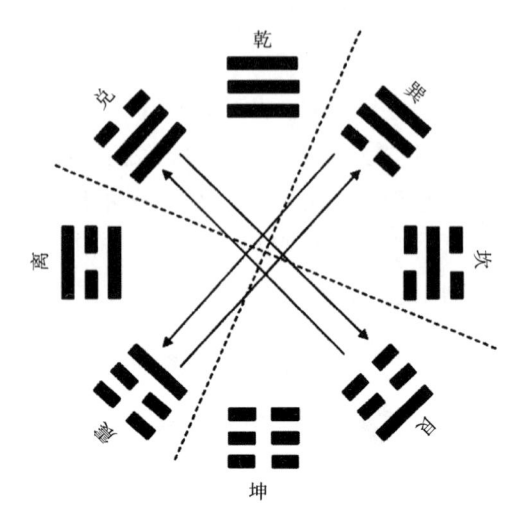

图3 交易法四象生八卦示意

朱子以"交易"法对《观物外篇》上述文字及《先天圆图》(简称《圆图》)的诠释,与康节之本意多有不合,后世胡方平所作《易学启蒙通释》(简称《通释》)即已点明。首先,就"两仪生四象"而言,《通释》云:"邵子以太阳为阳,少阴为阴,少阳为刚,太阴为柔,此四象也;朱子释之,乃曰阳为太阳,阴为太阴,刚为少阳,柔为少阴。"②按之康节之《观物内篇》(简称《内篇》),实以"天生于动""地生于静"为两仪,对两仪生四象的描述则是"动之始则阳生焉,动之极则阴生焉","静之始则柔生焉,静之极则刚生焉"。③其四象"阳""阴"与"柔""刚"分别出于两仪各自独立的分化过程。而在朱子的诠释下,四象则由两仪之阴阳往来相交而得:阳之左下与阴之右上交错互易而成"二少"(少阴、少阳),阳之左上与阴之右下保持纯粹状态而为"二太"(太阳、太阴),其形成方式及名义与康节皆异。其次,就"四象生八卦"而言,《通释》指出:"邵子以太阳为乾,太

---

① 原文见朱熹《朱文公文集》卷三十八,《朱子全书》(修订本)第21册,第1662~1664页。本文对于朱子以"交易法"释《先天圆图》的分析及图式示意参考了孙逸超博士的相关研究。参见孙逸超《自然与当然——朱子天理观的形成与展开》,博士学位论文,北京大学,2020,第292~296页。
② 胡方平:《易学启蒙通释》,第89页。
③ 邵雍:《邵雍集》,第1页。

阴为兑，少阳为离，少阴为震，四卦天四象；少刚为巽，少柔为坎，太刚为艮，太柔为坤，四卦地四象。天地各四象，此八卦也。朱子释之，乃曰乾兑艮坤生于二太，故为天四象；离震巽坎生于二少，故为地四象。"① 结合前引《内篇》材料来看，邵雍《观物外篇》所云之"阴与阳交""刚与柔交"而生八卦，实为左半圈"天动"中分出的"阳阴"相交，而生图左之乾兑离震为"天之四象"；右半圈"地静"中分出的"柔刚"相交，而生图右之巽坎艮坤为"地之四象"②，可见邵雍所述八卦的分化，仍然是左右半圈之阴阳各自独立运作的结果。而朱子则将"阳阴""柔刚"释为图式左右位置相对、阴阳相反的"二太""二少"，仍以往来互交的方式生八卦，所分"天四象"乾兑艮坤、"地四象"巽坎艮坤亦皆左右各半、阴阳对反。这些方面均明显偏离邵雍本旨，反与《太极图》第二圈左阳右阴交互相对的结构颇为契合。

实际上，邵雍创作《先天图》的重要思想意旨，是欲借助阴阳分生"加倍"的象数逻辑，建构起一套宏大齐整的事物分类系统。其自两仪而分四象、八卦，相当于从大类中分出小类，《观物外篇》所说"二仪生天地之类，四象定天地之体；四象生日月之类，八卦定日月之体"，即为其证。③ 以此种分类思想为前提阐释阴阳的渐次分化，自然需限定在《圆图》左右半圈所象阴阳类属中分别进行。朱子的诠释则并未顾及先天学的事物分类意图，而以源自《太极图》的左阳右阴"对望交相博易"的一贯模式析解《圆图》，故其四象之"二太""二少"、八卦之"天四象""地四象"皆呈阴阳交错对待之势。胡方平在《易学启蒙通释》中分析朱、邵释《圆图》之别异后指出："朱子之说虽非邵子本意，然因是可以知图之分阴分阳者，以交易而成。"④ 引《太极图说》"分阴分阳"之语总括"交易"法揭橥的《圆图》象数结构，明显透露出朱子以《太极》释《先天》的思想特色。又据《朱子语类》记载，有学生疑惑"《先天图》阴阳自两边生"似与《太极图》不同，朱子

---

① 胡方平：《易学启蒙通释》，第89页。
② 《通释》云："但详玩邵子本意，谓阴阳相交者，指阳仪中之阴阳，刚柔相交者，指阴仪中之刚柔。"又云："邵子以乾兑离震为天四象者，以此四卦自阳仪中来；以巽坎艮坤为地四象者，以此四卦自阴仪中来。"（胡方平：《易学启蒙通释》，第90页）所述即是此意。
③ 邵雍：《邵雍集》，第113页。关于邵雍先天学的事物分类思想的分析，可参见朱伯崑《易学哲学史》第二卷，昆仑出版社，2005，第146页。
④ 胡方平：《易学启蒙通释》，第90页。按原书"以交易而成"句与下文"象之或老或少"之间未点断，据上下文意校改。

答曰:"他两边生者,即是阴根阳,阳根阴。"① 这进一步佐证了朱子所理解的《先天圆图》之阴阳相对分生与《太极图》之阴阳对待互根的根本一致性。

三 《太极》《先天》的交互诠释与理本论易学体系的建构

从以上讨论可知,在朱子易学中,《太极图》与《先天图》之间确实形成了一种交互诠释、易理融通的关系。此种诠释方式尽管与周、邵之本意多有龃龉,但对于朱子统一的理本论易学体系的建构却有重要的意义。

一方面,朱子以《先天图》数理对《太极图》的诠释,若借用前引答黄榦书中对两图的评述来说,可谓将一种"大而详"之"格局"赋予《太极图》。周敦颐《太极图》尽管融汇了儒家天道、人事层面的诸多思想元素,但这些差异元素之间却未免缺乏通贯性原理架构的关联。如五行之"五"与二气之"二"的联系,"人极"之"中正仁义"与天道化生万物诸环节的联系,皆晦而未明,如此也便难以对天道人事之种种差异性皆在何种意义上根本于"太极"之一理的问题做出明确解说。而《先天图》"加一倍法"或"一分为二"数理的引入,恰为《太极图》提供了这一通贯架构或格局。在此诠释思路下,"五行"即"四象",依"一而二""二而四"的自然之理由阴阳各分阴阳而得,故可与太极、两仪一道纳入天道流行生物的"元亨利贞"四环节模式;"元亨利贞"模式贯通于人事,复将"人极"之"中正仁义"诠释转化为与天道四象五行相应的"仁义礼智"。由此朱子便确凿地揭示出:《太极图》天道层面之二气、五行与人事层面之"人极"价值尽皆根源于太极天理本体,为其内在固有之无限差异性依循"一分为二"普遍数理的渐次呈现。毫无疑问,唯在《先天》普遍数理格局的诠释之下,《太极图》方真可谓"明道体之极致",而堪为朱子理本论易学建构之骨干。

另一方面,朱子以源自《太极图》第二圈之"交易法"对《先天圆图》的诠释,则是将一种"精而约"之"义理"注入《先天图》中。需要注意的是,"交易"之法虽名为"交",却并非指向气运相交的实际活动。《语

---

① 黎靖德编《朱子语类》,第 1613 页。

类》云：

> 《先天图》一边本都是阳，一边本都是阴，阳中有阴，阴中有阳；便是阳往交易阴，阴来交易阳，两边各各相对。其实非此往彼来，只是其象如此。①

这里朱子点明了，用以解释《圆图》卦序之成立的"阳往交易阴，阴来交易阳"，说的并不是现实中阴阳之气"此往彼来"的动态过程，而是《圆图》"阳中有阴，阴中有阳""两边各各相对"之象中呈现出的静态结构或原理。② 由此可见，所谓《先天图》"东一边本皆是阳，西一边本皆是阴，东边阴画皆是自西边来，西边阳画都是自东边来"的"互相博易之义"③，实质上是以爻画互交的形式表达出《太极图》第二圈所蕴阴阳对待互根之理，即阴阳差别对立关系中的任意一方都内在蕴含来自其对立面的因素。④ 《太极图》以简约的阴阳交互之象呈现出这一原理的普遍形态，而《先天图》则结合"加一倍"之数理使之具体化：阴阳双方皆内含源自对方的差异因素，由此引发自身的阴阳分化，而分化出的每一差异环节依然与其对立面相互交蕴（如《圆图》左右相对位置之卦爻象所示），故可再度分化，以至无穷。朱子又进一步解说《太极图》阴阳互根之理云："动之所以必静者，根乎阴故也；静之所以必动者，根乎阳故也。"⑤ 表明阳动、阴静每一差异环节内含的对立因素都构成自身向对立面变易转化的条件与根据，故原理层面阴阳差异性的无尽交蕴，必然引发现实层面阴阳流行生物的不息变化，这正是

---

① 黎靖德编《朱子语类》，第1605页。
② 《语类》云："对待底是体，流行底是用，体静而用动。"（黎靖德编《朱子语类》，第1603页。）可知朱子这里"对待"即"交易"概念区别于"流行"之"用"，是对静态的"理"之"体"的表达。
③ 黎靖德编《朱子语类》，第1604页。
④ 张岱年指出，《太极图说》所述："阴阳之间表现了交参互函的关系。"（张岱年：《中国古典哲学范畴要论》，载《张岱年全集》第四卷，河北人民出版社，1996，第840页。）杨柱才更详细地论述说，《太极图》第二圈阴阳互含的图式及《图说》的"动静互根"之说表明"阳动并不等于纯阳纯动，而是蕴含着静的根性和阴的可能"，"阴静并不等于纯阴纯静，而是内含动的契机和阳的可能"。（杨柱才：《道学宗主——周敦颐哲学思想研究》，人民出版社，2004，第249~250页。）可见《太极图》第二圈图式表达了阴阳皆内在蕴含源自其对立的因素这一原理。
⑤ 黎靖德编《朱子语类》，第2376页。

太极天理作为天地万物普遍本原的精妙特性所在。《语类》云：

> 理则神而莫测……静中有动，动中有静，静而能动，动而能静，阳中有阴，阴中有阳，错综无穷是也。①

依朱子此论，无形神妙的天理所以"静而能动，动而能静"，能够引生宇宙间一切形式的活动，正在于其"阴中有阳，阳中有阴"，其所内蕴的阴阳差异性是对待互根、"错综无穷"的。而以阴阳交易之理诠释的《圆图》之阳中有阴、阴中有阳、奇偶爻画交错相分的象数结构，正可谓是对天理本体所具动静阴阳"错综无穷"之神妙特征的具体呈现。由此可见，"交易"之法虽非《先天圆图》本有之意，但恰恰通过此源自《太极图》的精微义理的注入，《圆图》方能作为对于理本体特质的象数表征而真正融入朱子的理本论易学体系之中。

结　语

综上所述，朱子以《先天》之数解《太极》，援《太极》之理入《先天》，使周、邵两家之易得以相互融通，共同纳入以太极天理为本原的统一易学系统。黄榦《朱熹行状》述其师之易学云："《太极》《先天》二图，精微广博，不可涯矣，为之解剥条画，而后天地本原、圣贤蕴奥不至于泯没。"② 我们这里讨论的朱子对于《太极》《先天》两图的交互诠释，无疑是其伟大易学成就的典例与明证。

---

① 黎靖德编《朱子语类》，第 2403 页。
② 黄榦：《朱熹行状》，转引自束景南《朱熹年谱长编》，第 1430 页。

朱子论气化的世界*

赵金刚

（清华大学国学研究院　清华大学哲学系）

摘　要：朱子从其理气观出发，对"气化"的实然世界进行了详细阐释，对天地之始、天地之形、天文等做了较为详细的论述。他的论述不同于传统的宇宙生成论，也不同于单纯从经验出发的"历算家"的讲法，而是尽量做到哲学上的逻辑自洽，反对神话式的解释。朱子的诠释有些符合现代科学的解释，但在根基上不同于今天的科学理论，但他努力对实然世界给予合理化的诠释，这是其哲学对世界的基本看法。

关键词：气　天地　天文　自然

一般以为，朱子的"自然哲学"不是朱子思想的主要部分。然而，我们会发现一个有趣的现象，也就是在《朱子语类》（简称《语类》）中，我们一般认为的属于"自然哲学"的那部分内容其实十分靠前，仅次于朱子关于太极、理气先后的论述。黄士毅在《朱子语类门目》中讲"理气：太极阴阳，凡形于法象者二卷。"[①] 从黄士毅的角度出发，《朱子语类》的前两卷《理气上：太极天地上》《理气下：天地下》包含了两方面内容，即对"太极阴阳"的论述（也就是我们一般认为的"理气"关系问题）和对"形于法象者"的论述，而且从内容的关系上来看，这两部分应该是密切联系在一起的。朱子的"自然哲学"的内容就是黄士毅所讲的"形于法象者"。从逻

---

* 本文为国家社科基金项目"朱熹理学中'气'的思想研究"（18CZX028）阶段性成果。
① 黎靖德编《朱子语类》，中华书局，1986年点校本，第28页。

辑上讲，理气是朱子哲学的基本原理，而理气落实到实存世界，也就会涉及种种现实事物的构成，这部分关涉我们对实然世界的理解，也是生活世界的一部分。朱子之学"致广大而尽精微"，这些所谓的自然哲学的内容，是朱子思想"广大"一面的重要体现。本文尝试从朱子对"气"的论述出发，阐释其思想中对实然世界的哲学分析。

一　天地

（一）天地之始

在对"天地之始"进行讨论时，金永植先生认为朱子的解释是对《淮南子·天文训》中"宇宙生成"论述的阐释①。从表面形式上看的确如此，但从哲学实质上看则大不相同。《淮南子》对于天地生化有一个过程性的论述，太昭是"天地未判"的阶段，之后是道始于虚廓，再至宇宙，再至气，再至天地阴阳、四时万物的过程。从"未形"到"分形"这一过程，朱子与《淮南子》的论述是一致的，也承认有一个浑沦未分的阶段，由此而展开一轮宇宙生化。但在朱子看来由未分到分化是一个"辟阖"，而世界在所谓的时间维度上是由无数"辟阖"构成的，这是在《天文训》当中没有发现的。朱子反对一个有开端的宇宙演化图式，反对他所理解的道家的无能生有的宇宙观。"动静无端，阴阳无始"，是朱子理解"宇"和"宙"的一个基本原理。世界在时间上不仅无始，同样无终。当有学生问到世界是否会终结时，朱子讲"不会坏，只是相将人无道极了，便一齐打合混沌一番，人物都尽，又重新起"②。某一个阖辟发展到混乱的极致时，只是这一阖辟的完结，紧接着就会有另一番演化。这种看起来周而复始的循环，并不是固定的永恒质料的循环，每一个阖辟都是新的"气"的演化，阖辟与阖辟之间，从具体的质料看，是不一致的，具体存在的气是有限的，会散尽，而整个气化流行过程却无始无终。

《淮南子·天文训》讲"宇宙生气"，若把宇宙理解为时空，就会发现朱

---

① 〔韩〕金永植：《朱熹的自然哲学》，潘文国译，华东师范大学出版社，2003，第156页。在这一部分，金永植先生还讨论了朱子思想与邵雍、胡宏观点的关系，可以参考。
② 黎靖德编《朱子语类》，第7页。

子与《淮南子》的差异,在朱子看来,时空是气的流行与定位,气的存在优先于时空,时空是气的属性,在朱子那里是"气生宇宙"。同样,在朱子看来,天地之气、一气、阴阳、五行、万物从"气"上讲是同质的,只是动静不同的分化组合构成了其内在差异。这就与《天文训》不同,在朱子那里是"阳变阴合而生水火木金土"。

朱子承认五行创生的顺序上水火的优先性,这与《天文训》一致,《语类》卷一讲:

> "天地始初混沌未分时,想只有水火二者。水之滓脚便成地。今登高而望,群山皆为波浪之状,便是水泛如此。只不知因甚么时凝了。初间极软,后来方凝得硬。"问:"想得如潮水涌起沙相似?"曰:"然。水之极浊便成地,火之极清便成风霆雷电日星之属。"(佣。)①

这里以经验观察来证明水火在生成上的优先性,但朱子并不只是依据有限的经验才这么讲,《太极图解义》里所讲的五行"生之序"是其哲学依据。朱子认为水极浊而成地,而天上之有象者均是火之极清。同时,《天文训》讲天地、阴阳、四时、万物,在哲学上的统一性较差,朱子则讲一气、阴阳、五行、万物,在哲学逻辑上十分顺畅。此外,在相关问题的阐述上,朱子总是避免引入神话,这就与《天文训》对现象解释的态度不同。《楚辞集注·天问》中,朱子直称此为"无稽之言"②。朱子认为,"开辟之初,其事虽不可知,其理则具于吾心,固可反求而默识,非如传记杂书谬妄之说,必诞者而后传,如柳子之所讥也"③,对某一个阖辟开始阶段的描述,要从理出发,宇宙运化之理与吾心之理是一个理,可由吾心之理经过理性的推衍求知"开辟之初",而不是通过神话式的、神秘的揣测去理解这些现象。

此外,朱子的宇宙是一个动态化的、动力因素很强的宇宙。《语类》卷一言:

---

① 黎靖德编《朱子语类》,第7页。
② 朱熹:《楚辞集注》,上海古籍出版社,安徽教育出版社,2001年点校本,第56页。《语类》卷一三九则言:"楚词注下事,皆无这事。是他晓不得后,却就这语意撰一件事为证,都失了他那正意。如淮南子山海经,皆是如此。义刚。"(黎靖德编《朱子语类》,第3298页。)在朱子看来,引入神话解释相关现象,是失了"正意",正意当即哲学的、理性的、合道理的解释。
③ 朱熹:《楚辞集注》,第50页。

> 天地初间只是阴阳之气。这一个气运行，磨来磨去，磨得急了，便拶许多渣滓；里面无处出，便结成个地在中央。气之清者便为天，为日月，为星辰，只在外，常周环运转。地便只在中央不动，不是在下。（淳。）
>
> 天运不息，昼夜辗转，故地榷在中间。使天有一息之停，则地须陷下。惟天运转之急，故凝结得许多渣滓在中间。地者，气之渣滓也，所以道"轻清者为天，重浊者为地"。（道夫。）[1]

天地之化始终处在一种动态的过程当中，此种动态是朱子对气化世界进行阐释时的突出特点。气轻地重，地是渣滓，前提是动，也就是气处在无休止的动静运化之中。"造化如磨"是永不休止的运化之磨，正所谓"天运不息"，在这种不息的运化中，就凝聚产生了"渣滓"并处于运化全体的中央，也就是产生了地。地是成"质"之气，在产生序列上自然后于"天气"。成质之渣滓，是"天气"在运化过程中而有，"天气"必然会成质，但这不会导致世界全都成为渣滓，因为气成为质就会散尽于虚空。

（二）天地之形

在朱子那里，虽然具体的存有的气的运化可能是无序的、没有固定方向的，但从气的整体态势上来看，宇宙运化当有一个倾向性。从朱子"造化如磨""辗转"等表述中我们也可以推断这一点。如果这种辗转没有一个总体的态势，就很难理解何以渣滓会聚在中间，也难以进一步理解为何在朱子那里五行之气产生之后会有"行之序"。如果气在流行中没有一个整体的方向性的态势，渣滓就有可能散布于天之中，成为一个个的散点，不会有作为"大块"的地。只有气从总体上有一个运化的方向，具有这样的态势，我们才能从逻辑上推出地在中央、天包着地的天地之形。从朱子哲学出发，也必然会导致这样的"地心说"。

关于天地之形，《语类》卷一言：

> 天以气而依地之形，地以形而附天之气。天包乎地，地特天中之一物尔。天以气而运乎外，故地榷在中间，嗒然不动。使天之运有一息停，

---

[1] 黎靖德编《朱子语类》，第6页。

则地须陷下。(道夫。)

天包乎地,天之气又行乎地之中,故横渠云:"地对天不过。"(振。)

地却是有空阙处。天却四方上下都周匝无空阙,逼塞满皆是天。地之四向底下却靠着那天。天包地,其气无不通。恁地看来,浑只是天了。气却从地中迸出,又见地广处。(渊。)①

由于天运之不息,地在中间,天包着地,如果这个宇宙是一个没有动能的宇宙,那么地就会陷,也就是不能处于天之中央。地虽然是实的渣滓,但却是有空隙的,天气可以于地中交互往来。

关于天地之形,传统思想当中主要有三种观点,即盖天说、浑天说和宣夜说②。浑天说的代表性论述当属张衡《浑天仪注》。表面上,朱子的观点和张衡所叙述的浑天说十分相近。《楚辞集注·天问》关于天地之形的论述更可以与《浑天仪注》相对照:

或问乎邵子曰:"天何依?"曰:"依乎地。""地何附?"曰:"附乎天。""天地何所依附?"曰:"自相依附。天依形,地附气,其形也有涯,其气也无涯。"详味此言,屈子所问昭然若发蒙矣。但天之形圆如弹丸,朝夜运转,其南北两端后高前下,乃其枢轴不动之处。其运转者亦无形质,但如劲风之旋。当昼则自左旋而向右,向夕则自前降而归后,当夜则自右转而复左,将旦则自后升而趋前,旋转无穷,升降不息,是为天体而实非有体也。地则气之查滓聚成形质者,但以其束于劲风旋转之中,故得以兀然浮空,甚久而不坠耳。黄帝问于岐伯曰:"地有凭乎?"岐伯曰:"大气举之。"亦谓此也。其曰九重,则自地之外气之旋转,益远益大,益清益刚。究阳之数而至于九,则极清极刚,而无复有涯矣,岂有营度而造作之者,先以斡维系于一处,而后以轴加之,以柱承之,而后天地乃定位哉?且曰其气无涯,则其边际放属,隅隈多

---

① 黎靖德编《朱子语类》,第6页。
② 冯时先生以为,"关于这些学说的优劣高下,自战国开始便长期存在着激烈的论辩,但是由于宣夜说至少在东汉时期已成绝学,它的大部分理论的失传致使这一学派中没有出现任何能手,因此辩论的焦点主要集中在浑天、盖天两派"。(冯时:《天文学史话》第九章,社会科学文献出版社,2011,第157页。)

少，固无得而言者，亦不待辨说而可知其妄矣。①

这里的"圆如弹丸"可以对应《浑天仪注》。至于为何能有此形，朱子强调"动"，没有气的劲风旋转，就不会有这样的结构。张衡强调浑天的"周旋无端"，而朱子的解释则更进一步。此外，朱子的观点虽有吸收浑天说之处，但也吸收了宣夜说，尤其是在天地之形上不承认"空间"有一边界，浑天说在这一点上则不如宣夜说表达得明显。②"宣夜说在东汉时代便已失传了。"③《晋书·天文志》记载宣夜说言"天了无质，仰而瞻之，高远无极"④，今天所知的宣夜说的最大特点就是强调宇宙的无限性。在这一点上，朱子与宣夜说是十分一致的。朱子关于时间强调"无始无终"，而在空间特别强调"天"无边界。上引《楚辞集注》就体现了这一点。朱子对传统的天有九重说进行诠释，在朱子看来，天并不真的就分为九层，取九是因为九是阳数之极，代表着高远处气的特征，即极清极刚，而不是说在数字上天有一个边界上的限制，天气是"无涯"的。

关于朱子到底是讲有限空间还是无限空间，学者的观点存在分歧，有些学者认为朱子对于这个问题存在矛盾⑤，相关困境均与朱子对邵雍论述的诠释有关。如《语类》卷一有：

> 问："康节论六合之外，恐无外否？"曰："理无内外，六合之形须有内外。日从东畔升，西畔沉，明日又从东畔升。这上面许多，下面亦许多，岂不是六合之内！历家算气，只算得到日月星辰运行处，上去更算不得。安得是无内外！"（淳。）⑥

---

① 朱熹：《楚辞集注》，第51页。
② 关于中国古代思想家对宇宙有限无限的论述，可以参看刘文英《中国古代时空观念的产生和发展》（上海人民出版社，1980）一书，书中指出，很多持盖天、浑天之说的学者都计算过宇宙空间的大小（第63页）。张立文以为，朱子的思想结合了宣夜说，这与朱子的哲学逻辑结构相适应，其"基本模型是浑天与宣夜的结合"。（张立文：《朱熹哲学与自然科学》，《孔子研究》1988年第3期。）
③ 冯时：《天文学史话》，第169页。
④ 《晋书·天文志》，中华书局，1974年点校本，第279页。
⑤ 刘文英先生在《中国古代时空观念的产生和发展》一书中就认为朱子的观点有矛盾，参见该书第69~70页。在他看来朱子讲"天无体"就是强调空间的无限性，是对宣夜说的继承。
⑥ 黎靖德编《朱子语类》，第7页。

在邵雍看来,空间是有限的,这与邵雍的宇宙生化观是相符合的,因为邵雍认为宇宙是由一个起点生化而来,这样的世界必然是一个有限的世界。《观物内篇》讲:"物之大者,无若天地,然而亦有所尽也。"① 而张载、二程都反对一个有开端的世界模式,这种世界模式很难接受一个有限的世界图式②。朱子思想接受二程所言"动静无端,阴阳无始",同时也反对张载式的大循环,在逻辑上推导出一个无限的世界是很顺畅的。但在具体的讨论中,就涉及如何安顿邵雍观点的问题。上引材料中,学生就质疑邵雍的说法。朱子首先认为,"理"是没有内外的(当然,这句话也可以解读为从道理上说没有内外),但是"六合之形"是有内外的。这里的六合当指我们所能直观认识的空间,所以朱子在这里专门谈到历家算气的问题。

从逻辑和朱子的相关论述来看,朱子的核心观点应是"天地无外""气无涯"。其实对这一问题的看法涉及对"空间"的理解。朱子那里时间和空间是气之流行与定位,气之动静优先于时间、空间,因气之动静而有时空。在此种对空间的理解下,今天所说的空间的"范围"始终受制于气之绵延,"气无涯"并不是从空间无限性上来讲气的边界,而是强调气之绵延不受到形体的限制。在此无限绵延之下的时间和空间,自然也就是无限的。当然,我们也要看到,朱子将这一问题止于"圣人存而不论",没有进一步推衍下去,而言说上的矛盾则展示在我们面前。

关于天地之形,还有三个问题需要解释,一是刚风说,一是天地旋转的枢轴问题,最后则是朱子对地之形(也就是地理)的描述。

前引《楚辞集注》已经谈到了"刚风",地之外旋转运化的气"益远益大,益清益刚",最"外"一重则"极清极刚",正是此种刚风,使天紧紧地包着地。这种天包地的紧密程度在大趋势上当是越远越紧,从紧密程度上来讲,当不是匀质的。但是,朱子为了日月星辰的运行,为了人和物的存在的可能,在叙述上则留了一个尾巴,《语类》卷二讲:

> 天包乎地,其气极紧。试登极高处验之,可见形气相催,紧束而成体。但中间气稍宽,所以容得许多品物。若一例如此气紧,则人与物皆

---

① 邵雍:《邵雍集》,中华书局,2010年点校本,第1页。
② 二程的观点上引材料可以看出。关于张载的观点,刘文英先生认为"太虚无形"的观点就是对宣夜说的继承。参见刘文英《中国古代时空观念的产生和发展》,第70页。

消磨矣！①

旋转之"形气相催"，保证了体之存在。但是，如果所有的地方都如此紧密，那么就容不下天体，天体可能会被消磨。如果与地相接之处也那么紧，那么地上之人物也将无法存在。朱子这里的描述从逻辑上来讲，似乎很难获得一贯性的理论解释。

关于天地运转之枢轴，前引《楚辞集注》也说得很明确，朱子认为，天地在运化中有一个枢纽，这就是南极和北极，这个枢纽不是人或神安置上去的，而是天地做圆周旋转运动自然而有的一个轴。《楚辞集注·天问》还讲：

> 天极谓南北极，天之枢纽，常不动处，譬则车之轴也。盖凡物之运者，其毂必有所系，然后轴有所加，故问此天之斡维系于何所？而天极之轴何所加乎？②

这一枢纽就好比车轴，相对于轮的旋转，车轴是不动的，天轴也是如此。车轴是为了物的运动而人为设置的，而天的轴则是无所系而自然有的。《语类》卷二十三言：

> 北辰，即北极也。以其居中不动而言，是天之枢轴。天形如鸡子旋转，极如一物，横亘居中，两头称定。一头在北上，是为北极，居中不动，众星环向也。一头在南，是为南极，在地下，人不可见。③

宇宙所有事物的运转都是围绕着这个轴而动的。关于这个"北极"与"北辰"，还涉及对北极星的理解。在朱子看来，"北辰无星"，北极星是北辰边上的一颗小星，是人们为了认取北极方便而设定的一颗星。所有的星都围绕北辰旋转，这颗极星也不例外，只是动得微，人不容易发现罢了。故而，《论语·为政》所讲的"譬如北辰"，这北辰就不能做北极星解释，而是天地运转的中心，众星自然围绕它旋转。④

天轴的北极是人可以看见的，天轴的南极在地下，是人不能看见的，这

---

① 黎靖德编《朱子语类》，第18页。
② 朱熹：《楚辞集注》，第50~51页。
③ 黎靖德编《朱子语类》，第535页。
④ 《朱子语类》卷二十三关于这一点有很多解释，见第536页相关论述。

就涉及朱子对地之形的理解。从浑天说以及朱子《楚辞集注》关于天地之形的描述,我们很容易认为此种说法会把大地理解为"球形"。在朱子那里,地虽然不像盖天说那样是一个方形的大块,但也不能说成是一个直接的"球形"物体,朱子还没有完成认地为球的"突破",但是从朱子讲的"月中黑影"是"地影"等描述来看,朱子又认为地不是方的,而是圆形的。同时,从当时的人的经验出发,朱子已经认识到大地至少有一定的曲度,朱子描述了当时人航海,发现南半天球有明星之事。[1] 关于经验范围内的地之形,朱子有一些描述,如认为"西北地至高。地之高处,又不在天之中"[2],这符合当时中国人的一般经验,《语类》当中的一些描述已经描绘到了"极昼"现象,也就是昼长而夜短,但是朱子对这些现象的解释则诉诸地形,认为这是"地有绝处"[3],"在地尖处,去天地上下不相远,掩日光不甚得"[4],日光照耀之处为白天,而地尖处离天近,常能被日光所照。

关于地的大小,朱子认为地是有限的形体,不是无限的。《楚辞集注·天问》讲:

> 地之形量固当有穷,但既非人力所能遍历,算术所能推知,而书传臆说又不足知。惟《灵宪》所言八极之广,原于历算,若有据,依然非专言地之广狭也。柳对直谓其极无方,则又过矣。[5]

朱子不同意柳宗元关于地无限的讲法。他在某种程度上认同张衡所讲,但强调这不能臆说,而要通过一定的计算去掌握。

朱子还讲到地上的天泽通气,也就是我们今天所讲的"水气循环"。《楚辞集注·天问》讲:

> 以理验之,则天地之化往者消而来者息,非以往者之消,复为来者之息也。水流东极,气尽而散,如沃焦釜,无有遗余,故归墟尾闾亦有沃焦之号,非如未尽之水,山泽通气而流注不穷也。[6]

---

[1] 黎靖德编《朱子语类》,第19页。
[2] 黎靖德编《朱子语类》,第7页。
[3] 黎靖德编《朱子语类》,第7页。
[4] 黎靖德编《朱子语类》,第7页。
[5] 朱熹:《楚辞集注》,第56~57页。
[6] 朱熹:《楚辞集注》,第56页。

这里反对神话式的地理观,即认为在大地当中有一个通道,可以让水流循环往复。朱子从哲学出发,强调气会散尽,认为地上的山川之水是生生不穷而来,不是流入"归墟"的水通过某种管道,重新流回,这当然与今天的解释不同。但我们可以看到朱子背后的哲学诉求和理性精神。

关于包括人文地理在内的一些内容,《语类》卷二末有大量论述,如关于嵩山为天地之中。本文对此不进行过多阐述。

综上,我们认为,朱子这些对地之形的描述,主要还是建立在直接的经验观察的基础上。

二 天文

《周易》讲"观乎天文,以察时变","天文"是古人究天人之际的重要内容。《语类·理气下》接着上卷讨论天地问题,而"天文"则占了主要篇幅。此卷大量记述朱子对相关天文问题的看法。朱子对天文有着长期的兴趣和思考,家中甚至有浑天仪①。朱子对天文的兴趣当然是与生活世界有关,我们将这种兴趣和研究理解为今天意义上的"科学"的兴趣。

(一) 左旋右旋

《理气下》首先延续上卷内容,讨论"天地之形",朱子主要观点和矛盾亦如我们上文所言。由于涉及天文历算之测量问题,这里还介绍了黄道、赤道等五道问题。《理气下》记述最多的一个问题当属天左旋与日月星辰亦左旋的问题。②

张载在《正蒙·参两》中特别提倡"左旋"之说。

> 凡圜转之物,动必有机;既谓之机,则动非自外也。古今谓天左旋,此直至粗之论尔,不考日月出没、恒星昏晓之变。愚谓在天而运者,惟七曜而已。恒星所以为昼夜者,直以地气乘机左旋于中,故使恒星、河汉因北为南,日月因天隐见,太虚无体,则无以验其

---

① 参见乐爱国《朱熹:一个被遗忘的天文学家》,《东南学术》2002 年第 6 期。
② 关于中国古代天文上的左旋与右旋问题,参见陈美东《中国古代日月五星右旋说与左旋说之争》,《自然科学史研究》1997 年第 2 期。

迁动于外也。①

关于左旋，《语类》有一个形象的描述：

> 问："经星左旋，纬星与日月右旋，是否？"曰："今诸家是如此说。横渠说天左旋，日月亦左旋。看来横渠之说极是。只恐人不晓，所以诗传只载旧说。"或曰："此亦易见。如以一大轮在外，一小轮载日月在内，大轮转急，小轮转慢。虽都是左转，只有急有慢，便觉日月似右转了。"曰："然。但如此，则历家'逆'字皆着改做'顺'字，'退'字皆着改做'进'字。"（僩。）②

在张载和朱子看来，无论是恒星还是行星，都是随天左旋，日月也是这样。人们之所以会认为有左旋有右旋，是因为旋转的速度不同，人的视觉感觉就有了差异。朱子是十分坚持"左旋"说的，他虽然在早期《诗集传》中取过右旋之说，但晚年与弟子讨论时无不坚持左旋之说。张载认为天地日月星左旋是因为圆周运动的动力来自一个中心发动者③，在朱子那里，这一内在发动者不是外在于气的事物，气之运动的内在动力就在它本身，气本身就有此动能。

其实，天地日月星皆左旋，是符合朱子的哲学逻辑的：天地运化如磨，在这样的运化过程中，作为渣滓之气凝聚于中央成为地，能有此凝聚，天地之运化必然有一整体的运化态势，"天左旋"正是这一整体运化态势的展现。天左旋的动力就来自气的这种如磨的运动。假若天是左旋的，日月星辰右旋，就会产生一个问题：右旋的第一动力来自哪儿？是什么东西给了日月星辰一个力，能够让它们与天之旋转方向相反呢？尤其是考虑在朱子的图式当中有所谓"刚风"之说，那么逆天之行而右，原初所需要的力甚至会大于天自身左旋之力，这就会导致朱子的思想中出现矛盾，即天最清最刚，没有物质会刚过、快过天，那么也就不可能有一个巨大的右旋的推动力出现。更进一步的，日月星辰是火之极清者形成的，那么为什么会从一气分为水火进而五行的过程当中产生一个完全相反的运动方向呢？其实，历家在主张日月五

---

① 张载：《张载集》，中华书局，1978年点校本，第11页。
② 黎靖德编《朱子语类》，第16页。
③ 参见杨立华《气本与神化》，北京大学出版社，2008，第83页。

行右旋时，首先考虑的是历算计算的准确性，而不关注旋转动力的问题，这就在思想逻辑上留下了漏洞。朱子也认为，历家是考虑计算，认为历家那里"进数难算"，所以考虑"退数"，"取其易见日月之度耳"①。

朱子从其左旋之说出发，考虑历算问题，依据其哲学逻辑，对天地日月旋转之速做了重新规定，这些规定与右旋说之规定速度不同。《楚辞集注·天问》有：

> 天周地外其说已见上矣，非沓乎地之上也……周天三百六十五度四分度之一，周布二十八宿以着天体，而定四方之位。以天绕地则一昼一夜适周一匝而又超一度，日月五星亦随天以绕地，而唯日之行一日一周无余无欠，其余则皆有迟速之差焉。然其悬也，固非缀属而居其运也，亦非推挽而行，但当其气之盛处，精神光曜自然发越，而又各自有次第耳。②

传统右旋说一般认为天行之速为一周天，而在朱子等左旋说看来，天行之速为一周天过一度，日的旋转速度是一日一周，月则比日慢十三度十九分度之七。当然，比起张载，朱子并没有更进一步叙述五星的转速，这在理论上是不完善的③。但是，这些转速的排布却是符合朱子哲学理论的。为什么"天最健"、转速最快呢？因为天最清，也就是最无形之物，日则比天有形，但还是气之清者，因此速度比天慢，而"月比日大故缓"④。越有形之物，其转速越慢。地最为有形，因此其随天左旋之速应该是最慢的。在朱子那里日月星都是有一定形状的实体之物，他反对日月不是固定实体，只是在一定的轨道上，一定时间气盛发光就显现出光芒的说法⑤。

从天文发展的角度来看，右旋说有很大的优势，但也要看到朱子学说的用意。朱子坚持左旋说，其中一项用意就是反对日月五星附着于天球之说，

---

① 黎靖德编《朱子语类》，第14页。
② 朱熹：《楚辞集注》，第52页。
③ 参见陈美东《中国古代日月五星右旋说与左旋说之争》，第152页。当然陈美东也指出，朱子后学如吴澄等从左旋说出发，对此进行了完善。
④ 黎靖德编《朱子语类》，第13页。论者对于朱子为何认为月比日大有些不解，我们能给出的一个较为合理的解释即从人最直观的视觉观察出发，日的视觉大小要小于月。
⑤ 参黎靖德编《朱子语类》，第18页。

这就和他对天地之形论述的逻辑相一致①。其实朱子坚持这样的说法也是为了寻求解释与计算的一致性，解决古代历算当中的一些问题，寻求更为精确的历法。《语类》言：

> 今之造历者无定法，只是赶趁天之行度以求合，或过则损，不及则益，所以多差。……意古之历书，亦必有一定之法，而今亡矣。三代而下，造历者纷纷莫有定议，愈精愈密而愈多差，由不得古人一定之法也。……天运无定，乃其行度如此，其行之差处亦是常度。但后之造历者，其为数窄狭，而不足以包之尔。（偶。）②

历家虽然从计算的精密性出发对天地日月星进行阐释，但这种追求并没有带来最终的精确性，反而导致历算当中的一些问题产生，对很多问题只是"大约可算"③。朱子希望从"合理性"的理论出发，追求历法的精确。当然，朱子认为自己没能对一些问题进行阐述，主要在于"布算"能力不足，我们也的确能发现左旋说在计算上的一些困境。

（二）日月五星与其他现象

对于其他天文现象，朱子也进行了诠释。首先是月的阴晴圆缺问题。朱子认为：

> 月体常圆无阙，但常受日光为明。初三四是日在下照，月在西边明，人在这边望，只见在弦光。十五六则日在地下，其光由地四边而射出，月被其光而明。月中是地影。月，古今人皆言有阙，惟沈存中云无阙。（扬。）④

月是一个有固定形体之物，"既曰日月，则自是各有一物，方始各有一

---

① 陈美东也指出："但左旋说也不是一无是处，它坚持了日、月、五星不附著于天壳，这要比右旋说中认为日、月、五星附著天体的一派要高明些。左旋说所建立的动力机制也比右旋说来得合理些。"（陈美东：《中国古代日月五星右旋说与左旋说之争》，第158页。）这就是从天文学的角度看到了左旋说的优势。
② 黎靖德编《朱子语类》，第25页。
③ 黎靖德编《朱子语类》，第21页。
④ 黎靖德编《朱子语类》，第19页。

名"①。月有阴晴圆缺并不是月本身形状会发生变化，只是因为月本身不发光，因为受日光而有光，但不同日子太阳照射的位置不同，人在地上看就会觉得有阴晴圆缺。

关于月受日光，《语类》当中强调得很多。这里也涉及星体的发光问题。朱子讲：

> 星光亦受于日，但其体微尔。五星之色各异，观其色，则金木水火之名可辩。众星光芒闪烁，五星独不如此。②

> 纬星是阴中之阳，经星是阳中之阴。盖五星皆是地上木火土金水之气上结而成，却受日光。经星却是阳气之余凝结者，疑得也受日光。但经星则闪烁开阖，其光不定。纬星则不然，纵有芒角，其本体之光亦自不动，细视之可见。（僴。）③

朱子从其气论出发，认为五星是五行之气凝结而成，但是是"阴中之阳"，之所以星光颜色不同，与五行之气有关；恒星则是"阳中之阴"。这里朱子认为无论恒星还是行星自身都不发光，都受日光。但朱子本人对此说并不十分确定，有时也讲"星恐自有光"④。

朱子从月受日光、日月左旋且速度不同的角度对日食、月食也进行了阐释。

> 日月薄蚀，只是二者交会处，二者紧合，所以其光掩没，在朔则为日食，在望则为月蚀，所谓"纤前缩后，近一远三"。如自东而西，渐次相近，或日行月之旁，月行日之旁，不相掩者皆不蚀。唯月行日外而掩日于内，则为日蚀；日行月外而掩月于内，则为月蚀。所蚀分数，亦推其所掩之多少而已。

> 日食是为月所掩，月食是与日争敌。月饶日些子，方好无食。（扬。）⑤

日月相食，并不是一者夺了另一者的光，日月食的一个前提是月不发

---

① 黎靖德编《朱子语类》，第18页。
② 黎靖德编《朱子语类》，第18页。
③ 黎靖德编《朱子语类》，第22页。
④ 黎靖德编《朱子语类》，第20页。
⑤ 黎靖德编《朱子语类》，第20~21页。

光。日食是月遮住了太阳，而关于月食，朱子则解释得比较曲折。金永植先生指出，在不同的场合，朱子对月食的解释往往不同①。大体说来，朱子在有些时候将月食诉诸阴阳相抗；而在另一些场合则认为，月亮运行应该在太阳的轨道之下，但有时却运行到太阳之下，而且躲到太阳内部不发光的"暗虚"之处，所以产生了月食。为了解释这种轨道的变化，朱子不得不认为日月轨道会发生变化，这就造成了解释上的困难。虽然朱子注意到了月中有地影，但终究没有用地在日月中间去解释月食。这受制于很多条件，其中自然包括朱子对日月结构的理解。

三　风雨雪雹

除了天文现象，《语类》还有大量关于今天称为"自然"的知识的解释。这些解释相较于前面所讲的天地、天文，经验色彩更为明显，很多是对经验的叙述，一些则从经验出发，试图探究背后的理论。朱子对当中的部分内容诉诸其哲学的基本概念，对之进行诠释。在有些地方，也可以发现朱子的矛盾之处：朱子一方面努力破除传统的神秘之说，另一方面也做出了不少"神秘"的解释。

关于风霜雨雪这些现象，朱子最基本的原则当然是诉诸"气"去阐释其形成与结构。《语类》卷一言：

> 水之极浊便成地，火之极清，便成风、霆、雷、电、日、月、星之属。②

风、霆、雷、电这些我们能见到的在天上的现象，朱子都认为是"清"气，五行则对应"火"。又言：

> 霜只是露结成，雪只是雨结成。古人说露是星月之气，不然。今高山顶上虽晴亦无露。露只是自下蒸上。人言极西高山上亦无雨雪。（广。）③

---

① 参见金永植《朱熹的自然哲学》，第 175 页。
② 黎靖德编《朱子语类》，第 7 页。
③ 黎靖德编《朱子语类》，第 23 页。

这里就明确反对用所谓的"星月之气"解释露。朱子给出的反对理由就是从经验观察出发。至于解释雷电，朱子也说是"气相摩轧"①。在用气去解释的时候，朱子会自然地把阴阳带进相关论述。如朱子解释一天不同时刻的风时，就用阳气的变化来讲；解释下雨等现象，也是用阴阳关系来说，认为"阳气正升，忽遇阴气，则相持而下为雨"②。在这些方面，朱子都反对神秘化的解释倾向。对于这种种现象，朱子总要试图发现它们背后"气"的道理，进而用格物的精神探究其"理"。

又如，朱子发现雪花是六瓣，在具体解释时，不满足于经验观察或现象的阐释，还是要寻求理论的阐释。他讲：

> 雪花所以必六出者，盖只是霰下，被猛风拍开，故成六出。如人掷一团烂泥于地，泥必溃开成棱瓣也。又，六者阴数，大阴玄精石亦六棱，盖天地自然之数。（僴。）③

这里先给了一个现象的物理解释，认为是从上到下落下，被拍成六瓣。但为什么会成六而不是别的数字呢？朱子认为雪花为阴，阴数有六，从天地自然之数出发，雪花就会是六瓣。这背后强调了天地之理与天地之数的关系。《语类》卷六十五便有：

> 问理与数。曰："有是理，便有是气；有是气，便有是数，盖数乃是分界限处。"又曰："'天一地二，天三地四，天五地六，天七地八，天九地十'，是自然如此，走不得。如水数六，雪花便六出，不是安排做底。"……（夔孙。）④

天地之理必然会有些数的对应，水数为六，雪花是水，在数上自然为六，这不是人为而成。

其关于雹的解释也是十分值得我们注意的。这一方面反映了朱子某种"神秘"的"残留"，另一方面也反映了朱子在这些神秘背后力图对问题进行合理化阐释的倾向。《语类》言：

---

① 黎靖德编《朱子语类》，第 24 页。
② 黎靖德编《朱子语类》，第 2534 页。
③ 黎靖德编《朱子语类》，第 23 页。
④ 黎靖德编《朱子语类》，第 1608 页。

> 伊川说:"世间人说雹是蜥蜴做,初恐无是理。"看来亦有之。只谓之全是蜥蜴做,则不可耳。自有是上面结作成底,也有是蜥蜴做底,某少见十九伯说亲见如此。记在别录。十九伯诚确人,语必不妄。……蜥蜴形状亦如龙,是阴属。是这气相感应,使作得他如此。正是阴阳交争之时,所以下雹时必寒。今雹之两头皆尖,有棱道。疑得初间圆,上面阴阳交争,打得如此碎了。"雹"字从"雨",从"包",是这气包住,所以为雹也。①

伊川不同意蜥蜴成雹之说,但朱子却认为有可能,这与当时很多人观察到雹的出现与蜥蜴的出现偶合有关,朱子相信他们所说,可以说是对人的一种信任。但即便如此,朱子还是要寻求合理的解答。他认为蜥蜴属阴,雹也属阴,同类相感应,所以可能有雹。而雹的形在朱子看来则属于阴阳相争的结果。于此,我们可以看见朱子对相关问题的一种委曲。

朱子的论述有和今天科学认识一致或相近的地方,也有很多地方十分不一致,但我们不能仅以今天的科学观判断朱子观点正确与否,而是更应该看到朱子的论述与其哲学逻辑的关联,看到他论述背后的理性精神。我们试图发现朱子对这个世界解释的合理性因素,并不意味着同意他的解释,我们在这里绝不是以辩护者的角色出现,而是带着诠释的态度,深入其思想内部,尝试从其自身逻辑出发解释问题。从根本上来说,关注朱子的解释也并不是从实用主义角度出发,发现这些理论的当代意义,而是为了更好地了解朱子的哲学思维方式,了解朱子对生活世界的基本看法,更进一步地认识朱子哲学,认识朱子哲学思考背后的苦心孤诣。

---

① 黎靖德编《朱子语类》,第 24~25 页。

"纪念朱子诞辰890周年学术研讨会"在清华大学举行

魏鹤立　索巾贺

（清华大学哲学系）

2020年10月28日至29日，由清华大学国学研究院、清华大学哲学系、中华朱子学会联合主办的"纪念朱子诞辰890周年学术研讨会"在人文学院四楼会议室和清华大学甲所隆重举行，50余位专家学者围绕朱子思想诠释、朱子与宋代理学、朱子与明清儒学等问题进行了广泛、深入的探讨。

28日上午，大会开幕式在清华大学人文学院四楼会议室召开。

会议首先由华东师范大学朱杰人教授、清华大学国学研究院院长陈来教授致辞。在致辞中，朱杰人教授提道：今年是非常特殊的一年，在这样的背景环境下举办纪念朱子诞辰890年的学术会议有着特别的意义。

陈来教授在致辞中提道：中华朱子学会于2010年成立，到今年刚好是10周年，因此今年在清华大学举行纪念朱子890周年的学术研讨会也有着特别的意义。十年来，中华朱子学会举办了一系列的活动：一方面与众多高校和地方县市合作召开了多次有关朱子学的学术会议，另一方面，协作组织了多次"朱子之路"的活动。

朱杰人教授致辞 　　　　　　　**陈来教授致辞**

主题演讲由四川师范大学蔡方鹿教授主持,湖南大学朱汉民教授、华东师范大学朱杰人教授、清华大学陈来教授分别发表演讲。

朱汉民教授在演讲中特别突显了朱熹《中庸》学的特点和贡献,他认为朱熹以"理"来诠释"中",这样就可以从知行一体中拓展出知识理性,从主客互动中拓展出主体精神,从天人合一的精神境界中构建出天人一理的哲学体系。朱子的这种诠释路径,进一步提升了中庸之道的哲学意义,使之成为中华文明的核心经典。

朱杰人教授的演讲主旨是朱子道统系谱中的韩愈,他分析了韩愈之所以不能在朱子的道统系谱中占据一席之地的原因,但同时也通过相关论述揭示出朱子对韩愈的复杂态度。在演讲最后,朱教授还特别提到道统传承的现代意义,他认为现在的国学教育过多偏重诗词文章方面而忽略了道统的传承,这种情况有待改善。

陈来教授的演讲则以朱子论"义"为中心,分析了古典儒学中"义"的观念,他认为朱子十分强调义德是主体面对恶的德性,所以朱子在《四书章句集注》中主要以"义者宜也"来训"义"。但是朱子在对"义"字做哲学界定时,主要是发挥了汉儒的裁制、断决之说。在此基础上,陈教授认为朱子对"义"的理解一是继承了汉代以来经学的裁断训义,二是把义纳入了四德论体系,三是扩展了义在仁体宇宙论中的意义。

蔡方鹿教授主持 　　　　　　朱汉民教授演讲

主题演讲之后,丁四新教授主持,蔡方鹿教授、向世陵教授、张学智教授、吴震教授、何俊教授与肖永明教授先后做了大会发言。

蔡方鹿教授对四川省朱熹研究工作进行了总结:举办朱子学会议、学术活动及推广普及活动共25次,发表朱熹研究及相关论文170余篇,出版《朱熹文集编年评注》等文集、著作、论文集共35部,取得了显著的成果。蔡教授进一步对今后开展朱熹研究工作的思路做出展望，提出如可将朱熹研究与宋明理学整体研究、中国道统思想及其在东亚的流传演变影响结合起来，又如可对朱熹理学与功利学派的关系做进一步深入研究等10条研究思路。

向世陵教授指出"民吾同胞"的"同体"思想，是朱熹创设社仓的理论基石。朱熹本着恻隐、爱民的初心，针对性地对汉隋常平仓、义仓等制度的缺陷进行补救，创设推广社仓之法。向教授进一步分析了朱熹社仓法及赈灾措施的不足，并指出，朱熹认识到社仓赈济只是不得已的补救手段，国家政治的关键在人君平时如何端正身心、施行仁政、兴修水利，将救灾与劝农生产结合起来。

张学智教授解析了艮斋田愚性理学的结构及其特色。他指出艮斋思想以朱子学为主，兼综畿湖学派，提出了"性师心弟""性尊心卑"等学说；他的性理学着重在坚守传统伦理，为民族国家奠立社会基础；发挥东方学术的宗教意味，为士人安身立命寻找理论基石；坚持义利之辨，反对新学的功利主义。晚年特重修持实践，诠释传统礼仪，阐扬宗法文化，为保存传统文化作了最后的抗争。

吴震教授认为，以"气本体论"或"太虚本体论"来定位张载哲学，均为有失。张载的气学论述只是其哲学的逻辑起点，而重建"天人合一""性即天道""易即天道"等命题为标志的道学理论才是张载哲学的终极关怀。"妙万物而谓之神，通万物而谓之道，体万物而谓之性"三句构成了张载道学理论的内在结构，阐明了以"性与天道合一"为旨趣的道学思想。张载哲学的理论性质应归属为道学，其思想对于宋代道学具有重要的形塑意义。

何俊教授以此前没有得到深入专题性研究的《论孟精义》为中心，从文本、语言、身体、仁义、存养、辩学诸视角逐一考察了这一朱熹形塑程朱理学的初期文本和标志性作品，细致分析了朱熹对程朱理学话语的形塑过程。他认为：到了朱熹这里，程朱理学的话语构型已基本摆脱了经学，理学成为新的学术思想形态。

肖永明教授指出，朱熹的形象从晚年履受攻讦到成为中国思想学术史上堪与孔子比肩的文化偶像，发生了巨大的转变。他集中探讨了从朱熹逝世前后到13世纪中期，朱熹形象是如何在学术和政治权力的交互作用下被塑造的。肖教授指出，来自学术的内在动力与政治权力基于自身需要的选择起到了关键作用，而对朱熹形象的塑造，至今仍在进行。

"纪念朱子诞辰890周年学术研讨会"在清华大学举行

丁四新教授

向世陵教授

张学智教授

吴震教授

何俊教授

肖永明教授

28日下午，分组讨论会分别在甲所宾馆甲二、甲三会议室进行。

第一组第一场会议以"经典与文献"为主题，由肖永明教授主持，朱杰人教授评议，共有六位报告人发言。

顾宏义教授详细比对了《朱子文集》和《名臣碑传琬琰集》中所收录的张浚《行状》，他认为朱子《文集》中的张浚《行状》乃是原稿，而《琬琰集》中的则是日后修改稿，这种修改出自张浚子弟、门人之手，由此可见南宋高宗朝的政权纷争以及复杂的人事关系。

许家星教授以胡炳文、陈栎的争论为重点，梳理了自宋以来众多学者所卷入的《四书集注》的版本之争，他点出了胡、陈二人所分主的宋本与祝本

的五大差异，这些差异实质上是对朱子四书的解释权之争。他认为《四书集注》的版本差异及其呈现的义理之辨，启示学人在理解朱子学时应该遵循文本与义理并重的途辙。

唐纪宇教授关注朱子的《小学》一书，他认为在朱熹那里小学和大学共同构成了古代完整且完善的教育体系，其中小学偏重在具体的道德实践，即"事"的层面，而大学则指向对于"理"的认识。朱熹的这种为学安排突出了"理"与"事"的辩证关系，也使得读者对于《论语》中为学的内容有了更为准确和丰富的把握。

程旺教授认为现在学界对易图、礼图的研究已经很丰富了，但是对于四书图的研究仍然相当缺乏，他认为将图式、图像等文本引入四书学的领域，是一个十分可行的研究视角，在这种程度上，四书图学的研究可以和易图、礼图的研究一道，共同构成"图式经学"的有机组成部分。

汤元宋教授聚焦于《朱文公文集》中的书信部分，他通过分析宋元两朝文集中对朱熹书信真迹的题跋，尤其是未被收录到《文集》中的书信，可以清晰地看到《文集》的编纂者如何基于政治、学术的考量而对朱熹的文献加以再整理，通过这些编纂过程可以看出朱熹之学与朱熹后学的差异。

赵金刚教授认为《朱子语类》的成书包含了一个从"语录"到"语类"的过程，从类编之中可以看出编纂者自己对于朱子思想的理解。总体而言，黄士毅按照强调形上学的思路对门类进行了排序，黎靖德则在此基础之上进一步优化材料，通过梳理分析这个过程可以看到，《语类》编纂本身就体现了朱子学的展开与发展。

朱杰人教授在评议中指出，现在关于朱子学研究的文献资料越来越丰富，文献的版本、编纂过程也被更清晰地了解，在这个过程之中就可以看出后人对朱子学的不同理解，这也提示我们在朱子学的研究过程中必须要文献、思想齐头并进。

第一组第二场会议以"朱子思想诠释"为主题，由许家星教授主持，杨立华教授评议，共有六位报告人发言。

本场论文报告较为集中地讨论了朱子的道体学：杨柱才通过分析太极之体与太极之道的哲学意涵，从而对朱子的道体思想进行新的诠释。田智忠教授揭示了朱子"道体论"和"理气论"的内在矛盾，突显了"形上形下"二分和"流行全体"之间的两难，而"即体即用"的模式则在一定程度上消解了困扰朱子的难题。王鑫认为朱子在解释义理之辨的命题时将理气论的模式引入了进来，从而使"义"与"利"在形上层面获得了更为本质性的说明。翟奎凤教授则讨论了朱子晚年明德论思想的禅学背景。赖区平教授阐述了朱子的儒学史观。李卓研究员则通过分析真知与乐行的关系说明了不勉而中的道德生活何以可能的问题。

杨立华教授在评议时指出，对一些概念进行深入挖掘，是目前中国哲学推进的一种方式，回顾以往的研究，不禁会让人反思很多重要的概念为什么没有受到足够的重视，如"道体""真知"这些概念都有深入挖掘的必要性，但以此为研究对象进行推进时要谨慎、着实。

第二组第一场会议以"理学与礼学"为主题，由郭晓东教授主持，何俊教授评议，共有五位报告人发言。殷慧教授的论文认为，宋明理学视野中的"修身以礼"，一方面在经典诠释上，深入发展了《礼记》中的心性修养理论；另一方面，在生活世界中对礼义的领悟与礼仪的践履相互促进，尤其是"涵养须用敬"的提出，正是对"修身以礼"这一古典精神的领会与创新。李记芬教授认为，对"克己复礼为仁"的解释可分为克己与复礼两个方向。前者以朱熹为代表，从修养工夫论的角度，将复礼归入克己；后者以荀子为代表，从礼义的制定和习行角度，将克己收归到复礼之中。和溪教授梳理了"祠堂"的缘起，极为详尽地考察了朱子《家礼》中的祠堂制度，认为它是神圣空间与现实空间的交融，在其中，参与者以祭祀活动实现宗族生命的延续不息，是中国文化中所特有的"生"之形式。张倩茹研究员将正嘉时期朱子学的代表学者魏校置于后大礼议时期这一复杂的历史背景之中，对其政界及学界交游做出了详细的考察，为其学术立场的"变易"与"不易"做出了较为合理的解释。王硕教授从本义和喻义两个方面，梳理、分析了"金声玉振"的多重意蕴，辨明了诸种诠释的高下得失，并以此为切入点，对竹帛《五行》与《孟子》进行比较，从而管窥思孟学派的发展历程。

第二组第二场会议以"朱子学的发展"为主题，由张学智教授主持，吴震教授评议，共有六位报告人发言。郭晓东教授分析了朱子在《中庸章句》中对"至圣"章与"至诚"章的诠释，他认为朱子对这两章的诠释深受游、杨的影响，"至圣"章是"小德之川流"，"至诚"章是"大德之敦化"，但是，对于这种解释路径，王船山并不接受，并从体用的角度提出了批评。张品端教授总结了日儒山崎暗斋的朱子学思想，指出山崎暗斋作为虔诚的朱子学者，尊奉朱子学，排斥佛教和陆王之学，以敬内义外为道德实践的两大原则，强调把仁爱带入日常生活的公共领域，倡导心神合一，并提倡忠君报国，将神道思想发展为神国思想。孙宝山教授梳理了蔡清对《四书集注》的阐释和突破：蔡清在《四书蒙引》中对《集注》的内容进行了细化充实和辨析阐释，这种阐发一方面弥补了《四书大全》作为官学的不足，另一方面对后来的四书学发展产生了重要影响。高海波教授特别梳理了宋明理学中意志思想深化的过程，他首先在哲学层面上将"意志"和"意念"的概念区别开来，指出，在朱子那里，无论是"意志"还是"意念"都是属于已发的范畴，朱子否认了未发时存在"意志"的作用，这从他对《大学》"正心"的诠释之中可以看出。其次认为与朱子相比，王船山更加重视"意志"的作用，但是这种"意志"并不是终极的道德标准，最后还是要归到性理处。通过这个发展过程可以看出，王夫之深化了宋明理学家对意志的讨论，再往前一步就可以推导出先验的道德意志。邓庆平教授指出，黄榦对朱子提出的五行的两种次序即生之序与行之序一直心存疑问。黄榦经过与学生友人的不断讨论，最终形成了一个有别于朱子五行次序的新理解。李可心教授认为，顾宪成对朱子格物中的一草一木亦须格的倾向不以为然，并与学友高攀龙展开了辩论。但顾宪成对朱子格物说的理解也有变化，李教授在文中也分析了这些变化。吴震教授对以上诸学者的报告进行了评议。

甲所第二会议室

29日上午，讨论会继续以分组会议的形式分别在甲二、甲三会议室召开。

第一组第一场会议以"朱子与北宋理学"为主题，由顾宏义教授主持，杨柱才教授评议，这场论文报告重点关注了周敦颐的《太极图》以及朱子的相关的解义。

唐文明教授从周敦颐的太极图出发，他认为太极图的第一层指涉的是太极本体，第二层是气化，第三层是形化，第四层指的是人道，也就是德化，第五层是德化后的可能世界，第五层的世界可能变好也可能变坏，这是以人道的方式来承接天道的结果，整个太极图的五层构成了一个完整的义理系统。

傅锡洪教授从明道自家体贴出来的"天理"二字为线索来呈现周敦颐和二程之间学问的传承关系，二程虽然没有直接征引过"无极而太极"一语，但从"心普万物而无心""情顺万物而无情"等表述中可以看出二程继承和拓展了濂溪的思路，明道的"天理"二字恰好把自然和生生这两面包括在内，这实际上是对"无极而太极"内涵的高度概括。

陈睿超教授从朱子对于《太极图》的诠释角度切入，他认为朱子正是通过对《太极图》的创造性诠释，才能将二程的理学、邵雍的数学、张载的气学融为一体，从而成为"理一元论"的易学哲学基础。

除此之外，李震教授分析了朱子对邵雍成卦理论的继承和发展，他认为朱子从自己的哲学观念出发对"一分为二"说进行了成卦式的解读，既澄清了邵雍易学的宗旨，也在朱子自己的易学建构中发挥了重要作用。胡荣明则梳理了宋代理学家对"舜不告而娶"的三种诠释向度。

第一组第二场会议以"朱子与南宋理学"为主题，由唐文明教授主持，殷慧教授评议。这场论文报告关注了朱子与其同时代学者的论学活动，辨析了他们思想之间的异同处及可能存在的相互影响。杨少涵教授通过十三经之中没有一个"真"字的角度来谈朱子之道、陆子之禅；朱雷教授则对朱陆的《太极图说》之辩进行再讨论；李丽珠教授从太极的概念出发比较朱子与张栻思想之间的异同；焦德明研究员则通过朱子在中和旧说时期的"敬"论来分析朱子与张栻在工夫论上的相互影响；肖芬芳教授则梳理了朱子与叶适之间的学术思想交涉和他们关于三代道统的争论。

第二组第一场会议以"朱子学与明清儒学"为主题，由张志强教授、朱

甲所第三会议室

人求教授主持评议。陈壁生教授的文章认为在朱子的教化思想中,礼教与理教是互相配合的。大体上,教天子、士大夫,启发德性,学做圣人,用理教;而其教庶民,则损益经义、制为新法,是礼教。郭园兰教授则围绕朱熹对"克己""复礼""为仁"三者关系的观点进行了梳理,并分析了朱熹这种诠释的原因。秦晋楠教授以冯友兰先生对罗钦顺理气论的诠释为中心,指出冯先生对罗钦顺在理气论上对朱熹的批评,有早年、晚年两个版本的诠释。方遥教授探讨了李光地的六艺、格物之学,概括了李光地在音韵学、兵法、音乐、天文、历法方面的研究成果。申祖胜教授指出,吕留良有关《中庸》的诠释顺承了朱子的脉络,又针对俗学、异学提出了一些自己的主张。杜保瑞教授聚焦顾东桥捍卫朱子立场与阳明在大学诠释上的争论,认为双方的批评都有偏失之处。他还指出回归《大学》文本,朱子的解释是正解,阳明是创造性的哲学溢解。

第二组第二场会议以"道学·佛老·政治"为主题,由高海波教授主持,孙宝山教授评议。徐公喜教授指出,1194 年朱熹作为侍讲,仅经 46 日被罢黜,其中有其特殊的四个方面的历史因素。这些因素,可以说也正是庆元党禁起因的反映。朱人求教授总结朱子的战争观,以合乎天理的战争为正义,不合乎天理的战争为非正义。朱子力主抗金,主张以王道对抗霸道,追求协和万邦,天下太平。李春颖教授指出,朱子对唐代至宋初从政治、经济、礼俗等外在角度及程朱从理论内部对佛家的批判都不完全满意,他的排佛思想重在批评佛学"弥近理而大乱真"之处。王琦教授聚焦朱熹《经筵讲义》中的帝学思想,指出朱熹紧扣《大学》三纲领,将帝王纳入了"天理"所规范的范围,要求帝王按照理学的标准修身,成就圣王功业。刘沁教授指出,朱熹体用观中的"体"有两种不同的含义:本质意义上的本体之体与形而下经验意义上的体段、体质之体。报告细致剖析了本质与存在之间的辩证统一和相互关系。孙宝山教授、杨立华教授分别对上述发言人的报告进行了点评并给出建议。

与会人员合影

分组会议讨论环节结束后,本次大会的闭幕式在甲二会议室举行。清华大学国学研究院院长陈来教授对本次学术研讨会的论文报告情况进行总结。他首先肯定了本次研讨会的参会论文内容丰富、质量很高,总的来说,在四个方面特别突出:第一,在传统朱子学义理方面,这些研究在比较的视野之中进一步展开,尤其多篇论文都涉及了对"道体"的理解,这反映了学术界的新动向,也是可以进一步加强完善的方面;第二,在四书学研究方面,学界之前较为关注《集注》和《或问》,这次则有对《论孟精义》的关注,还有对于四书图学的关注,这是一种新拓展;第三,在经典诠释方面,比较集

中在周敦颐的《太极图》《太极图说》、朱子的《太极解义》这几个文本上,不少学者都关注这个课题,对理学中的老问题进行了新的诠释和解读;第四,明清朱子学的研究逐渐得到重视。学界以前较多关注的是朱子门人,现在则逐渐将眼光放在了明清朱子学的发展脉络上,这次会议的论文讨论到了蔡清、罗钦顺、魏校、吕留良、李光地等一大批明清朱子学者,相信未来明清朱子学的研究会有进一步发展。最后,陈来教授特别提到,这次朱子学会议的新生力量很可观,有很多年轻学者加入朱子学研究的队伍中来,期待大家做出新的成绩!

佛学研究

中古佛教的师弟之道和孝道观念

圣 凯

(清华大学哲学系)

> **摘 要**：出家意味着舍弃父子的人伦生活而违背中华文明孝道精神，却在僧团中形成师父-弟子生活，构成师弟之道的修道伦理生活。孝道与师弟之道，既有一定的伦理，更有"互释"的现象。印度佛教戒律传统提倡"视师如父""视徒如子"的伦理精神，同时受到印度社会思潮"视师如神"的影响，大乘佛教的经论开始提倡"视师如佛"。"视师如佛"的师徒关系是基于信仰的观念、超越性意义，和上、阿阇梨、善知识才是真正的"师"。佛教传入汉地后，佛教界人士以"师"的角色解释僧人，以"严师"的观念阐释僧众的伦理地位，以教化的"儒行"风范解释僧团生活的社会功能。这样，僧众获得进入中华伦理秩序的途径，试图回应孝道、不敬王者、不应拜俗的困境。
>
> **关键词**：师弟之道　孝道　视师如父　视师如佛

佛教的出家与中华文明所提倡的孝道的伦理冲突是印度佛教遭遇中华文明的最大挑战。"出家"的舍伦离亲，在伦理上对中国传统伦理家国同构的稳定结构造成巨大的冲击；此外，"出家"的云游生活，无疑是在家国之外创造了一种流动性的生活，尤其是寺院是具有一定公共特征的传统"社会"；但是，"出家"的云游僧人也容易和流民、难民等混在一起，给国家管理带来困难，不利于政治稳定、社会安全。所以，"出家"意味着对"孝道"的

---

* 本文为2017年度国家社会科学基金重大项目"汉传佛教僧众社会生活史"（17ZDA233）阶段性成果、清华大学自主科研计划资助成果。

背离，是对"家""国"稳定结构的舍弃；同时，相续性的破坏意味着流动性的产生，寺院的存在也是对家国同构的最大补充，这也就是中古时代的慈善事业大多皆由寺院承担的根本原因。

美国学者格里高利·邵鹏（Gregory Schopen）通过印度佛教的碑铭考察僧人的孝道，发现印度僧人经常回向功德给父母，并且也会照顾父母的生活所需，僧人与家庭往往仍有密切的联系，并非像经典所呈现出的出世景象，所以他强调中国佛教的重视孝道不见得是受中国文化所影响。① 但是，印度与中国是完全不同的文化和社会；而且，出家这种舍伦离亲的生活，是中华文明从未遭遇的生活方式。

在魏晋南北朝时期的儒家知识分子心中，出家究竟在哪些层面对孝道产生了冲击？如孙绰（314～371）在《喻道论》中的记载：

> 或难曰：周孔之教，以孝为首。孝德之至，百行之本。……而沙门之道，委离所生，弃亲即疏，刓剔须发，残其天貌。生废色养，终绝血食，骨肉之亲，等之行路。背理伤情，莫此之甚！②

在家庭的范围内，出家不仅破坏了"孝道"所要求的"事亲之道"，还破坏了中国人所重视的"身的相续"。如果说"孝道"重视的就是相续性，佛教确实在制度层面破坏了这套相续性，此为其一。其二，"家"是构建一个社会的基本条件或者基本要素，"出家"则破坏了社会的完整性，形成了社会的流动性。

孙绰提及出家的"背理伤情"，南齐张融《三破论》则提出最严厉、激烈，同时又是最为典型的批评，这是外部压力的典型代表。

第一是佛教入国而破国，刘勰《灭惑论》引用其文曰：

> 诳言说伪，兴造无费，苦剋百姓，使国空民穷。不助国，生人减损，况人不蚕而衣，不田而食，国灭人绝，由此为失；日用损费，无纤

---

① 参见 Gregory Schopen, *Bones, Stones and Buddhist Monks: Collected Papers on the Archaeology, Epigraphy and Texts of Monastic Buddhism in India*, chapter III, (Hawaii: University of Hawaii Press, 1997), pp. 56–71。
② 《弘明集》卷三，《大正藏》第 52 册，第 17 页上。

毫之益。五灾之害，不复过此。①

寺院的修建、经典的雕刻、佛像的塑造，皆带来经济上的极大浪费，造成国库空虚、百姓贫穷；僧人不劳而获、不耕而食，不娶妻生子，造成国家劳动力与经济的损失。

第二是"入家而破家"，其文曰："使父子殊事，兄弟异法；遗弃二亲，孝道顿绝；忧娱各异，歌哭不同；骨肉生仇，服属永弃；悖化犯顺，无昊天之报。五逆不孝，不复过此。"② 僧人出家，意味着不认同"为人子"的不可选择性，不认同家庭生活对德性养成的必要性，舍弃父子兄弟，不讲孝悌，断除与家人的伦常关系；僧人穿袈裟，脱衣去冠，抛弃社会责任，不敬天法祖，脱离了社会的身份秩序。

第三是"入身而破身"，其文曰："人生之体，一有毁伤之疾，二有髡头之苦，三有不孝之逆，四有绝种之罪，五有亡体从戒。唯学不孝，何故言哉？诫令不跪父母，便竟从之，儿先作沙弥，其母后作阿尼，则跪其儿。不礼之教，中国绝之，何可得从！"③ 身体作为人伦的自然基础，也是人伦必然性的前提；出家毁形意味着人情自然的破坏，是对礼教的"不礼"。

总之，《三破论》是从身、家、国的三大层面，基于生活、制度、责任等自然生活、现实生活、教化的必要性，对佛教出家进行深刻的批判，这也是佛教必须回应与解释的问题。《弘明集》卷八记载佛教界反驳《三破论》的文章，主要有释玄光的《辩惑论》、刘勰《灭惑论》、释僧顺《释三破论》三篇。佛教界需要不断地解释、"转化"与"调适"自己的理论与立场，强调佛教的许多经典亦重视孝道；同时，不惜创作各种"伪经"，甚至强调佛教的"孝"高于儒家的"孝"。④

中古时代的佛教学者大多儒佛兼通，他们为了能够论证佛教在汉地传播的合法性与合理性，不断地调适、解释出家与孝道的矛盾，将出家纳入孝道体系，为出家找到礼制意义上的根据；同时，探讨佛教经典中"孝名为戒"、报恩等思想，呈现孝道在佛教观念世界的神圣性意义。格里高利·邵鹏

---

① 《弘明集》卷八，《大正藏》第 52 册，第 50 页上。
② 《弘明集》卷八，《大正藏》第 52 册，第 50 页上。
③ 《弘明集》卷八，《大正藏》第 52 册，第 50 页中。
④ 这些过程的具体讨论，可以参考广兴《佛教对儒家和道教在孝道观上批判的回应》，《佛学研究》2014 年总第 23 期，第 100~122 页。

(Gregory Schopen)所带来的印度佛教生活传统视野，提示了研究者要注意佛教固有的精神资源，即出家意味着舍弃父子的人伦生活，却在僧团中形成"师父－弟子"生活。因此，中古时代的师弟之道与孝道观念之间的"互释"，是非常值得注意的现象。

一 视师如父与视师如佛

刘勰《灭惑论》针对《三破论》的"三破"进行回应，其中回应"入家而破家"，阐释了孝的本质、服饰与时代和社会的问题。刘勰说："夫孝理至极，道俗同贯，虽内外迹殊，而神用一揆。"①"孝"作为至理，出家、在俗则只有外在形式的差别。在俗的人"修教于儒礼"②，出家的人"弘孝于梵业"③。佛教亦弘扬孝的精神，刘勰说："故知瞬息尽养则无济幽灵，学道拔亲则冥苦永灭。审妙感之无差，辩胜果之可必。所以轻重相权，去彼取此。"④刘勰结合中国传统的灵魂不灭论和佛教的轮回报应论，强调佛教不局限于现世的孝养，而是泽及三世，以精神的解脱救济亲人永离轮回报应之苦。⑤ 因为在养亲尽孝，不过一时，而且无助于来生；出家不仅自度，而且为亲人永远消除苦难。在家、出家均可尽孝，形式不同。

出家作为佛教制度性的生活，舍俗意味着无法实现"孝养无违"。但是，在僧团生活中，师徒关系亦获得神圣性意义。所以，法琳的解释方法在于"比类"和"化约"，如"比夫释教，其义在焉"⑥即是明显的证据。如《辩正论》说：

> 夫人伦本于孝敬，孝敬资于生成，故云："非父母不生，非圣人不立，非圣者无法，非孝者无亲。"此则生成之义通，师亲之情显。故颜回死，颜路请子之车，孔子云："回也视予犹父，予不得视回犹子。"盖

---

① 《弘明集》卷八，《大正藏》第52册，第50页上。
② 《弘明集》卷八，《大正藏》第52册，第50页上。
③ 《弘明集》卷八，《大正藏》第52册，第50页上。
④ 《弘明集》卷八，《大正藏》第52册，第50页上。
⑤ 参见刘立夫《佛教与中国伦理文化的冲突与融合》，中国社会科学出版社，2009，第125页。
⑥ 《广弘明集》卷十三，《大正藏》第52册，第183页下。

其义也。①

法琳清楚意识到"孝敬"是人伦之本,是"人情自然"与"社会教化"相适应的产物,设教的自然根据在于"非父母不生"。人虽天然而有父母,但并不意味着人可以不经教化而自然实现道德的美善,仍需在圣人之法的引导之下维持、复归淳朴。"孝敬资于生成",意即人因父母之生而具备了怀"孝敬"之心、行"孝敬"之行的自然倾向,但不能无师而自通,仍需待圣人立法加以引导、约束方能"成"就其心其行。因此,"孝敬"的"生成"提示了"孝敬"的确立、实现与父母、先师关系密切。这与《孝经》论孝以"父"为中心的阐释脉络有所不同,法琳论"孝"不仅强调"父母",还突出了"师"的地位,故有"师亲之情显"之论。这样,僧团生活的师徒伦理在一定意义上亦具有孝道的内涵。

佛教的师道观念与印度文明是息息相关的。在印度文明中,奥义书接受教师的重要,达到"视师如神"的地位。如《白净识者奥义书》说:

> 韦檀多学中,劫初所宣说,无上秘密义。不可教躁人,不子,或不弟。
>
> 人若于天神,有无上敬爱,如是敬爱神,如是爱师辈;于此诸巨灵,教义乃光大;于此诸巨灵,教义乃光大。②

"不子"是指不孝父母,不弟为不敬师长。同样的禁戒,亦见于《弥勒奥义书》:"此至上之玄秘也,不当以教非其子者,非其徒者,或轻躁之人。而除本师之外不拜他者,修一切善德者,乃可教也。"③ 在奥义书中,老师的地位如同祭司;尤其是"除本师之外不拜他者",本师具有如神一样的神圣地位。

但是,佛教僧团的师徒关系是为了教育和生活照顾。但是,年轻比丘照顾老师并没有上升绝对、神圣的义务。但是,在沙弥成为僧团的正式成员时,必须经过"受具足戒"的过程,这是出家而成为僧伽成员的仪式。在"受具足戒"时,沙弥得到"和尚"(upādhyāya,汉译为亲教师)的肯定,

---

① 《广弘明集》卷十三,《大正藏》第52册,第183页下。
② 《五十奥义书》(修订本),徐梵澄译,中国社会科学出版社,1995,第425页。
③ 《五十奥义书》(修订本),徐梵澄译,第464~465页。

将此沙弥推介于僧团，从此"和尚"对他负有道义的保证责任和摄导教化的责任。于是，"和尚"与这位沙弥构成真正的师徒关系。初出家者礼请年长比丘为和尚，应当具足偏露右肩、脱革屣、右膝着地、合掌的威仪，三说："我某甲今请大德为和尚，愿大德为我作和尚，我依大德故得受具足戒。"①和尚应教导爱护弟子，弟子应敬事和尚，尽其和尚与弟子的应尽义务，这都是平日的事。弟子依和尚修学，是不能轻率离师的。②僧团戒律通过弟子的恳请正式确立师长的地位与名分，不仅使师长的教诫变得名正言顺，同时确立了弟子应尽的义务，从而解决了年轻僧人的教育与生活互助的难题，即和尚兼容师长教导与如父亲般养育的双重职责，弟子兼具学习与孝养的两种义务。

和尚与弟子的师徒伦理是通过戒律的规定，即"法"的神圣性规定所赋予的，是具有神圣意义的。但是，这种基于"法"的规定所呈现的僧团生活，则未必能彻底地将清净、神圣的理想呈现出来。所以，《四分律》卷三十三云：

> 大众皆集游罗阅城，时彼未被教诫者，不按威仪，著衣不齐整，乞食不如法，处处受不净食，或受不净钵食，在小食、大食上高声大唤，如婆罗门聚会法。时有一病比丘，无弟子、无瞻视者命终，诸比丘以此因缘往白世尊。世尊言："自今已去听有和尚，和尚看弟子当如儿意看，弟子看和尚当如父意，展转相敬，重相瞻视，如是正法便得久住，增益广大。"③

僧团生活是具体、琐碎的，师徒之间的生活不仅需要戒律的清净和彼此的爱敬，也需要人间的和乐。所以，"视师如父""视徒如子"则是人间最好的现实关系。同时，这种既有人间温情的生活，又有"法"的摄受与教导，更有伦理上的爱敬，无疑是最美好的关系。师徒关系不仅涉及二人之间的生活，更涉及僧团作为共同体的可持续发展和宗教理想的实现。

---

① 《四分律》卷三十三，《大正藏》第22册，第799页下。
② 参见印顺《原始佛教圣典之集成》，正闻出版社，1991，第366页。
③ 《四分律》卷三十三，《大正藏》第22册，第799页上。类似的记载，参见《五分律》卷十六，《大正藏》第22册，第110页下；《十诵律》卷二十一，《大正藏》第23册，第148页中。

随着大乘佛教的出现，师徒的现实关系不仅获得戒律的制度规定，而且受到"视师如神"的印度社会思潮的影响。因此，大乘佛教的经论开始提倡"视师如佛"。首先，"视师如佛"的观念没有出现在律藏、《阿含经》、毗昙部论典中，只出现在大乘佛教的经论中，这与大乘佛教的信仰是相关的，尤其出现在"善知识"的观念体系中。鸠摩罗什译《摩诃般若波罗蜜经》卷二十七云：

> 善男子！于是佛法中倍应恭敬爱念生清净心，于善知识中应生如佛想。何以故？为善知识守护故，菩萨疾得阿耨多罗三藐三菩提。①

东晋佛陀跋陀罗译《华严经》卷十提到菩萨十种清净法，其中第九、十法即是"犹如大地，等视众生上中下类，悉如佛想，恭敬供养和尚诸师及善知识菩萨法师"②，同时卷五十六强调"恭敬善知识，其心如佛想"③。《华严经·入法界品》阐明善财童子五十三参，其参访的善知识可以分为三大类：人、菩萨、天神。而且，天神部分，是在《华严经》前六品集成时，为了适应印度神教的信仰，而增编到《入法界品》中去的。④ 同时，善财在印度南方参访所遇到的"人"善知识，前后共35人，除佛教的比丘、比丘尼、优婆夷以外，还有外道的仙人、出家外道，具有世俗社会地位的国王、婆罗门、长者、居士，青少年的童子、童女，职业从事者的童子师、船师，所以遍及出家与在家、佛教与外道、男子与女人、成人与童年，种种不同身份的人。⑤ 这些善知识是通过菩萨示现，现身在人间，以不同的身份和方便，来化导人类趣向佛道的。

《华严经》的"善知识"观念无疑呈现了印度大乘佛教"僧俗平等"的伦理模式。首先，大乘佛教以成佛为最高理想，以菩萨为实践主体，以"广度众生"为实践目标，在家菩萨亦具足般若波罗蜜，同样实践六度等菩萨行，于是在家与出家同样具有"修行解脱"的平等性；其次，信受大乘佛教的实践者称为"善男子、善女人"，而大乘佛教的传弘者亦有通称，即通于

---

① 《摩诃般若波罗蜜经》卷二十七，《大正藏》第8册，第418页上。
② 《大方广佛华严经》卷十，《大正藏》第9册，第459页下。
③ 《大方广佛华严经》卷五十六，《大正藏》第9册，第756页上。
④ 参见印顺《初期大乘佛教之起源与开展》，正闻出版社，1992，第1124页。
⑤ 参见印顺《初期大乘佛教之起源与开展》，第1125页。

在家、出家的"法师",在家菩萨亦同样具有一定的说法、住持佛教的功能,成为"僧俗平等"的两大原因。① "善知识"也是大乘佛教的弘扬者,具有演说、解释经典、教化众生的功德,同时能够断除烦恼而证圣果成佛。如《金刚仙论》卷五云:

> 劝供养者,当如佛想。所以然者?如来在世,亲说此经,以化悟众生。末世之中有人,随顺佛意,受持经者,则为与佛无异故。此人虽是凡夫,不名为佛;而流通大乘,说法化人,生解断惑,证于圣果,分同于佛,故劝供养如佛也。②

大乘佛教在"众生平等""一切皆有佛性"等观念的推动下,不仅视一切众生为未来佛,更是视一切善知识如佛。

印度佛教戒律典籍中,提倡"视师如父"。"视师如父"是基于现实生活的制度性观念,是因为有日常生活的情感、利益等种种纠缠。佛教戒律的"视师如父",本质上是为了让新学比丘理解师徒的关系。一,"视师如父"是一种伦理的劝导,师长与父母皆是同一系列的伦理对象。二,弟子对师父的照顾仅限于学习期间,而无终生的责任与义务;僧团对年长比丘的生活照顾,是僧团的共同责任,而非某一弟子。三,弟子依止一位师父的学习期限为十年;十年后,弟子学有所长,能够从事教导其他出家人,即可离开。因此,僧团的"视师如父"与后来的中国书院基本一致,是人才培养、生命成长意义下的师生关系。

但是,大乘佛教经论开始提倡"视师如佛",这样的"师"是指具有菩萨涵义的善知识,而不是僧团制度规定的师徒关系中的长老上座,是离开生活世界,没有情感、利益等现实纠缠,而只剩下教化、传法的象征意义。所以,"视师如佛"的师徒关系是基于信仰的观念、超越性意义,缺乏现实的制度规范,是进入修道领域的观念塑造。

二 中古僧人的尊师与孝道

佛教进入汉地后,"视师如父""视师如佛"的观念同时进入中华的观念

---

① 参见圣凯《印度佛教僧俗关系的基本模式》,《世界宗教研究》2011年第3期,第29页。
② 《金刚仙论》卷五,《大正藏》第25册,第830页中。

世界。中国僧人很自然地以父母的孝道观念去理解僧团的师徒生活，同时以固有尊师重道的"严师"观念匹配"视师如父"，从而回应中华文明的孝道，试图化解出家与孝道之间的伦理冲突。

在中华的伦理秩序中，君、亲、师是人间最重要的三大关系。君父的关系是以"父"为根据推展、构拟出来的，师的重要性在于"师无君臣之亲而有君臣之义"。《国语·晋语》说：

> 民生于三：事之如一。父生之，师教之，君食之。非父不生，非食不长，非教不知。生之族也，故一事之。①

人之生、长、养，分别对应着父、师、君，师的重要性是建立在"教"之上的，是建立在人不能无学的基本判断之上。

中古僧人秉承着中华礼制的尊师传统，引用《礼记·学记》语句中的"严师"观念："凡学之道，严师为难。师严然后道尊，道尊然后民知敬学"②，"严师"即尊敬老师。《弘明集》卷八收录僧顺《答道士假称张融三破论》说：

> 在家则有二亲之爱，出家则有严师之重。论其爱也，发肤为上；称其严也，剪落为难。所以就剃除而欢，若辞父母而长往者，盖欲去此烦恼，即彼无为。发肤之恋，尚或可弃；外物之徒，有何可惜哉！不轻发肤，何以尊道；不辞天属，何用严师。譬如丧服，出绍大宗；则降其本生，隆其所后。将使此子执人宗庙之重，割其归顾之情，还本政自一暮，非恩之薄所后，顿申三年实义之厚。《礼记》云：出必降者，有受我而厚其例矣。经云：诸天奉刀持发，上天不剃之谈。是何言也？子但勇于穿凿，怯于寻旨，相为慨然。③

僧顺以出家僧人为"师"，所以用"严师"即尊敬师长，来回避出家有违孝道的困境。僧顺从"严师"出发，强调僧人舍俗出家、剃发、着袈裟，如同执宗庙之礼，表达内在的敬意。

---

① 《国语集解·晋语》，中华书局，2002年点校本，第247页。
② 《礼记正义》，北京大学出版社，1999年点校本，第1066页。
③ 《弘明集》卷八，《大正藏》第52册，第52页上。

出家的生活，是尊师重道的伦理生活，仍然是在中华礼制的伦理秩序中。在东晋"沙门不敬王者"的论争中，中书令王谧亦以僧人敬礼师长回应桓玄的主张。《弘明集》卷十二云：

> 答曰：以为释迦之道，深则深矣；而瞻仰之徒，弥笃其敬者。此盖造道之伦，必资行功。行功之美，莫尚于此。如斯乃积行之所因，来世之关键也。且致敬师长，功犹难抑，况拟心宗极而可替其礼哉。故虽俯仰累劫，而非谢惠之谓也。①

王谧强调致敬师长，等于奉行君臣之道。因为"师长"之道是君臣之道，其他的关系之道都是父子之道，换言之，师弟子之道是君臣之道的衍生，君臣之道是父子之道的拓展。同时，出家追求形而上的超越之道，具有来世的时间意涵，大大拓展礼制的"现世"与现前人伦之礼。

在中华伦理秩序中，师弟之道的理论根源是父子之道，同时也最符合僧团的伦理生活与"视师如父"的戒律传统。所以，师弟的"严师"之道为佛教在中国的伦理秩序中找到立足点，也能回应君臣之道和父子之道。同时，中古佛教试图以"严师"统摄君臣与父子之道。如《慈悲道场忏法》说："父母虽复生育训诲，而不能使离于三途。师长大慈，诱进童蒙，使得出家禀受具戒，是即怀罗汉胎，生罗汉果，离生死苦，得涅槃乐。师长既有如是出世恩德，谁能上报。"② 师长的恩德在教化，引导僧侣脱离生死，要远远超过父母的养育之恩。唐代明旷《天台菩萨戒疏》卷上云：

> 孝谓志心敬养，顺谓随从尊命。从谁孝顺？略举三境：一、父母生育恩，二、师僧训道恩，三、三宝救护恩。言父母者，过现曾生养育于我，轮回六道并是父母，为是义故起无缘慈悲，竭诚敬养，令发道心，拔苦与乐。二、师僧恩者，和上阇梨并名师僧。和上名力生，道力由成故；阇梨名正行，纠正我行故。故《书》云：非父母以无生，非师长无以成，非君王无以荣。民生在三，事之如一。今阇梨和上三学训诲，三身由此生；近导始末，三德由是而成。③

---

① 《弘明集》卷十二，《大正藏》第52册，第82页上。
② 《慈悲道场忏法》卷五，《大正藏》第45册，第943页下。
③ 《天台菩萨戒疏》卷一，《大正藏》第40册，第585页下。

明旷的解释，扩大了孝顺的对象为父母、师僧、三宝，因为他们各有生育、训道、救护的恩德。同时，明旷以师僧的恩德统摄父母、君臣的恩德。明旷所引用的"《书》"与《国语·晋语》有一定区别：《国语·晋语》强调"父生之，师教之，君食之。非父不生，非食不长，非教不知"①，师的作用在于教而令知，君的作用在令有食而成长。明旷的引用，师的作用是"成"，与《国语·晋语》所说君的"长"类似；而君的作用是"荣"，则是"成"和"长"的延伸。

而且，明旷强调"和上"的汉译为"力生"，即学人的道力凭借亲教师的教化而生，所以师僧具有父母的"生"义。同时，学人经过师僧的教化开示，在道业和学问上既有所成，又能教化后来的学人，即具有"荣"的含义。所以，明旷总结"师僧能生、能成、能荣，三事具足"，这是以"师"统摄"父"和"君"。他的方法是父子、师生、君臣的伦理抽象化而成为三种德，然后引用中国古代典籍作为经典依据，为佛教的"师僧"接续到中华伦理找到思想根源与话语体系的立足点。

唐代彦悰在论述"严师"的师弟子之伦时，同时强调大乘经典传统的"视师如佛"的观念。《集沙门不应拜俗等事》卷六"沙门不应拜俗总论"云：

> 今三宝一体，敬僧如佛，备乎内典，无俟繁言。斯祭主之流也，杞宋之君，二王之后，王者所重，敬为国宾。今僧为法王之胤，王者受佛付嘱，劝励四部，进修三行，斯国宾之流也。重道尊师，则弗臣矣，虽诏天子，无北面焉。今沙门传佛至教，导凡诱物，严师敬学，其在兹乎，斯儒行之流也。②

彦悰以一体三宝、"视师如佛"的观念，连接转轮圣王的护法观念，强调出家僧人为"国宾"的地位。同时，出家僧众传承佛陀教法、教化众生，居于"师"的地位，他们的行为具有"儒行"的风范，依"重道尊师"的角度而宣称不必执君臣之礼。

在印度佛教观念世界中，弟子"视师如父"和"视师如佛"是实践弟子

---

① 《国语集解·晋语》，第247页。
② 《集沙门不应拜俗等事》卷六，《大正藏》第52册，第474页中。

之道的观念倡导，而非强调所有僧人居于"师"的地位，和上、阿阇梨、善知识才是真正的"师"。佛教传入汉地后，为了让中华社会理解、接纳僧人、接受出家的生活方式，佛教界人士以"师"的角色解释僧人，以"严师"的观念阐释僧众的伦理地位，以教化的"儒行"风范解释僧团生活的社会功能。这样，僧众获得进入中华伦理秩序的途径，试图回应孝道、不敬王者、不应拜俗的困境。僧团所树立的师弟关系，是以价值认同、教化行为为中心，而非孝道基于血缘认同的价值认同；虽然佛教强调的"视师如父"与"视师如佛"观念，但是出家对父子之伦的公开否认，毕竟无法获得古代中国社会和政权的完全信任。

但是，"师"的排序高于父母，十分盛行于佛教的僧人与信徒的观念世界，"师僧父母"成为中古造像、题记的主要祈愿对象。侯旭东总结北朝佛教造像人与发愿对象，总结为三类。一、统治者与子民的上下级之间的纵向关系：皇帝、太皇太后、国王帝主、公卿百僚、王公宰守、州郡令长。二、血缘、亲缘、地缘、业缘的关系：七世父母、所生父母、亡父母、兄弟姊妹、因缘眷属、合门大小、师僧、朋友、知识、邑义等。三、众生：群生、三界群生、有识、有形、含识、四恩三有、边地众生、蠢动众生、有情等。① 同时，他注意到造像记中的"众生"与家庭观念，但是没有解释造像记中大量出现的"师僧父母"。检索"中华石刻数据库"，"师僧父母"盛行于汉魏南北朝，唐代逐渐减少，宋代基本很少甚至没有出现。② 《三晋石刻大全》检索到7处，3处为唐代，其余则为西魏、北齐。如太平真君元年（440）三月十七日《王神虎造像记》：

> 大魏太平真君元年，岁次庚戌，三月癸卯朔，十七日甲戌，合邑仪道俗敬造佛象一区。仰为皇帝陛下、师僧、七世父母、所生父母、因缘眷属，后为边地众生，一切有形之类，常与善居。愿生生之处，延祚无穷，值佛闻法，一切众生作佛保，永隆吉庆。佛象主王神虎。③

又如西魏大统十四年（548）四月二十一日《合邑70人造像记》的祝愿

---

① 参见侯旭东《五、六世纪北方民众佛教信仰》，中国社会科学出版社，1998，第217页。
② 2021年8月7日检索两个数据库，皆显示了这种倾向。中华石刻数据库：http://inscription.ancientbooks.cn/docShike/。历代教外涉佛文献数据库：http://publish.ancientbooks.cn/docShuju/platformSublibIndex.jspx? libId=27。
③ 转引自邵正坤《北朝纪年造像记汇编》，吉林人民出版社，2014，第1页。

表达："上为皇帝陛下、大丞相、群僚、百师僧父、父母、因缘眷属、合门大小。"①"师僧父母"作为祈愿对象，在北朝造像记中随处可见。同时，造像记亦将"师僧父母"的时间进行延展，如北周天和三年（568）十二月十四日《比丘僧渊造像记》中提及"旷劫师僧，七世父母"②。

同时，不仅师弟子之道有助于理解佛教回应孝道的伦理关切，孝道亦有助于理解佛教徒的修道境界与信仰心情。南朝陈代徐陵（507～583）撰《东阳双林寺傅大士碑》描述傅翕在隐栖前的言行：

> 按《停水经》云："……弥勒菩萨亦有五百身在阎浮提，种种示现，利益众生。"故其本迹，难得而详言者也。尔其烝烝大孝，肃肃惟恭，厥行以礼教为宗，其言以忠信为本。加以风神爽朗，气调清高。流化亲朋，善和纷诤。③

徐陵为了抬高傅翕的地位，其所撰碑文屡将傅翕与王戎、邓禹乃至周文王、姜嫄等儒门人物相比。④ 傅翕作为弥勒菩萨的化身，其示现的化身完全符合孝道、礼教和忠信，是借儒家之道、儒行以表达佛教的修道境界。

如唐代贞元七年（791）户部侍郎卢徵（737～800）撰《救苦观世音菩萨石像铭》，描述自己对观世音菩萨崇敬的心情："如君如父，思报何缘"，于是造菩萨像，"庶为依怙，子子孙孙，岂无深信，共仰丕尊"。⑤ 卢徵是用父子的孝道精神来描述自己对观世音菩萨的崇敬，是依普遍化的情绪来呈现主体的个体体验，从而让自己的崇敬心情获得普遍性的表象。

三　出家为大孝与忠孝无违

僧人出家获得"师"的地位，这是中古佛教回应孝道困境的间接性解释。在南北朝、隋唐的三教论衡中，北周王明广、唐代法琳直接以《礼记》

---

① 邵正坤：《北朝纪年造像记汇编》，第230页。
② 邵正坤：《北朝纪年造像记汇编》，第413页。
③ 徐陵撰，许逸民校笺《徐陵集校笺》，中华书局，2008年点校本，第1226页。
④ 参见张勇《傅大士研究》，巴蜀书社，2000，第429页。
⑤ 《八琼室金石补正》卷三十二，《历代碑志丛书》第9册，江苏古籍出版社，1998，第562页。

的三孝之义为基础，明确、直接地提出出家为"大孝"，这比北宋契嵩著《孝论》早五百年左右，这是以往研究很少注意到的。

北周大象元年（579）二月二十七日，王明广在"答卫元嵩上破佛法事"说："礼云：'小孝用力，中孝用劳，大孝不匮'。沙门之为孝也。上顺诸佛，中报四恩，下为含识，三者不匮，大孝一也。"① 唐代法琳在《辩正论》中亦对《礼记》这一句话进行引用，并加以解释：

> 且爱敬之礼异容，不出于二理；贤愚之性殊品，无越于三阶。故生则孝养无违，死则葬祭以礼，此礼制之异也；"小孝用力，中孝用劳，大孝不匮"，此性分之殊也，比夫释教其义在焉。②

法琳的论述是继承《孝经》对于"孝"之内涵的阐释，认为孝行虽然各种具体表现，如父母在世则"孝养无违"，父母离世则"葬祭以礼"，种种具体而微的孝行背后，其"理"可以用"爱"与"敬"来概括。法琳以《孝经》对孝道的解释为根据，认为符合"孝"的礼虽然繁多，其核心内涵无非"爱""敬"两大"理"；"贤愚之性"是指行孝的主体，因为人的性品不同，所以呈现出小孝、中孝、大孝三种不同的行孝方式。

"爱敬之礼"并非只有单一模式，而是根据情况不同有所更易，即使养生送死也存在礼制的差别。因此，"至如洒血焚躯之流，宝塔仁祠之礼，亦敬始慎终之谓也"③。法琳特别指出，佛教以火化身体，以宝塔埋葬骨灰，这也是"敬始慎终"的表达，仍然符合"养生送死"的内在要求。

"小孝用力，中孝用劳，大孝不匮"出自《礼记·祭义》，但在内容上与《孝经》"五等之孝"有关系密切。《孝经》不仅提出"孝道"的价值之维，还规定了一套"制度"作为"孝道"在现实中展开的路径。具体而言，在现实制度中不同位置上的人，其"行孝"方式是不同的，《孝经》按照天子、诸侯、卿大夫、士、庶人，区分出"五等之孝"。在《礼记·祭义》的原文中，紧随"小孝用力，中孝用劳，大孝不匮"之后，通过对"用力""用劳""不匮"的说明，诠释了小孝、中孝、大孝的具体所指：

---

① 《广弘明集》卷十，《大正藏》第52册，第158页下。
② 《广弘明集》卷十三，《大正藏》第52册，第183页下。
③ 《广弘明集》卷十三，《大正藏》第52册，第183页下。

【经】小孝用力，中孝用劳，大孝不匮。思慈爱忘劳，可谓用力矣。尊仁安义，可谓用劳矣。博施备物，可谓不匮矣。①

【郑玄注】劳，犹功也。思慈爱忘劳，思父母之慈爱己而忘己之劳苦。②

【孔颖达疏】"孝有三"者，大孝尊亲，一也，即是下文云"大孝不匮，圣人为天子者"也。尊亲，严父配天也。"其次弗辱"，二也，谓贤人为诸侯及卿大夫士也，各保社稷宗庙祭祀，不使倾危以辱亲也。即与下文"中孝用劳"亦为一也。"其下能养"，三也，谓庶人也，与下文"小孝用力"为一。能养，谓用天分地，以养父母也。③

在孔颖达综合郑玄注、南北朝义疏基础上撰成的《礼记正义》中，明确指出"小孝"是"庶人之孝"，"中孝"是"诸侯、卿大夫、士"之孝，"大孝"是"天子"之孝，与《孝经》的"五等之孝"④进行了关联。换言之，在《礼记·祭义》的叙述脉络中，"小孝用力，中孝用劳，大孝不匮"不是指某个个体如何去"行孝"，更不是某一个体"行孝"的判断标准，而是指与现实身份制度相应的、不同主体"行孝"的方式与内涵。

"制度身份"的差异性决定了"孝行"的多样性，故而"孝"有大、中、小之分。对于这一点，法琳有着清楚的认识，故而有"此性分之殊"的说法，意在说明孝行实践与身份之间存在着对应关系。

> 暨于轮王八万释主三千，竭溟海而求珠，净康衢而徙石，盖劳力也。总群生为己任，等含气于天属，栖遑有漏之坏，负荷无赖之俦，盖劳心也。回轩实相之域，凝神寂照之场，指泥洹而长归，乘法身而遐览，斯不匮之道也。⑤

首先，所谓"轮王八万，释主三千"⑥，是指阿育王建造八万四千佛寺，

---

① 《礼记正义》，第1333页。
② 《礼记正义》，第1333页。
③ 《礼记正义》，第1334页。
④ 参见皮锡瑞《孝经郑注疏》，中华书局，2016年点校本，第18~50页。
⑤ 《广弘明集》卷十三，《大正藏》第52册，第183页下。
⑥ 慧琳自注："《阿育王经》云：'王杀八万四千宫人，夜闻宫中有哭声。王悔，为造八万四千塔，今此震旦亦有在者；释提桓因天上造三千偷婆。'"（《广弘明集》卷十三《辩惑论·内篇忠孝无违指第六》，《大正藏》第52册，第183页下。)

释提桓因建造三千佛寺以宣扬佛法;"竭溟海而求珠①,净康衢而徙石②"则是强调专意"精进"修行;但是,布施、精进为"劳力",是"小孝"。其次,"利益群生"作为自己的责任,将众生("含气")与父母至亲("天属")等量齐观,也即坚持"众生平等",混迹众生("有漏之坏")乃至恶人("无赖之俦")之中,以感化、救度他们,所以大乘菩萨道作为"中孝"。最后,追求涅槃之道("回轩""凝神"于"实相""寂照"),通过涅槃以脱出轮回("长归"),才是"不匮"之道,才是"大孝"。

根据行为主体而言,阿育王作为转轮圣王、释提桓因作为天主,他们护持佛法的功德,仍然是"小孝";菩萨度化众生,是"劳心"的"中孝";成佛证入涅槃,则是"大孝",等同于"天子之孝"。所以,"劳力""劳心""不匮"可能对应于凡夫、菩萨、佛的不同阶次。法琳将佛教由低到高的修行阶次对应于自"庶人"以至于"天子"的身份秩序,完成了对佛教"忠孝无违"的论证。

结语:孝道观念的解释与师弟之道的"让位"

所以,华人学者冉云华明确反对格里高利·邵鹏(Gregory Schopen)的观点,强调孝道在印度佛教中的地位,远比不上它在中国佛教中所占的分量。中国佛教重视孝道,有其内在的原因,也有外来的压力。所谓外来的压力,主要来自儒家重孝的传统、皇室的提倡、刑罚的威胁与镇压、家族组织的监督,与通俗文化推波助澜所造成的形势。所有的这些伦理、政治、法律、社会及文化的压力,都是在印度历史上看不到的。中国佛教徒也是中国人,生活于中国社会圈内,受了中国文化的熏陶,与中国的思维方法有不可

---

① "竭溟海而求珠"的典故见于西晋竺法护译《修行地道经·分别相品》:"本失于宝珠,堕之于大海,实时执取器,耗海求珠宝。精进不以懈,执心而不移,海神见如此,即出珠还之。适兴此方便,休息意天王,超至大宝山,不以为懈惓。"(《修行地道经》卷二《分别相品》,《大正藏》第15册,第190页下~第191页上。)

② "净康衢而徙石"的典故源自西晋竺法护译《佛说力士移山经》、刘宋沮渠京声译《佛说末罗王经》。在这两部经的叙述中,众力士无法移开挡在王道之上的巨石,佛以神力轻而易举地移走巨石,引起众人惊异,佛即以此为机,为众人宣说"精进""忍辱""布施""为父母"等"四力"。参见《佛说末罗王经》,《大正藏》第14册,第791页上~下。"康衢"即大路,"净康衢而徙石"即"移开巨石以开通大路"之义。

分裂、血肉相连的关系。所谓内在的原因，指中国佛教人士在中华传统重孝的压力下，将孝道在佛教中的地位，上升为"至德之要道"。这种改变曾对佛教在中国的繁荣，产生过良好的作用。① 中古佛教僧人以孝道阐释出家的修道，以师弟子之道回应孝道；将作为域外文明的佛教，拉入中华文明的语境与视域，从而对佛教进行创造性阐释与转化，形成自己的经典解释方法。

在生活实践层面，《孝经》与佛经的随葬亦出现在佛教徒的葬仪上。如南齐的张融（444~497）留下遗嘱："左手执《孝经》《老子》，右手执《小品》《法华经》。"② 魏晋南北朝《孝经》之功能，有两种倾向不可不表者：一是以《孝经》为人伦之本，故注重其忠孝之德；二是以《孝经》拟佛经，故使其带上宗教性色彩。③ 北魏信佛的逸士冯亮在延昌二年（513）临终前对侄儿冯综遗嘱：

敛以衣帢，左手持板，右手执《孝经》一卷，置尸盘石上，去人数里外。

积十余日，乃焚于山。以灰烬处，起佛塔经藏。④

冯亮对《十地经论》有深入的研究，是虔诚的佛教徒。《孝经》随葬不仅是为了矫正当时厚葬的风俗，与佛经一起随葬，体现了中古文人的生死观念与儒佛兼修。

但是，随着《佛说盂兰盆经》《父母恩重难报经》的流行，不断地强化佛教重视孝道的传统。宗密在注释《佛说盂兰盆经》时，专门比较了儒佛二家的孝道思想。他认为儒释的孝道有三点差异，即：居丧异（办丧事的方式不同）、斋忌异（祭祀等寄托哀思的方式不同）、终身异。终身异是指"儒即四时杀命，春夏秋冬；梵则三节放生，施戒盆会"⑤，这是儒释对身后孝的处理不同，为父母死后带来的终究业报是完全不同的。儒释二教的孝道"其同者复有其二"，即存殁同、罪福同。⑥ "存殁同"是指儒佛都主张对父母的居

---

① 参见冉云华《从印度佛教到中国佛教》，东大图书有限公司，1995，第43~55页。
② 《南齐书》卷41《张融传》，中华书局，1972年点校本，第729页。
③ 参见陈壁生《孝经学史》，华东师范大学出版社，2015，第189页。
④ 《魏书》卷90《冯亮传》，中华书局，1974年点校本，第1931页。
⑤ 《盂兰盆经疏》卷上，《大正藏》第39册，第505页下。
⑥ 《盂兰盆经疏》卷上，《大正藏》第39册，第505页下。

住要表达尊敬，对父母的奉养要使他们感到快乐，治疗父母的病要解除他们的病痛，丧葬父母要表达哀痛的情感，祭祀父母要庄严肃穆；"罪福同"是指儒佛都对孝或不孝的人有奖劝和惩罚的一套。总之，宗密试图论证，孝道是儒佛共同的伦理价值，但是佛教孝道比儒家更高一个境界。

宋代契嵩在儒佛融合的立场上作《孝论》化解了二者的张力。《辅教篇·孝论》说："近著《孝论》十二章，拟儒《孝经》发明佛意，亦似可观。吾虽不贤其为僧为人，亦可谓志在《原教》而行在《孝论》也。"① 契嵩在充分吸收儒家孝道思想的基础上，提出了"以孝为本"的佛教孝道观。《辅教篇·孝论》说："天下以儒为孝，不以为佛为孝。曰：既孝矣，又何加焉？嘻！是见儒而未见佛也。佛也极焉。以儒守之，以佛广之；以儒人之，以佛神之，孝其至且大矣。"② 契嵩认为单有儒家的孝还不够，还需要佛教的孝道理论以"广之""神之"。孝道不仅意味着伦理上的责任和必然性，还需要精神世界的自我担负和能动性，才能实现道德境界和宗教境界的双重提升。

印度佛教原有的师弟之道的"视师如父"和"视师如佛"，在中华文化孝道的强大压力前，不再作为僧人的孝道精神基础，这是对中华文明孝道精神的主动"让位"；另外，它逐渐成为各宗派祖师信仰的精神资源，在元明以来的汉传佛教和藏传佛教中各有一定的体现。

---

① 《镡津文集》卷十，《大正藏》第 52 册，第 702 页下。
② 《镡津文集》卷三，《大正藏》第 52 册，第 661 页中。

黑水城文献中发现的藏传佛教替身仪轨研究

侯浩然

（清华大学中文系）

> **摘　要**：笔者新近在黑水城出土文献中发现了数篇与制作和使用名为"哩俄"或"蔺葛"的施法媒介相关的写本。经初步研究，这些写本中描述的仪轨是藏传佛教的替身仪轨。该仪轨起源于古代印度，经过西藏传入河西地区，流行于西夏（1038~1227）和蒙元（1271~1368）时期。迄今为止，海内外学界对黑水城出土的替身仪轨的写本关注不多，缺少相应的研究。本文试通过对黑水城出土的汉藏两种语言的替身仪轨文本进行整理、校勘和研究，推进学界对于该仪轨的认知，拓展11到14世纪河西地区藏传佛教史研究的新视野。
>
> **关键词**：藏传密教　黑水城文献　替身仪轨　西夏

缘　起

黑水城出土的藏传佛教文献是我们重构11到14世纪藏传佛教于西域传播历史的重要资料。然而，由于这批文献常常是以多种语言写成，同时又涉及密教知识，解读起来困难重重。虽然近些年来，海内外学者对黑水城出土的藏传佛教文献的研究取得了许多突破性进展，然而仍然留给我们许多有待解决的难题。本文关注的"哩俄"或"蔺葛"的替身仪轨即是其中之一。学者们曾一度怀疑黑水城文献中涉及"哩俄"或"蔺葛"的内容并非源自藏传佛教，而是混入藏传佛教文献中的民间巫术。对"哩俄"或"蔺葛"写本研究的

突破性进展有赖于沈卫荣的研究。他敏锐地指出黑水城出土的汉文写本《大黑求修并作法》（B59）和《欲护神求修》（TK 321）中的"哩俄""蔺葛"是藏语 ling ga 或 linggam 的音译，指代替身。① "哩俄"或"蔺葛"可以回溯到梵文词 liṅga，其字面意思是"标志""象征""记号"，在古印度吠陀宗教、印度教中作为神祇湿婆的象征，是寺庙里膜拜湿婆的标志。在藏传佛教的密教仪轨中，"哩俄"或"蔺葛"被用作目标对象的象征物或替代品，即所谓替身。通过施法作用于替身，作法者可以对目标对象产生相应的影响。

虽然沈卫荣的发现理清了黑水城出土的汉文写本中有关"哩俄"或"蔺葛"的内容实际上是藏传佛教的替身仪轨，然而由于他未能找到这些写本对应的藏文版本，因此没有对黑水城出土的替身仪轨文本展开进一步研究。2015 年，亚历山大·佐林（Alexander Zorin）出版了专著《佛教仪轨文本：一部 13 世纪的藏文手稿》，公布了他对收藏于俄罗斯科学院东方文献研究所（IOM RAS）、编号为 Dx 178 的藏文写本长卷的研究。根据他的研究，Dx 178 包含了 13 组以大黑天（Mahākāla）为中心的修法和仪轨的文本，除此之外，还有数篇内容有关狮面母（Narasiṃha）、金刚手（Vajrapāṇī）和八大龙王（Aṣṭanāga）的修法和仪轨的文本。在该书中，佐林纠正了 Dx 178 的归档错误，论证了该写本并非来自敦煌，而是出自黑水城，判定其书写的年代为 12 世纪末到 13 世纪初。② 然而，佐林的专著由于是以俄文发表，在出版之后未能引起海内外学界广泛关注。2019 年，笔者在德国波鸿大学宗教学研究中心（CERES）就职期间，开始了对黑水城出土的大黑天文献的研究，几经努力找到了佐林的专著，迫不及待地将之与黑水城出土的大黑天汉文写本放在一起进行比较研究。令人惊喜的是笔者很快就从 Dx 178 中同定出数篇与黑水城出土的大黑天汉文本对应的藏文本，其中有 liṅga 替身仪轨。汉藏文本的同定无疑是黑水城出土的大黑天文献研究迈出的关键性一步。③ 基于这一重要的发现，笔者撰述此文对黑水城出土的有关 liṅga 替身仪轨的汉藏两种语言的文

---

① 沈卫荣：《论西夏佛教之汉藏与显密圆融》，《中华文史论丛》2020 年 1 期。
② Alexander Zorin, *Buddiyskie Ritualnye Teksty. Po Tibetskoy Rukopisi XIII v.* (Nauka: Vostochnaya literature, 2015).
③ Hou, Haoran, "Mahākāla Literature Unearthed from Karakhoto," In Yukiyo Kasai and Henrik H. Sørensen, ed. *Buddhism in Central Asia II: Practice and Rituals, Visual and Material Transfer* (Leiden; Boston: Brill, 2022), pp. 400–429.

本进行整理对勘和比较研究,力求推进学界对替身仪轨在西夏(1038~1227)和蒙元(1271~1368)时期于河西地区传播和发展历史的认识。

一 研究综述

黑水城出土的替身仪轨源自藏传佛教传统。在西藏,佛教和苯教都有使用替身的现象,① 其历史可以上溯到吐蕃时期。10 世纪的敦煌藏文密教文献《密集》(Guhyasamāja, gSang 'dus, ITJ 438)中提到了作为替身的 linga 在仪轨中的使用。② 考古发现也印证了 linga 于吐蕃时期在藏地的传播,如青海省都兰县(Tu'u lan)吐蕃墓出土了绘有 linga 形象的马头骨。考古学家和藏学家认为它们的制作时间大概在 8 到 11 世纪之间,可能与葬仪有关。③ 石泰安(Rolf A. Stein)曾对西藏的宗教舞蹈金刚羌姆('cham)表演中的装置 linga 展开研究,讨论了后者在舞蹈表演中的功能和作用及其象征意义,并指出西藏使用 linga 源自印度更加古老的宗教传统。④ 斯蒂芬·拜尔(Stephan Beyer)在《度母的崇拜:西藏的魔法和仪轨》中简要介绍了 linga 仪轨。⑤ 布莱恩·J·奎瓦斯(Bryan J. Cuevas)发表的文章《西藏仪轨文本中的替身人像:关于特殊的解剖图及其可能的图像学来源的评论》对 linga 的研究做出了突出的贡献。他比较了西藏绘制 linga 的示意图和古希腊解剖学插图,揭示

---

① 关于苯教的 linga 仪轨,参见 Charles Ramble, "The Volvelle and the Lingga: The Use of Two Manuscript Ritual Devices in a Tibetan Exorcism," Jörg B. Quenzer (ed.), Exploring Written Artefacts: Objects, Methods, and Concepts1 (2021): pp. 1025 – 1041。

② ITJ 438, folio 53 v 第二行:"bgos nas lIng ga rkang pas mnan/"。关于 ITJ 438 的介绍,参见 JacobP. Dalton and Sam van Schaik, Tibetan Tantric Manuscripts from Dunhuang (Leiden and Boston: Brill, 2006), pp. 184 – 185。

③ Xu Xinguo, "An Investigation of Tubo Sacrificial Burial Practices," Susan Dewar and Bruce Doar (eds. and trans.), China Archaeology and Art Digest, vol. I, no. 3 (Hong Kong: 1996): pp. 13 – 21;艾米·海勒(Amy Heller)在下文中提供了一张都兰吐蕃墓出土的绘有 linga 的马头骨图像,参见 AmyHeller, "Archaeology of Funeral Rituals as revealed by Tibetan tombs of the 8th to 9th century," Matteo Compareti, Paola Raffetta, and Gianroberto Scarcia (eds.), Ēranud Anērān: Studies presented to Boris Ilich Marshak on the Occasion of His 70th Birthday (Venezia: Cafoscarina, 2006), pp. 261 – 274。

④ Rolf A. Stein, "Le linga Des Danses Masquées Lamaïques et La Théorie Des Âmes," Sino Indian Studies 5. 3/4 (1957): pp. 200 – 234。

⑤ Stephan Beyer, The Cultof Tārā: Magic and Ritual in Tibet (Berkeley: University of California Press, 1973), pp. 310 – 312.

这两种图像在表现形式上的相似性，指出前者可能是受古希腊解剖学插图的影响，并揭示这种影响可能是随着盖伦（Claudius Galenus，129～199）医学经伊朗或阿拉伯地区传入西藏而产生。奎瓦斯文章重点在于考察替身人像中所包含的图像和符号的跨地域、跨文化传播。在文章的最后，他转写和翻译了掘藏师白玛林巴（1450～1521，gTer ston Padma gling pa）发现的一篇有关 liṅga 仪轨的文本，对该文本的结构和内容做了初步探讨。[①]

国际藏学界先行的研究推进了我们对西藏的替身仪轨的认识，为研究藏传佛教的同类仪轨带来了有益的启示。在前人研究的基础上，本文强调立足于黑水城文献，利用出土材料对替身仪轨展开研究。相较于传世文献，它们是在黑水城地区为民间真正使用过的材料，对认识替身仪轨在西夏和蒙元时期的传播和发展具有更为宝贵的历史和文献价值。这些新材料是我们下一节讨论的中心。

二 黑水城文献中所见的藏传密教替身仪轨汉藏写本四种

本节重点讨论黑水城出土的汉文写本《欲护神求修》（TK 321）、《慈乌大黑要门》（A7）、《大黑求修并作法》（B 59），以及藏文长卷 Dx 178。这四个写本都是藏传密教修法和仪轨的合集，其中包含多篇涉及 liṅga 仪轨的文本。[②] 本节试从密教研究的角度对四篇文献逐一进行介绍，采用语文学的方法对其中涉及 liṅga 仪轨的内容进行翻译和释读。在对汉藏两种语言文本的对勘研究中，本文将汉藏两种语言的写本录入和转写，对汉藏文本进行校读，在脚注中标明汉藏文本之间的差异之处，并附上相关的说明和分析。

（一）《欲护神求修》

《欲护神求修》（TK 321）写本保存并不完整，共存 41 页。册页从中间缝合，使一页分为两面，每面有六行。文字从右至左、从上至下书写。TK

---

① Bryan J. Cuevas, "Illustrations of Human Effigies in Tibetan Ritual Texts: With Remarks on Specific Anatomical Figures and Their Possible Iconographic Source," *Journal of the Royal Asiatic Society* 21.1 (2011): pp. 73–97.

② 史金波、魏同贤、E. I. Kychanov 编《俄藏黑水城文献》卷 5，上海古籍出版社，1998，第 14～32 页。

321 前面的部分缺失,只保留了三行。在这残留的三行之后是顶礼偈,"敬礼最妙上师",然后是"西天得大手印成就班麻萨钵瓦造"。"班麻萨钵瓦"指的是宁玛派的祖师印度大士莲花生(Guru Padmasambhava,约 8～9 世纪)。《欲护神求修》的标题是后来学者所加。此外,在黑水城文献中还发现了与"欲护神"相关的五个残片,编号为 TK 322.5。在 TK 322.5 的第一片残片上,只剩下两行字:第一行是标题《铁发亥头欲护神求修序》,第二行是"添释沙门智深述"。其他四行残片残缺不全,难以重构。这两行字说明 TK322.5 是与"欲护神"有关的修法的序文,是根据一位名叫智深的僧人口述而来。有学者认为 TK 322.5 是《欲护神求修》的前半部分。① 遗憾的是目前我们尚未找到《欲护神求修》这篇文本对应的藏文本,无法做出判断。

《欲护神求修》正文以一首四句偈颂开场,向欲护神顶礼,随后交代了文本的结构:"将释此求修,大科分二:初出现缘由,后正释本文"。② 在介绍了文本的结构之后,正文进入了第一部分,即"出现缘由",其主要内容是在叙述欲护神如何出现并由外道转化为佛教护法神,录入如下:

> 昔于天竺佛灭度后六百年中有一国王名曰善胜,其王尔时兴隆三宝,十善化良时。王染患不遇命终,妃后名曰妙见。王归世后,后及婇女共计九人遂发胜心,舍俗人道为比丘尼。居中印土那兰陁寺,与众同止。尔时彼中有一婇女犯于嫪戒。大众得知共商议云:女人障重深,于大众地不可居。众欲令罚出,尔时妃后白大众言:某等自后更不重犯诸佛禁戒,惟愿大众舍我等愆。众等不从而罚出众。即时九人见众不从,共发愿云:某等从今所生之处,常为大力罗叉女等。恒常恼乱诸修习人,而为障碍。既愿发已,彼等命终随愿受生此欲护神,而托阴于北俱卢州罗叉王所,而为其女始诞生下,具大神通。时女辞父赴中印土北畔大海岸边有大毒树。彼上依止恒时恼害诸修习,作于障碍。所以黑色天母以悲心中作大紧行折伏于彼。既折伏已于天母处发大誓愿,我常住拥护也。上来出现由序已竟。③

---

① 宗舜:《〈俄藏黑水城文献〉汉文佛教文献拟题考辨》,《敦煌研究》2001 年第 1 期。
② 史金波、魏同贤、E. I. Kychanov 编《俄藏黑水城文献》卷 5,第 15 页。
③ 史金波、魏同贤、E. I. Kychanov 编《俄藏黑水城文献》卷 5,第 15～16 页。

"欲护神"还原成梵文的话可能是 Kāmadeva、Kāmarāja 或 Kāmapāla，藏文译名是 'Dod lha、'Dod rgyal 和 'Dod skyong，但这些神灵都是男性神而非女性神。围绕着欲护神的传说，故事场景设定在佛涅槃后六百年，将真实和传说中的地点融合在一起。其中提到了古摩揭陀王国最重要的佛教寺院——那兰陀寺。该寺兴盛于公元 5 到 13 世纪之间，是佛教从印度向周边地区传播的重要节点。故事又提到王妃妙见和她的随从在死后转生于北俱卢洲（梵文：Uttarakuru，藏文：sGra mi snyan）成为罗刹王的女儿，后辞别其父前往印土成为干扰修习人的外道，随后为黑色天母降服，成为佛教护法神。① 这一段故事的主要目的是将一个陌生的神灵纳入佛教神龛中，使欲护神崇拜合法化。从体裁上讲这种叙事类似于藏传佛教文献中称为 smrang、rabs 或 lo rgyus 的仪轨前导故事，主要是为了交代仪轨的背景。这种体裁多见于早期佛教仪轨文本中。目前我们没有找到欲护神故事的出处。《欲护神求修》另一处叙述了修习者或作法者在禅定中见到的欲护神的形象，为我们提供了新的线索：

> 一刹那间自身顿成一面二臂欲护神像，身青黑色，头发上竖，犹如铁色，足似马蹄，穿红背子，系皂腰绳，手持弓箭，作满拽势，于箭头上具一火圈，于旋风中展左拳右，窈窕而立。②

上面描述为我们呈现了欲护神形象的主要特点。据此，我们首先推测这位女神很可能是作明佛母（Kurukullā）。作明佛母早在《喜金刚》（Hevajra）中就被同化到佛教中。③ 她的形象是一头四臂，手持弓箭，通体呈红色。④《西藏文大藏经》中保存了 38 篇以作明佛母为主尊的文本。然而，经过比对，

---

① 在佛教叙事中，瞻部洲和俱卢洲有时被描绘成神话中的地方，有时又被描绘成现实中的地点。很多学者认为瞻部洲是以印度次大陆为原型，而俱卢洲的原型位于中亚。参见 Ramkrishna Bhattacharya, "The (E) Utopia of Ancient India." *Annals of the Bhandarkar Oriental Research Institute* 81.1/4 (2000): pp. 191–201。
② 史金波、魏同贤、E. I. Kychanov 编《俄藏黑水城文献》卷 5，第 17 页。
③ 有关《喜金刚》中的作明佛母的成就法和咒语，参见 David L. Snellgrove. *The Hevajra Tantra: A Critical Study, Part I: Introduction and Translation* (London: Oxford University Press, 1959), p. 51, p. 87。
④ 在喜马拉雅艺术（himalayanart）网站上，杰夫·瓦特（Jeff Watt）介绍了作明佛母的典型形象：https://www.himalayanart.org/items/59017（2020 年 8 月 27 日访问）。有关作明佛母的形象，另见：René de Nebesky-Wojkowitz, *Oracles and Demons of Tibet: The Cult and Iconography of the Tibetan Protective Deities* (Delhi: Book Faith India, 1996), pp. 75–76。

其中没有任何一篇文本对作明佛母的描述与《欲护神求修》中的一致。除此之外，TK 322.5 中所说的"铁发亥头欲护神"，为欲护神提供了另外两个特征：一是铁发（梵文：*lohakeśa*，藏文：*lcags kyi skra*）。二是亥头（梵文：*varāhamukha*，藏文：*phag mgo can*）。这些特征与金刚亥母（Vajravārāhī）和摩利支天（Mārīcī）相似，但这二者也无法与欲护神同定。目前有关欲护神的身份问题仍无明确定论。在出现缘由结束后，《欲护神求修》给出文本下一部分的层次结构，分列为38条，并依次给予编号，抄录如下：

> 初正明禅定，二伏冤魔，三建立中国，四应奉施食，五截病加行，六折伏盗贼，七害冤法事，八截诸疾病，九乐憎法事，十乐和要门，十一生热患要门，十二追盗加行，十三截风法事，十四脱狱加行，十五截买卖仪，十六经荣利便，十七买卖门通，十八生热患，十九生风疾，二十冤人离乡，二十一药上加切，二十二足疾要门，二十三净眼法，二十四勾召神鬼，二十五拥护田苗，二十六回避恶梦，二十七截热患，二十八除放（方）惠本病，二十九求资粮行，三十勾摄胜惠，三十一冤人哩哦行，三十二班衣（扮依）紧行法，三十三哩誠卒亡，三十四自他拥护，三十五惟他自拥护，三十六龙王施食，三十七庆轮法行，三十八紧行勾摄法。①

上述这种列出文本的段落层次、章法结构的体例——在藏文中称为 *sa bcad*——在后弘期（*phyi dar*）之初就已经出现在藏传佛教文献中。恩斯特·史汀克尔纳（Ernst Steinkellner）指出 *sa bcad* 源自汉传佛教传统的注疏体例科判。② 对熟悉汉藏佛教传统的西夏佛教徒来说，科判或 *sa bcad* 这种对经文的归纳分类方法并不陌生。在《欲护神求修》中，科判被置于整个文本前面，功能类似于目录或大纲，使文本的层次结构一目了然，便于作法者迅速找到在不同场合需要使用的仪轨。从科判的内容上看，前四条是加行，而第五至38条是由34种不同的仪轨组成。从仪轨类型上来看，这34种仪轨属于

---

① 史金波、魏同贤、E. I. Kychanov 编《俄藏黑水城文献》卷5，第16~17页。
② Ernst Steinkellner. "Who Is ByanChub Rdzu' phrul? Tibetan and Non‑Tibetan Commentaries on the Saṃdhinirmocanasūtra—A Survey of the Literature." *Berliner IndologischeStudien* 4/5（1989）：p. 235.

"世间法"①（smad las），主要分为以下四种类型：柔善（梵文：śāntika，藏文：zhi ba'i las）、圆满（梵文：pauṣṭika，藏文：rgyas pa'i las）、自在（梵文：vaśīkaraṇa，藏文：dbang gi las）和降伏（梵文：māraṇa，藏文：drag po'i las）。除此之外，还有其他两类：vidveṣa，挑起朋友和爱人之间的敌意；uccāṭana，使仇人离开家或村庄。《欲护神求修》没有按照法事的类型来编排仪轨，而是比较松散的混杂在一起。从文献类型上看，《欲护神求修》应该是藏文文献中所谓"be'u bum"。藏文"be'u bum"字面意思是"母牛乳房，通过吮吸小牛可以采食牛乳，汲取生长所需的营养物质"，喻指一类汇集了各种口传和文本材料，比如咒语、口诀、仪轨和成就法等，可以满足使用者修行和作法所需的手册。② Be'u bum 通常是根据仪轨的不同作用和目的汇编。借助其中的仪轨，修行者可以召唤一位或一组本尊（梵文：iṣṭadevatā，藏文：yi dam）来达到其想要的目的。《欲护神求修》中很多仪轨比较简略，很可能是因为使用它的人对这些仪轨已有一定程度的熟悉，所以在作为随身携带的实用手册的文本中只记录了一些执行仪轨的要点。下面选取的三篇仪轨为例。从仪轨类型的角度来看，（a）和（b）属于"降服"类型，（c）则是用替身来禳灾祛病，属于"息灾"类型。

(a)

第七害冤法事者，用人衣一片、黄腊半两、足印土，③有刺针一个，画六辐轮，递书十字咒，④二物相和造冤人像，四八指量，卧在轮心，其针钉在心头则其人定亡，钉在舌上则定得失音，或诸肤则定生疮矣。

(b)

弟三十一残害哩俄仪者，于五月五日，采冤人足印土，造四八指哩俄像，心头三角坑，于桦皮上书画哩俄名像，入在三角坑内，入定念咒心头百

---

① 有关 smad las 翻译的讨论，参见 Cathy Cantwell, "The Action Phurpa ('phrin las phur pa) from the Eightfold Buddha Word, Embodying the Sugatas (bKa' brgyad bDe gshegs 'dus pa), revealed by Nyang‑rel Nyima Özer (1124–1192, Tib. Myang ral Nyi ma 'od zer)." BuddhistRoad Paper 7.2 (2020): p. 110, n. 29。

② Bryan J. Cuevas, "The 'Calf's Nipple' (Be'u Bum) of Ju Mipam ('Ju Mi Pham): A Handbook of Tibetan Ritual Magic'. In José I. Cabezón (ed.), Tibetan Ritual (Oxford; New York: Oxford University Press, 2010), pp. 165–167.

③ "足印土"对应藏文："rkang rjes kyi sa"。

④ "十字咒"不明其意，未找到对应藏文。在一些 linga 的图像上出现类似十字的图案，在十字交叉的四个方向上写上藏文 ja。笔者推测这或许是十字咒。

八遍。次用四指量铁金刚橛，一个法骨亦得。若临坏时，其面向日，语诵本咒，尾添冤人名：马啰野吽发。① 将金刚橛于冤人心上，一咒一刺。如是每日加行作法，至三日满时，决定成就。法事毕时，将前哩俄弃流水中，念解脱咒：哑谛莎诃。②

（c）

弟八截诸疾病者，截一切病患，则以大麦麨中，作一人相，面前置之，其人有一切病患摄在行人左掌之内，念割欲辱等咒。病咒相和成治病甘露之药。然先掌内入清净水，灌患人顶，其水入患人顶上，则一切病悉皆消殄，犹如墨汁足指而出，一切病患入麨人中，然以麨人向患人等，心所疑住，作怒驱遣相而乃弃之。斯作则诸疾痛等不无瘥瘳矣。③

（二）《慈乌大黑要门》（A7）

《慈乌大黑要门》为元代写本，编号为 A 7，缝缋装，分两册，一册十页，另一册呈四页，皆为双面，共二十八面。"要门"亦称为"剂门"（梵文：upadeśa，藏文：man ngag），是藏传佛教文献的一种类型，指的是关于教法中某一主题最基本和最实用的指示，通常以口头方式传播。"慈乌大黑"，藏文作 Bya rog gdong can，梵语作 Kakamukha。在藏传佛教的传统中，慈乌大黑天的信仰主要源自噶洛扎瓦迅奴白（rGwa Lotsāba gZhon nu dpal，1105/1110 – 1198/1202）所传的四臂大黑天（Caturbhuja Mahākāla）教法系统。黑水城发现的大黑天相关的文献中已有数篇慈乌大黑天教法可以确证为噶洛扎瓦所传。④

（d）

修习人若恼害时，觅死人布衣，大小一寨黑羊血，草乌头，执与种集墨同砚，画恼害人形相。黑戒子念咒加持。此作法人心头自种□出黑色光，从口中出，入恼害人右鼻腾中，光头上现一铁钩，钩取人心，左鼻腾中出，摄至面前。布上形状无二，此能勾召七遭。上制本佛，念紧咒，发忿怒之相，黑戒子抱打，念亲心咒一万遍，尾添作碍捺故麻啰野捞吽罢。此人已发灾难，修习人随意。

---

① "马啰野吽发"对应梵文："māraya hūṃ hūṃ phaṭ"。
② "哑谛莎诃"对应梵文："yadi svāhā"。
③ 该替身仪轨可能属于 glud 的仪轨类型，参见后面第三节有关替身仪轨类型的讨论。
④ 参见 Hou, Haoran, "Mahākāla Literature Unearthed from Karakhoto", pp. 418 – 428。

(三)《大黑求修并作法》(B 59) 和 Dx 178

《大黑求修并作法》的汉文写本，标号为 B59，为元代所造。文本为缝缋装，不完整，首尾部分较残，现存 36 页。① 每页从中间分成左右两面，每面 11 行字，文字从上到下、从右向左书写。《大黑求修并作法》的主体部分包含二十余篇以大黑天为主尊的修法和仪轨。每一篇都以"敬礼偈"开始，从编辑的形式上看《大黑求修并作法》是有关大黑天教法和仪轨的杂集。从写本的整体结构上看，《大黑求修并作法》以传说故事开始。写本开始部分残缺厉害，我们只能通过现存部分拼凑出故事的部分情节：某法师与酒肆妇人之女共相染欲，触犯淫戒，诞下子女，被酒肆妇人在国王面前揭发。法师遭后者羞辱，怒而施法，淹没王宫，后被观音菩萨教化，放弃恶行，升入虚空。紧随这个故事之后是科判文："二正定分二。"由此可见，法师触犯淫戒的传说故事应是《大黑求修并作法》的第一部分。我们初步推断它可能是仪轨前导文，类似《欲护神求修》中的"出现缘由"。从 Dx 178 中，笔者同定出《大黑求修并作法》中数篇文本的藏文原文。笔者选取了《大黑求修并作法》中的三个 liṅga 仪轨文本作为研究对象，而之所以选择这三个文本，原因如下：(e) 描述了一套十分完整的制作和使用 liṅga 替身的程序，展示了替身仪轨的整体结构；(f) 是讲如何制作纸质 liṅga 替身，而这种纸质替身在 15 世纪之后的藏地十分流行；(g) 描述的是如何制作擦擦（tsha tsha）作为替身，而选择该文本主要是为了展示替身形制的多样性。

(e)

敬礼吉祥形噜割！夫修习人，先已作大黑，亲念福足讫，欲作法行时，用冤人迹土，或大水合流处土、② 古城土、③ 绝门人土、④ 尸林［土］等诸不

---

① 史金波、魏同贤、E. I. Kychanov 编《俄藏黑水城文献》卷6，上海古籍出版社，2000，第 42 ~ 59 页。
② 在 Dx 178 中，此处作 "chu chen po 'dul ba'i sa"。"'dul ba" 意思是 "戒律" "被驯服" "被调服"。"大水合流处土" 显然是由 "chu chen po 'dus ba'i sa" 译出。"'dus ba" 是 "汇聚" "集合" 的意思。藏文本可能原来作 "'dus"，但因其与 "'dul" 的字形和发音接近，被抄手误抄。
③ 藏文 "grong mkhar gyi sa" 译为 "城堡土"。
④ 藏文 "rabs chad shul gyisa"，在汉文中译为 "绝门人土"。Dx 178 上作 "rab chad" 实际是 "rab chad" 的误写，乃 "绝后" 之意，"shul" 的意思是 "足迹、痕迹、遗迹"。"绝门人土" 指绝后之人足下之土。

祥土，①与三热②相和，作一樊量蔺葛。然尸林布③上，用毒药、盐、菜子作末，并人血等相和[为墨]，④以人胫骨或鹳乌翎筒内作笔，画冤人相，彼相心头，仍依㗼_{喉字}字画轮，中央书一唵字，周围字头向外⑤左书：八啰_{二合}摩诃葛辣_{某甲}[马啰也]吽吽發，⑥然自入所乐佛定心头及面前大黑心头，出无数智大黑，向冤人拥护佛神等处，如是白云矣。

　　为毁灭正法　护冤神汝听　彼具大毒心
　　破怀三宝师　灭法害有情　恼诸修习人
　　堕千阄那下　极受地狱苦　我今速远离
　　受色界天供　汝者莫拥护　具业人速舍

　　依此委曲已，于护神处，真实供养。若是智神者，奉送于所依宫位，或摄入自身；若是世间神，则令折伏，嘱付法行，将冤人想，令神等舍离。应如是紧诵：唵八啰_{二合}摩诃葛辣也_{某甲}阿葛□折也捞吽吽發咒。⑦出无数大黑化身，远离护神冤人，用铁钩钩心，羂索缚项，及种种器械中捶挞，想彼等不得自在。令勾摄入前画相内，诵：八啰_{二合}摩诃葛辣也_{某甲}马啰也吽吽發咒。用毒药、菜子、热水，将画相洒泼已；然从足紧卷，以黑色线十字，系定蔺葛

---

① "不祥土"直译自藏文"bkra mi shes pa'i sa"。
② 原作"之热"疑为"三热"之误，对应藏文"tsha gsum"。《大黑求修并作法》中释义："三热药者，荜拨、葫椒、良姜也。"
③ "尸林布"对应藏文"ro ras"，指的是裹尸布。
④ 汉文漏译藏文本中的"snag tsha"，意思是"墨水"。参照藏文补"为墨"二字。
⑤ "周围字头向外"在藏文本中没有直接的对应。藏文如下："de'i dbus su oṃ bris pa'i mthar g. yon bskor gyis [...]"，译为："在中间写一个'唵'字，在其周围逆时针书写【咒语】。"在黑水城汉文文献中，文字书写的顺序是从右向左。若修习者写下以汉字表音的咒语，并令字头向外的话，也是将咒语逆时针书写。这表明译者考虑到了藏文和汉文在书写习惯上的差异，在翻译过程中根据实际情况做出了调整。
⑥ 根据藏文本，咒语应该还原为："Oṃ! Vajramahākālaye [amukaṃ] māraya hūṃ hūṃ phaṭ!"可译为："唵！金刚大黑天！杀死【某人】！吽吽發！"对照重构的梵文咒语，可知汉译本漏掉了"马啰也"（māraya），意思是："令某人死亡"或"杀死某人"。这个疏漏使咒语变得毫无意义。藏语 che ge mo 对应于汉语"某甲"、梵文 amuka，相当于在咒语中留下一个空缺，以便修习人在执行仪轨时填上施法对象的名字。
⑦ 该咒语还原成梵文应该是："Oṃ! Vajramahākālaye [amukaṃ] ākarṣaya hūṃ hūṃ phaṭ!""阿葛□折也"对应梵文 ākarṣaya 译为"勾招"，此咒可译为："唵！金刚大黑天！请勾招【某人】！"

心头。又依先出神等已,盐、① 菜子、毒药水内蘸棘针,于五根及枝节上竖札,安息香上令熏讫;复将毒药、菜子、三热水依前,诵大黑间名咒,洒泼,然与大黑伸供养赞叹,嘱付法行,如是昼夜六时,作二十一日,此者求修法行竟矣。②

dpal he ru ka la phyag 'tshal lo/nag po chen po'i bsnyen pa sngon du song bas//las sbyor③ bsgrub pa 'dod na//bsgrub bya'i rkang rjes pa dang/chu chen po 'dus ba'i④ sa dang/grong mkhar⑤ gyi sa dang/rabs⑥ chad shul gyi sa dang/dur khrod la sogs pa'i bkra mi shes pa'i sa rnams dang//tsha ba gsum bsres pa'i de'i ling ka gcig byas la/ro ras la sogs pa la dug dang tsha dang/ske tse rnams myi khrag la sogs pa'i snag tsha⑦ la myi rkang 'am bya rog gi sgro'i snyug⑧ gus dgra'i gzugs bris pa'i snying kar/e' i dbyibs can 'khor lo bris la/de'i dbus su oṃ bris pa'i mthar g. yon bskor gyis/oṃ badzra ma hā kā la ya che ge mo māraya hūṃ hūṃ phaṭ zhes pa'i 'go phyir bstan pa 'bri'o/de nas bdag nyidl hag pa' i lha'i thugs ka dang/mdun kyi nag po'i thugs ka nas ye shes mgon⑨ po dpag du med⑩ pa spros pas/bsgrub bya bsrung bar bye dpa'i lha gang yin ba de la 'di skad ces/bde⑪ mchog du sgogs nas rang gis nying ka nas bde⑫ mchog spros pas lha dang dbral ba la bsogs pa bya/des

---

① 汉译本中作"盐",还原为藏文为"*tsha*"。查藏文本此处作"*khrag*",译为"血"。在藏语中,"*tsha*"与"*khrag*"发音近似。据此推测汉藏文本中"盐"和"血"的差异,可能源自汉译本所本藏文本此处为"*tsha*"。这不同于 Dx 178 中的"*khrag*"。"*tsha*"与"*khrag*"的不同可能是因为藏文本在传播过程中,由于二者发音的近似,在听写时产生了分歧。《大黑求修并作法》中对慈乌大黑天的顶礼偈:"具吉鹓乌尊,顶礼莲花足,上师所传法,恐妄故书写。"这个偈子极有可能是译自藏文本,也不排除是汉文传译者所加,但不管怎样都说明了《大黑求修并作法》中有一定数量的教法和仪轨经历了从口头到文本的转变。这也在一定程度上支持了笔者对于汉藏文本中有"*tsha*"(盐)与"*khrag*"(血)差异的原因的猜想。
② 史金波、魏同贤、E. I. Kychanov 编《俄藏黑水城文献》卷6,第45页。
③ Dx 178, *bsbyor*.
④ Dx 178, *'dul ba'i*.
⑤ Dx 178, *grog 'khar*.
⑥ Dx 178, *rab*.
⑦ Dx 178, *tsa*.
⑧ Dx 178, *bsnyug*.
⑨ Dx 178, *'gon*.
⑩ Dx 178, *myed*.
⑪ Dx 178, *bde'*.
⑫ Dx 178, *bde'*.

mdun gyi mgon① po'i thugs ka nas mgon② po spros pas dgug gzhug bya'o/bstan pa 'jig par byed pa'i/dgra'o srung bar byed pa'i lha khyod tshur nyon/gdug pa'i sems ldan dgra'o yis/dkon mchog③ bla ma la smod cing/bstan la sdang zhing sems can 'tshe④/rnal 'byor pa⑤ rnams brnyas 'gyur nas/dpag tshad stong du lhung ba'i/dmyal ba'i sdug bsngal myong bar 'gyur/bdag gis myur du bsgral nas ni/gzugs kyi lha rnams mchod par bgyi⑥/khyod kyis bar bar ma byed cig/sdig can dgra' 'di myur du yongs/zhes bka' bsgos bar bsams la/de'i lha yang dag par mchod cing ye shes pa yin na rang bzhing yis gnas su gshegs pa la/rang la sdu'o/'jig rten pa yin na dam la btags la las bcol lo/bsgrub byed lha de thams cad kyis sangs par bsams la/de nas ngag du 'di skad ces//oṃ badzra ma hā kā la ya che ge mo ā kar sha ya dzaḥ hūṃ hūṃ phaṭ/ces drag du brjod la/sprul pa'i mgon⑦ po dpag du med⑧ pa' spros pas/sky- abs dang bral ba de lcags kyu dang zhags pas snying la nas bkug nas bzungs ste/mts- hon⑨ cha sna tshogs kyis bdeg cing rang dbang med⑩ par bkug pas/bris pa'i ling ka la bstims la/dug dang ske tse⑪ dang tsha ba'i chus/oṃ badzra ma hā kā la che ge mo'i mā ra ya hūṃ hūṃ phaṭ/ces pas brjod cing brab po/de nas rkang pa nas dril la skud nag gis rgya gram du bskris la/ling ka'i snying kar bcug la/yang sgnar bzhin spros pa la sogs pa bya ste/tshigs rnams dam po rnams su dug dang⑫ khrag dang ske tse tsha'i chus sbags pa'i tsher ma btsugs la/gu gul nag pos bdug cing dug dang ske tse dang tsha chu sngar bzhin du/nag po chen po'i sngags sbrel⑬ tshig dang bcas pas brab po/de nas nag po chen po la mchod pa dang gtor ma dang bstod pa byad⑭ zh-

---

① Dx 178, 'gon.
② Dx 178, 'gon.
③ Dx 178, cog.
④ Dx 178, tshe'.
⑤ Dx 178, ba.
⑥ Dx 178, bgyi'.
⑦ Dx 178, 'gon.
⑧ Dx 178, myed.
⑨ Dx 178, tshon.
⑩ Dx 178, myed.
⑪ Dx 178, tseske.
⑫ Dx 178, rang.
⑬ Dx 178, sprel.
⑭ Dx 178, byang.

ing/las grub par gyis shig ces brjod do/de bzhin du zhagnyi shu rtsa gcig du nyin mtshan du thun drug du bya'o/gsad pa'i//'phrin las/a ṭi//①

(f)

敬礼吉祥形噜葛!② 夫修习人欲向鬼神等住作法者,③ 用纸画蔺葛,心头书唵摩诃葛辣也 某甲 马啰也吽登咒,入在施食内,④⑤ 应诵求修咒,⑥ 次奉施食矣。

dpal chen po rga lo la phyag 'tshal lo//nag po chen po'i drag⑦ la las byed 'dod na//shog gu de'i ling ka bris la/snying ka roṃ ma hā kā la che ga mo māraya hūṃ phaṭ/ zhes bris la/gtor ma'i nang du gzhug/de nas sgrub bya dgug gzhug bya/de nas sgrub sngags bzlas pa bya/de'i rjes la gtor ma gtang ngo/a ṭi//

(g)

敬礼吉祥形噜葛!⑧⑨ 夫修习者,用桦皮或尸布上,以草乌头、活人、畜生血及诸般兽角灰相和,于鹅鸟翎杆中冤人相,舌广大可盖脐腹,⑩ 上书:唵八啰 二合 摩诃葛辣也 某甲 厮担 二合 懒孤噜嚓吽登咒。⑪ 将相背叠,以青红线或人发,内十字系已。然用冤人大香,足迹土,破碎衣及黑土等相和,无十二因

---

① 汉文版本没有翻译 "gsad pa'i//'phrin las/a ṭi"。
② 藏文本以顶礼偈开始:"dpal chen po rga lo la phyag 'tshal lo",译为:"顶礼噶洛扎瓦!" 而汉文顶礼偈为:"敬礼吉祥形噜葛。" 藏文 rga 通常会写作 rgwa。"形噜葛" 即 Heruka,藏文译作 "Khrag 'thung"(饮血)。
③ 此处汉译本与藏文本差异较大。藏文本作 "nag po chen po'i drag las byed 'dod na",译作:"[夫修习人] 欲作大黑之诛业。"
④ "入在施食内",对应的是藏文 "gtor ma'i nang du gzhug",意思是把蔺葛放入朵玛之内。这和前面提到的 liṅga 和 puttaḷi 要合而为一是相同的原理。
⑤ 汉译本漏译了藏文本中的 "de nas sgrub bya dgug gzhug bya",译为:"此后勾招施法对象进入【替身朵玛】。" 这是替身仪轨中关键一步,称为 "勾招",即作法者在观想中召唤施法对象进入替身,随后对替身作法来达到影响施法对象的目的。
⑥ "求修咒" 藏文为 "sgrub sngags",应为:"Oṃ! Vajramahākūlaye [amukaṃ] māraya hūṃ hūṃ phaṭ!"
⑦ Dx 178,drags.
⑧ 汉文本的顶礼偈是 "敬礼吉祥形噜葛",而藏文本的顶礼偈是 "dpal chen po rgwa lo la phyag 'tshal lo"。对比可知,藏文中的 "dpal chen po rgwa lo" 变成了 "形噜葛"。
⑨ 汉文本缺译 "badzra ma hā kā la las ngag gnan pa ni",即 "金刚大黑绝语仪"。
⑩ 汉文本 "舌广大可盖脐腹" 而藏文本为 "'doms yan chod lces khebs pa",译作:"舌头覆盖生殖器。"
⑪ 此咒还原成梵文为:"Oṃ Mahākālaye [amukaṃ] stambhaya nan kurulaṃ hūṃ hūṃ phaṭ!"
   梵文 stambhaya 意思是:"使之僵硬或不能动弹、瘫痪。" "nan kuru la" 未能还原成梵文,不解何意。从现在已知的内容来看,咒语是作法者祈求大黑天借助其神力使施法对象定住、不能动弹。

缘咒，捿捿罨子内擦擦印取塔。然用一肘量具黑毒木（没浪紫是也矣）橛，或法人钊、或缠桃木并铁橛等可一个，从塔底插至顶，莫漏露栓尖。①将前蔺葛入在穴内溋合，置于自宿卧铺底，仍置排铜铁末、菜子、芥子并施食。自作所乐佛定，面前增长大黑，自己心头吽字发光从口中出，去大黑口中，头至心，从心种上顿出执铁钩羂索忿怒。然自结铁同常钓印，语诵：唵摩诃葛辢车迦么语及神阿葛折也吽捞吽發咒。②将冤人以羂索勮缚，用铁勾勾心，铁锤打至面前，摄入捿捿塔内蔺葛。彼冤人想，令护神远离，孤然一身，念：语神厮担八懒孤噜嚁咒。③倦时奉施食，嘱付法行奉送，诵百字咒。如是每日四时，作七日毕。拣择日辰，于十字道等住，以片石画十字杵，脐中书：唵摩诃葛辢也厮担八懒孤噜嚁吽發咒，四杵尖上各书一吽字，④令将坑口⑤镇压。此者绝语仪竟也。

---

① "从塔底插至顶，莫漏露栓尖"并非直译自藏文。藏文仅作"*bum pa slebs par*"，译为："插入【擦擦的】腹部【/隆起的部分】"，意思是将前面所提的种子器具，如黑毒木橛等，插入在擦擦中做孔穴，以放置替身。"从塔底插至顶，莫漏露栓尖"是带有解说性质的翻译。

② 相应的藏文是："*ngag du oṃ ma hā kā la che ge mo'i lha ā kar sha ya dzaḥhūṃ hūṃ phaṭ*。"从汉藏文本上来看咒语表达的是作者祈求大黑天勾招（*ākarṣaya*）施法对象的护神，使其失语。

③ 相应的藏文是："*che ge mo yi ngag lha bcas pa stambhaya nan kurulaṃ hūṃ phaṭ*。"虽然目前对"*nan kuru la*"尚未做出正确的解读，但可根据其他内容推知该咒语的功能是作法者祈请大黑天令目标对象的语言能力瘫痪（*stambhaya*）。汉文音译"语神厮担八懒孤噜嚁咒"缺了"*che ge mo gi*"（*amukasya*），字面意思是"某人之"，即指施法对象。

④ "四杵尖上各书一吽字"与藏文的表述差异较大。"拣择日辰，于十字道等住，以片石画十字杵，脐中书：唵摩诃葛辢也厮担八懒孤噜嚁吽發咒，四杵尖上各书一吽字"对应藏文"*de nas dus tshod nag po dang sbyar la lam rgya gram la sogs par rdo rje rgya gram gyi lte ba la oṃ ma hā kā la che ge mo stambhaya nan kurulaṃ hūṃ phaṭces pa 'bri/rba rnams la hūṃ re re hūṃ bcu gnyis bris*"，直译为："此后选择黑色日期，在十字路口处画十字金刚杵，在金刚杵的中心书写咒语（略），在金刚杵的弯曲隆起处写'吽'，一共十二个。"十字金刚杵（*rdorjergyagram*）是由四个金刚杵头组成。每一个金刚杵头上有四个弯曲（*rba*）和一个尖（*rtse*）。因仪轨中是将十字金刚杵画在地面上，在二维的平面上，每一个金刚杵头实际上呈现出三个弯曲的部分，一个十字金刚杵有四个杵头，弯曲部分实际上有十二个，所以藏文文本中说在金刚杵的弯曲处写了十二个"吽"字。与此不同的是，汉译本中说"吽"字是写在金刚杵的尖上，一共四个。

⑤ "令将坑口镇压"是对藏文本的误解。"坑口"指的是凹陷处。藏文"*rdo rje rgya gram gyis kha gcang la gnan no*"译为："以十字金刚杵镇压［施法对象］流利的言辞。""*kha gcang*"或"*kha gcang po*"意思是"言辞流利、会说、长于言辞"，与汉译本中的"坑口"无关。

dpal chen po rgwa① lo la phyag 'tshal lo//badzra ma hā kā la las ngag gnan pa ni/gro ba 'am ras la gson khrag dang bcam dug dang ra gzhob gsum gyis de'i gzugs 'doms yan chod lces khebs pa/lce la bya rog sgros/oṃ ma hā kā la che ge mo stambhaya nan kurulaṃ hūṃ hūṃ phaṭ/ces 'bri'o②/de nas phyin ka log du bltas la/skud pa sngon dmar ram/myi yi skras rgya gram du bcings la/bsgrub bya'i chu ngan dang/gos dam dum dang/rkang rjes kyi sa dang/sa nag po rnams bsres la/rten 'brel med③ pa'i skor phor du tsha tsha bya/de dug can gyi shing rang chag gam/myi bsad pa'i mtshon 'am/lcags phur ram/seng ldeng gi phur pas bum pa slebs par phugs la/sngar gyi ling ka bcug ste/bsdams la mal 'og du gzhug/lcags phye dang zangs phye yung skar ske tse nams mdun du gzhag/gtor ma bshams ste rang lha'i rnal 'byor du byas la/mdun du mgon④ po bskyed la/rang snying ka'i hūṃ las kha'i sgo nas 'od 'phros la mgon⑤ po kha nas thugs ka nas 'khro chung zhags pa dang lcags kyu dang tho ba thogs pa spros ste/lcags kyu'i phyag rgya bcas la/ngag du oṃ ma hā kā la che ge mo'i lha ā kar sha ya dzaḥ hūṃ hūṃ phaṭ/ces brjod pas lcags kyus snying nas phug/zhags pas ske nas bzung/tho bas rgyab nas phul de bkug tsha tsha 'i ling ka la yang bstims la/bsgrub bya rnams rid pa nyams chung ba mgon⑥ skyabs dang bral bar bsam la/che ge mo yi ngag lha bcas pa stambhaya nan kurulaṃ hūṃ hūṃ phaṭ/ces bzlas pa bya/'jog tsa na mgon⑦ po la gtor ma dbul/las bcol gshegs su gsol/yi ge brgyad pa brjod do//de lta bu thun bzhir bya/zhag bdun them par bsgrub bo/de nas dus tshod nag po dang sbyar⑧ la lam⑨ rgya gram la sogs par rdo rje rgya gram gyi lte ba la oṃ ma hā kā la che ge mo stambhaya nan kurulaṃ hūṃ phaṭ ces pa 'bri⑩/rba rnams la hūṃ re re hūṃ bcu gnyis bris la/rdo rje rgya gram gyis kha gcang la gnan no/ngag gnan po/a ṭi/

---

① Dx 178, dga'.
② Dx 178, bri'o.
③ Dx 178, myed.
④ Dx 178, 'gon.
⑤ Dx 178, 'gon.
⑥ Dx 178, 'gon.
⑦ Dx 178, 'gon.
⑧ Dx 178, bsbyar.
⑨ Dx 178, laṃ.
⑩ Dx 178, bri.

三 替身仪轨的结构和程序分析

在上面选取了七篇替身仪轨文本中，唯有（e）呈现了较为完整的替身仪轨，其他文本都较为简略。根据文本（e），我们总结替身仪轨主要有六个主要步骤。

（1）绘制（'bri）施法对象的画像【或同时造（byed）一个人偶、朵玛或擦擦】；

（2）观想自己的护神出现，勾招（'gugs）施法对象；

（3）观想在护神的作用下，施法对象与她/他/它的护神分离（dbye）；

（4）观想施法对象随后被转移或吸收到（bstims）替身中【在制作三维替身仪轨中，将替身画像置入人偶、朵玛或擦擦中，使二者合二为一】；①

（5）施法迫害或摧毁替身，来压制（gnan）、度脱（sgrol ba）或杀死（srod）替身所代表的对象；

（6）在仪轨的主体部分完成之后，须奉送护神，并将使用过或毁坏的替身妥善处置，如丢入流水中或埋在不祥之地中。

在了解了替身仪轨的基本步骤之后，我们对这七篇文本中的细节做一些讨论。黑水城文献中有对替身有不同的称呼：（a）"冤人像"、（b）"哩俄"或"哩俄像"、（c）"麨人"、（e）和（f）"蔺葛"。"冤人"对应藏文 bsgrubbya，指"施法的对象"，故"冤人像"是"模拟施法客体的形象"。"哩俄"源自梵文 liṅga，有时作"蔺葛"，一般用来笼统地指代替身。② 在一些黑水城之外的替身仪轨中也见到"补咤利"（梵文：puttalī/puttala，藏文：nyabo），指三维立体的替身。（c）中的"麨人"是用制作材料来指代替身，"则以大麦麨中，作一人相"。制作替身的材料有多种，比如（a）中用来造冤

---

① 马丁·J. 波尔德在《势不可挡的飓风》中谈及 liṅga 和 puttalī 之间的关系，指出将 liṅga 置入 puttalī 的教诫通常不见于文字，而是通过上师口授流传下来。黑水城文献中（b）、（d）和（e）均明确表示，作者需同时绘制一个二维的哩俄（liṅga）和三维的人偶（puttalī），使二者合二为一制成替身。参见 Martin J. Boord, *An Overwhelming Hurricane: Overturning Saṃsāra and Eradicating All Evil. Texts from the Cycles of the Black Razor, Fierce Mantra & Greater than Great. Vajrakīla Texts of the Northern Treasures Tradition*, volume five（Berlin: Wandel Verlag, 2020）, p. 11。

② "哩俄"和"蔺葛"的不同译法说明黑水城出土的大黑天文献可能并非于一时一地译出。

人像的"足印土",藏文为 rkang rjes kyi sa。这种土是(b)中用作制造哩俄像的"冤人足印土",藏文 bsgrub bya'i rkang rjes kyi sa,译作"被施法对象踩踏过的土"。(e)中列举制作替身的种种"不祥之土"(bkra mi shes pa'i sa rnams)。在制作替身时,材料中会掺入其他原料,如辛辣香料、草药、植物种子、人畜血、脂肪、内脏、冤人大香小香、破碎衣物等。颜料通常由以下几种材料混合制成,如毒药、人畜血、兽角灰、炭灰等;笔用人胫骨或乌鸦翎毛做成;绘制替身像和书写咒语的载体通常是纸、桦树皮或裹尸布等。许多学者从密教诠释学的角度对这些密教仪轨中使用的材料做过研究,此处我们不再赘述。

黑水城的替身仪轨文献体现出的密教仪轨成立的两个基本的原则:模仿(imitation)和触染(contagion)。就替身仪轨来说,模仿施法对象的模样制作的替身,因为施法对象和替身之间的相似性,二者就具有了某种看不见的联系,于是修行者可以通过控制替身而影响施法对象;"触染"原则是说,任何曾经接触或构成事物一部分的东西都会继续附属于或构成它的一部分,通过影响局部就可以操纵整体,如冤人足迹土、大小香、衣物等,因为它们曾经从属于施法对象,所以作者可以通过操控用这些材料制成的替身影响施法对象。①"相似性原则"是替身仪轨成立的核心理论基础。然而,需要强调的是这里所说的"相似"并非具象意义上的相似,而是通过语言、图像和想象在密教的语境下形成的一种存在于替身和施法对象之间的抽象的、无形的联系,而替身和敌人之间相似与否实际上并不重要。我们发现黑水城文献中对于如何绘制替身形象的描述极为简略。很多地方只是简单地说"画冤人相"、"画蔺葛"或"造哩俄像",基本上再无交代其他细节。奎瓦斯根据对一些存在于藏传佛教文献中的绘制替身示意图,总结了在西藏发现的替身在图像学上的特征:

  一个赤身裸体、憔悴但肌肉发达的人形,被铁链捆绑着站立(或平躺),双腿张开,膝盖弯曲,双脚朝外,腹部膨胀,生殖器外露,双臂被绑在背后,毛发竖立,脸部(有时是人脸,有时是动物脸)因恐惧或痛苦而扭曲。②

---

① 关于替身仪轨成立的原则,参见 James G. Frazer, *The Golden Bough* (Oxford: Oxford University Press, 2009), p. 26。

② Cuevas, "Illustrations of Human Effigies in Tibetan Ritual Texts," p. 83.

从上面的这段文字，我们可以看出制作替身的目的是以特定的——也可以说是程式化的——图像元素和结构逻辑来表达替身象征性的内涵，并非为了具象地模拟某一个特定的施法对象。在选取的五篇黑水城替身仪轨文本中，我们仅在文本（d）中见到有关替身形象的一段极为简短的描述："舌广大可盖脐腹"（'doms yan chod lceskhebs pa）。勒内·德·内贝斯基 – 沃杰科维茨在《西藏的神灵和鬼怪》将替身形象归纳为四种：（1）两个身体被捆绑在一起的人形象的替身被称为 wa thod liṅgam；（2）一个被捆绑的、赤裸的、从嘴里伸出巨舌的裸体形象的替身被称为 ar gtad kyi liṅgam；（3）一个戴着镣铐的人形象的替身被称为 bkrad pa'i liṅgam；（4）一个在炉灶上的大锅里被煮的人形象的替身被称为 'gong po me brdung ba'i liṅgam。① 黑水城文书（d）中所描述的替身属于第二种 ar gtad kyi liṅgam。此外，黑水城仪轨文本的描述中还包含了一些其他的图像元素，如（a）中所言"画六辐轮"。我们在一些展示如何绘制替身的示意图中见到类似的辐轮。② 至于这些辐轮的具体功能是什么，目前尚不清楚。

liṅga 替身仪轨不限于以大黑天为中心展开，其他神祇也可以作为仪轨的主尊，如欲护神、大威德金刚、摩利支天等。在施法过程中，作法者通过诵咒与神祇进行沟通，"嘱咐法行"，明确施法目的，例如黑水城出土的大黑天文献中多次出现咒语："八啰_{二合}摩诃葛辣也_{某甲}马啰也吽吽發"（Oṃ! Vajramahākālaye [amukaṃ] māraya hūṃ hūṃ phaṭ!），译为："唵！金刚大黑天！杀死【某人】！吽吽發！"这说明作法者的施法目的是祈请大黑天令目标对象死亡。在仪轨结束之后，（b）和（c）也明确了使用过的替身需要丢弃和销毁，"将前哩俄弃流水中"或"埋于不祥土中"，如尸林墓地等。由此看来，都兰出土的马头骨上的替身，很可能就是使用过后被弃置于墓地之中。

除了 liṅga 之外，西藏另外一种比较常见的、很有可能是本土起源替身被称为 glud。敦煌古藏文写本中多次提到了 glud，如 PT 1287 的第一节中讲述了札氏（bKrags）遗腹子阿拉杰（Ngar la skyes）以眼如鸟目的小儿作为替身（glud）投入龙王腹中为止贡赞普（Dri gum btsan po）赎尸（spur gyi klud）的传说；③

---

① Nebesky – Wojkowitz, *Oracles and Demons of Tibet*, p. 360.
② 喜马拉雅艺术资源网站上编号为 53774 的图片：https://www.himalayanart.org/items/53744（2020 年 8 月 27 日访问）。
③ 任小波：《赞普葬仪的先例与吐蕃王政的起源——敦煌 P. T. 1287 号〈吐蕃赞普传记〉新探》，《敦煌吐鲁番研究》2013 年第 13 卷。

ITJ 734 中提到苯教祭司（*gshen*）在葬礼中"向鬼魔抛掷替身"（*srin la sku glud u bor*）。① 以 *glud* 为基础，西藏形成了更为复杂的替身仪轨系统，如 *mdos* 和 *gto* 等。苯教和佛教传统中都有 *glud*、*mdos* 和 *gto* 的仪轨。② 时至今日，它们依然是西藏和喜马拉雅地区最为流行和常见的驱魔仪轨。③ 在藏语中，"*glud*"本义是"赎金、典当、质押"——指代"替身品"（*lus tshab*）或"赎命物"（*srog gi glud*）——在词源学上和"*bslu*"（欺骗、引诱）有关系。*glud* 仪轨核心即是祭司以等同价值或者看似相同的替代物为仪轨的受益方（或出资人）从鬼魔手中"赎回"或"骗回"他被后者夺走的东西，例如健康、财富等。"*ngar glud*"和"*ngar mi*"也常用来指代替身，其意思和"*glud*"近似，"*ngar*"本义是"力量""具有力量的"，而这种力量的来源正是制作替身时使用的、在密教语境下具有某种魔力的特殊材料；"*ngar glud*"和"*ngar mi*"与"*glud*"的区别在于后者的形式更为多样化，可以是植物、石头、动物，甚至活人，而前两种通常以人形俑呈现。④ 同样作为替身，*glud* 和 *liṅga* 也是有区别的，前者的"替"是一种"交换"的作用，与 *liṅga* 的"替"有所不同。*liṅga* 的仪式主要有两种，一种是为了度脱（*sgrol*），有破除我执的意义，这个在金刚羌姆仪式、修供仪式的荟供部分中比较明显，这里的 *liṅga* 是"我、蕴身、众生"的替代；一种是在黑咒方面（*mthu/byad/ngan sngags*），这种仪式里把 *liṅga* 作为敌人的替代，如诛敌法（*dgra brub*），以及相关的保护

---

① 有关苯教的葬仪和涉及 *glud* 的部分，参见 Samten Gyaltsen Karmay, "Man and the Ox: A Ritual for Offering the *glud*," *The Arrow and the Spindle* (Kathmandu: Mandala Book Point, 1998), pp. 339–379; Brandon Dotson, "Theorising the King: Implicit and Explicit Sources for the Study of Tibetan Sacred Kingship," *Revue d'Etudes Tibétaines* 21 (2011): pp. 83–103; 褚俊杰《吐蕃苯教丧葬仪轨研究——敦煌古藏文写卷 P. T. 1042 解读》，《中国藏学》1989 年第 3～4 期；褚俊杰《论苯教丧葬仪轨的佛教化——敦煌古藏文写卷 P. T. 239 解读》，《西藏研究》1990 年第 1 期。

② 参见 Anne-Marie Blondeau, "The mKha' klong gsang mdos: Some questions on ritual structure and cosmology", in S. G. Karmay & Y. Nagano (eds.), *New Horizons in Bon Studies* (Senri Ethnological Reports No. 15) (Osaka: National Museum of Ethnology, 2000), pp. 251–252。

③ 有关 *mdos* 和 *glud* 的仪轨，参见 Blondeau, "The mKha' klong gsang mdos: Some questions on ritual structure and cosmology", pp. 249–287；有关 *gto* 的仪轨，参见 Lin Shen-yu, "Tibetan Magic for Daily Life: Mi pham's Texts on gTo-rituals", *Cahiers d'Extrême-Asie*, vol. 15, 2005. Conception et circulation des textes tibétains. pp. 107–125；有关 *glud* 和 *mdos* 的区别，参见 David L. Snellgrove, *The Nine Ways of Bon* (Boulder: Prajñā Press, 1980), p. 257, n. II, p. 300。

④ 有关 *glud* 及其衍生的名词的讨论，参见 Karmay, "Man and the Ox: A Ritual for Offering the *glud*." p. 339–341。

(*srung*)、回遮（*zlog*）或杀戮（*bsad*）等仪式。我们在黑水城文献中所见到的 *liṅga* 替身仪轨大多数是用于黑咒方面的。①

余论：替身仪轨在中原、藏地和河西地区的传播

替身仪轨并非在黑水城文献中才第一次被翻译成汉文。不空金刚（705~774）译出的《摩利支提婆华鬘经》（T.1254）中包含有降服以毘那夜迦（Vināyaka）为首的百鬼的仪轨。在仪轨中，作法者须以河岸泥土制作百鬼的形象，此处"形象"指的就是替身，因此可以推测与摩利支天相关的替身仪轨至迟在 8 世纪末已传入汉地。② 摩利支天的信仰在唐朝中期以后逐渐在汉地兴盛起来，除了与其护国息灾的功能有关之外，也离不开不空金刚的推崇。然而，有关摩利支天崇拜的最重要的文本《佛说大摩里支菩萨经》（T.1257）直到北宋时期由天息灾（Devaśāntika）在开封译出（986 至 987 年间），其中就包括制作替身降服"冤兵主"的仪轨。③

在藏地，替身仪轨融入人们社会和宗教生活的多个层面。在与普巴金刚（rDo rjePhur pa）相关的仪轨中，最突出的是度脱（*sgrol ba*），其操作方法是用金刚橛摧毁用面团制成的替身人偶，代表摧毁危害正法的敌人。迪伦·艾斯勒（Dylan Esler）在对《普巴金刚续》的研究中，翻译了该文本中涉及的替身仪轨，展示了该仪轨是如何被整合入一个更大的仪轨程式中。④ 替身仪

---

① 法国高等研究院（École Pratique des Hautes Études – Université PSL）苯教研究方向的博士候选人闹九次力（Naljor Tsering）先生通过微信与我就 *glud* 和 *liṅga* 等相关问题进行多次讨论，提供了非常有启发的评论和建议。特此对闹九次力先生表示衷心感谢！
② 对敦煌有关摩里支天的写本研究表明摩里支天相关的文献很可能是由菩提流支（Bodhiruci, 5 到 6 世纪）在北魏时期由北印度带入汉地。参见张小刚《敦煌摩利支天经像》，载《2004 年敦煌石窟研究国际学术会议论文集》，上海古籍出版社，2006，第 382~408 页。
③ Charles D. Orzech, "Esoteric Buddhism Under the Song: An Overview," Charles D. Orzech, Henrik H Sørensen, and Richard K. Payne (eds.), *Esoteric Buddhism and the Tantras in East Asia* (Leiden, Boston: Brill, 2011), pp. 421–430.
④ Dylan Esler, "*The Phurpa Root Tantra* of Nyang–Rel Nyima Özer's (1124–1192, Tib. Myang Ral Nyi Ma 'Od Zer) *Eightfold Buddha Word, Embodying the Sugatas* (Tib. *BKa' Brgyad BDe Gshegs 'dus Pa*) Corpus: A Thematic Overview and Philological Analysis." *BuddhistRoad Paper* 7.1 (2020): 42–50; 另见 Cantwell, Cathy. 2020a. "The Action Phurpa (*'phrin las phur pa*) from the *Eightfold Buddha Word, Embodying the Sugatas* (*bKa' brgyad bDe gshegs 'dus pa*), revealed by Nyang–rel Nyima Özer (1124–1192, Tib. Myang ral Nyi ma 'od zer)." *BuddhistRoad Paper* 7.2 (2020): pp. 23–28。

轨也成为一种在战场上摧毁敌人的法门。西藏自 13 世纪中期开始就有"回遮蒙古人"（sog bzlog）的密法传统，而宁玛派的僧人索朵巴洛卓坚赞（1552~1624，Sog bzlog pa Blo gros rgyal mtshan）是该传统的集大成者。① 根据詹姆斯·金特利（James Gentry）研究，索朵巴驱逐蒙古军队的法术主要是根据他的老师伏藏师智波灵巴（1524~1583，gTer ston Zhig po gling pa）掘出的名为《二十五种避开军队的方法》（dMag bzlog nyer lnga）的伏藏法门，其中纸质替身被列为第 23 种：dMag dpon yig gcu pa。② 替身仪轨也被纳入西藏宗教舞蹈羌姆中，比如一种在藏历新年表演的羌姆是以吐蕃历史中著名的拉隆贝吉多杰（9 世纪，lHa lung dPal gyi rdo rje）刺杀赞普朗达玛（838~842 在位，Glang dar ma）事件为背景。在表演的高潮，所有的恶灵被召唤到代表朗达玛的替身朵玛中，头戴面具的祭司以法器摧毁朵玛，象征着压制邪恶、禳灾除殃，其本质上实际是替身仪轨。③

黑书城出土的仪轨文本为我们认识藏传佛教在河西地区的传播和发展提供了新的视角。从内容上看，本文讨论的四个写本《欲护神求修》、《慈乌大黑要门》、《大黑求修并作法》和 Dx 178 都是实用性很强的教法和仪轨的合集。这些写本的书写比较随意，间杂着作法示意图、涂鸦和批注等使用痕迹。从装订形式上来看，它们都是便于携带的小册子，很可能是由密教行者或民间术士随身携带，为了满足不同的情况下的作法需求，如在《欲护神求修》中有涉及诉讼刑狱的"折伏盗贼""追盗加行""脱狱加行"；涉及商业行为的"截买卖仪""经荣利便""买卖门通"；涉及人际和邻里关系的"乐憎法事"（使人群产生矛盾）、"乐和要门"（使矛盾的双方和解）、"冤人离乡"（迫使仇家离开故乡）、"勾摄胜惠"（折服女性）；涉及控制身体能力的，如"截诸疾病"、"足疾要门"（加快行走速度）、"回避恶梦"等；涉及

---

① 1240 年，阔端（1206~1247）派兵挺进西藏腹地，重创了热振寺、杰拉康。在西藏上师们的眼中，蒙古的军队即是魔军（bdud dmag）。为了应对这种威胁，他们须进行驱魔仪式驱赶蒙古军队。掘藏师咕噜掯思旺（gTer ston Guru Chos dbang, 1212-1270）是目前已知的最早采用法力回遮蒙古军队的西藏上师之一，是"回遮蒙古人"传统的先驱。参见谢光典《蒙古袭来时的西藏掘藏师：咕噜掯思旺的授记与教诫》，《蒙古学问题与争论》2019 年第 15 期。

② James Gentry, "Representations of Efficacy: The Ritual Expulsion of Mongol Armies in the Consolidation and Expansion of the Tsang (Gtsang) Dynasty," José Cabezón (ed.), Tibetan Ritual (Oxford and New York: Oxford University Press, 2009), pp. 136-137.

③ Stein, "Le liṅga Des Danses Masquées Lamaïques et La Théorie Des Âmes", pp. 200-234.

影响自然和农业的,"截风法事"(止息风力)、"拥护田苗"等。从密教仪轨角度看,这四个写本中的大部分仪轨都属于"世间法",具有很强的世俗指向和实用性。它们之所以能够在民间流行,正是因为回应了信众希望借助神力改变自身处境和扭转不利局面的现实诉求。从社会人类学的角度,这些黑水城出土的仪轨文书反映了人们如何控制身体、与自然环境互动,以及改善自身所处的社会关系。除了对于密教仪轨的研究价值之外,它们也是我们认识和了解西夏和蒙元时代黑水城地区民间社会的重要资料。

经学与子学研究

郑玄经学与汉晋郊天礼

——以圜丘为中心

陈壁生

（清华大学哲学系）

中国古代天子亲行之礼，莫大于祭天。自两汉经学兴起，博士说经，朝臣议礼，祭天大典莫大于郊祀。是故《史记》有《封禅书》，《汉书》有《郊祀志》，《后汉书》有《祭祀志》，皆在《礼乐志》之外特立一志，以叙其事。

然自《周官》出于山崖屋壁，经文中仅一次提及"圜丘"一语，即《周官·大司乐》云："冬日至，于地上之圜丘奏之，若乐六变，则天神皆降，可得而礼矣。"遍检群经传记，此为唯一一处明文言"圜丘"者。可以说，圜丘祭天，今文经书无其文，博士传经无其说，两汉郊祀无其礼。而郑玄仅凭《大司乐》一语，极尽纵横捭阖之能事，构建出一套在南郊之外、且比南郊更重的圜丘祭天大典。圜丘祭天之礼的出现，是一个典型的"郑玄问题"，即集中体现郑玄解经方式的典型问题。而且，经过郑玄，圜丘祭天礼进入中国传统政治，塑造了政治的基本价值，同时，也进入了后世的周代史写作，成为构建三代事实的重要材料。

一 两汉郊祀的经学与政治

两汉祭天之礼，无论经学理论，还是政治实践，皆以为莫大于郊祀。郊有二义，一以方位言，《礼记·郊特牲》云："兆于南郊，就阳位也。……于郊，故谓之郊。"① 郑玄注《祭法》云："祭上帝于南郊，曰郊。"② 注《孝

---

① 《礼记正义》，台湾艺文印书馆，2007年影印本，第497页。
② 《礼记正义》，第796页。

经》"郊祀后稷以配天"云:"在国之南郊,故谓之郊。"①《汉书·郊祀志》载汉文帝十三年有司奏曰:"古者天子夏亲郊祀上帝于郊,故曰郊。"②皆以其祭在南郊,故称郊祀。一以郊、交迭韵为训,训为交接之交,何休注《公羊》、范宁注《穀梁》僖三十一年"鲁郊,非礼也",皆云:"谓之郊者,天人相与交接之意也。"③董仲舒《春秋繁露·郊祀》云:"立为天子者,天予是家。天予是家者,天使是家。天使是家者,是家天之所予也,天之所使也。天已予之,天已使之,其间不可以接天何哉?"④皆以其祭有天人相交接之义,故曰郊祀。

郊既有南郊阳位之义,又是天人相接之礼,故为天子祭祀之礼最重者,两汉今文家说莫不如此。董仲舒《春秋繁露·郊事对》云:"所闻古者天子之礼,莫重于郊。"⑤天子是天之子,故唯天子能郊天。董仲舒《郊义》云:"天者,百神之君也,王者之所最尊也。以最尊天之故,故易始岁更纪,即以其初郊。郊必以正月上辛者,言以所最尊,首一岁之事。"⑥《汉书·郊祀志》匡衡、张谭上书云:"帝王之事莫大乎承天之序,承天之序莫重于郊祀。"⑦《公羊传》僖三十一年:"天子祭天。"何休注云:"郊者,所以祭天也。天子所祭,莫重于郊。"⑧天子所祭,除了郊祀祭天之外,还有日月山川、社稷宗庙等,但是,皆莫重于郊祀。

南郊祭天不是一个独立存在的礼仪,而是与明堂礼共同构成一个基本的礼仪结构。这一结构的理论源头,在《孝经·圣治章》:

> 天地之性,人为贵。人之行,莫大于孝,孝莫大于严父,严父莫大于配天,则周公其人也。昔者周公郊祀后稷以配天,宗祀文王于明堂以配上帝,是以四海之内各以其职来祭。⑨

---

① 陈壁生:《孝经正义》,未刊稿。
② 王先谦:《汉书补注》,上海古籍出版社,2008年整理本,第1696页。
③ 《春秋公羊传注疏》,台湾艺文印书馆,2007年影印本,第157页。《春秋穀梁传注疏》,台湾艺文印书馆,2007年影印本,第95页。
④ 苏舆:《春秋繁露义证》,中华书局,2002年标点本,第409页。
⑤ 苏舆:《春秋繁露义证》,第414页。
⑥ 苏舆:《春秋繁露义证》,第402页。
⑦ 王先谦:《汉书补注》,第1755页。
⑧ 《春秋公羊传注疏》,第157页。
⑨ 《孝经注疏》,台湾艺文印书馆,2007年影印本,第36页。

郊祀、明堂为何一定要有配享呢？《白虎通·郊祀》解释曰："王者所以祭天何？缘事父以事天也。祭天必以祖配何？以自内出无匹不行，自外至者无主不止。故推其始祖配以宾主，顺天意也。"① 也就是说，天子既是父之子，同时也是天之子，所以，不仅要在宗庙中事父，而且要因事父而事天。在郊祀、明堂中，天、上帝都是"自外至者"，要立其神主，同时，还要立"自内出"的"百神之主"神主，去配享天、上帝。但是，立哪一个神主配享，便是一个非常关键的问题。

按照《孝经》所述，周公"严父配天"，本应郊祀文王以配天，但是之所以郊祀后稷者，《汉书·平当传》载平当上书云："夫孝子善述人之志，周公既成文、武之业而制作礼乐，修严父配天之事，知文王不欲以子临父，故推而序之，上极于后稷而以配天。此圣人之德，亡以加于孝也。"② 而《汉书·郊祀志》载王莽上书亦云："王者父事天，故爵称天子。孔子曰：'人之行莫大于孝，孝莫大于严父，严父莫大于配天。'王者尊其考，欲以配天，缘考之意，欲尊祖，推而上之，遂及始祖。是以周公郊祀后稷以配天，宗祀文王于明堂以配上帝。"③ 本来周公应该郊祀文王，但他知道文王也有其父，以文王配天则使文王之尊过于其父，必非文王所欲，因此推而上之，但要推到哪一代？平当言"上极于后稷"，王莽言"遂及始祖"，也就是说，文、武、周公一族，有自己的"始祖"，而郊祀配天者，即是这一位"始祖"。始祖是感天而生的，因此不但是天子的第一个祖先，而且更是天实际上的儿子。在这一意义上，天子在南郊祭天中，其身份便具有双重属性，一是私人的属性，即大宗子的身份，祭祀始祖配天；一是公共属性，即以天子的礼身份，代表天下人祭天。而明堂之礼，周公"宗祀文王于明堂以配上帝"，上文云"严父莫大于配天"，那么这里的"上帝"所指，郑玄注云："上帝者，天之别名也。"④ 明堂礼事实上也是祭天礼。而文王既是周公之父，又是周代的受命之王，因此，天子在明堂祭天中，同样有双重身份，以私而言，是以"子"的身份尊奉己父配享祭天；自公而言，是以天子的身份，尊奉本朝的受命之王配享祭天。可以说，郊祀礼与明堂礼，共同构成了一个基本结构，

---

① 陈立：《白虎通疏证》，中华书局，1994年标点本，第561页。
② 王先谦：《汉书补注》，第4747页。
③ 王先谦：《汉书补注》，第1769页。
④ 陈壁生：《孝经正义》，未刊稿。

这一结构即：郊祀以感生始祖配享祭天，明堂以受命之王配享祭上帝。"孝"把这两种最重要的祭天礼关联在一起，成为政治正当性的核心内容。而天子通过祭天大礼实现与天的关联，因为感生的观念，这种关联不仅是象征性的，而且是实际性的关联。

有汉一代祭天之礼，西京多从秦俗，东京渐合经义。汉初的国家祭祀，大体上沿袭秦制。但是，自汉武帝立五经博士，以经学为国家政教的基本价值，至于元、成之间，经学大兴，经师辈出，贡禹、韦贤、匡衡等相继以经学大师而位跻于公卿，遂兴起一场国家大典的改革运动，如班彪所云："贡禹毁宗庙，匡衡改郊兆，何武定三公。"① 在这一过程中，如何将经义转化为现实政治价值，建立合乎经义的政治制度，成为国家大典改革的核心内容。而郊祀、明堂祭天，改革的理论依据即是《孝经》所提供的理论结构。

有汉一代，自开天辟地以来第一次由平民跻于天子，完全没有所谓感生帝的传说，也没有始祖可以追溯。所以在祭天礼上，郊祀感生始祖以配天、明堂宗祀受命之王以配上帝的结构，始终无法建立。成帝时，匡衡建议废雍五畤，在都城新建南北郊，为汉成帝所采纳。但是，因为当时礼仪未备，众说纷纭，以至数十年间，郊礼五变，如《汉书·郊祀志》载王莽上书所云："建始元年，徙甘泉泰畤、河东后土于长安南北郊。永始元年三月，以未有皇孙，复甘泉、河东祠。绥和二年，以卒不获祐，复长安南、北郊。建平三年，惧孝哀皇帝之疾未瘳，复甘泉、汾阴祠，竟复无福。"② 而在王莽的建议下，又再次恢复了南北郊祭祀。《平帝纪》载汉平帝元始四年，按照《孝经》建立的祭天典礼是：

> 四年春正月，郊祀高祖以配天，宗祀孝文以配上帝。③

这一安排，是因为没有"感生始祖—受命之王"的理论结构，不得已采取"太祖—太宗"的现实结构。汉世自景帝以来，定祖宗庙制，分别高祖、文帝为祖、宗。据《景帝纪》，景帝元年丞相申屠嘉议："世功莫大于高皇帝，德莫盛于孝文皇帝。高皇帝庙宜为帝者太祖之庙，孝文皇帝庙宜为帝者

---

① 王先谦：《汉书补注》，第4843页。
② 王先谦：《汉书补注》，第1770页。
③ 王先谦：《汉书补注》，第487页。

太宗之庙。"① 元帝时议庙制，诏令中又一次讲道："盖闻王者祖有功而宗有德，尊尊之大义也。……高皇帝为汉太祖，孝文皇帝为太宗。"② 因此，郊祀以较远的太祖刘邦配享，明堂以较近的汉文帝配享。这一结构，直至光武中兴之初仍然是最合适的结构，《后汉书·祭祀志》载："建武元年，光武即位于鄗，为坛营于鄗之阳。祭告天地，采用元始中郊祭故事。"③ 其具体礼仪，《后汉书·祭祀志》云：

> 二年正月，初制郊兆于洛阳城南七里，依鄗，采元始中故事。为圆坛八陛，中又为重坛，天地位其上，皆南乡，西上。其外坛上为五帝位。青帝位在甲寅之地，赤帝位在丙巳之地，黄帝位在丁未之地，白帝位在庚申之地，黑帝位在壬亥之地。④

"采元始中故事"，即郊祀礼以汉高祖配享祭天。但是，光武帝很快发现，元始仪不符合经义，尤其是经过王莽新朝，"汉家尧后"之说已经广为人知，始祖应该定在尧，比较合理。因此，建武七年五月，光武帝诏三公曰："汉当郊尧。其与卿大夫、博士议。"当时侍御史杜林上疏，以为："汉起不因缘尧，与殷、周异宜，而旧制以高帝配。方军师在外，且可如元年郊祀故事。"⑤ 也就是说，假设郊祀尧以配天，宗祀高祖于明堂以配上帝，尧与汉的关系，太过微弱，殷、周之所以郊契、后稷，是因为自契、后稷感生，即分封建国，积德数十世而后王天下。但刘邦称帝，却是身为平民，以武力得天下，与尧无关。因此，郊尧也无法建立起"感生始祖—受命之王"的结构。最后，光武帝暂时放弃"郊尧"，仍从元始旧制，光武帝之后也因之不改。

而明堂礼的确定，要到光武帝之后，汉明帝即位，其制云：

> 明帝即位，永平二年正月辛未，初祀五帝于明堂，光武帝配。五帝坐位堂上，各处其方。黄帝在未，皆如南郊之位。光武帝位在青帝之南

---

① 王先谦：《汉书补注》，第 200 页。
② 王先谦：《汉书补注》，第 4830、4831 页。
③ 《后汉书》，中华书局，1965 年标点本，第 3157 页。
④ 《后汉书》，第 3159 页。
⑤ 《后汉书》，第 3160 页。

少退，西面。牲各一犊，奏乐如南郊。①

而在光武之后，受命中兴之说，成为东汉一朝的基本定调。光武帝之子汉明帝即位以后，《明帝纪》载首次颁诏有云："先帝受命中兴，德侔帝王，协和万邦，假于上下，怀柔百神，惠于鳏、寡。"② 次年宗祀光武帝于明堂，诏书又云："仰惟先帝受命中兴，拨乱反正，以宁天下，封泰山，建明堂，立辟雍，起灵台，恢弘大道，被之八极。"③ 明帝还曾作《光武本纪》，以示其弟东平宪王刘苍，刘苍因而"上《光武受命中兴颂》。帝甚善之，以其文典雅，特令校书郎贾逵为之训诂"。④ 由兹可见，在东汉一朝的思想观念中，刘秀是"受命中兴"，东汉之统，上承西汉而"再受命"的结果，汉高祖则是本朝之始祖，光武帝是本朝的受命王。因此，郊祀礼以汉高祖配天，明堂礼以光武帝配享，终于顺理成章。而也正是在这一过程中，《孝经》的"郊祀后稷以配天，宗祀文王于明堂以配上帝"这一典礼，最终得以基本落实。

两汉经学理论，天子祭天，莫大于郊祀。郊祀感生始祖以配天，宗祀受命之王以配上帝，既是今文经师之通论，也是古文经师之遗说，虽王莽、刘歆，无有异义。而两汉政治实践，经过漫长时间的努力，到了汉明帝之后，郊祀、明堂二礼终得其正法。也就是说，两汉无论今古文经学，无论是经学理论还是政治实践，南郊祭天与明堂祭上帝，构成了一套完整的理论体系。

王莽、刘歆说经、议政，颇用《周官》，但是，祭天之礼有重于郊祀者则未闻也，郊祀之外别立圜丘，亦未闻也。自郑玄集三礼以为礼学，在郊祀、明堂之外，解释出一套重于郊祀的圜丘祭天之礼。

二　构建圜丘礼

南郊祭天之礼，经书常见明文，虽经籍旨意不同，而经文所论相合。《孝经·圣治章》云"郊祀后稷以配天"，言尊祖配天也。《礼记·郊特牲》云"郊之祭也，迎长日之至也"，言其时也。云"兆于南郊，就阳位也"，言

---

① 《后汉书》，第3181页。
② 《后汉书》，第95页。
③ 《后汉书》，第100页。
④ 《后汉书》，第1436页。

其地也。云"牲用骍，尚赤也，用犊，贵诚也"，言其牲犊也。云"卜郊，受命于祖庙"，言郊前卜日也。云"郊之祭也，大报本反始也"，言郊祀之意义也。《礼记·祭法》云有虞氏"郊喾"，夏后氏"郊鲧"，殷人"郊冥"，周人"郊稷"，言四代配享之变也。凡此诸说，其说甚富。至于圜丘，遍检经籍，只有一处有"圜丘"之文，《周官·大司乐》云："凡乐，圜钟为宫，黄钟为角，大蔟为徵，姑洗为羽，雷鼓雷鼗，孤竹之管，云和之琴瑟，《云门》之舞，冬日至，于地上之圜丘奏之，若乐六变，则天神皆降，可得而礼矣。"（说详下。）

"圜丘"之义，并非礼名，也非方位，而是祭坛形制，《周礼》贾疏云："言圜丘者，案《尔雅》，土之高者曰丘，取自然之丘，圜者，象天圜，既取丘之自然，则未必要在郊，无问东西与南北方皆可。"① 也就是说，"圜丘"指的是自然而非人为形成的圆形土包。郊祀指方位在南郊，圜丘指形制是自然土包，就此而言，二者并不矛盾。而郑玄之所以必分之为二者，这是由郑玄的注经特征所决定。

郑玄以天有"六天"，《郊特牲》孔疏解释道："郑氏以为六者，指其尊极清虚之体，其实是一。论其五时生育之功，其别有五。以五配一，故为六天。据其在上之体谓之天，天为体称，故《说文》云：'天，颠也。'因其生育之功谓之帝，帝为德称也。……《春秋纬》'紫微宫为大帝'，又云'北极耀魄宝'，又云'大微宫有五帝坐星，青帝曰灵威仰，赤帝曰赤熛怒，白帝曰白招拒，黑帝曰汁光纪，黄帝曰含枢纽'。是五帝与大帝六也。"② 其中，"体称"之天，指北辰；而"德称"之天，包括五帝，五帝五方位，配五色，《春秋纬文耀钩》云："苍帝春受制，其名灵威仰。赤帝夏受制，其名赤熛怒。黄帝受制王四季，其名含枢纽。白帝秋受制，其名白招拒。黑帝冬受制，其名汁光纪。"③ 四郊之祭即祭祀五帝，南郊以始祖配天，此"天"即感生帝，也是五帝之一。这一理解揭示出郑玄在注经之时，对天、帝的理解有一套严密的注释体系。这套注释体系，是郊祀、圜丘分开的基础。

要理解郑玄怎样把郊祀、圜丘分开，必须首先理解郑玄的注经特征。郑玄注经，善于以经文为本，通过对经文的结构性分析，来理解经文本身。桥

---

① 《周礼注疏》，台湾艺文印书馆，2007年影印本，第343页。
② 《礼记正义》，第480页。
③ 赵在翰：《七纬》，中华书局，2012年标点本，第451、452页。

本秀美先生在《郑学第一原理》一文中认为："'结构取义'才是郑注《三礼》最基本的解经方法。"① 在郑玄看来，经文是第一位的，而且经文不只是由字词构成，一句话、一段话，都是一个整体的结构，因此，不能单纯从对文字的理解达至对一句话、一段话的理解，文字只是提供一种表达意义的方向，具体的意义更要在一句话、一段话的整体结构中来理解。

在祭祀问题上，最完备的礼类，竟是《大司乐》之文，也是唯一一处提到"圜丘"的经文。《大司乐》并郑注云：

> 乃奏黄钟，歌大吕，舞《云门》，以祀天神。〔注〕天神，谓五帝及日月星辰也。王者又各以夏正月祀其所受命之帝于南郊，尊之也。《孝经说》曰"祭天南郊，就阳位"是也。乃奏大蔟，歌应钟，舞《咸池》，以祭地示。〔注〕地祇，所祭于北郊，谓神州之神及社稷。乃奏姑洗，歌南吕，舞《大韶》，以祀四望。乃奏蕤宾，歌函钟，舞《大夏》，以祭山川。乃奏夷则，歌小吕，舞《大濩》，以享先妣。乃奏无射，歌夹钟，舞《大武》，以享先祖。……
>
> 凡乐，圜钟为宫，黄钟为角，大蔟为徵，姑洗为羽，雷鼓雷鼗，孤竹之管，云和之琴瑟，《云门》之舞，冬日至，于地上之圜丘奏之，若乐六变，则天神皆降，可得而礼矣。凡乐，函钟为宫，大蔟为角，姑洗为徵，南吕为羽，灵鼓灵鼗，孙竹之管，空桑之琴瑟，《咸池》之舞，夏日至，于泽中之方丘奏之，若乐八变，则地示皆出，可得而礼矣。凡乐，黄钟为宫，大吕为角，大蔟为徵，应钟为羽，路鼓路鼗，阴竹之管，龙门之琴瑟，《九德》之歌，《九韶》之舞，于宗庙之中奏之，若乐九变，则人鬼可得而礼矣。〔注〕此三者，皆禘大祭也。天神则主北辰，地祇则主昆仑，人鬼则主后稷，先奏是乐以致其神，礼之以玉而祼焉，乃后合乐而祭之。《大传》曰："王者必禘其祖之所自出。"《祭法》曰："周人禘喾而郊稷。"谓此祭天圜丘，以喾配之。②

这段经文，事实上包含了两套关于祭祀的经文结构，第一套是天神、地示、四望、山川、先妣、先祖，第二套是天神、地示、人鬼。对这两套经文

---

① 桥本秀美：《郑学第一原理》，载《北京读经说记》，万卷楼图书股份有限公司，2013，第230页。

② 《周礼注疏》，第339～342页。

的解释，本来可以有各种可能性。如宋代刘迎注"以祀天神"云："天神即乐六变而降至神。"注"以祭地示"云："地示即乐八变而出者。"① 是把两套经文合二为一也。又如王昭禹《周礼详解》注"天神皆降"云："言天神皆降，则凡在天者，若昊天上帝、日月星辰、风师雨师之属，莫不以类而毕降矣。言地示皆出，则凡在地者，若大示、社稷、五祠、五岳、四渎、山林、川泽、四方百物之属，莫不以类而毕出矣。"② 是将此天神、地示、人鬼对应于大宗伯所掌吉礼祭祀诸神鬼也。

但是，郑玄注经的特点，是完全按照经文的结构对经文进行解释。虽然这里两套经文结构都有"天神""地示"，但既然用乐不同，说明所指有别。但事实上，在经典体系中，很难找到两套"天神"与两套"地示"。郑玄为了遵从这两套"用乐不同"的经文结构，必须找到相对应的天神、地示。经文有冬至圜丘祭天，故以最尊之昊天上帝，即北辰注之，有夏至方丘祭地，故以昆仑之神注之。此二祭"皆禘大祭"。圜丘之外，其余的天神用以注"以祀天神"，故包括五帝、日、月、星、辰、南郊。《周礼订义》引刘迎云："王者又各以夏正月祀其所受命之帝于南郊，不知受命之帝何所据。"③ 这是宋人不擅郑学带来的问题，事实上，郑玄做的是加减法，即把经文所有的天神，减去圜丘祭昊天上帝，而得此注。但是，《大宗伯》之祭天神，包括"以禋祀祀昊天上帝，以实柴祀日、月、星、辰，以槱燎祀司中、司命、风师、雨师。"司中以下不在郑注之中，贾疏解释道："知及日月星者，案《大宗伯》，昊天在禋祀中，日月星辰在实柴中，郑注云五帝亦用实柴之礼。则日月星与五帝同科，此下文又不见日、月、星别用乐之事，故知此天神中有日、月、星、辰可知。其司中已下在槱燎中，则不得入天神中，故下文约与四望同乐也。"④

郑玄要找两种"地示"，以配夏至方丘祭地，与祭地示，但地一而已，经典中更加难以找到两种"地"。《曲礼下》孔疏引《河图括地象》云："地中央曰昆仑。"又云："其东南方五千里曰神州。"孔疏解之曰："以此言之，昆仑在西北，别统四方九州，其神州者，是昆仑东南一州耳。于一州中更分

---

① 王与之：《周礼订义》，《钦定四库全书荟要》，吉林出版集团，2005年影印本，第646页。
② 王昭禹：《周礼详解》，《钦定四库全书荟要》，吉林出版集团，2005年影印本，第325页。
③ 王与之：《周礼订义》，第646页。
④ 《周礼注疏》，第340页。

为九州，则《禹贡》之九州是也。"① 方丘祭地之"地"，与圜丘祭天之"天"一样，皆最尊，因此以"地中央曰昆仑"的昆仑之神为主。而大蔟、应钟、《咸池》所祭地示，是"所祭于北郊，谓神州之神及社稷"。因为神州之神远远小于昆仑之神。事实上，如果经文出现更多的天神、地示，郑君也必定能够找到相对应的神、示进行注解。

《大司乐》之文为祭祀天地提供了一个最为完整的结构，郑玄在这一经文结构中，确立了两类天地祭祀，《左传》桓五年传"凡祀，启蛰而郊"，孔疏云："郑玄注书，多用谶纬，言天神有六，地祇有二。天有天皇大帝，又有五方之帝，地有昆仑之山神，又有神州之神。"② 其中，祭天者，冬至圜丘祭天皇大帝，四郊、郊祀祭五方上帝。祭地者，夏至方丘祭昆仑之神，又有北郊祭神州之神。在郑玄这种对经文的理解中，圜丘、南郊祭天之礼，不可能合一，合一则破坏了经文本身的结构。《周官》中还有其他经文，也必须将郊、丘分开，才能得到郑玄意义上的合理解释。《掌次》并郑注云：

> 王大旅上帝，则张毡案，设皇邸。〔注〕大旅上帝，祭天于圜丘。朝日，祀五帝，则张大次、小次，设重帟、重案。〔注〕祀五帝于四郊。…郑司农云："五帝，五色之帝。"③

此经之"上帝"，郑玄解释为圜丘之祭。孙诒让认为《周礼》用词有通例："凡此经通例，有天，有上帝，有五帝。天即昊天，祀北辰；上帝为受命帝，在周则祀苍帝；五帝为五色之帝。"④ 孙诒让既认为《周礼》全经的"通例"，包括"上帝为受命帝，在周则祀苍帝"，而这里说"上帝"，必不是郑玄所说的祭昊天上帝于圜丘。孙氏云："通校全经，凡云'昊天'者，并指圜丘所祭之天；凡云'上帝'者，并指南郊所祭受命帝，二文绝不相通。此职云'大旅上帝'，《大宗伯》云'旅上帝及四望'，《典瑞》云'祀天旅上帝'，又云'祀地旅四望'，《职金》云'旅于上帝'，《玉人》云'旅四望'，凡言'旅'者，并指非常之祭而言。所旅者止于上帝四望。不云旅昊天、旅五帝，则知旅祭上不及昊天，下不遍及五帝。此'大旅上帝'自专

---

① 《礼记正义》，第97页。
② 《春秋左传正义》，台湾艺文印书馆，2007年影印本，第108页。
③ 《周礼注疏》，第93页。
④ 孙诒让：《周礼正义》，《孙诒让全集》，中华书局，2015年整理本，第164页。

指有故祭受命帝，与南郊之祭帝者同而礼不同，与圜丘昊天之祭则迥不相涉也。"① 桥本秀美先生总结郑玄、孙诒让的差别说："郑玄认为一词所指范围因具体经文而异，拒绝脱离具体经文预先确定词义。……孙诒让则认为一经之内，用词必有通例。"② 孙诒让执着于通过对全经用词的归类，可以概括出词义的一般规律，若经文的叙述结构与概括出来的词义不同，孙氏不是考虑概括是否正确，而是从另外的角度坚持他的概括，因此，在这段经文中，分明有"大旅上帝"与"祀五帝"的区别，孙诒让乃把"旅"字作为突破口，认为虽然"上帝"就是"五帝"之一，但是，因为这里说"大旅上帝"，便是"非常之祭"，而下文"祀五帝"，则可以是常祭。

而郑玄并非如此，对郑玄而言，"上帝""五帝"两个词语，是指示语义的基本方向，要理解"上帝"所指为何，主要不是理解《周礼》中其他地方的"上帝"指什么，而是理解在这句经文的结构中，相对应于下文的"五帝"，此"上帝"所指为何。上文言"上帝"，下文言"五帝"，则二者必然不同。天有六天，包括总体上的天即昊天上帝，与五方上帝。下文的"五帝"是祀于四郊的五方上帝，那么，上文的"上帝"如果是郊祀的对象，即周的感生帝灵威仰，那就与下文的"五帝"重复了。因此，"上帝"只能是五帝之外的昊天上帝，即圜丘所祭的天。贾疏深探郑意，故云："大旅上帝，祭天于圜丘，知者，见下经别云祀五帝，则知此是昊天上帝，即与《司服》及《宗伯》昊天上帝一也，即是《大司乐》冬至祭天于圜丘之事也。"③

又，《司服》云：

> 王之吉服，祀昊天上帝，则服大裘而冕，祀五帝亦如之。

此处再次出现"昊天上帝"与"五帝"并列，而郑玄无注。孙诒让解释道："'昊天'指冬至圜丘，'上帝'指夏正南郊及大旅言之。上帝，即受命帝也。'五帝'当指冬祀黑帝，春祀苍帝。苍帝虽即为受命帝，然迎气五郊，礼秩平等，与南郊大祀异也。"④ 孙诒让执着于字词而不注重经文本身的结构，所以将"昊天"与"上帝"分开，昊天为圜丘之祭，上帝为南郊所祭。

---

① 孙诒让：《周礼正义》，第525页。
② 桥本秀美：《郑学第一原理》，第232页。
③ 《周礼注疏》，第93页。
④ 孙诒让：《周礼正义》，第1955页。

但他也发现，这么一来南郊所祭上帝与下文"五帝"都祭周人的感生帝苍帝，但是，孙氏的逻辑是委曲经文结构以从字词之义，所以强以南郊专祀苍帝，四郊上帝礼秩平等，二者不同以说之。但若以郑玄的逻辑，下文"五帝"既然已经包括了苍帝，上文"昊天上帝"必然不能包含南郊祭苍帝，因此，这里的"昊天上帝"只能与《掌次》的"上帝"一样，是指祭天于圜丘。

从《大司乐》《掌次》《司服》之经文结构出发，都可以看到，郑玄注经，重视经文自身的表达逻辑，用经文的表达逻辑来不断调整对文字的理解，而不是认为经文背后有一套制度或者历史，通过对这套制度或者历史的理解来调整部分不合逻辑的经文，所以，像《掌次》《司服》中与"五帝"相对应的"上帝"或"昊天上帝"，便只能用郊祀祭感生帝之外的另外的"天"来解释。可以说，郑玄正是以这种经文结构为本的注经特征，在南郊祭天之外，"解释出"一套全新的圜丘祭天大礼。

在礼经中，关于祭天的记载，一些内容在行礼时间、地点、用玉、用牲、用乐等方面的差别，同样使圜丘祭天的出现在文字上得到相对比较合理的解释。

一是祭天时间。郊祀之礼，郑玄笃信谶纬之言，《易纬·乾凿度》云："三王之郊，一用夏正。夏正，建寅之月也。"则郊天在夏正之月。《郊特牲》云："郊之祭也，迎长日之至也。"郑玄即引《乾凿度》之文以注之。然上《周官·大司乐》云："冬日至，于地上之圜丘奏之。"则是冬至之日。以一在夏正之月，一在冬至之日，故郑玄分为夏正郊祀祭天，冬至圜丘祭天。但是，《郊特牲》又云："郊之用辛也，周之始郊，日以至。"是用建子之月，辛日，由于上二者皆不同。故郑玄乃以之为鲁礼而非周礼，注之云："言日以周郊天之月而至，阳气新用事，顺之而用辛日。此说非也。郊天之月而日至，鲁礼也。三王之郊，一用夏正，鲁以无冬至祭天于圜丘之事，是以建子之月郊天，示先有事也。用辛日者，凡为人君，当齐戒自新耳。周衰礼废，儒者见周礼尽在鲁，因推鲁礼以言周事。"[1] 也就是说，《郊特牲》云"郊之用辛也，周之始郊，日以至"，与"三王之郊，一用夏正"不同，鲁是诸侯，

---

[1] 《礼记正义》，第497页。王肃讥之云："玄又云'周衰礼废，儒者见周礼尽在鲁，因推鲁礼以言周事'，若儒者愚人也，则不能记斯礼也；苟其不愚，不得乱于周、鲁也。"

因周公而得天子之赐，可以郊祀祭天，但不能圜丘祭天，所以用此建子之月，辛日郊祀。

二是祭天地点。《周官·大司乐》云"于地上之圜丘"，"丘"之义，《尔雅》云："非人为之丘。"也就是说，圜丘是自然形成的。而《祭法》云："燔柴于泰坛，祭天也。"郑玄云："封土为祭处也。"① 泰坛是人为造成的。因此，只有分出圜丘与南郊，用南郊解释《祭法》之泰坛。

三是祭天用玉。《周官·大宗伯》云："以苍璧礼天，以黄琮礼地，以青圭礼东方，以赤璋礼南方，以白琥礼西方，以玄璜礼北方。"此祭天用苍璧也。而在《周礼·典瑞》中又云："四圭有邸以祀天、旅上帝。"此祭天用玉与苍璧不同。是故郑注《大宗伯》云："此礼天以冬至，谓天皇大帝，在北极者也。"② 即冬至祭天于圜丘。而注《典瑞》云："祀天，夏正郊天也。上帝，五帝，所郊亦犹五帝，殊言天者，尊异之也。"③ 即夏正祭天于南郊。

四是祭天用牲。《周礼·大宗伯》云："皆有牲币，各放其器之色。"上既云"以苍璧礼天"，则用牲也是苍色。但是在《礼记·祭法》中又云："燔柴于泰坛，祭天也。瘗埋于泰折，祭地也。用骍犊。"④ 则祭天用骍犊。是故郑注分《大宗伯》为圜丘，而以《祭法》所言为南郊。

五是祭天用乐。《周礼·大司乐》上文云："乃奏黄锺，歌大吕，舞《云门》，以祀天神。"是祭天用黄钟、大吕也。《大司乐》下文又云："凡乐，圜钟为宫，黄钟为角，大蔟为徵，姑洗为羽，雷鼓雷鼗，孤竹之管，云和之琴瑟，《云门》之舞，冬日至，于地上之圜丘奏之，若乐六变，则天神皆降，可得而礼矣。"是用乐与上"祀天神"不同也。故郑玄注上云："王者又各以夏正月祀其所受命之帝于南郊，尊之也。《孝经说》曰'祭天南郊，就阳位'是也。"⑤ 以上文为南郊祭天。下文明言"圜丘"，故郑注云："《大传》曰：'王者必禘其祖之所自出。'《祭法》曰：'周人禘喾而郊稷。'谓此祭天圜丘，以喾配之。"⑥ 是以下文为圜丘祭天也。

---

① 《礼记正义》，第797页。
② 《周礼注疏》，第281页。
③ 《周礼注疏》，第314页。
④ 《礼记正义》，第797页。
⑤ 《周礼注疏》，第339页。
⑥ 《周礼注疏》，第342页。

郑玄之后的王肃主郊、丘为一，《郊特牲》疏驳之云："又王肃以郊丘是一，而郑氏以为二者，案《大宗伯》云：'苍璧礼天。'《典瑞》又云：'四圭有邸以祀天。'是玉不同。《宗伯》又云：'牲币各放其器之色。'则牲用苍也。《祭法》又云：'燔柴于泰坛，用骍犊。'是牲不同也。又《大司乐》云：'凡乐，圜钟为宫，黄钟为角，大蔟为徵，姑洗为羽。''冬日至于地上之圜丘奏之，若乐六变，则天神皆降。'上文云：'乃奏黄钟，歌大吕，舞《云门》，以祀天神。'是乐不同也。故郑以云苍璧、苍犊、圜钟之等为祭圜丘所用，以四圭有邸、骍犊及奏黄钟之等以为祭五帝及郊天所用。"①

正是因为祭天礼在经文记载中有差别，郑玄仅凭《大司乐》"圜丘"二字，撬动了整个经学的祭祀系统。圜丘、郊祀一旦确立，相关经文便如胡马北风，越鸟南枝，各归河汉。而且，这种分立带来的最大后果，是《大司乐》中所表现出来的圜丘重于郊天，在《祭法》中得到更为明确的表达。《祭法》文云："有虞氏禘黄帝而郊喾，祖颛顼而宗尧。夏后氏亦禘黄帝而郊鲧，祖颛顼而宗禹。殷人禘喾而郊冥，祖契而宗汤。周人禘喾而郊稷，祖文王而宗武王。"此文充满各种疑难，盖禘是礼名，郊是礼地，祖、宗若合于明堂礼，则《孝经·圣治章》分明言"宗祀文王于明堂"。而郑玄分郊、丘为二，使此文得到完整的解释。郑注云：

> 禘、郊、祖、宗，谓祭祀以配食也。此禘，谓祭昊天于圜丘也。祭上帝于南郊，曰郊。祭五帝五神于明堂，曰祖、宗。祖、宗，通言尔。②

也就是说，《祭法》之"禘"即是圜丘祭天，以黄帝、喾配享，"郊"则是郊祀祭天，三代之前公天下，配以有德，三代之后家天下，配以始祖。此文之种种疑难，涣然冰释。可惜经书中没有明确的祖、宗配享的原文，无法让郑玄将祖、宗配享分到两种礼之中，郑玄只得悻悻言"祖、宗通言尔。"

郑玄之所以将《大司乐》出现的"圜丘"作为祭天大典，是因为要注解群经，尤其是《周礼》中的经文，使经文之间每一个地方都得到合理的解释，所以，郑玄构建了天有六天、郊丘为二的基本结构。通过这一结构，

---

① 《礼记正义》，第796页。
② 《礼记正义》，第796页。

《周礼》《礼记》《诗经》等相关经文都得到合理的解释。

而六朝义疏之学，在郑玄的基础上进一步比推经义，乃造就一套完整的圜丘祭天之礼仪。《郊特牲》皇侃疏云：

> 祭日之旦，王立丘之东南西向，燔柴及牲玉于丘上，升坛以降其神。故《韩氏内传》云："天子奉玉升柴加于牲上。"《诗》又云："圭璧既卒。"是燔牲玉也。次乃奏圜锺之乐，六变以降其神。天皇之神为尊，故有再降之礼。次则埽地而设正祭，置苍璧于神坐以礼之。其在先燔者，亦苍璧也。次则以豆荐血腥，祭天无祼，故郑注《小宰》云："唯人道宗庙有祼，天地大神至尊不祼，莫称焉。"然则祭天唯七献也，故郑注《周礼》云："大事于大庙，备五齐三酒。"则圜丘之祭，与宗庙祫同。朝践，王酌泛齐以献，是一献也，后无祭天之事。《大宗伯》"次酌醴齐以献"，是为二献也。王进爵之时皆奏乐，但不皆六变。次荐孰，王酌盎齐以献，是为三献也。宗伯次酌醍齐以献，是为四献也。次尸食之讫，酌朝践之泛齐，是为五献也。又次宗伯酌馈食之醍齐以献，是为六献也。次诸臣为宾长酌泛齐以献，是为七献也。以外皆加爵，非正献之数。其尸酢王以清酒，酢宗伯以昔酒，酢诸臣以事酒。其祭感生之帝，则当与宗庙禘祭同，唯有四齐无泛齐，又无降神之乐，惟燔柴升烟，一降神而已。王朝践献以醴齐，宗伯亚献以盎齐，次馈孰王献以醍齐，宗伯又献以沈齐。尸食讫，王献以朝践之醴齐，宗伯献以馈孰之沈齐，诸臣为宾长亦献以沈齐，不入正数。其五时迎气，与宗庙时祭同，其燔柴以降神及献尸与祭感生之帝同，但二齐醴盎而已。诸臣终献，亦用盎齐。①

六朝义疏善于在郑注推经文以成典礼的基础上，更进一步推衍，此其一例也。而且，根据郑玄的注经特征，最终解释出祭祀天地之礼，《曲礼》疏总结道：

> 其天有六，祭之一岁有九。昊天上帝，冬至祭之，一也。苍帝灵威仰，立春之日祭之于东郊，二也。赤帝赤熛怒，立夏之日祭之于南郊，

---

① 《礼记正义》，第481页。

三也。黄帝含枢纽,季夏六月土王之日,亦祭之于南郊,四也。白帝白招拒,立秋之日祭之于西郊,五也。黑帝汁光纪,立冬之日祭之于北郊,六也。王者各禀五帝之精气而王天下,于夏正之月祭于南郊,七也。四月龙星见而雩,总祭五帝于南郊,八也。季秋大飨五帝于明堂,九也。地神有二,岁有二祭。夏至之日祭昆仑之神于方泽,一也。夏正之月祭神州地祇于北郊,二也。或云建申之月祭之,与郊天相对。①

但是,在经文的意义上,郊、丘为二的这一礼学结构,不是经书中的明文记载,而是郑玄综合群经中的祭天之文,而构造的一个礼学解经模式。在郑玄经注的意义上,郊丘为二的礼学结构,也不是郑玄推断出来的一种礼制,郑玄所做的是注解经文,而不是推演礼制,注解经文旨在把经文的内涵、结构、逻辑,经文之间的差异,解释明白,使经文消除矛盾,互相支撑,自成体系,至于经文背后的制度、历史事实,是第二位的问题。因为制度、历史事实极为丰富多样,经文则是确定的,经注所要解释的是确定的经文,而不是经文背后无穷无尽的东西。在经书中,如果只用《孝经》,便只有郊祀祭天,假设不存在《周礼》,那么像《祭法》《礼器》诸文,当有新的解释。但是郑玄既把《周礼》纳入经学范围,《周礼》中的基本结构,是圜丘冬至祭天,相对于方丘夏至祭地。而加上《郊特牲》"郊之祭也,迎长日之至也。"郑注云:"《易说》曰:'三王之郊,一用夏正。'夏正,建寅之月也。"② 则是南郊夏正祭天。所以,郊、丘为二的礼学结构,不是对周公制礼的考察,也不是对周公礼制的历史追寻,而是《孝经》《礼记》《周礼》等不同的经书叠加、结合的自然结果。在郑玄解经中,因为《周礼》等经典表现出来的祭天礼,单用郊祀,不足以解释所有经文,只有分郊、丘为二,才能满足对经文的合理解释。郑玄的弟子宋衷甚至用这一结构来解释纬书。《春秋感精符》云:"人主日月同明,四时合信,故父天母地,兄日姊月。"宋均注云:"父天,于圜丘之祀也。母地,于方泽之祭也。"③

但是,满足对经文的合理解释,并不必然符合后世对经学的理解与期待。例如郑玄将《祭法》所言四代之禘礼,解释为:"此禘,谓祭昊天于圜

---

① 《礼记正义》,第97页。
② 《礼记正义》,第497页。
③ 赵在翰:《七纬》,第520、521页。

丘也"。如此则圜丘重于郊祀。但是，西京之学重郊祀，董仲舒上书，云："所闻古者天子之礼，莫重于郊。"匡衡奏对，云："帝王之事莫大乎承天之序，承天之序莫重于郊祀。"何休注《公羊》，亦云："郊者，所以祭天也。天子所祭，莫重于郊。"依照其说，莫不以郊祀最大。若执此以问郑玄，郑玄必以其非经书原文也。赵匡辨禘礼，非薄郑玄《祭法》注，云："若实圜丘，五经之中何得无一字说处。"① 《毛诗·商颂·长发》孔疏云："且《周颂》所咏，靡神不举，皆无圜丘之祭。"② 此在后世经学看来，固然都是大问题，而在郑玄看来，皆可以解释，例如《郊特牲》孔疏便替郑玄解释道："周若以喾配圜丘，《诗·颂》不载者，后稷，周之近祖，王业所基，故配感生之帝，有勤功用，故《诗》人颂之。喾是周之远祖，为周无功，徒以远祖之尊，以配远尊天帝，故《诗》无歌颂。或可《诗》本亦有也，但后来遗落。"③

三 魏晋政治中的圜丘礼

圜丘祭天之礼，群经所见明文，唯在《大司乐》一语，郑玄据此注经，构建为最重之祭天大典，皇侃据注推衍，乃成一套完备的祭天仪式。此皆注经家之本事，因经文所述而推求先圣原意者也。

但是，对经文的理解一旦发生变化，即刻牵涉历史的变化。这种"历史"，包含两层意义，一是实际发生的历史，即以经文为基本价值而构建新的制度；一是三代史的书写，即以经文为基本材料书写的三代历史。

汉世南郊祭天、明堂祭帝，自成祭祀体系，虽有圜丘之文，然无郑玄之圜丘祭天之礼。盖秦及西汉，祭天多从旧俗，其礼杂乱，其言"圜丘"者有二，一是圜丘祭地之礼，一是将泰一祠解释为圜丘之祭。

秦代祭祀，皆杂俗，非正礼。《史记·封禅书》云秦始皇祠八神，包括天主祠天齐、地主祠泰山梁父、兵主祠蚩尤、阴主祠三山、阳主祠之罘、月主祠之莱山、日主祠成山、四时主祠琅邪。其中，地主祠泰山梁父，其文

---

① 陆淳：《春秋啖赵集传纂例》，钟谦钧辑《古经解汇函》第2册，广陵书社，2012年影印本，第1031页。
② 《毛诗正义》，台湾艺文印书馆，2007年影印本，第800页。
③ 《礼记正义》，第480页。

云:"盖天好阴,祠之必于高山之下,小山之上,命曰'畤'。地贵阳,祭之必于泽中圜丘云。"① 这里的"泽中圜丘",指平地土包,与"高山之下,小山之上"相对应,而且,是祭地之礼而非祭天之礼。

及至汉武帝时,《史记·孝武本纪》载,武帝既祭天于雍,但无地祭,故议曰:"今上帝朕亲郊,而后土毋祀,则礼不答也。"因此,有司与太史公、祠官宽舒等议:"天地牲角茧栗。今陛下亲祀后土,后土宜于泽中圜丘为五坛,坛一黄犊太牢具,已祠尽瘗,而从祠衣上黄。""于是天子遂东,始立后土祠汾阴脽上,如宽舒等议。"② 这里的圜丘,是相对于郊祀祭天的祭地之礼,事实上即是在泽中圜丘立五坛,以为后土祠。

第二种是被解释出来的圜丘祭天礼。班固《汉书·礼乐志》之"乐"部分,有云:"至武帝定郊祀之礼,祠太一于甘泉,就乾位也;祭后土于汾阴,泽中方丘也。……以正月上辛用事甘泉圜丘,使童男女七十人俱歌,昏祠至明。夜常有神光如流星止集于祠坛,天子自竹宫而望拜,百官侍祠者数百人皆肃然动心焉。"此"甘泉圜丘",即上云"祠太一于甘泉,就乾位也",师古注曰:"用上辛,用周礼郊天日也。辛,取齐戒自新之义也。为圜丘者,取象天形也。"③ 若以颜师古之注,则《周官》郑注之圜丘祭天,已行于汉武帝之时矣。然据马融《周官序》:"孝武帝始除挟书之律,开献书之路,既出于山岩屋壁,复入于秘府,五家之儒莫得见焉。"④ 汉武帝必不用《周官》也。又,贾公彦《序周礼废兴》云:"林孝存以为武帝知《周官》末世渎乱不验之书,故作《十论》《七难》以排弃之。"⑤ 是汉武帝以《周官》为"末世渎乱不验之书",绝不可能以《周官》之说,建圜丘之祭。

---

① 《史记》,中华书局,2014 年点校本二十四史修订本(精装本),第 1637 页。《汉书·郊祀志》所述略同,见王先谦《汉书补注》,第 1678 页。
② 《史记》,第 580 页。《史记·封禅书》文同,见第 1661 页。《汉书·郊祀志》所述略同,见王先谦《汉书补注》,第 1709~1710 页。沈钦韩注《汉书》云:"此与前文'天好阴,于高山下畤;地贵阳,于泽中圜丘'同谬。《礼器》云:'因天事天,因地事地。为高者必因丘陵,为下者必因川泽。'郑以圜丘、方泽解之,是也。若谓好阴、贵阳,何不夕日朝月?盖当时廷臣鲜有通《礼经》者。"见王先谦《汉书补注》,第 1710 页。沈钦韩此注以"礼经"为《周官》,已与西汉之说不合,又复以郑注解此文,然此圜丘是祭地,《周官》、郑注之"圜丘"是祭天,完全不在一个系统之中,故不可执彼以难此也。
③ 王先谦:《汉书补注》,第 1470~1472 页。
④ 《周礼注疏》,第 7 页。
⑤ 《周礼注疏》,第 9 页。

《汉书·礼乐志》中班固所谓的"甘泉圜丘"，在《史记·孝武本纪》《封禅书》《汉书·郊祀志》中皆有记录。其始，是亳人谬忌奏祠太一方，曰："天神贵者太一，太一佐曰五帝。古者天子以春秋祭太一东南郊，用太牢，七日，为坛开八通之鬼道。"① 此说本为术士不经之言，尤其是言每年春、秋二祭，地在东南郊之类，实为杂家俗说。而汉武帝从之，令太祝立其祠长安东南郊。其后人有上书，言"古者天子三年壹用太牢祠神三一：天一、地一、太一"。② 则祀太一并非祀天。汉武帝又从之。其后，汉武帝又令祠官宽舒等在甘泉仿照亳人谬忌所奏的长安东南郊太一坛，建甘泉太一坛，其制云："祠坛放薄忌太一坛，坛三垓。五帝坛环居其下，各如其方，黄帝西南，除八通鬼道。太一，其所用如雍一畤物，而加醴枣脯之属，杀一狸牛以为俎豆牢具。而五帝独有俎豆醴进。其下四方地，为醊食群神从者及北斗云。已祠，胙余皆燎之。其牛色白，鹿居其中，彘在鹿中，水而泊之。祭日以牛，祭月以羊彘特。太一祝宰则衣紫及绣。五帝各如其色，日赤，月白。"③ 在甘泉太一坛的形制上，主祭太一，五帝坛环居其下，与后来郑玄解释的天、帝关系非常相似。④

班固作《郊祀志》，一从《史记·封禅书》，并不以甘泉太一坛为"甘泉圜丘"。观汉武帝时，有司与太史公、祠官宽舒等议后土祠，云："今陛下亲祀后土，后土宜于泽中圜丘为五坛。"是用"圜丘"一词说后土祠也。而此后土祠，正是《礼乐志》所说的"祭后土于汾阴，泽中方丘也"。《史》《汉》诸书，所引原文往往是旧史所遗，不引原文常常是作史者述。故《史

---

① 《史记》，第1658页。
② 《史记》，第1658页。
③ 《史记》，第1667页。《史记·孝武本纪》《汉书·郊祀志》所述略同。
④ 也因为如此，《史记》《汉书》相关注释，多据郑玄。《史记索隐》注《封禅书》"天神贵者太一"云：《乐汁征图》曰：'天宫，紫微。北极，天一、太一。'宋均云：'天一、太一，北极神之别名。'《春秋佐助期》曰：'紫宫，天皇曜魄宝之所理也。'石氏云：'天一、太一各一星，在紫宫门外，立承事天皇大帝。'"《孝武本纪》"泰一佐曰五帝"，《史记索隐》云："其佐曰五帝，《河图》云：'苍帝，神名，灵威仰之属也。'"《史记正义》云："五帝，五天帝也。《国语》云：'苍帝灵威仰，赤帝赤熛怒，白帝白招矩，黑帝协光纪，黄帝含枢纽。'《尚书帝命验》云：'苍帝名灵威仰，赤帝名文祖，黄帝名神斗，白帝名显纪，黑帝名玄矩。'佐者，谓配祭也。"颜师古注《汉书·郊祀志》"泰一佐曰五帝"亦云："谓青帝灵威仰，赤帝赤熛怒，白帝白招矩，黑帝协光纪，黄帝含枢纽也。一说苍帝名灵府，赤帝名文祖，白帝名显纪，黑帝名玄矩，黄帝名神斗。"这些注解，皆非考汉初之说以注汉初之事，而是根据郑玄整顿过的经学体系来注解汉初之事。

记·孝武本纪》所载"有司与太史公、祠官宽舒等"所议内容，档案原文也，有"圜丘"之文。《汉书·礼乐志》不以"祭厚土"为圜丘，反以"祠太一"为圜丘者，作史者班固所述也。太一坛不是自然形成的土包而是人为建成的祠坛，所祭的"太一"虽与"五帝"相对，但内涵不明，班固所云"甘泉圜丘"，并非认为甘泉太一坛即是《周官》之"圜丘"，而是要以《周官》的"圜丘"去理解甘泉太一坛。班固的历史叙述，往往受到《周官》的极大影响，圜丘一词，在经文中唯《周官·大司乐》言祭天神、地示、人鬼时，出现一次。《汉书》中唯一一次引用，是《郊祀志》中王莽援引其文，以说明"《周官》天地之祀，乐有别有合"。① 而班固所用，也在《乐志》之中，言汉武帝定天地之祭所用乐。因此，班固所云之"甘泉圜丘"，是用《周官》去理解汉礼的结果，而实际上，甘泉太一坛与《周官》之"圜丘"，完全渺不相涉，倒是由此一例，可见班固尊《周官》之心。

可以说，圜丘祭天之礼，在两汉无论是经学理论还是制度实践，今文经典无其文，博士传经无其说，朝廷郊祀无其制。但是，经过郑玄解释之后，圜丘祭天加入郊祀始祖以配感生帝、宗祀受命王以配上帝的祭天结构之中，并从理论上改变了这一结构。

在汉代今文经学的理解中，《孝经》所提供的南郊以始祖配感生帝、明堂以受命王配上帝，已经是非常难以实行的制度。根据经书所载，殷、周二代之始祖皆感生，积德数十世而有子孙受命，而后才王天下。对后世而言，一朝一代之开国天子可以为受命之王，但其前代始祖定于何人，却是一个无法解决的问题，故光武帝时期即有以尧还是刘邦为始祖之争。而郑玄把圜丘祭天也列到这一系统之后，圜丘配享出现更大的难题，而祭天大典的结构，也从《孝经·圣治章》"郊祀后稷以配天，宗祀文王于明堂以配上帝"，转向《祭法》中的新结构："有虞氏禘黄帝而郊喾，祖颛顼而宗尧。夏后氏亦禘黄帝而郊鲧，祖颛顼而宗禹。殷人禘喾而郊冥，祖契而宗汤。周人禘喾而郊稷，祖文王而宗武王。"三国时期的魏国，便把郑玄的解释经文，建成一套实际运行的政治制度。

据《后汉书·郑玄传》，郑玄卒于建安五年（200年）六月，时郑学已行于天下。及至魏，魏文帝曹丕之后，魏明帝曹叡即位次年，即行郊祀之

---

① 王先谦：《汉书补注》，第1771页。

礼。《三国志·明帝纪》载：

> 太和元年（作者按：西元227年）春正月，郊祀武皇帝以配天，宗祀文皇帝于明堂以配上帝。①

魏明帝此太和礼，仍然沿袭汉世用《孝经》结构祭天之法，盖以祖、宗配郊祀、明堂，略如汉平帝元始四年，郊祀汉高祖以配天，宗祀孝文以配上帝。但是，明帝君臣，未尝以此为定制。当时天下虽已三分，而魏明帝制礼以示革命易代之心最切，魏阙群臣，高堂生之后裔高堂隆对大典制作影响最大。青龙四年（236年）高堂隆上疏云："今圜丘、方泽、南北郊、明堂、社稷，神位未定，宗庙之制又未如礼。"②此时距离郑玄以布衣而卒，不过三十余年，而高堂隆所言之国家大典，已经一从郑学，将圜丘与南北郊分祀。随后的景初元年（237年）冬十月，乙卯，"营洛阳南委粟山为圜丘"。③两个月后的冬至日，《三国志·魏书·明帝纪》载："十二月壬子冬至，始祀。"④《宋书》亦载："十二月壬子冬至，始祀皇皇帝天于圜丘，以始祖有虞帝舜配。"⑤这是《周礼》中的圜丘祭天在中国历史上第一次真正落实到政治生活中，于是郑玄注解经文，变成实际政治实践。加入了圜丘之后的祭祀天地之礼，诏书有云：

> 曹氏系世，出自有虞氏，今祀圜丘，以始祖帝舜配，号圜丘曰皇皇帝天。方丘所祭曰皇皇后地，以舜妃伊氏配。天郊所祭曰皇天之神，以太祖武皇帝配。地郊所祭曰皇地之祇，以武宣后配。宗祀皇考高祖文皇帝于明堂，以配上帝。⑥

---

① 《三国志集解》，上海古籍出版社，2013年整理本，第354页。
② 《三国志集解》，第1916页。此疏之前云"是岁，有星孛于大辰"，《明帝纪》在青龙四年，故将此疏系于青龙四年。
③ 《三国志集解》，第423页。圜丘的地点，经无明文，注疏家各自推论，《周礼·大司乐》贾疏云："言圜丘者，案《尔雅》，土之高者曰丘，取自然之丘，圜者，象天圜，既取丘之自然，则未必要在郊，无问东西与南北方皆可。"《礼记·郊特牲》孔疏云："其祭天之处，冬至则祭于圜丘。圜丘所在，虽无正文，应从阳位，当在国南，故魏氏之有天下，营委粟山为圜丘，在洛阳南二十里。然则周家亦在国南，但不知远近者。"孔疏即据魏明帝所营圜丘为国都南郊之证。
④ 《三国志集解》，第424页。
⑤ 《宋书》，中华书局，2018年点校本二十四史修订本，第459页。
⑥ 《三国志集解》，第423、424页。

景初礼是在《周礼》郑注精神指导下的《祭法》加《孝经》祭天结构，圜丘以始祖配皇皇帝天，南郊以受命王配感生帝，明堂以太宗配上帝。魏明帝极尽可能按照郑玄注经来安排祭天大典的基本结构，但是这一结构仍然充满争议。

其中，最大的争议是圜丘以舜配天。《孝经·圣治章》"昔者周公郊祀后稷以配天，宗祀文王于明堂以配上帝"，郑注云："后稷者，是尧臣，周公之始祖。""文王，周公之父。明堂，即天子布政之宫。上帝者，天之别名。神无二主，故异其处，避后稷。"① 是郊祀以感生之始祖配感生帝，始祖本来就是感生帝的儿子。加上《祭法》"周人禘喾而郊稷"之后，按照郑玄之意，比郊祀更尊的圜丘祭天，应以后稷名义上之父喾配享。帝喾名义上尊于后稷，是可以理解的。但魏明帝无法找到这样的结构，却以曹姓始祖帝舜配天，本身便没有什么政治色彩。因此，圜丘以舜配天之礼，一开始就受到各种攻击，这种攻击主要来自蒋济。《蒋济传》云："初，侍中高堂隆论郊祀事，以魏为舜后，推舜配天。济以为舜本姓妫，其苗曰田，非曹之先，著文以追诘隆。"② 也就是说，曹姓出自帝舜，本来就有争议。《三国志》裴松之注引当时争论云：

> 济亦未能定氏族所出，但谓"魏非舜后而横祀非族，降黜太祖，不配正天，皆为缪妄"。然于时竟莫能正。济又难：郑玄注《祭法》云"有虞以上尚德，禘郊祖宗，配用有德，自夏已下，稍用其姓氏"。济曰："夫虬龙神于獭，獭自祭其先，不祭虬龙也。骐骥白虎仁于豹，豹自祭其先，不祭骐虎也。如玄之说，有虞已上，豹獭之不若邪？臣以为祭法所云，见疑学者久矣，郑玄不考正其违而就通其义。"济豹獭之譬，虽似俳谐，然其义旨，有可求焉。③

蒋济不了解在郑玄经学中，三代之前公天下，故尚德，禘郊祖宗，配用有德，三代之后家天下，故用其姓氏，但这是经学理论的问题。蒋氏攻击魏非舜后，且认为圜丘应以太祖曹操配享，然而若如蒋说，则郊祀、明堂无法

---

① 陈壁生：《孝经正义》，未刊稿。
② 《三国志集解》，第1334页。
③ 《三国志集解》，第1334页。

找到相应合适的配享之人。景初礼的郊祀、明堂，基本遵从太和礼。但严格来说，按照郑玄的理解，郊祀始祖以配感生帝，最大的意义是始祖本来就是感生的，感生帝即是始祖之父，所以天子因孝事天，同时也确立本族的政治正当性。而魏明帝郊祀武帝以配天，已经失去郊祀的本来意义。

可以说，圜丘、方丘、天郊、地郊、明堂，这套祭祀天地的结构，本来就是郑玄在解释《大司乐》《祭法》《孝经》时，为了说通经文，而解释出来的，也就是说，对郑玄经学而言，这是一种解释方法的产物。郑玄如此注经，目的不在理解周代历史、制度，也并非要让后世将之变成制度，而是要把各处看来矛盾不通的经文解释清楚。但于郑玄是注经方法，于魏氏则是政治实践，注经方法导出的是经文的博洽融通，要按照经文进行实际操作，却无法产生出政治意义。也就是说，魏明帝落实圜丘、方丘、天郊、地郊、明堂这套祭祀天地的政治实践，无法产生出实际的政治意义。也因如此，这套祭祀天地之礼很快就没有再实行下去，《宋书·礼志》云："自正始以后，终魏世，不复郊祀。"[1]

魏晋之世，王肃出而反郑学，郊祀、宗庙、丧纪诸事最要。《郊特牲》孔疏云："《圣证论》以天体无二，郊即圜丘，圜丘即郊。郑氏以为天有六天，丘、郊各异。"[2] 郑氏家法在郊、丘问题上，作为经学理论，固然可以解释经学的各种问题，但落入现实操作，则其经学意义无法产生实际的政治意义，基本上不具可操作性。王肃或有鉴于此，而做出理论上的变革。天有没有六天，在实际操作中的差别，主要是在南郊、明堂祭天时要不要设立五帝之座。郊、丘分合，在实际操作的差别，主要是要在南郊祭天之外别立圜丘祭天之礼，还是在南郊祭天礼中用圜丘坛作为祭天的形制。王肃之意云："郊则圜丘，圜丘则郊。所在言之则谓之郊，所祭言之则谓之圜丘。于郊筑泰坛象圜丘之形。以丘言之，本诸天地之性，故《祭法》云'燔柴于泰坛'，则圜丘也。《郊特牲》云：'周之始郊日以至'，《周礼》云：'冬至祭天于圜丘'，知圜丘与郊是一也。"[3] 此王肃以郊丘为一之大要也。王肃虽务反郑，但是，经过郑玄之后，圜丘祭天已经成为经学中天经地义的问题，王肃所反者，是南郊之外别立圜丘而已，经过王肃之后，圜丘之形制便成南郊祭天之定制。

---

[1] 《宋书》，第459页。
[2] 《礼记正义》，第480页。
[3] 《礼记正义》，第498页。

西晋泰始二年（西元266）正月，晋武帝下诏定郊礼："时群臣又议，五帝即天也，王气时异，故殊其号，虽名有五，其实一神。明堂南郊，宜除五帝之坐，五郊改五精之号，皆同称昊天上帝，各设一坐而已。地郊又除先后配祀。帝悉从之。"① 其后，当年十一月，"有司又议奏，古者丘郊不异，宜并圜丘方丘于南北郊，更修立坛兆，其二至之祀合于二郊。帝又从之，一如宣帝所用王肃议也。是月庚寅冬至，帝亲祠圜丘于南郊。自是后，圜丘方泽不别立"②。这一制度，即是将圜丘、方丘并到南郊、北郊，背后是对天的理解，从六天变成一天，五帝不再称天。而在配享上，郊祀以晋武帝的祖父司马懿配享，明堂以其父司马昭配享。司马懿不是感生始祖，所配的"天"也不再是诞生一族始祖的天帝。如果把汉代南郊、明堂的结构理解为通过确立与天实际勾连的典礼，确认政治的神圣性，那么，经过郑玄经学不切实际的努力与魏明帝景初礼的失败设计，从王肃注经到魏武帝重立祭天大礼，天子与天的实际性勾连已经完全丧失，而变成了一种象征性的关系，政治的神圣性无论在现实上还是在祭天大典中也完全消失。而圜丘作为祭天坛宇形制则保存了下来，直到清代。

四　作为周代史的圜丘祭天

郑玄推圜丘祭天为周世之礼，固然出于其注经之法。但是，后世史家因注而知经，所以，对经文的理解也影响到对历史的书写。简言之，郑玄解释出圜丘祭天之礼，而对后世史家而言，周代历史便有了圜丘之礼。

《史记》言周世祭祀天地之礼甚简，《封禅书》云：

　　《周官》曰，冬日至，祀天于南郊，迎长日之至；夏日至，祭地祇。皆用乐舞，而神乃可得而礼也。……周公既相成王，郊祀后稷以配天，宗祀文王于明堂以配上帝。③

《史记》之言《周官》，并非郑玄所注之《周官》。而郊祀、明堂之礼，

---

① 《晋书》，中华书局，1996年标点本，第583页。
② 《晋书》，第583、584页。
③ 《史记》，第1625、1626页。

用《孝经》原文。及至班固作《汉书·郊祀志》，其文云：

> 周公相成王，王道大洽，制礼作乐，天子曰明堂、辟雍，诸侯曰泮宫。郊祀后稷以配天，宗祀文王于明堂以配上帝，四海之内各以其职来助祭。①

班固虽信《周官》，《汉书》也常引《周官》，但是，此处所述周世祭祀天地之礼，仍然与《史记》相同，并没有提供更多的周代史内容。究其实，是因为到了郑玄之后，圜丘、方丘才真正成为与南郊祭天、北郊祭地并立的大礼，《汉书》虽用"圜丘"之名，但并不以之为特别礼仪。

以《史》《汉》言周世祭天礼仪之简略，而至于杜佑修《通典》，乃发明出一套甚为详备的祭天之礼。《通典》云：

> 周制，《大司乐》云："冬日至，祀天于地上之圜丘。"又《大宗伯》职曰："以禋祀，祀昊天上帝。"郑玄云："谓冬至祭天于圜丘，所以祀天皇大帝。"礼神之玉以苍璧，其牲及币，各随玉色。《大宗伯》云"苍璧礼天"。其尺寸文阙。下云"皆有牲币各放其器之色"，器则玉也。盖取象天色也。《肆师》职曰：立大祀，用玉帛牲牷。牲用一犊。按《郊特牲》又云："用犊，贵诚也。"《王制》云："祭天地之牛，角茧栗。"币用缯，长丈八尺。郑玄注《曾子问》云："制币长丈八。"郑约逸巡狩礼文也。馀用币长短皆准此。王服大裘，其冕无旒。《司服》云："王祀昊天上帝，则服大裘而冕。"郑司农云："大裘，黑羔裘。"既无采章，则冕亦无旒也。尸服亦然。以天体质，故王大裘以象之。既尸为神象，宜与王服同也。《周礼》曰"郊祀二人裘冕送逆尸"。又《士师》职曰："祀五帝则沃尸及王盥。"乘玉辂，锡，繁缨十有再就，建太常十有二旒以祀。樽及荐菹醢器，并以瓦。爵以蚫片为之。《郊特牲》云："器用陶匏，以象天地之性。"以藁秸及蒲，但翦头不纳为藉神席。所谓蒲越藁秸也。藁秸藉天神，蒲越藉配帝。配以帝喾。《祭法》云："周人禘喾而郊稷。"今以禘大祭，是祭中最大，既禘天于郊，又喾尊于稷。故《大宗伯》注云："圜丘以喾配之。"按喾配郊，牲尚同色，则圜丘可

---

① 王先谦：《汉书补注》，第1664页。

知焉。其乐,《大司乐》云:"凡乐,圜锺为宫,黄锺为角,太蔟为征,姑洗为羽,雷鼓雷鼗,孤竹之管,云和之琴瑟,云门之舞,冬日至,于地上之圜丘奏之。若乐六变,则天神皆降,可得而礼矣。"

其感生帝,《大传》曰:"礼,不王不禘,王者禘其祖之所自出,以其祖配之。"因以祈谷。《左传》曰:"郊祀后稷,以祈农事。"其坛名泰坛,《祭法》曰:"燔柴于泰坛。"在国南五十里。《司马法》:"百里为远郊,近郊五十里。"礼神之玉,用四珪有邸,尺有二寸。牲用骍犊。青币。配以稷,《祭法》:"周人禘喾而郊稷。"《孝经》曰:"郊祀后稷以配天。"《左传》曰:"郊祀后稷,以祈农事。"其配帝牲亦骍犊。《郊特牲》云:"帝牛不吉,以为稷牛,稷牛唯具。"郑玄云:"养牲必养二。"其乐,《大司乐》云:"乃奏黄锺,歌大吕,舞云门,以祀天神。"日用辛。按《礼记》及《春秋》,鲁郊于建子月,用辛。郑玄云:"凡为人君,当斋戒自新。"言凡,则天子诸侯同用辛。①

简言之,在祭天礼上,杜佑的《通典》与班固的《汉书》,本都相信《周官》是周公致太平之迹,但是之所以礼制、详略相差如此之大,原因即在于是否经过了郑玄经学。经过了郑玄天分六天,郊、丘为二,《周官》祭典面貌为之一变。

杜佑对周代祭天大典的历史书写,是把郑注群经分散的圜丘祭天、南郊祭感生帝的内容,集合到一起,构建出一个相对完备的圜丘、南郊祭天礼制。圜丘祭天,包括了《周官》《郊特牲》《祭法》之文,以成其制。南郊祭感生帝,包含了《大传》《春秋左氏传》《祭法》《孝经》《郊特牲》《周礼》诸种经文,以就其礼。而且,这些经文之所以能够放到一起构建出这两套礼制,主要的依据是郑玄注。若依王肃之义,二祭本无相分之理。若依后世孙诒让之说,如《大宗伯》"以禋祀,祀昊天上帝",昊天上帝包括了天与五帝,因此"禋祀"并非专指圜丘祭天,也应包括南郊祭感生帝。也就是说,杜佑的郊、丘二礼是陶甄经文以造典礼,而且是根据郑注的经文,如果根据王肃、孙诒让的《周礼》学,则郊、丘二礼的礼制并非如此,周代的祭天礼制史并非如此。冯茜评价杜佑的思路说:"杜佑在《通典·礼典》中所

---

① 杜佑:《通典》,中华书局,2016 年标点本,第 1152~1153 页。

达成的,是将礼经学与礼制传统重新熔铸在一起,为当代礼制奠立秩序。只不过,杜佑对礼经与礼制传统的融合,是以礼制为本位,对礼经学做了历史化的改造。"[1] 但另一方面,正是郑玄把礼经理解为三代实政留下的文献系统,为杜佑直接把礼经理解为三代制度打开了通道。

郑玄比杜佑考虑得更多的,主要是在于经书作为三代实政留下的文献系统,文献有其自身的特征,要理解这种特征而不能直接将文献等同于三代实政。也因为如此,郑玄注经会把注意力更多放在解释经文上。以用玉为例,杜佑云圜丘祭天用玉:"礼神之玉以苍璧,其牲及币,各随玉色。"南郊祭感生帝用玉:"礼神之玉,用四圭有邸,尺有二寸。牲用骍犊。"问题在于,这种分配方式,是郑玄根据经文的结构注解出来的。《大宗伯》并郑注云:

> 以苍璧礼天,以黄琮礼地,以青圭礼东方,以赤璋礼南方,以白琥礼西方,以玄璜礼北方。〔注〕此礼天以冬至,谓天皇大帝,在北极者也。礼地以夏至,谓神在昆仑者也。皆有牲币,各放其器之色。〔注〕币以从爵,若人饮酒有酬币。[2]

《典瑞》并郑注云:

> 四圭有邸以祀天、旅上帝。〔注〕祀天,夏正郊天也。上帝,五帝,所郊亦犹五帝,殊言天者,尊异之也。两圭有邸,以祀地、旅四望。〔注〕祀地,谓所祀于北郊神州之神。[3]

《大宗伯》云六色之玉祭天地四方,在天有六天、郊、丘为二的理论背景中,"苍璧礼天"之"天",只能是最尊的昊天上帝,如果是南郊的感生帝,周的感生帝是灵威仰,那便与下文"以青圭礼东方"所祭的青帝灵威仰相重合。因此,《大宗伯》的天地,只能是《大司乐》中圜丘、方丘之祭。这一结构,也导致"以黄琮礼地"之地,是《大司乐》方丘所祭的昆仑之神。

《典瑞》"四圭有邸以祀天","两圭有邸,以祀地",此"天"必是南郊

---

[1] 冯茜:《唐宋之际礼学思想的转型》,第78页。
[2] 《周礼注疏》,第281页。
[3] 《周礼注疏》,第314页。

祭感生帝而不能是圜丘祭天，原因就是圜丘祭天用玉是"苍璧"，而此用玉是"四圭有邸"，但问题在于，苍璧是言玉的颜色，四圭有邸是言玉的形制，本来也可以理解为用玉相同，只是《大宗伯》言其颜色，《典瑞》言其形制。但是，郑玄注经，首重经文本身，而非经文背后的内容，所以，既然经文分为两种，则首先考虑以两种不同之玉解释之。因此，《典瑞》之四圭有邸以祀天，是与《大宗伯》的"苍璧礼天"不同的天，《大宗伯》既是圜丘，则《典瑞》便是南郊。但马上面临另一个问题，如果四圭有邸以祀天，是南郊祭感生帝，那与下文"旅上帝"又有矛盾，因为"上帝"是"五帝"，五帝中已经包括了周的感生帝。而且，祭五方上帝之用玉，《大宗伯》分明说"以黄琮礼地，以青圭礼东方，以赤璋礼南方，以白琥礼西方，以玄璜礼北方"。对此，郑君的解释方式，是《典瑞》中有"旅"字，《大宗伯》云："国有大故，则旅上帝及四望。"郑注云："故，谓凶灾。旅，陈也。陈其祭事以祈焉，礼不如祀之备也。"[1] 也就是说，"旅上帝"说明不是常祭，而是国有大故，陈其祭事以祈之，因此用"四圭有邸"，《典瑞》以五色玉祭地及四方上帝，那是常祭。

  郑玄小心细致地体察经文上下前后的表达结构，不同篇目的经文之间的关联，通过他的注解，使这些经文之间既能互相联系，又避免互相矛盾，通过郑玄的注解，经文不一定可以在现实中实行，也不一定符合以往的历史，但是，同一经的经文、不同经的经文，可以成为一个可以相互解释，而且没有根本性矛盾的知识体系。郑玄没有着意去追求构建一套经文背后的制度或者历史，因此，他的经注中并没有对那些相关的经文进行推衍、引申、发挥，使之在制度或者历史的层面结合得更加紧密。但是杜佑则不同。对郑玄而言是注解经文，而杜佑把各处注解放到一起，便变成构建制度。而且，其所构建的制度，就是周代历史。从郑玄注经，到构建制度，到把制度系于"周制"使之成为周代历史记载，本是一波三折，杜氏是一蹴而就。

---

[1] 《周礼注疏》，第284、285页。

君君臣臣

——《丧服》所见之封建关系

杨 帆

（中国人民大学国学院）

摘　要：本文通过丧服制度的君臣义服探讨封建关系，提出天子王畿内与诸侯国内是两个独立的封建体系，诸侯国的臣民不以天子为君，天子的"天下共主"身份通过诸侯以天子为君实现。在畿内和诸侯国内，天子之尊和诸侯之尊贯通上下，有地之大夫虽也称君，但采邑之民不以其为君。在封建体系下，女君与储君有特殊地位，前者是国之小君，后者虽然政治地位尊隆，但爵位卑贱。文章最后讨论天子诸侯君和大夫君的差等，认为天子诸侯"尊尊"压倒"亲亲"，大夫君"亲亲"之义仍存，"尊尊"通过尊降实现。

关键词：封建　丧服　尊尊

封建历来是经学的重要问题。《礼记·王制》载："王者之制禄爵，公、侯、伯、子、男凡五等。诸侯之上大夫卿、下大夫、上士、中士、下士，凡五等。"五等诸侯制与诸侯国内的卿大夫、士秩次是封建的基本形式。《王制》以"天子之田方千里，公侯田方百里，伯七十里，子男五十里"，《周礼·大司徒》以"诸公之地，封疆方五百里，其食者半；诸侯之地，封疆方四百里，其食者三之一；诸伯之地，封疆方三百里，其食者参之一；诸子之地，封疆方二百里，其食者四之一；诸男之地，封疆方百里，其食者四之一"，二说不同，要皆以五等为差。除了《王制》《周礼》所载之政治制度，从丧服制度所规定的君臣关系也可以窥见封建之一隅。

一 君

《丧服经》不仅规定了宗法下的亲属相为服，也规定了政治关系的服制。《斩衰章》有"诸侯为天子""君"，《丧服记》中有君吊臣丧之法。"资于事父以事君，而敬同"(《孝经·士章》)，君臣关系虽然比附于父子关系，但是其发生于家庭之外，制服的核心原则是"尊尊"。"事亲，有隐而无犯，左右就养有方，服勤至死，致丧三年。事君，有犯而无隐，左右就养方，服勤至死，方丧三年。"(《礼记·檀弓上》)可见虽同为"至尊"，君臣与父子关系之差别：君臣唯有"尊尊"之义，不似父子兼具"亲亲"与"尊尊"。丧服制度有三"至尊"：父至尊也、夫至尊也、君至尊也。三者中只有君臣关系发生在家庭外。从"天子诸侯之女适人者"为夫斩、为父不降中特别能看出君臣关系的公共政治属性。礼有出降之法，"女子子适人者"为父母降在齐衰不杖期，以示"未嫁从父，既嫁从夫"[1]，其义称为"不贰斩"[2]。然而天子诸侯之女为夫之斩和为父之斩并行不悖，这是因为家内之服和政治之服并无干涉。曹元弼称："虽贵为天子之女，无敢不从其夫，以妇人既嫁天夫。夫妇之道，本天地阴阳之义也，故为夫斩衰三年之服，天下古今贵贱之所同也。虽然，天子诸侯之女下嫁者，既为其夫斩，仍为其父母不降，盖父固君也。先王以此服为尊君之斩，非从父之斩。"[3] 此为父之斩和为夫之斩不构成"贰斩"，因其为父之斩实为"尊君"之斩。由此极端案例可见君臣关系的家外公共政治属性，其服在丧服中属于"义服"。

细绎"君"之概念，又有天子、诸侯、有地之大夫三等。

《斩衰章》有"诸侯为天子""君"，郑注后者为"天子、诸侯及卿大夫有地者皆曰君"。[4] 天子、诸侯有地传诸子孙没有疑义，问题是在卿大夫的层次上，有"有地"之卿大夫，有"无地"之卿大夫，唯有前者可以称君。贾疏云：

---

[1] 《仪礼注疏》，上海古籍出版社，2008，第888页。
[2] 《仪礼注疏》，第920页。
[3] （清）曹元弼：《礼经校释》卷14，清光绪十八年刻后印本。
[4] 《仪礼注疏》，第884页。

案，《周礼·载师》云："家邑任稍地，小都任县地，大都任疆地。"是天子卿大夫有地者。若鲁国季孙氏有费邑，叔孙氏有邱邑，孟孙氏有郕邑，晋国三家亦皆有韩、赵、魏之邑，是诸侯之卿大夫有地者皆曰"君"，以其有地则有臣故也。①

天子之卿大夫、诸侯之卿大夫"有地"者皆有臣。《斩衰章》有"公、士、大夫之众臣为其君，布带、绳屦。传曰：公卿大夫，室老、士贵臣，其余皆众臣也。君，谓有地者也。"郑玄注"室老"为"家相"、"士"为"邑宰"。② 此条经文意思是大夫君分别贵臣和众臣，贵臣（家相、邑宰）为大夫极服斩衰、绞带、菅屦，众臣则稍为降杀，斩衰在身而改服布带、绳屦。天子诸侯之君无贵臣众臣分别，其臣皆为之绞带、菅屦，大夫君则区别贵臣众臣，由此可见大夫君之尊轻于天子诸侯。"有地"之大夫有臣称君，"无地"之大夫则不成君，夏炘分别二者曰："有采地者，父死子继，世守其地，如诸侯之传国然，谓之嗣君。其臣或为室老，或为邑宰，如诸侯之臣服事于诸侯，故皆为之斩衰。其无采地者，既无土可传，但有室老，而无邑宰，不能比于有地之尊，故臣不为之斩衰，以尊未全乎君也"③，可见"有地则有臣"之义。

"天子有田以处其子孙，诸侯有国以处其子孙，大夫有采以处其子孙。"（《礼记·礼运》）"有地"意味着可以传诸子孙、世守其地，在封建体系中，天子诸侯与有地之卿大夫都具有世袭性。

二　封建关系

丧服有正服、降服、义服，臣为君、庶人为国君皆为义服，义服是没有血缘关系者的服术。本章通过"臣为君"的义服讨论天子、诸侯、卿大夫、士、庶人之间的关系，认为天子王畿内和诸侯国内是两个独立的封建体系，而天子"天下共主"的地位是通过诸侯以天子为君实现的。封建关系在《丧服经》中主要由下述三条体现。

1. "斩衰章"：诸侯为天子。

---

① 《仪礼注疏》，第884页。
② 《仪礼注疏》，第884页。
③ （清）夏炘：《学礼管释》卷10，清咸丰十年景紫山房刻本。

2. "齐衰三月章"：庶人为国君。

3. "繐衰章"：诸侯之大夫为天子。

庶人为国君服齐衰三月，郑注云："不言民而言庶人，庶人或有在官者。天子畿内之民服天子亦如之。"①"天子畿内之民亦如之"，"如"的是诸侯国内之民，贾公彦进一步阐发：

> 云"天子畿内之民亦如之"者，以其畿外上公五百里，侯四百里已下，其民皆服君三月，则畿内千里，是专属天子，故知为天子亦如诸侯之境内也。②

诸侯国内之民为国君服"庶人为国君"的齐衰三月，天子王畿内之民为天子亦服齐衰三月，这是因为对于天子王畿内的民众来说，天子就是他们的"国君"。《白虎通·丧服》曰："王者崩，京师之民丧三月何？民贱而王贵，故三月而已。礼不下庶人，所以为民制何？礼不下庶人者，尊卑制度也。服者，恩从内发，故为之制也。"③天子是畿内之民的直接治理者，于畿内之民有恩，此齐衰三月服所以出。郑珍曰："人有一君，畿内士民舍天子别无君，故服天子。……《诗》言'王国礼多'，称天子之国，自畿内庶人言之，天子固其国君也。"④畿内之民为天子与诸侯国民为国君是等价的。

《诗经·北山》有"溥天之下，莫非王土。率土之滨，莫非王臣"的说法，似乎天下人皆为天子之臣，那么诸侯国人是否为天子制服吗？这需要从"诸侯之大夫为天子"开始考察。"繐衰章"："诸侯之大夫为天子。传曰：何以繐衰也？诸侯之大夫以时接见乎天子。"王朝臣与诸侯为天子斩衰，这是臣为君服的通例；然而诸侯之大夫为天子不服斩，而服一种特殊的、既葬除服的繐衰七月服，是因为其承担聘问的使命，有以时会见天子之机，由义生恩。斩衰繐衰之异可知诸侯之臣并非天子之臣。郑玄注："诸侯之大夫以时会见于天子而服之，则其士庶民不服可知。"⑤诸侯之士和国内之民较之大夫更卑贱，无会见天子之义，于天子无服。郑珍曰："侯国之士民不服天子

---

① 《仪礼注疏》，第944页。
② 《仪礼注疏》，第944页。
③ （清）陈立：《白虎通疏证》卷11，清光绪元年淮南书局刻本。
④ （清）郑珍：《仪礼私笺》卷5，清同治五年唐鄂生刻本。
⑤ 《仪礼注疏》，第976页。

何？其国之君已至尊，天子则至尊之至尊也，不敢服，故不服。"由此不服，可知诸侯国民亦非天子之民。"率土之滨，莫非王臣"强调天子"天下共主"的身份，但此种身份并不直接落实在治理上。

侯国之民不是天子之民，侯国之臣不是天子之臣，但这并不是说诸侯国独立于天子，天子的"共主"身份通过天子、诸侯间的君臣关系确立。《斩衰章》"诸侯为天子。传曰：天子至尊也。"贾公彦疏：

> 此文在"父"下"君"上者，以下文"君"中虽言天子，兼有诸侯及大夫。此"天子"不兼余君，君中最尊上，故特着文于上也。①

君有天子、诸侯、大夫，在君臣的诸种关系中，天子是最尊贵的、"至尊之至尊"，故经文单出一条。

天子于诸侯而言是君、至尊，但是对于诸侯国内的臣民而言却不是，可见封建关系中，天子王畿内与诸侯国内是两个独立的封建体系，"我的臣的臣不是我的臣"（国君是天子之臣，国君之臣非天子臣）。天子"天下共主"的地位体现于其为"至尊之至尊"，天子是诸侯之君，但是天子之尊不能下及诸侯国内。这是丧服制度中所见封建之义。

诸侯国内，国君－大夫的关系并非天子－诸侯关系的复制。概而言之，天子之尊不能下及诸侯国内，但国君之尊可以下及大夫采邑之内。兹以采邑之民不服大夫和大夫之臣服国君法为证。

经文中有"庶人为国君"，郑注兼及天子畿内之民，而无"庶人为大夫君"的经注，可知采邑之民不服大夫君。郑珍曰："庶民有居采地者，要皆天子、诸侯之民，不服受采之大夫，而服其国君。故此经言国君，见非国君者，虽得称君，庶人不服也。"②

大夫之臣则以庶人之服服国君，《通典》有"诸侯之大夫为天子服议"：

> 《石渠礼》曰："'诸侯之大夫为天子、大夫之臣为国君服何？'戴圣对曰：'诸侯之大夫为天子当缌缞，既葬除之。以时接见于天子，故既葬除之。大夫之臣无接见之义，不当为国君也。'闻人通汉对曰：'大

---

① 《仪礼注疏》，第884页。
② （清）郑珍：《仪礼私笺》卷5，清同治五年唐鄂生刻本。

夫之臣,陪臣也,未闻其为国君也。'又问:'庶人尚有服,大夫臣食禄,反无服,何也?'闻人通汉对曰:'记云"仕于家,出乡不与士齿",是庶人在官也,当从庶人之为国君三月服。'制曰:'从庶人服是也。'又问曰:'诸侯大夫以时接见天子,故服。今诸侯大夫臣,亦有时接见于诸侯不?'圣对曰:'诸侯大夫臣,无接见诸侯义。诸侯有时使臣奉贺,乃非常也,不得为接见。至于大夫有年,献于君,君不见,亦非接见也。'侍郎臣临、待诏闻人通汉等皆以为有接见义。"①

诸侯之大夫因为以时接见于天子生出繐衰七月之服,而大夫之臣并无接见于国君之礼,故而对国君服庶人的齐衰三月服。值得注意的是,繐衰服经文明文只限定于"诸侯之大夫",诸侯的士臣为天子无服,这说明繐衰服本质上是由交接之"恩"生出来的,不属于臣服。无论是诸侯之大夫臣还是士臣,本质上皆非天子之臣。与之形成对比的是大夫之臣,大夫之臣为国君服庶人的齐衰三月,说明无论如何大夫之臣都是国君之民。诸侯之臣不是天子之臣,但是大夫之臣始终是诸侯之民,这说明诸侯之尊可以贯通境内,一国之人皆以国君为君,但是天子之尊不能下及诸侯国中,诸侯之臣民不以天子为君。

可见,丧服中的封建关系(天子—诸侯—卿大夫)并不是个层层分封的体系,天子-诸侯的逻辑和诸侯-卿大夫的逻辑完全不同:前者"我的臣的臣不是我的臣",后者"我的臣的臣还是我的臣"。天子王畿内与诸侯国内是两个独立的封建体系,这一方面宣示封土建国的政治意涵,另一方面则强调在诸侯国内/王畿内,国君/天子之尊贯通上下。

三 小君服与世子服

君之嫡妻与长子在政治中有尊贵的地位。在封建制中,君之嫡妻与长子是一国之母与储君,拥有政治身份。从丧服角度看,天子诸侯尽臣其亲,不为正尊与嫡之外的亲属服丧,此之谓"天子诸侯绝期",而嫡妻与长子不受尊降,天子诸侯为其服如常人。臣对于一国之母与储君也需要制服。《齐衰不杖期章》有"为君之父母、妻、长子、祖父母。传曰:何以期也?从服

---

① 《通典》,中华书局,1988,第2192页。

也。父母、长子，君服斩，妻则小君也。父卒，然后为祖后者服斩。"臣为国君夫人之服是"小君服"，为世子之服是"从服"。

马融曰："父母、长子，君服斩，故臣从降一等周也。妻则小君也，服母之义，故周也。"① 君臣关系比拟于父子，女君与臣的关系则比拟于母子，"父在为母"齐衰杖期，为女君服齐衰不杖期类比于"服母"。虽然为"君之妻"的经文与"君之父母、长子、祖父母"合在一条，但背后的义理完全不同，这是一种特殊的"小君"服而非臣从服君之党。小君服同样适用于所有君臣关系中，包括大夫之臣服大夫之妻，庶人则为诸侯夫人（王畿内是王后）无服。《齐衰三月章》有"为旧君、君之母妻。传曰：为旧君者孰谓也？仕焉而已者也。何以服齐衰三月也？言与民同也。君之母、妻，则小君也。"雷次宗曰："身既反昔服，亦同人，盖谦远之情，居身之道也。然恩纪内结，实异余人，故爱及母妻也。"② 致仕之臣位同于庶人，故服同于庶人；但又与旧君有恩，故而爱及旧君之母妻。对比"庶人为国君"条，无"为君之母、妻服"明文，则知国君与庶人恩义较浅，不足以爱及母妻。

为君之长子则不然，世子不成君，但既为正嫡，国君为之服"父为长子"的斩衰三年，臣从服君降一等至齐衰不杖期。

反过来，臣之妻与长子如何为君服丧呢？

《齐衰不杖期章》有"为夫之君。传曰：何以期也？从服也。"臣之妻为君从服降一等，其夫为君服斩，妻降至齐衰不杖期。此从服涵盖各种臣之妻为君的情况，"诸侯夫人，畿内公、卿、大夫、士之妻为天子，侯国公、卿、大夫、士之妻为国君"③ 都包括在内。《通典》有相关服议：

> 吴徐整问曰："妇人为君之服周，则诸侯夫人亦为天子服此也。其闻丧之仪，衣麻之数，哭泣之位，变除之节，如周制将复有异耶？"射慈答曰："其畿内诸侯夫人，有助祭之礼，则始丧之时，悉当到京师，复当还耳。其畿外诸侯闻丧，则当于路寝庭发丧，夫人当堂上也。变除之节，皆如周服之制也。"④

---

① 《通典》，第2452页。
② 《通典》，第2455页。
③ （清）胡培翚：《仪礼正义》卷22，清木犀香馆刻本。
④ 《通典》，第2456页。

可见诸侯夫人为天子服丧。

臣之长子为君服丧的问题更复杂一些，因为世子与大夫之子身份有别。《礼记·服问》："世子不为天子服"，"大夫之嫡子为君、夫人、大子如士服"。郑玄注"世子服"为"远嫌也。不服，与畿外之民同也"，注"大夫之嫡子服"为"大夫不世子，不嫌也。士为国君斩，小君期"。① 诸侯世子不为天子服，这是因为诸侯世及，世子要远嫌；而大夫嫡子就没有避讳的需要了。贾公彦云："大夫之子得行大夫礼，降与不降一与父同。"② 大夫之嫡子分有其父之尊，可以行大夫礼，故为国君、夫人、世子有服，其服与大夫父亲相同。大夫之子得行大夫礼正是表彰其父之义。

一个特殊的问题是臣之妻是否从服小君。《齐衰不杖期章》"为夫之君"条贾公彦云"臣之妻皆禀命于君之夫人，不从服小君者，欲明夫人命亦由君来，故臣妻于夫人无服"③，明言臣妻不为国君夫人服丧。张锡恭对此无服的义理有进一步的阐发：

> 考尊服有三，斩衰三年也、齐衰期也、齐衰三月也。在位之臣，服君惟斩衰三年，无期；服小君惟齐衰期，无三月。齐衰三月者，为旧君、君之母妻，言与民同服，非臣为君与夫人之服之正也。夫尊于朝，妻贵于室，则妻从夫服尊服，惟有齐衰期。夫服君斩衰三年，妻从服齐衰期；夫服小君齐衰期，则妻将何服？不降，非所以为从服；降，而在三月为旧君母妻之服，非所以服夫人也，故不服也。盖在位之臣与其妻为君与夫人之服，至齐衰期而止，降齐衰一期等，斯无服矣。④

他认为臣之妻不从服小君是因为"怎么服都不合适"。尊服只有斩、期和齐衰三月，臣为小君本服齐衰，再降一等就是齐衰三月服，而后者是为旧君母妻之服，于义不符。怎样服不合适，于是就不服了。

臣为女君和储君皆有服，但二者义理不同，一为小君服，一为从服。臣之嫡子为君与其亲是否有服取决于身份，国君世子为了避父之嫌，不为天子服；大夫之子则无此顾虑，反而以得行大夫礼彰扬其父。臣之妻从服夫之

---

① 《礼记正义》，浙江大学出版社，2019，第1348页。
② 《仪礼注疏》，第938页。
③ 《仪礼注疏》，第933页。
④ （清）张锡恭：《丧服郑氏学》，上海书店出版社，2017，第492页。

君，但不为小君、世子服。

封建关系中的各种服制如表1所示。

表1　封建关系中的义服

		天子			诸侯			大夫		
		天子	王后	太子	诸侯	诸侯夫人	世子	卿大夫	大夫妻	大夫嫡子
诸侯之臣	诸侯	斩衰	齐衰不杖期	齐衰不杖期						
	诸侯夫人	齐衰不杖期	无服	无服						
	世子	无服	无服	无服						
	大夫	缌衰	无服	无服	斩衰	齐衰不杖期	齐衰不杖期			
	大夫妻	无服	无服	无服	齐衰不杖期	无服	无服			
	大夫嫡子	无服	无服	无服	斩衰	齐衰不杖期	齐衰不杖期			
侯国大夫之臣（士或庶人）	大夫臣	无服	无服	无服	齐衰三月	无服	无服	斩衰：贵臣绞带菅屦，众臣布带绳屦	齐衰不杖期	齐衰不杖期
	大夫臣之妻	无服	无服	无服	齐衰三月	无服	无服	齐衰不杖期	无服	无服
	大夫臣之长子	无服	无服	无服	齐衰三月	无服	无服	无服	无服	无服
畿内庶人		齐衰三月	无服	无服	/	/	/	无服	无服	无服
侯国庶人		无服	无服	无服	齐衰三月	无服	无服	无服	无服	无服

女君与储君是封建关系的一环，他们是君的嫡亲，地位尊隆。女君是一

国之母,储君是国之储贰。但是细究二者,女君是君,储君则不成君。《白虎通·爵篇》论"太子"云:"王者太子亦称士何?举从下升,以为人无生得贵者,莫不由士起。是以舜时称为天子,必先试于士。"《礼·士冠经》曰:"天子之元子,士也。"[1] 储君爵位是士可以从丧服中获得印证,丧服制度下储君服是从服,而为君之妻是特殊的小君服,这意味着储君非君而只是君之亲。从世子为天子无服,但大夫嫡子得行大夫礼的差别看,天子诸侯的储君政治地位尊隆但爵位卑贱可能是为了避父之嫌。"夫尊于朝,妻贵于室"[2],妇人本身无爵,但分有其夫之尊,其夫为天子诸侯则行天子诸侯礼,其夫为大夫则行大夫礼,这是既嫁从夫之义。夫妻敌体,与储君不同,君之妻不仅仅是君之嫡亲,更是国之小君。

四 尊之差等

天子畿内与诸侯王国是两个独立的封建体系,天子之于畿内如同诸侯之于王国,天子之尊贯穿畿内,畿内臣民以天子为君,但畿外王国臣民不以天子为君;天子"天下共主"的身份通过诸侯以天子为君体现。天子的这种二元身份使得在"丧服"这种侧重于君臣关系的问题上,天子诸侯适用于同一套礼,而与有地之大夫间有悬隔。天子诸侯尊于大夫,在丧服中体现为天子诸侯臣其亲,大夫不臣其亲。此即为天子诸侯君与大夫君之间的差等。

严格来说,天子诸侯尽臣其亲有一个过程。《丧服传》"始封之君不臣诸父昆弟,封君之子不臣诸父而臣昆弟,封君之孙尽臣诸父昆弟。"第一代始封之君,其昆弟和诸父(今俗称"叔伯")不是自己的臣,所以第二代君主也不能臣自己的诸父(父之昆弟),但己之昆弟是父亲之臣,第二代君主可以"臣之",以此类推,到了封君之孙这一代,国君才能尽臣其亲。天子诸侯尽臣其亲在服制上的体现即为:凡与天子诸侯有亲服者皆以"臣为君"之服服天子诸侯。

> 外宗为君、夫人,犹内宗也。(《礼记·杂记》)
>
> 郑玄注:"皆谓嫁于国中者也。为君服斩,夫人齐衰,不敢以其亲

---

[1] (清)陈立:《白虎通疏证》,中华书局,1994,第21页。
[2] 《仪礼注疏》,第938页。

服服至尊也。外宗谓姑姊妹之女、舅之女、从母之女，皆是也。内宗，五属之女也。其无服而嫁于诸臣者，从为夫之君；嫁于庶人，从为国君。"①

内宗外宗都与天子诸侯有亲服，但是于天子诸侯而言，内宗外宗都是臣，"不敢以亲服服至尊"，故而与天子诸侯有亲者皆为君服斩。而如果与国君已经出了五服，就应该视夫的身份而定。如果夫是臣，就适用于"为夫之君"这一条，从服齐衰；而如果夫是庶人，就适用于"庶人为国君"，应服齐衰三月。

可以看出，在天子诸侯的等级上，尊尊的原则压过亲亲，与天子诸侯有亲者皆为臣。"尽臣其亲"的逻辑同样可以爰及小君，与小君有亲服者皆为小君之臣，应服"小君服"齐衰不杖期。东晋时即有"皇后亲为皇后服议"，争论的焦点是皇后本宗诸妇应该如何为皇后制服：

> 晋国子博士王翼云："案，礼无明文，依准郑制齐缞。诸妇诚非五属，然缘成亲，夫属子道，则妻亦妇道矣，不得不制亲属之服。"故孝后崩，庾家访服。博士王昆议："五服之内，一同臣妾，宜准小君服周。"侍中高崧答以为："皆准五属，为夫人周。"祠部郎孔恢云："庾家男女宜齐缞。庾家诸妇虽非五属女，今见在五属之内，亦服周。"……宋庾蔚之谓："与天子有服，既为之斩缞，与王后有服，则宜齐缞周也。虽妇亦宜以有服为断，应如孔恢议。"②

皇后于诸妇是"夫之姊妹适人者"，本应有小功服，但与皇后有亲服者就应该以臣妾之服服之，故而皇后本宗诸妇皆服小君的齐衰不杖期。皇后的娣姒（今俗称"妯娌"）也同样适用这一原则，《成人小功章》有"娣姒妇"条，娣姒间互服小功，但皇后的娣姒服小君服。东晋孝武帝时，琅琊王（孝武帝弟）纳妃遭皇后丧，诸儒皆以为有服。③甚至本来应该无服的嫂叔出现在君臣关系中，君臣之义也是压倒性的。

> 孝武太元中，崇德太后褚氏崩。后于帝为从嫂，或疑其服。博士徐

---

① 《礼记正义》，第1063页。
② 《通典》，第2199页。
③ 《通典》，第2200页。

藻议,以为:"资父事君而敬同。又,礼,其夫属父道者,妻皆母道。则夫属君道,妻亦后道矣。服后宜以资母之义。鲁讥逆祀,以明尊尊。今上躬奉康、穆、哀皇及靖后之祀,致敬同于所天。岂可敬之以君道,而服废于本亲?谓宜服齐缞期。"于是帝制周服。①

孝武帝与崇德太后是嫂叔关系,本来应该无服以远嫌,但是因为孝武帝奉先帝之统,太后原是小君,此时伸张尊尊之义,制齐衰不杖期服。

由上述礼议可以看到,天子诸侯之亲皆是其臣,"族人不得以其戚戚君位也"②,尊尊压倒亲亲。而大夫则不同,大夫不能"臣"其亲,只得尊降。《大功章》有"大夫为世父母、叔父母、子、昆弟、昆弟之子为士者"和"大夫为姑姊妹女子子嫁于大夫者",两相对比可见尊降之义。为世叔父母、众子、昆弟等本服皆为齐衰期,但是因为诸人爵位是士,与大夫尊卑不同,故尊降至大功。姑、姊妹、女子子在室者期,适人者出降一等至大功,因为所适者是大夫,不受尊降,大夫仍为其服大功,但如果所适者是士,尊卑不同,则要再尊降一等至小功。大夫君较之天子诸侯,亲亲不能为尊尊压倒,亲属关系仍是首位的,爵位的影响通过尊降展现。

虽然同称君,天子诸侯和有地之大夫的差别还体现在天子诸侯厌大夫之臣为其服上。上文已述,大夫之臣分别众臣、贵臣(家相、邑宰),虽然同服斩,但二者的腰带和鞋不同,贵臣"绞带、菅屦",众臣只是"布带、绳屦"。郑玄注:"公、卿、大夫厌于天子诸侯,故降其众臣布带、绳屦。贵臣得伸,不夺其正。"③ 郑玄认为大夫君为天子诸侯所厌,其众臣不得重服。张锡恭对厌降的义理有进一步的总结:

> 服之有厌,主乎三纲。子厌于父,妻厌于夫,而臣亦厌于君,其他无所厌也。父之厌子、夫之厌妻,皆降其身之为人服。此公、士、大夫厌于天子、诸侯,则降其臣之为之服。厌同而降不同者,彼主乎亲,此主乎义。不以义降其亲者,条理不可紊也。其身之义服,若为君,及从君之服,既无可降,必降其臣之为之,而厌之义乃着也。不降其贵臣,

---

① 《通典》,第2149页。
② 《礼记正义》,第880页。
③ 《仪礼注疏》,第893页。

而降其众臣者，众臣多，多者为礼之常，而厌之义乃众著也。①

他区分了两种厌，一种是亲服中的厌，一种是义服中的厌。亲服中的厌是"降其身之为人服"，典型如大夫庶子厌于父，为母妻昆弟降至大功。义服中的厌不能降"大夫之为人服"，这是因为既不能降大夫为其亲服（"不以义降亲"），又不可能降大夫为君服（"无可降"），故只能降大夫之臣为大夫服。

综上所述，在能否"臣其亲"上，不仅天子诸侯和大夫有尊等的差别，而且大夫厌于其君。然而，在天子－诸侯的关系中并没有这种厌：天子不厌诸侯，诸侯之臣并不因天子而降服其君。这既反映了封建体系中大夫君与天子诸侯间有质的差别，又从另一个角度佐证了封建体系（天子—诸侯—卿大夫）并不是一个层层分封的体系：天子畿内和诸侯国内是两个独立的封建体系。畿内或国内之卿大夫、士、庶人皆为天子/国君之臣民，但这不意味侯国之臣、侯国之民也以天子为君。

余　论

日本学者西嶋定生、尾形勇对皇帝制度的研究认为存在皇帝、天子的二元身份，继位为皇帝与继位为天子是两套礼仪，天子之命来源于天，皇帝则是臣民的治理者。② 这种二元身份在本文论述的封建关系中得到一定的印证，天子兼具"天下共主"和王畿治理者的二元身份，区别在于，郡县制下不再有王畿与侯国的差别，王畿拓展到整个天下。

---

① （清）张锡恭：《丧服郑氏学》，第239页。
② 〔日〕尾形勇：《中国古代的"家"与国家》，中华书局，2010，第六章。

从天志明鬼看墨子道德思考的二重向度

李 卓

(天津社会科学院伦理学所)

> **摘 要**：墨子信仰系统的重要观念是天志鬼神，其道德思考的根本旨趣是以义行仁。墨子继承其前的天道观念和鬼神信仰，突出了天的人格神的形象和意志，同时加入了新的道德精神，强调鬼神的赏罚"唯德不以祀"，呈现了宗教与人文的二重向度。特别是墨子把"义"作为最高的道德原则和重要的德行，力求以伦理的言辞论证天和鬼神都符合"义"的原则，突出发展了墨学的人文化气质。
>
> **关键词**：天志 明鬼 墨子 贵义 德行 道德形上学

"天志""明鬼"作为墨学独特而重要的观念，是否构成墨学的道德形上学基础？其在墨子伦理学中如何定位？以往的研究对此看法不一，主要可分为两种代表性的观点：一是视其为劝诱和威吓的手段，借以推行兼爱等主张的工具，天志实即墨子的意志。天道观念来自实际的需要，而非宗教信仰和哲学思考，可以概括为"神道设教说"。梁启超、冯友兰、方授楚、童书业等持这一观点。[①] 二是认为墨子讲"天志""明鬼"乃出于虔诚的信仰，天是有意志的人格神，天近于耶教的上帝。天志如同上帝的意志，是墨学的道

[①] 如梁启超说："墨子讲天志，纯粹是用来做兼爱的后援。质言之，是劝人实行兼爱的一种手段罢了。""墨子的明鬼论，不外借来帮助社会道德的制裁力"，参见梁启超《墨子学案》，山东文艺出版社，2018，第32~33页；冯友兰认为墨子对形上学本无兴趣，只欲设天志为宗教制裁，使人交相爱，参见冯友兰《中国哲学史》，中华书局，2014，第114~115页；方授楚说："墨子之明鬼，亦犹天志也，乃以其有用而制造之者"，参见方授楚《墨学源流》，商务印书馆，2015，第110页；童书业明确说"天志""明鬼"只是一种神道设教的手段，墨子可能实际上完全不相信"天""鬼"，参见童书业《先秦七子思想研究》，上海人民出版社，2019，第63页。持是论者众多，兹不具引。

德形上学基础,可谓"比拟耶教说"。持是论者有耶教学者张纯一、王治心等①,也有思想史或哲学史家钱穆、劳思光、徐复观、李泽厚等②。"神道设教说"将崇天信鬼视作工具和手段,抑之太过,并带来解释的融贯性问题,何以《墨子》一书论证严密,讲到天志却罅漏百出?③"比拟耶教说"以天志作为墨学的形上学基础,未做充分有效的论证,恐有增益和附会之嫌。这两种观察过于斩截和化约,都不能不说是有所误判而有失准确。细察墨子的思想论说,其学本有宗教与人文的二重向度。其崇天信鬼来自虔诚的信仰,同时他又发展出强烈的道德意识和人文精神。宗教与人文两方面往往相互纠缠,呈现出一定的复杂性,不能非此即彼地化约为任何一端。

关于今本《墨子》诸篇的成书年代及作者,迄今未有定论④。本文回避普遍认为是"窜入"的个别篇章,以"十论""墨语"作为研究墨学的核心文献,从整体上揭示墨学的思想特质。

一 以义说仁与真信鬼神

1. 墨学以义道为中心

何为墨学宗旨?这对理解和把握墨子思想至关重要。现代论者的回答不

---

① 张纯一说:"墨家之天志即景教之天父上帝;墨家之明鬼即景教之灵魂不灭",参见张纯一《墨子与景教》,载《墨子大全》第28册,北京图书馆出版社,2003,第713页,张纯一后皈依佛门;王治心说:"墨子的天的观念,是拟人的,与基督教所崇拜的上帝,有些相仿",参见王治心《墨子哲学》,载《墨子大全》第33册,北京图书馆出版社,2003,第412页。
② 钱穆认为,墨子建立其哲学根据的是天志,附带着说明鬼,参见钱穆《墨子·惠施·公孙龙》,九州出版社,2011,第30页;劳思光以天志为墨学的价值根源,同时也是超越权威,参见劳思光《新编中国哲学史》,生活·读书·新知三联书店,2015,第219~220页;徐复观说墨子把道德根据,"立基于天志的构想之上",参见徐复观《中国人性论史·先秦篇》,九州出版社,2014,第283页;李泽厚认为天志是顺传统宗教意识而来的上帝人格神,墨子的社会政治原则建立在每个人都必须服从人格神主宰的基础之上,参见李泽厚《中国古代思想史论》,生活·读书·新知三联书店,2008,第59~60页。
③ 如梁启超说:"墨子本是一位精通于论理学的人,讲到'天志'却罅漏百出,所论证多半陷于'循环论理'。我想都是因'天志论'自身,本难成立。"参见梁启超《墨子学案》,第33页。方授楚也说墨子讲天志,"不免矛盾互见,驳而不醇",参见方授楚《墨学源流》,第110页。
④ 晚近主要有郑杰文、丁四新以及汉学家戴卡琳(Carine Defoort)、方克涛(Chris Fraser)等人的研究。如郑杰文主张"墨语"早出,戴卡琳以"十论"晚出,丁四新持相反之论。参见丁四新《〈墨语〉成篇时代考证及墨家鬼神观研究》,冯天瑜主编《人文论丛》(2010年卷),中国社会科学出版社,2010;戴卡琳等《墨家"十论"是否代表墨翟的思想?》,《文史哲》2014年第5期。

一其说，或谓兼爱，如梁启超、徐复观等；或谓天志，如方授楚、蔡仁厚等；或谓"逻辑方法"，如胡适；或谓明鬼，如郭沫若；或谓尚贤，如侯外庐。当然，每种说法之间的理解和根据也不尽相同。如同主"兼爱中心说"，梁启超认为墨子讲天志，纯粹是用来做兼爱的后援，是劝人实行兼爱的手段而已[①]；徐复观则主张兼爱的根据来自天志，而不是来自人心的道德要求[②]。

其实，《鲁问》篇有一段墨子自道其立言所指的话：

> 凡入国，必择务而从事焉。国家昏乱，则语之尚贤、尚同；国家贫，则语之节用、节葬，国家喜音湛湎，则语之非乐、非命；国家淫僻无礼，则语之尊天、事鬼；国家务夺侵凌，则语之兼爱、非攻。故曰择务而从事焉。

这里遍举"墨学十论"，又言"择务而从事"，意谓供国君根据情势选用。可见"十论"都是救弊的权宜之策，不是非用不可的定则，故"十论"中的观念难当墨学的究竟义旨。

我们通观《墨子》，可以发现"十论"背后有一以贯之的精神，这个精神就是"义"。墨子明确强调："万事莫贵于义也。"（《贵义》）墨子所说的"义"指公义，是一个伦理学的概念，即客观普遍化的绝对道德原则，同时也是一种普遍的德行（奉行这一原则）。"贵义"就是以"义"为最高价值，以普遍化的道德原则为最高价值。义之一名十分重要，墨子反复加以讨论。据孙中原统计，"义"在《墨子》出现 294 次，其中 234 次的意涵是正义，仁义，道义[③]。观墨子一生热情救世，不惜自苦为极。在"天下莫为义"的情势下，墨子汲汲焉，"独自苦而为义"（《贵义》）；他辞而不受五百里之封，绝不"以义粜"（《鲁问》）；甚至被巫马子看作"为义有狂疾"（《耕柱》），可见墨子对"义"的重视非同一般。率天下人共同为义，当是墨子念兹在兹的理想所系。

"义"乃墨子的"一贯之道"，"义道"统贯"十论"，"十论"都可视作"义道"观念的具体展开："兼相爱交相利者，人之德性生活之义道；非攻、节用、节葬、与非乐者，人民之生存与其经济生活中之义道。至墨子之言尚贤与尚同者，则要在成就社会政治上之义道"[④]。属于天道观念的天志、明鬼

[①] 梁启超：《墨子学案》，第 32 页。
[②] 徐复观：《中国人性论史·先秦篇》，第 288 页。
[③] 孙中原：《墨子大辞典》，商务印书馆，2016，第 447 页。
[④] 唐君毅：《中国哲学原论·原道篇》，九州出版社，2016，第 126 页。

是义道在信仰世界的贯彻。可以肯定地说,"义"是墨子思想的核心和基础,是第一义的根本观念,在整个墨子思想中有特别重要的地位①。以"义"为根本义理观念,更符合《墨子》内部义理的原意,由此出发诠解墨学也更为融贯,更得其实。以"义"为中心的墨子伦理学可谓"以义行仁"之学。墨子与孔子都讲仁义,但所重不同,"吾人如谓孔子与儒者之传为重仁,而以仁说义者,则墨子正为重义而以义说仁者"②。墨子不仅"以义说仁",他更强调"以义行仁",言说的观念必须落实为实际的行动,不然即是"荡口"③。实践"义"的行为,即"行义""为义"。《墨子》多言"为义",不是一般所说"做义气的事"④,而是特指积极践行义道,以义行仁。

2. 墨子的信仰系统

明确了墨学的中心观念,再看墨子的信仰系统。古代哲学家通常有一种整全的世界观,信仰世界和现实世界并不截然分开,墨子思想中的世界也是如此。《墨子》中多有"上利天,中利鬼,下利人"的表述,照此讲法,世界上上有天神,中有鬼神,其下为人。天和鬼神都是高于人的位格。在人类社会,国君在上,其下是贤者,最下为民。可约略图示如图1。

墨子的信仰世界,对上古以来的信仰传统多有继承。如在他看来,鬼神有三种:"古之今之为鬼,非他也,有天鬼,亦有山水鬼神者,亦有人死而为鬼者。"(《明鬼下》)"天鬼"⑤指作为天神的上帝,"山水鬼神"是山川神、四方神一类的自然神祇,"人死为鬼"即人死后以某种形式存在的亡灵。我们知道,殷商后期的神灵观念约分为三类,即天神、地示和

---

① 唐君毅主张"义"为墨学的中心观念,并详加论证,结论坚实,可以说是他思考墨学的"晚年定论",本文采其说。详见唐君毅《墨子之义道》(1971),载氏著《中国哲学原论·原道篇》,第103~152页。杜国庠、陈拱、李绍崑等人也特别注重提揭墨学的中心"义"旨,唯以唐君毅的析论最为精详周密,对确立"义道中心说"最有贡献。余可参见杜国庠《先秦诸子思想概要》(1946),陈拱《墨学研究》(1964),李绍崑《墨子研究》(1968),崔清田《显学重光:近现代的先秦墨家研究》(1997),等等。
② 唐君毅:《中国哲学原论·原道篇》,第111页。
③ 墨子曰:"言足以复行者,常之。不足以举行者,勿常。不足以举行而常之,是荡口也。"(《耕柱》)《贵义》篇也有几乎一致的表述。
④ 胡适把《贵义》篇"今天下莫为义"解作:"如今天下的人都不肯做义气的事。"胡适:《中国哲学大纲》,商务印书馆,2011,第121~122页。
⑤ 天鬼似指天鬼神。孙诒让注云:"疑当有'神'字。周礼大宗伯'天神、地示、人鬼',此则天神地示总曰鬼神,散文得通也。"孙诒让:《墨子间诂》,中华书局,2017,第247页。

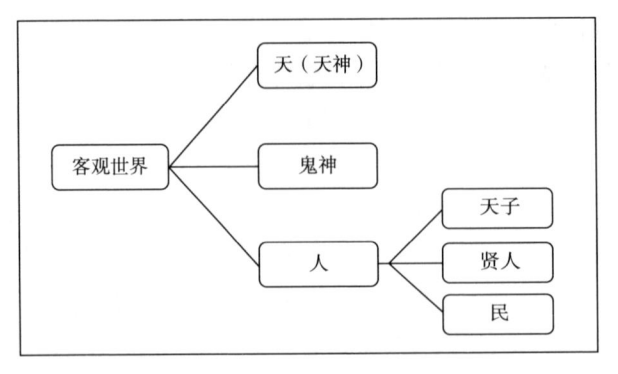

```
客观世界 ── 天（天神）
         ── 鬼神
         ── 人 ── 天子
                ── 贤人
                ── 民
```

图 1　墨子思想中的世界

人鬼①，墨子的划分与之完全对应，这表明墨子对"殷人事鬼"的宗教观念有所继承。又如墨子论证人应当兼爱时说："苟兼而食焉，必兼而爱之。"把天神可以歆享祭祀当作证明兼爱的前提，这显然是来自礼乐传统的宗教观念。而祭祀不只是祭天，通常也包含鬼神。可见相信鬼神是墨子当世的一般信仰（common religion）。此外，《明鬼》篇强调鬼神不明是祸乱之源，又见当时对鬼神的信仰已经动摇。墨子继承了这一上古以来的信仰传统，并对其加以改造。在墨子的表述中，有时鬼神即包括天神，但墨子更多是将天与鬼神分别说。

其实，墨子信仰体系的来源十分复杂，既有对上古原始宗教的传承，也有对春秋后期鬼神观念的继受。为简便起见，下面各举一例，以见其明显相承之迹。《明鬼》记勾芒神："鸟身素服三绝，面状正方。"勾芒神的形象是鸟身方面，墨子之说必是继承古远。② 再看《墨子》中出现的"厉鬼"。"尸礼废的一个直接影响就是春秋战国时期'鬼'的地位下降。随着祭尸礼渐废，'鬼'亦渐渐走下神坛。在当时人的观念中，那些寿终正寝且有后人祭祀的'鬼'，都在安静地享受彼岸世界的生活，而那些冤死的、被残害而死的'鬼'，则满怀戾气而会突现人间，以宣泄其愤懑，这就是春秋后期人们所说的'厉鬼'。"③《明鬼下》墨子以"杜伯之鬼射杀周宣王""庄子仪之鬼击杀燕简公"的事例证明有鬼，这两个传闻和"厉鬼"的情形非常接近，表

---

① 参见陈来《古代宗教与伦理：儒家思想的根源》，生活・读书・新知三联书店，2017，第118页。
② 参见陈来《古代宗教与伦理：儒家思想的根源》，第158页。
③ 晁福林：《先秦时期鬼、魂观念的起源及特点》，《历史研究》2018年第3期。

明墨子对春秋时期"厉鬼"观念的接受。尸礼渐废和"厉鬼"说开始于文献有征,反映了鬼的地位下降,也与墨子所批评的"以鬼神为不明"相应。

墨子真信鬼神,他在《明鬼》篇反复论证鬼神实存,相关的研究多有,不须赘述。或谓《明鬼》篇所引的古书难为信史①、"三表"的论证未必严密有效,其实这都不足以构成对墨子真信的挑战。因为墨子是先有所信,再详加论证以劝人相信,所以墨子的信仰不因其论证强弱而成立。但有一则材料常被误读,论者多据其证明墨子的信念不坚,甚至更加引申,推之过当,有必要略加分析。墨子回应"执无鬼者"对鬼神的质疑说:

> 今洁为酒醴粢盛,以敬慎祭祀,若使鬼神请有,是得其父母姒兄而饮食之也,岂非厚利哉!若使鬼神请亡,是乃费其所为酒醴粢盛之财耳;自夫费之,非特注之污壑而弃之也,内者宗族,外者乡里,皆得如具饮食之;虽使鬼神请亡,此犹可以合欢聚众,取亲于乡里。(《明鬼下》)

如果鬼神存在,已逝的父母姒兄得享丰洁的祭品。如果鬼神不存在,也不过有所花费。这并不违"节用"的精神,因为祭品并没有倒入污壑丢弃,而是用于祭祀后的聚餐,起到和谐宗族乡里的作用。表面上看,墨子强调祭祀的社会整合功能,使得这个论证很像帕斯卡的赌注(Pascal's Wager):相信上帝存在是最佳选择,因为哪怕上帝不存在,也损失不了什么。这种后退一步,基于假设做决策分析的论证,通常被认为苍白无力,反而动摇了信仰的根基。不过,墨子的本意并非如此,他的议论是针对"执无鬼者"之论而发。"执无鬼者"提出:主张有鬼不利父母,有违孝道。② 顺此观点,墨子从鬼神或有或无两个方面分别加以反驳,证明无论鬼神是否存在,"执无鬼者"的批评都不能成立。所以假设鬼神不存在,只是出于论辩的需要,并不代表墨子的真实看法。③ 况且墨子已明言祭祀的功用是"上以交鬼之福,下以合

---

① 此诚如韩非所言:"孔子、墨子俱道尧舜,而取舍不同,皆自谓真尧舜。尧舜不复生,将谁使定儒、墨之诚乎?殷周七百余岁,虞夏二千余岁,而不能定儒、墨之真。今乃欲审尧舜之道于三千岁之前,意者其不可必乎!无参验而必之者,愚也;弗能必而据之者,诬也。"(《韩非子·显学》)
② 今执无鬼者曰:"意不忠亲之利,而害为孝子乎?"(《明鬼下》)
③ 郭沫若早已指出:"这只是辩论时使用的所谓援推术而已。你认为鬼神是没有吗?好吧,就作为没有吧,而尊天明鬼却依然有它的妙处。这意思并不是承认了鬼神真正无,而只是加强了尊天明鬼有两倍好。"郭沫若:《十批判书》,东方出版社,1996,第110~111页。

欢聚众，取亲乎乡里"（《明鬼下》）。所以论者仅横截此句而不顾整个言说脉络，不足以证明墨子不信鬼神，更不能推断得出："墨子以为鬼纵无有，亦必须假设其有。"①

总之，墨子相信一个在人之上的信仰世界，天志和明鬼的观念都从其前的文化传统中转出，墨子恢复了衰落的信仰，并赋予其新的意涵。那么，这个信仰世界对人类生活发生怎样的作用和影响？

二 祭祀与德行：赏罚机制的归因

天鬼神与人的关联，首先表现为祭祀活动，但又不完全由祭祀决定，而主要以德行为中心。在墨子看来，祭祀是天鬼神与人间沟通的主要途径，降祸福是天鬼神对人间的主要作用方式。通过下文分析可见，天鬼神主要依据人的德行行使赏罚。对祭祀与德行之间的轻重转换，反映出墨子道德思考的二重向度。

1. 降祸福以行赏罚

墨子明确指出，鬼神具有人所不敌的超能力。鬼神的明智高于人，连圣人都远不及鬼神②。鬼神能力超凡，其施罚无往不胜："富贵众强，勇力强武，坚甲利兵，鬼神之罚必胜之。"（《明鬼下》）鬼神明察秋毫，其监察无所逃避："幽间广泽，山林深谷，鬼神之明必知之"（《明鬼下》），"今人皆处天下而事天，得罪于天，将无所以避逃之者矣"。所以人应当："戒之慎之，必为天之所欲，而去天之所恶。"（《天志下》）同时鬼神主持人间的正义，这主要表现为赏善罚暴。具体而言，天可以裁制最高政治权力："天子为善，天能赏之；天子为暴，天能罚之。"（《天志中》）鬼神赏罚公正，锱铢必较："鬼神之所赏，无小必赏之；鬼神之所罚，无大必罚之。"（《明鬼下》）鬼神是改善政治和社会秩序的重要力量，由于鬼神降罚的威慑，官民不敢为非作歹，于是天下变乱为治。③

---

① 如傅斯年分析此则材料说："墨子以为鬼纵无有，亦必须假设其有，然后万民得利焉"，"此则俨然服而德氏（笔者案：伏尔泰 Voltaire）之说，虽使上帝诚无，亦须假设一个上帝"。傅斯年：《性命古训辨证》，上海三联书店，2018，第175页。
② "鬼神之明智于圣人也，犹聪耳明目之与聋瞽也。"（《耕柱》）
③ "当若鬼神之能赏贤如罚暴也……是以吏治官府不敢不洁廉，见善不敢不赏，见暴不敢不罪。民之为淫暴寇乱盗贼，以兵刃、毒药、水火，退无罪人乎道路，夺人车马衣裘以自利者，由此止，是以莫放幽闲，拟乎鬼神之明显，明有一人，畏上诛罚，是以天下治。"（《明鬼下》）

2. 鬼神唯德不以祀

就祭祀与赏罚的关系来看，《墨子》所言大致可分为三种情形。一是顺上古文献的记载或传说而来，将祭祀和赏罚直接关联。如说上天厚爱人民，人不报答天，就是不仁、不祥。[1] 要求百姓犓牛羊，羞犬彘，洁为粢盛酒醴，以祭祀上帝鬼神。[2] 敬慎祭祀可以治病[3]，可以延长寿命[4]，祭祀不谨会速遭惨祸[5]等。这类讲法有明显的原始宗教痕迹，当是沿袭上古的旧义。不过，虽然是讲祭祀与赏罚，论证的重点有所转移，《墨子》引用这些材料，只是用作证明墨子信仰的论据。这是墨子继承其前信仰系统的体现。从下文分析可见，"事神致福"的祭祀已经不是墨子关注的焦点。

二是将祭祀与为政者的德行并举并重。如《尚同中》："其事鬼神也，酒醴粢盛不敢不蠲洁，牺牲不敢不腯肥，圭璧币帛不敢不中度量，春秋祭祀不敢失时几，听狱不敢不中，分财不敢不均，居处不敢怠慢。"这段文字前半部分言祭祀，后半部分言人事。所描述的是"古圣王"之事，详言祭祀的丰洁与敬慎，必是顺此前的礼乐文化而来。《论语·泰伯》曾说大禹"菲饮食而致孝乎鬼神，恶衣服而致美乎黻冕"，重视祭祀是儒墨两家的通义。不过这段话整篇的言说脉络则是偏重在人事。祭祀与人事并重，已经明显呈现出更加偏重人文性的倾向。

三是虽提及祭祀，但祭祀的作用已微不足道，天鬼神所重唯在德行，可谓"唯德不以祀"。这种情况较有哲学意味，墨子的论述最详，现代的诠释也多岐解。如《鲁问》篇载，曹公子敬慎地祭祀鬼神，却"人徒多死，六畜不蕃，身湛于病"，十分不幸。对此，墨子指出：

> 夫鬼神之所欲于人者多，欲人之处高爵禄，则以让贤也；多财，则以分贫也。夫鬼神岂唯擢季钳肺之为欲哉？今子处高爵禄而不以让贤，一不祥也。多财而不以分贫，二不祥也。今子事鬼神，唯祭而已矣，而

---

[1] "且吾所以知天之爱民之厚者有矣。……然独无报夫天，而不知其为不仁不祥也。"（《天志中》）
[2] "故昔三代圣王禹、汤、文、武……明说天下之百姓，故莫不犓牛羊，羞犬彘，洁为粢盛酒醴，以祭祀上帝鬼神。"（《天志上》）
[3] "天子有疾病祸祟，必斋戒沐浴，洁为酒醴粢盛，以祭祀天鬼，则天能除去之。"（《天志中》）
[4] "于吉日丁卯，用代祀社方，岁于祖若考，以延年寿。"（《明鬼下》）
[5] "诸不敬慎祭祀者，鬼神之诛至若此惨速也。"（《明鬼下》）

曰"病何自至哉?"是犹百门而闭一门焉,曰"盗何从入?"若是而求福,於有？怪之鬼,岂可哉？(据吴毓江《墨子校注》改)

这就是说,鬼神对人的要求多,仅有祭祀是不够的。鬼神所欲应当不限于这里列举的让贤、分贫两事。墨子最常使用的表述是:"有力者疾以助人,有财者勉以分人,有道者劝以教人。"① 这些列举式的表述都指向"义"的原则,表明鬼神所欲实际上就是欲人行义。墨子批评曹公子只知祭祀,有能力行义却不行义,是为"不祥"。其所为譬如"百门而闭一门",盗贼可进入的门还多,所以唯祀以邀福必不可能。可以看出,就邀福于鬼神而言,主要因素在于人是否行义,祭祀起到的作用仅是百中之一。所谓"夫鬼神岂唯擢季钳肺之为欲哉?"明确指出鬼神所欲不在专图祭品,近于"黍稷非馨,明德惟馨"之意②。

疾病可能源于鬼神之罚,似乎是《墨子》一个较为稳定的说法。这还体现在墨子身上,墨子同样以"百门而闭一门"的比喻例证来回应弟子的质疑。墨子有疾,弟子跌鼻疑惑不解:"子墨子主张鬼神神明,能降福祸以赏善罚恶。墨子是圣人(圣人德行无瑕),现在墨子有疾,那么是墨子的话不对？还是鬼神不神明？"墨子的回答是,人得病的原因很多,德行无亏譬如"百门而闭一门",盗贼可入的门还多③。质言之,因恶行招致鬼神降罚,只是病因的百中之一。在墨子看来,自己患病可能是寒暑、劳苦等方面的原因所致,不当从恶行与鬼神之明的角度看,所以跌鼻的质疑不能成立。也就是说,鬼神降罚只是生病的充分条件,却非必要条件。亦见鬼神只关注人的德行,并不是全面安排人间秩序的力量。

论者对"百门而闭一门"的解释往往条理不清,并据此论断墨子思想不一致。其实,墨子所信的鬼神只能根据人是否"行义"施加赏罚,其权能有

---

① 《尚贤》。又"欲人之有力相营,有道相教,有财相分也"(《天志中》)。从反面讲的"至有余力不以相劳,腐朽余财不以相分,隐匿良道不以相教,天下之乱也,若禽兽然"(《尚同上》)。

② 吴毓江注此云:"黍稷非馨,明德惟馨,意与此略同。"吴毓江:《墨子校注》,中华书局,2006,第739页。

③ 《公孟》载:"子墨子有疾,跌鼻进而问曰:'先生以鬼神为明,能为祸福,为善者赏之,为不善者罚之。今先生圣人也,何故有疾？意者先生之言有不善乎？鬼神不明知乎？'子墨子曰:'虽使我有病,何遽不明？人之所得于病者多方,有得之寒暑,有得之劳苦。百门而闭一门焉,则盗何遽无从入哉？'"

限,并不是全知全能的鬼神,也谈不上其知能权威受损。墨子并未削弱鬼神降祸福以行赏罚的能力①,而是把鬼神的赏罚依据从祭祀转移到德行②。尽管墨子没有完全否定祭祀的作用,但他强调的是人应当"行义",鬼神所重在德行而不在祭祀。仅仅做到祭祀的敬慎,譬如"百门而闭一门",以祀邀福的方式不可行。

天赏天罚的情形亦然,祭祀同样不是赏罚的主要归因。墨子说:

> 昔之圣王禹汤文武,兼爱天下之百姓,率以尊天事鬼,其利人多,故天福之,使立为天子,天下诸侯皆宾事之。暴王桀纣幽厉,兼恶天下之百姓,率以诟天侮鬼,其贼人多,故天祸之,使遂失其国家,身死为僇于天下,后世子孙毁之,至今不息。故为不善以得祸者,桀纣幽厉是也;爱人利人以得福者,禹汤文武是也。爱人利人以得福者有矣,恶人贼人以得祸者亦有矣。(《法仪》)

这里以古圣王与暴王对比,论天赏与天罚。就行事来看,圣王兼爱天下、尊天事鬼;暴王兼恶天下,诟天侮鬼。而天赏天罚惟以天子行事的效果(公利)为标准:圣王得天赏,以其利人多;暴王得天罚,以其贼人多。即爱人利人得福、恶人贼人得祸。值得注意的是,前半段墨子说赏罚的依据既有德行,也有对鬼神的态度。在后半段,圣王尊天事鬼与暴王诟天侮鬼,并没有纳入赏罚的归因。我们知道,古代有很多因祭祀不丰洁而招致鬼神惩罚的记载。《明鬼下》也提到宋文君之时,因为"酒醴粢盛之不净洁、牺牲之不全肥",厉神附身于祝史,杖毙负责祭祀的观辜。《尚贤中》有几近重复这一段的文字,同样也未言祭祀与赏罚,这应当不是墨子偶然的忽略,至少说明祭祀不是他所关注的焦点。可见墨子虽然兼言祭祀和人事,他所强调的却是人事,即不注重献祭媚悦神灵,而集中在人的行为的道德属性。论述

---

① 如方授楚认为:"此墨子告智识稍高者之言也,均以百门而闭一门为喻,则鬼神于人之祸福,其力亦百分居一而已,可谓微矣。"参见方授楚《墨学源流》,第114页。非是。特别是曹公子的情形,借用方授楚的话说,可谓"祭祀于人之祸福,其用亦百分居一而已"。

② 如孙中原认为:"'百门而闭一门'的说法,形象地反映了墨子从有神论倒退、向无神论让步、又不打算完全放弃有神论,而对有神和无神两种观点采取折衷调和的立场。"参见孙中原《墨学通论》,辽宁教育出版社,1993,第54页。此说不为无见,却受限于"有神—无神"的解释框架。其实墨子是在坚持有神论的前提下,突出了道德意识和人文精神。

重心从宗教到人文的转移，表明对传统宗教观念的突破以及道德自觉的提高。

3. 赏罚实是人为

关于天鬼赏罚的实施，墨子所论可略分为三种情况。

其一顺上古的记载或传说而来，天鬼作为超能力的存在直接显现，参与人间事务。如《明鬼》篇所载的人鬼复仇、句芒神赐寿、厉神杀观辜，引自诸国《春秋》。又如《孟子》所载的汤放桀，在《非攻下》以近乎神话故事的形式出现：汤受天命伐桀，天命祝融相助，以火攻取胜。《非攻下》还有相似的例证，兹不具引。这类天鬼现身，直接行赏罚的文献材料，来自古史或传说，墨子引用时论述的重心不在揭示赏罚机制，而在于证明鬼神实有。这种非道德意义上的赏罚不是墨子强调的主体，墨子的赏罚机制更关注德行。

其二是对自然现象作灾异的解释。如天子不尚同于天，"故当若天降寒热不节，雪霜雨露不时，五谷不熟，六畜不遂，疾灾戾疫，飘风苦雨，荐臻而至者，此天之降罚也"（《尚同中》）。天之降赏正相反，当人顺天志时："是以天之为寒热也节，四时调，阴阳雨露也时，五谷熟，六畜遂，疾灾戾疫凶饥则不至。"（《天志中》）"郑人三世杀其父，而天加诛焉，使三年不全。"（《鲁问》）"三年不全"即三年歉收，是天罚的一种表现形式。这都是把自然现象解释为天意的表达。赏罚的依据在于德行的表现，或是后世董仲舒灾异说的一个来源。但这种情形在《墨子》所见不多。

其三最为常见，在《尚贤中》《法仪》《天志》上中下三篇反复出现，诸篇所载大抵相似，兹不具引。其意是说：三代圣王为善，得天鬼之赏，使其处上位，立为天子，万民传称其善，至今誉之，谓之圣王；三代暴王为不善，得天鬼之罚，使其众叛亲离，身死国灭，万民传称其恶，至今毁之，谓之暴王。天鬼的赏罚主要表现为民众的拥立或背离，以及后世的褒贬毁誉。

除了第一种情形，天鬼神的赏罚鲜有"灵异"和"神迹"，主要是假手人为来实现，并以后世的道德评价——历史审判为赏罚。于是赏罚似乎表现为与天鬼无涉，纯粹是人的行为，这表明宗教形式下人文精神的主导。如果顺墨子的信仰加以解释，给信仰留有余地，可以说人从事正义的事业，冥冥中自有天鬼相助。所以人罚亦是天鬼之罚，天鬼之罚亦是人罚。这也体现出天鬼的赏罚标准与人间的"义道"完全一致。从这种一致性出发，人的行为当然可以解释为助天鬼行赏罚。反之,如果人欲为不义,绝不可假借天意,此时的"助天赏罚"是墨子明确反对的①。

三 义道与天志:道德形上学基础?

既然天鬼赏罚的依据主要在人是否行义,义是问题的核心,那么义道与天志是何关系?天志是否构成墨学的道德形上学基础?可通过考察以下几个命题来把握。

1. 天欲义恶不义

天志是墨家独有的讲法。在墨子看来,"我有天志,譬若轮人之有规,匠人之有矩。轮匠执其规矩,以度天下之方圆"(《天志上》)。又"子墨子之有天之意也,上将以度天下之王公大人之为刑政也,下将以量天下之万民为文学、出言谈也";"将以量度天下之王公大人、卿、大夫之仁与不仁,譬之犹分黑白也"(《天志中》)。"天志"譬如轮匠用以量度的规矩,可见"天志"是人世间最根本的道德规范,也是政治和社会生活的标准。

"天志"即天神的意欲和趣向。墨子提出人要"顺天意""为天之所欲",在行动上以天的欲恶为标准。欲恶即好恶,天的欲恶是什么?墨子有不同的表述,其中理论提炼最为普遍的讲法是:"天欲义而恶不义。"② 这并不是以天的欲恶本身为标准,实质上是在天的欲恶之外,另立"义"的价值原则。也可以说,天的意欲和趣向落实在人的德行——欲人为义,不为不义。具体可分为两个方面:一是个人道德层面的"义行"("为义"),二是政治国家层面的"义政"(反天意者为"力政")。其内容表述既有道德禁令:"天之意,不欲大国之攻小国也,大家之乱小家也,强之暴寡,诈之谋愚,

---

① 《鲁问》载,鲁阳文君将要攻打郑国,墨子劝阻。鲁阳文君假借天意,对其不义的战争企图加以文饰:"郑人三世杀其父,天加诛焉,使三年不全,我将助天诛也。"墨子回答:"天诛足矣。"墨子明知鲁阳文君私心作祟,欲发动不义之战,又"舍曰欲之而必为之辞",所以墨子坚决反对鲁阳文君所谓的"人助天诛"。

② "然则天亦何欲何恶?天欲义而恶不义。"(《天志上》)此外主要还有两种表述:"天之意,不欲大国之攻小国也,大家之乱小家也,强之暴寡,诈之谋愚,贵之傲贱,此天之所不欲也。不止此而已,欲人之有力相营,有道相教,有财相分也。又欲上之强听治也,下之强从事也。"(《天志中》)"天必欲人之相爱相利,而不欲人之相恶相贼也。"(《法仪》)实际上也是以义为标准,因为列举式的表述和"相爱相利"的要求都可以概括在"义"之下。

贵之傲贱，此天之所不欲也。"(《天志上》)也有积极的道德要求："欲人之有力相营，有道相教，有财相分也。又欲上之强听治也，下之强从事也。"(《天志上》)人能行义就是服从天志。从宗教的角度看，固然可以说人服从天鬼神的意欲。自人文的角度看，人只服从一个"义"道。事实上，墨子所言"事天"可分为广狭两义。狭义的事天仅指祀天，广义的事天即依天志而行义。所以人在祭祀之外（祭祀在墨子并不特别重要），别无尊天事鬼的事务，人能行义即是事天，履行了对他人与社会的义务，同时就完成了对天鬼神的义务。

2. 所谓义自天出

墨子有"义自天出"的提法。表面上看，这个命题似乎是把天当作价值之源，当作道德形上学的基础，很像后来董仲舒所谓"道之大原出于天"(《汉书·董仲舒传》)。其实不然。

墨子提出，从事道德实践，必须考察道德法则的来源："天下之君子之欲为仁义者，则不可不察义之所从出。"(《天志中》)墨子认为"义不从愚且贱者出，必自贵且知者出"，而"天为贵、天为知"，更无贵知高于天者，所以"义果自天出矣"(《天志中》)。墨子指出了天有"最贵最知"的特点，但是从这个论证还不足以明确"义自天出"的具体意涵，需要在《墨子》书中的其他地方寻找思想线索。

墨子认为，父母、师长、国君都不能作为言行的法度、价值的标准（法仪）。因为这三者天下虽多，能做到仁爱的却很少，如果效法他们，就是效法不仁，"故父母、学、君三者，莫可以为治法"(《法仪》)。既然人不足法，能够作为法仪的只有天。于是"子墨子立天志以为仪法，若轮人之有规，匠人之有矩也"(《天志下》)。墨子的理由是天在德行上完美，所以堪当人所效法的道德楷模："天之行广而无私，其施厚而不德，其明久而不衰，故圣王法之。""尚同"三篇也表述了近似的思想。所谓"里长者，里之仁人也""乡长者，乡之仁人也""国君者，国之仁人也"。选举贤者担任正长，每一层级都做到仁人在位。最后"选天下之贤可者，立以为天子"(《尚同上》)，而天子还需上同于天，所以天是天下最仁最贤者，天在德性上最完美，也就是人应当效法的对象。

如果把兼爱理解为应当普遍地爱一切人，那么兼爱作为崇高的价值理想，儒家也同样承认（儒家也讲"博施济众""泛爱众""仁者无不爱"

等)。但是把兼爱规定为实践原则,墨子不仅要求任何情境下不分亲疏,平等施爱(或可对治儒家重视特定伦理关系的流弊),更提出:"一日而百万生,爱不加厚"、"爱众世与爱寡世相若"、"爱尚世与爱后世,若今之人"(《大取》)、"无穷不害兼"(《经下》)①,其结果必然如唐君毅先生所言:"实际上则无人真能在实际上同时尽举天下万世一切人而平等尽爱之。此兼爱之道,于此,即成无人能行者。然则真能行之者谁?天也。惟天真能志在兼爱天下万世一切人,而实行兼爱天下万世一切人之道。"② 兼爱属于"行义",而只有天能真正实践兼爱③,故天在德行上最完美。人虽然力不能至,也不应自我设限,而是要效法天,以兼爱天下万世一切人为志向。

综上,天在德性上最贵最知、最仁最贤,在德行上最能圆满地"行义"。天的行为最符合天下的法则,可以说天的德行与道德法则完全一致。"义"不是超越存在者发布的命令,而是通过一个完美的道德楷模(天)加以确立的法则。"义自天出"并不是以天为价值之源,而应当理解为"义通过天来完美呈现"。这个讲法在实质上,近似儒家则天法天的思想。

3. 天人互为所欲

在墨子的论述中,多是"三利"(利天、利鬼、利人)并论,不做区分。墨子或从正面说:"上利天,中利鬼,下利人,三利而无所不利。"或从反面说:"上不利天,中不利鬼,下不利人,三不利而无所利。"④ 可见天鬼人的利益一致:凡是有利于人的,皆有利于天和鬼神;凡是不利于人的,皆不利于天和鬼神。这其中的"利人"很好理解,但何以做到兼爱利人,即是利天、利鬼神?这是因为"天欲义而恶不义",天神鬼神都以人的"义行"为其意欲的对象。人能行义,做到兼爱利人,即满足了天神鬼神的意欲,也就是使天神鬼神受利。

进一步,墨子更提出"天人互为所欲"。在墨子一般的表述中,天是高于人的位格。但他又说:"我为天之所欲,天亦为我所欲。"(《天志上》)这体现出人与天对等的原则,人的地位获得提升,与一般宗教大不相同。我们知道,天之所欲,唯是要人为义。"然则我何欲何恶?我欲福禄而恶祸祟"

---

① 以上"墨辩"材料转引自唐君毅《中国哲学原论·导论篇》,第78页。
② 唐君毅:《中国哲学原论·导论篇》,第78~79页。
③ 此义详见唐君毅:《中国哲学原论·导论篇》,第77~79页。
④ 《天志下》。《天志中》也有近乎一致的表述。

(《天志上》)。因此只要人积极行义,人的意欲也必得满足。

墨子的信仰系统中没有意志莫测的神灵。天鬼神的意欲和权能都十分明确,其意欲唯在"欲义恶不义",其权能唯在"赏义罚不义",并没有任何神秘莫测的面相。而作为价值原则的"义",可由人直接认知。人能"知义",也就彻底把握了天鬼神的意欲和权能。所以只要道德上正确,人就可以无惧于天鬼神。甚至还可以做到"天为我之所欲",假天之力来实现人的福祉,可谓人与天"交相利"。而且墨子又讲"非命",否认命定论①。于是在墨子那里,敬天畏天的观念明显不足②,这显示出墨子比儒家更具人文性的激进性格。因为敬畏天命的宗教观念从上古至西周一直延续到孔子,孔子只是淡化了天的主宰性质,却未曾将其放弃。

4. 义道不依鬼神

论者多谓墨学是以天志鬼神为基础建立道德形上学。墨学人格神属性的天有意欲,看似接近耶教中人格化的上帝(personal God),其实两者有很大的不同。可借助道德神令论比观,以见墨学"天志"的特点。道德奠基于宗教的伦理理论叫作神令论(divine commandtheory)。柏拉图在《游叙弗伦》中,以苏格拉底与游叙弗伦的对话,提出著名的游叙弗伦两难(Euthyphro's Dilemma)问题:"虔敬是否因其为虔敬而见喜于神,或因其见喜于神而为虔敬。"③ 对这一表述的内容稍加转换,就构成了对道德神令论的经典反驳:

①如此行动是出自上帝的命令,所以正当;
②上帝命令如此行动,因其在道德上正当。

①意味上帝是道德的制定者,道德标准出自上帝的专断。②表明上帝是

---

① "命"在中国哲学是一个复杂难言的概念,不过墨子所非之"命"却简单明了,仅指命运前定、不可损益的命定论。所谓"以命为有,贫富寿夭、治乱安危有极矣,不可损益也"(《公孟》)。如果命已前定,人的任何努力都没有意义,自然不须尽力,"有命"成了怠倦者的遁词。与"命"对扬的概念是"力",墨子从命定论所致的后果出发,反对"执有命者"消极的生活态度,既然确知无"命",就要强力从事、奋进有为。
② 葛瑞汉提出,孔子和庄子对天所心怀的畏惧和虔敬,要比墨子的所作所为具有多得多的神圣意识。但他对此未多做说明。参见葛瑞汉《中国古代哲学论辩》,张海晏译,中国社会科学出版社,2003,第60页。
③ 〔古希腊〕柏拉图:《游叙弗伦·苏格拉底的申辩·克力同》,严群译,商务印书馆,1983,第25页。

道德的发布者，道德标准先于、独立于上帝。也就是说，上帝的命令并不是任意的，上帝不过是依据道德标准来发布命令。这说明在根源上，道德是独立的，不须依赖宗教。游叙弗伦两难是神令论伦理学面对的重要问题，上帝通常限于西亚一神教的亚伯拉罕传统（Abrahamic tradition）的范围。我们用"天志"比观，来看墨子思想中的道德与宗教是何关系。

可以追问，天作为有意欲和趣向的人格神，是因为天欲人"兼相爱"，还是因为兼爱本身是应当的，是义的规定和要求？天志是否有任意性？天有可能欲人"别相恶，交相贼"吗？显然，兼爱来自义的正当性，本身就具有独立的道德价值，义的正当性并不是来自天的权威，它在逻辑上先于天志，不以天志为价值来源。虽然在表述上，墨子多以天的欲恶为标准，又说天有爱憎的情感，实际上墨子建立了独立于天的欲恶的价值标准，上天的欲恶原则其实就是义的原则。究竟而言，义道出自人本身、出自人的道德自觉。天志统合了上古充满原始宗教性的天和价值原则的义，除了前述那种顺上古原始宗教而言的特殊情况，天的意志完全是伦理化的，并不能随意对人发号施令。天既不制定道德标准，也不设计奖惩机制，仅仅充当监临者和事后执法者的角色（与鬼神一起），尽管它是强有力的超自然的存在，甚至是宇宙的造物主[1]。天志与义道的关系，完全符合游叙弗伦两难中选项[2]的情形，也就是说，天志并不构成墨学的道德形上学基础。墨子把道德奠基于人文而非对神的信仰，其道德思考乃是近人远神的人本取向，而不是以神令论建立伦理学。至于进一步追问义道的理论根据何在，依现有材料难以形成明确的论断，这个问题似乎不在墨子的理论视野中。有学者试图把墨子的道德学周延为一套义理上自洽的理论[2]，但忽视了其中的理论困难。

---

[1] 天出于爱民利民之心，为满足人的需要而创造一切有用之物："以磨为日月星辰，以昭道之；制为四时春秋冬夏，以纪纲之；雷降雪霜雨露，以长遂五谷丝麻，使民得而财利之；列为山川溪谷，播赋百事，以临司民之善否；为王公侯伯，使之赏贤而罚暴，贼金木鸟兽，从事乎五谷丝麻，以为民衣食之财。"（《天志中》）就此而言，"天"有近于创世神话中的造物主。这一点非常独特，因为早期中华文明认为世界和人都是自生自化的，与创世神话有很大的不同。参见牟复礼《中国思想之渊源》，北京大学出版社，2009，第19页。但这是一条孤立的材料，能否仅据此证明墨子的天即造物主，似难断言。

[2] 如杨泽波《天志明鬼的形上意义——从天志明鬼看道德学说中形上保证的重要作用》，《哲学研究》2005年第12期。

四 "二重向度"的理论意义

表面上看，天鬼神之论所在多有，似乎墨子建立了一种宗教基础的道德哲学，其实不然。在墨子的道德思考中始终有两条线索，一是以义道为基础，强化人的伦理主体性的"人本"路线，另一条是以天鬼神为基础，突出宗教性的"神本"路线，这两条线索都在"天志"上归宗，天志统合了原始宗教性的天和价值标准的义。墨子道德思考的目标是使人"为义"，"台前"显现的是天志鬼神，"幕后"作用的是义道和人。墨学在理论形态上仍具神学特征，思想实质上则有浓厚的人文倾向。不过，墨子只是要人遵循义道，却罕言内心对义的敬重与服膺，又时时强调天鬼神赏罚的威慑，这使得墨学外在的宗教权威突出，内在的道德自觉不显，表现出道德他律的倾向。

所谓"二重向度"的理论意义，可以归纳为以下四点。

首先，"墨子学儒者之业，受孔子之术"（《淮南子·要略》），可知"墨出于儒"；墨子"非儒"，另立门户，与儒家并为显学，可谓"别子为宗"。和孔子一样，墨子也讲仁义、重孝悌，但他特别突出了"义"。墨子第一次把"义"作为最高的道德原则单独提出来，他用"义"与"不义"代替儒家的"礼"与"非礼"、"仁"与"不仁"，把行为规范从礼仪节文转变为道义原则，把道德思考的重心从内在的"仁"转移到外在的"义"，使"义"成为普适的伦理——政治文化价值。对"义"的重视是墨子思想的突出贡献，因为这表明道德意识的提升，体现了人文与理性的精神。尽管经由天志、明鬼等观念表出，形式上有浓厚的伦理宗教色彩，使义观念的"显题化"不足。

其次，增添对墨家的轴心突破的理解。余英时论证墨家的轴心突破指出："在墨家的突破中，一如在儒家的突破中，并没有出现过传统的彻底断裂。"[①] 这是十分深刻的洞见。他同时强调，墨家的突破主要是墨子用理想中的"夏政"简洁性改造东周以来繁缛的礼乐传统[②]。通过本文的分析，我们可以对墨家的轴心突破加以丰富和补充。也就是说，墨家的轴心突破应该还

---

① 余英时：《从古代礼乐传统的变迁论儒家的轴心突破》，载氏著《论天人之际》，中华书局，2014，第102页。
② 余英时：《从古代礼乐传统的变迁论儒家的轴心突破》，载氏著《论天人之际》，第101页。

包括宗教意识的转变及人文与理性("义"观念)的兴起。

再次,在义理上支持某些出土文献是墨家佚书的可能。对于新出土的上博简《鬼神之明》、清华简《治邦之道》,整理者视为墨家佚书,学界有赞成也有反对,各自理据不一。某些反对者的一个重要观点是:简本对于天鬼神的看法与传世本《墨子》不合[1]。通过本文的分析可知,墨学本有宗教与人文的二重向度,在不同的言说脉络中,《墨子》的思想材料各有偏重,但在总体上人文与理性的精神是根本。顺墨学的内在理路发展,必然是宗教性的持续衰弱与人文性的不断增强,仍属"未始出吾宗"的墨学思想。对于有多重面相的复杂思想体系,就是否体现某一思想特质来判断文献归属的时候要特别小心,不可专恃。因此,仅以是否体现墨学的某些宗教面相为标准,衡断《鬼神之明》《治邦之道》不属于墨家佚书,似嫌理据不足。

最后,在发生学的意义上,墨学中的义道与鬼神本有"凑泊"之嫌,缺乏紧密的内在关联。经过宗教意识的启蒙或韦伯所谓的祛魅,墨学外附的宗教信仰很容易脱去。"宗教—道德权威"的失落,非但不碍墨学"以义行仁"的根本精神,反而更加突显其人文理性的面相和对现代生活世界的价值。义道作为一种精神的人文主义观念,具有普遍的适用性和有效性,可以在现代社会发挥引人向善的规范作用。这一点,应该是墨学的人文化气质最大的价值与意义所在。

(本文最初发表于《中国哲学史》2020年第6期,因字数限制,有所删节。这里是完整的全文。)

---

[1] 关于《鬼神之明》的学派归属,韩国学者李承律将学界意见归纳为六种。参见李承律《上博楚简〈鬼神之明〉鬼论与墨家世界观研究》,《文史哲》2011年第2期。反对《治邦之道》为墨家佚书的,参见陈民镇《清华简〈治邦之道〉墨家佚书说献疑》,《陕西师范大学学报》(哲学社会科学版)2019年第5期。

义利之辨[*]

——《盐铁论》中贤良文学尊孟立场的展开

钮则圳

（中共广东省委党校哲学教研部）

摘　要："义利之辨"是儒家哲学的核心问题之一。孔子确立了义高于利的价值优先性原则，奠定了后世儒者讨论义利问题的基调。孟子将义利问题重点延伸至政治领域，将"义利之辨"与"王霸之辨"关联起来，推崇王道仁政思想。西汉时期，"盐铁会议"中的儒生选择《孟子》为主要思想来源，在盐铁官营等问题上主张以义为本，毋与民争利；在匈奴问题上主张"义以为上"，施行仁政教化，与持法家立场的御史大夫展开了激烈交锋。从相关文献可以看出，儒生主要在政治领域继承并发展了孟子的"义利之辨"思想，体现出对孟子的极高尊崇，也在现实政治生活中对汉帝国"霸王道杂之"的治理路径起到了良好的纠偏作用。

关键词：　义利之辨　盐铁会议　贤良文学　孟子　尊王黜霸

一　儒家义利观揭旨：从孔孟到董仲舒

"义利之辨"是儒家哲学的核心问题之一。先秦时期，孔孟等大儒即对义利问题屡有论析。孔子多次言及义利，其中最著名的观点莫过于"君子喻于义，小人喻于利"（《论语·里仁》），将好义与逐利作为分判君子与小人

---

[*] 本文系国家社科基金重大项目"语用逻辑的深度拓展与应用研究"（19ZDA042）子课题"语用逻辑的中国古代论证应用研究"、国家社科基金重点项目"汉唐孟子思想解释史研究"（18AZX001）的阶段性成果。

的道德评价标准。孔子还说"见利思义"(《论语·宪问》)、"不义而富且贵,于我如浮云"(《论语·述而》),可见孔子不仅看到了义利相对立冲突的一面,也重视义与利在价值层面的关联性,反对只顾及求利而忽视道义的行为,强调以义制利、以合于道义的行为方式来获取利,确立了义高于利的价值优先性原则,奠定了后世儒者讨论义利问题的基调。

孔子之后,孟子高举"义利之辨"的旗帜,并且在思想上进一步发展。首先,在个人修身领域,孟子并不否认人的"小体"要追求食色等现实之利,肯定人具有自然的感官欲望;不过孟子更重视人的"大体",即人的道德属性,认为君子应将仁义礼智作为根植于本心的善性,又主张"先立乎其大"(11·15)①,肯认人善性的主体地位,避免过分追求现实利益而导致对仁义之心的侵害。在个体修身过程中,孟子承认义与利可以同时存在,但是又通过大体与小体的"小大之辨",在价值层面彰显了义高于利的绝对次序。可见,孟子继承并发扬了孔子重义轻利的思想倾向,君子"存心养性"的修身过程也可以被视为进行价值选择的过程。② 甚至在类似道义与生命进行选择的极端情况下,孟子主张"舍生取义"(11·10),即放弃"小体"的整全化形式——生命,从而捍卫道义价值的永恒。其次,孟子将义利问题重点延伸至政治领域。在《孟子》首章,面对梁惠王"何以利吾国"的提问,孟子劝谏梁惠王"亦曰仁义而已矣,何必曰利?"可以看出,梁惠王追求的是迅速实现富国强兵的短期利益,孟子则认为梁惠王应当施行仁政,使境内百姓普遍享受到仁政的恩泽。与梁惠王追求"短平快"的现实统治利益不同,孟子将仁政视为治理国家的根本保障,二者的差别在于治国理念与治国路径

---

① 本文此种标序方式,以杨伯峻《孟子译注》(杨伯峻:《孟子译注》,中华书局,2016)为据,其中间隔号前的数字代表《孟子》的篇(卷)数,间隔号后的数字代表《孟子》的章数。

② 陈来先生指出,孟子能够引导人"从主观的角度、从实践的角度看待人性的问题,引导人真正达到生命的充分实现与完成。确认仁义是人真正的本性,感官欲望就不会侵害仁义之心的主体地位,这是孟子思想的重点"(陈来:《孟子论性善与性命》,《现代哲学》2017年第6期)。人因为能够保有仁义之心,因而会追求道义,从而会过一种道德性的生活,并区别于仅仅讲求满足"食色"之利的禽兽,因此修身层面的"义利之辨"也可以通向"人禽之辨"。杨泽波先生即将此问题概括为"人禽之分意义的义利之辨",认为它"主要讨论的是利和义何者更重要的问题……义和利是价值选择关系,成为什么样的人,关键就看你有怎样的价值选择,价值选择是人禽之分意义的义利之辨的核心"(杨泽波:《孟子评传》,南京大学出版社,1998,第248页)。

方面。孟子认为，君王在治国理政过程中如果一味地追求利益，则会上行下效，以致出现"上下交征利而国危"（1·1）的混乱征伐局面，即使侥幸在短期内取得国用富足的局面，最终也难以长久维持；而国君如果施行仁政，则"未有仁而遗其亲者也，未有义而后其君者也"（1·1），仁义可以成为举国上下的价值准则，良好的统治秩序亦可以自然建立起来。孟子坚信在政治领域坚持仁义原则不仅可以为梁惠王带来富国强兵的效果，且这一效果比单纯追求短期的现实政治利益来得更为理想、更为长远，唯有仁义能真正实现国君所图谋的大利。从这一角度看，在政治领域坚持道义原则，现实利益的实现是水到渠成的结果，也可以说义之所在即利之所在，经由"义以生利"可以达至"义利双成"。在孟子语境中，政治领域的"义利之辨"实则象征着逐利与行仁义之政两种价值原则，二者非此即彼、难以并行。在现实情况中，它们也往往表现为"王霸之辨"：一心争夺霸权与利益对应于霸道；以仁义为本、爱民如子对应于王道。① 将"义利之辨"施用于政治场域并与"王霸之辨"相结合，是孟子对于义利问题的一大贡献。

　　进入汉代之后，董仲舒对义利问题展开过较为深入的讨论。董仲舒说："义动君子，利动贪人"②，强调君子志于道义，这是孔子"君子喻于义，小人喻于利"思想的翻版。但是在董仲舒那里，义利并不是完全对立的。董仲舒在《春秋繁露·身之养重于义》中有言："天之生人也，使人生义与利。利以养其体，义以养其心。心不得义不能乐，体不得利不能安。义者心之养也，利者体之养也。体莫贵于心，故养莫重于义，义之养生人大于利。"③ 董仲舒认为，义与利都是天之所生，虽然在价值次序上义高于利，但是"利以养其体，义以养其心"的观念说明他既强调义对于人心的规正作用，也不否定利对于人身的养护作用。正如苏舆在《春秋繁露义证》中所引胡思敬之语："此篇与《孟子》'养其小体为小人，养其大体为大人'相发明。"④ 董仲舒这一观点可以看作是对孟子"大体小体"说的发展；并且与孟子相比，

---

① 李明辉说："孟子将义利之辨延伸到政治领域，而提出王霸之辨，以说明其政治理想。因此，我们可以将孟子的王霸之辨理解为一种基于义利之辨的政治理想主义。"（李明辉：《孟子重探》，联经出版社，2001，第65页。）
② 严可均辑《全汉文》，商务印书馆，1999，第242页。
③ 苏舆：《春秋繁露义证》，中华书局，2019，第232页。
④ 苏舆：《春秋繁露义证》，第232页。

义利之辨

董仲舒对于利与小体的态度更为温和。董仲舒关于义利之辨最著名的论述是《春秋繁露·对胶西王越大夫不得为仁》中"仁人者正其道不谋其利,修其理不急其功"①一句。此处所劝诫的对象是胶西王,因而具有一定的政治教化背景。董仲舒不仅强调人行事时内在动机与思想品质保持端正的重要性,"不急其功"也说明他并非完全弃绝功利,而是强调先义后利、义以生利的次序。可以说,董仲舒进一步综合了先秦儒家的义利观。

汉代儒者中,对于"义利之辨"着墨最多、现实政治影响最大的当属盐铁会议中的贤良文学群体。关于"盐铁会议",班固在《汉书》中记载:

> 所谓盐铁议者,起始元中,征文学贤良问以治乱,皆对愿罢郡国盐铁酒榷均输,务本抑末,毋与天下争利,然后教化可兴。御史大夫弘羊以为此乃所以安边竟、制四夷,国家大业,不可废也。当时相诘难,颇有其议文。至宣帝时,汝南桓宽次公治《公羊春秋》,举为郎,至庐江太守丞,博通善属文,推衍盐铁之议,增广条目,极其论难,著数万言,亦欲以究治乱,成一家之法焉。②

汉武帝时期,由于对匈奴、西南夷等连年用兵,国家耗费巨大。为保障战争财政需求,武帝实行了盐铁官营以及均输平准等一系列政策。这些政策有利于增强政府财政实力,也导致了官商勾结、巧取豪夺等一系列问题,给百姓带来了沉重的徭役、捐税负担,社会矛盾日益激化。针对这些历史遗留问题,昭帝始元六年召开了"盐铁会议",会议论辩的双方是代表政府、主要持法家立场的御史大夫以及代表地方、史称"贤良文学"的六十余位儒生

---

① 苏舆:《春秋繁露义证》,第236页。《汉书·董仲舒传》也有类似表述:"夫仁人者,正其谊不谋其利,修其理不计其功。"(《汉书》,中华书局,1962,第2524页。)二者的差别在于,"不急其功"强调的是道义与功利的次序问题,"不计其功"则强调道义的纯粹性。周桂钿先生认为《汉书·董仲舒传》的表述经过了班固的改动,并不符合董子的原意:"'不急其功'并不是不要功,只是不要强扭的瓜,要其自成,瓜熟蒂落……班固修改后的'正其谊不谋其利,修其理不计其功'显得更精致一些,更突出了道义,因而对后代产生了更为广泛的影响。"(周桂钿:《董学探微》,北京师范大学出版社,2008,第146页。)李宗桂先生认为二说可以并存:"就当时谈话的对象和场合而言,'修其理不急其功'是董仲舒对作为地方侯王的胶西王说的,不谋利计功则是对作为一国之君的汉武帝讲的……那种肯定这一命题而否定那一命题的做法,就实在没有必要。"(李宗桂:《中国传统文化探讨》,花城出版社,2012,第173页。)

② 《汉书》,第2903页。

群体。至后汉宣帝时期，桓宽根据会议议文加以推衍与增广，撰成再现盐铁会议真实情状的《盐铁论》。据《盐铁论》所载，这些位于权力结构中下层的儒生主要选择以《孟子》为主要思想来源展开论辩，体现出对于孟子思想的推崇，并且在客观上形成了汉代孟子思想发展与地位凸显的一大标志性事件。

二　以义为本，毋与民争利

盐铁会议中，"罢郡国盐铁酒榷均输"① 是御史大夫与贤良文学争论的焦点问题。有见于盐铁官营等政策可以为国家快速地带来巨大经济利益，从而缓解对匈奴战争而导致的国库财政压力，御史大夫主张"边用度不足，故兴盐、铁，设酒榷，置均输，蓄货长财，以佐助边费"②。贤良文学则严守孟子"义利之辨"思想，他们指出："治人之道，防淫佚之原，广道德之端，抑末利而开仁义，毋示以利，然后教化可兴，而风俗可移也。今郡国有盐、铁、酒榷、均输，与民争利，散敦厚之朴，成贪鄙之化，是以百姓就本者寡，趋末者众。夫文繁则质衰，末盛则本亏。末修则民淫，本修则民悫。民悫则财用足，民侈则饥寒生。"③ 在贤良文学看来，重视道德、以义为本是施行教化、移风易俗的根本，而盐铁官营政策不仅是"与民争利"，破坏原有的正常经济秩序；在价值导向上更会导致"示民以利"，诱导百姓舍本逐利，形成贪鄙的社会风气。正如《盐铁论·杂论》所说："余睹盐、铁之议，观乎公卿、文学、贤良之论，意指殊路，各有所出，或上仁义，或务权利。"④ 与御史大夫的功利性追求不同，贤良文学继承了孟子崇尚仁义的思想，将仁政视为治理国家的价值追求与根本保障，对盐铁官营政策进行了猛烈批判。

首先，对应于御史大夫以权利为本、商业富国的治国方略，贤良文学强调统治者应当坚守道义，以农为本。在《孟子》开篇，孟子经由与梁惠王的对话已经表明，一味地追求富国强兵是行不通的，在治国方略上必须以义为本、施行仁政。贤良文学很好地发展了孟子这一思想。贤良说："三代之盛

---

① 《汉书》，第2903页。
② 王利器：《盐铁论校注》，中华书局，2017，第2页。
③ 王利器：《盐铁论校注》，第1页。
④ 王利器：《盐铁论校注》，第569页。

无乱萌,教也;夏、商之季世无顺民,俗也。是以王者设庠序,明教化,以防道其民,及政教之洽,性仁而喻善。故礼义立,则耕者让于野;礼义坏,则君子争于朝。人争则乱,乱则天下不均,故或贫或富。富则仁生,赡则争止。"① 在贤良看来,三代之政之所以和谐美好,根本原因在于统治者施行仁义教化,对百姓"谨庠序之教,申之以孝悌之义"(1·3),从而凸显了百姓的善性,形成了良好的社会风气。文学也指出:"师旷之调五音,不失宫商;圣王之治世,不离仁义。故有改制之名,无变道之实。上自黄帝,下及三王,莫不明德教,谨庠序,崇仁义,立教化,此百世不易之道也。殷、周因循而昌,秦王变法而亡……故没而存之,举而贯之,贯而行之,何更为哉?"② 尽管时代不同,儒生认为治国应当坚持仁义之道是不应更易的,因此劝谏汉帝推崇仁义,广施教化,而非醉心于追逐现实的经济利益。

重农思想是孟子王道仁政的重要根基,孟子重视自给自足的小农经济对于仁政的奠基性作用,强调"五亩之宅,树之以桑"以及"百亩之田,勿夺其时",最终才能奠定"养生丧死无憾"的"王道之始"(1·3)。与之相比,西汉盐铁官营政策无疑是一种重商主义,导致从上到下"趋末者众",忽视了对于农业生产的发展,尤其重商主义更传播了一种逐利风尚。鉴于此,贤良文学劝谏统治者回到对于农本问题的重视上来。贤良文学说:"农,天下之大业也;铁器,民之大用也。"③ 他们将农业视为国家的根基,认为应将铁器归于民有,施行盐铁官营无异于舍本逐末。儒生还说:"昏暮叩人门户,求水火,贪夫不吝,何则?所饶也。夫为政而使菽粟如水火,民安有不仁者乎!"④ 这援引了《孟子》(13·23)的思想,指出统治者治理天下要使百姓家的粮食像水火一样富足,即以充盈的农业生产来为施行仁政提供保障。

其次,贤良文学强调统治者要履行"为民父母"的职责,避免与民争利。在儒生看来,盐铁官营政策的实质在于将本属于百姓的财富盘剥为国有,这无异于"与民争利",导致了一系列严重的社会问题,这些是统治者与"为民父母"职责背道而驰的表现。贤良说:"古者,政有德,则阴阳调,

---

① 王利器:《盐铁论校注》,第393页。
② 王利器:《盐铁论校注》,第270页。
③ 王利器:《盐铁论校注》,第399页。
④ 王利器:《盐铁论校注》,第393页。

星辰理，风雨时。故行修于内，声闻于外，为善于下，福应于天……《孟子》曰：'野有饿莩，不知收也；狗彘食人食，不知检也；为民父母，民饥而死，则曰，非我也，岁也，何异乎以刃杀之，则曰，非我也，兵也？'方今之务，在除饥寒之患，罢盐、铁，退权利，分土地，趣本业，养桑麻，尽地力也。寡功节用，则民自富。如是，则水旱不能忧，凶年不能累也。"① 孟子认为，仁政要求统治者切实地"为民父母"，在任何自然条件下都要确保百姓的基本物质生活。② 贤良文学继承了孟子这一思想，认为时局最紧迫的就是要停止以盐铁官营政策对百姓进行盘剥，使百姓恢复农业生产，抵御自然灾害。

"为民父母"还要求统治者爱惜民力、取民有制。一方面，贤良指出："古者，春省耕以补不足，秋省敛以助不给……为民爱力，不夺须臾。"③ 这是对于孟子爱惜民力、重视农时思想的继承。另一方面，贤良说："古者，上取有量，自养有度，乐岁不盗，年饥则肆，用民之力，不过岁三日，籍敛，不过十一。君笃爱，臣尽力，上下交让，天下平……孟子曰：'未有仁而遗其亲，义而后其君也。'君君臣臣，何为其无礼义乎？及周之末涂，德惠塞而嗜欲众，君奢侈而上求多，民困于下，怠于上公，是以有履亩之税，《硕鼠》之诗作也……故君子仁以恕，义以度，所好恶与天下共之，所不施不仁者。公刘好货，居者有积，行者有囊；大王好色，内无怨女，外无旷夫；文王作刑，国无怨狱；武王行师，士乐为之死，民乐为之用。若斯，则民何苦而怨，何求而讥？"④ 这段话中贤良文学大量援引了孟子思想，他们既强调统治者的欲望以及取民行为的合理性，更强调统治者要与民同好恶，要在一定限度内取财于民来保证国家的有序运转，从而使百姓共同享受到国家发展的成果，只有这样才能获得百姓的拥戴。相反，如果对百姓充满功利性的盘剥与算计，则必然会导致民众劳苦不堪、怨声载道。

---

① 王利器：《盐铁论校注》，第 399 页。
② 扬雄《法言·寡见》有言："或曰：'弘羊榷利而国用足，盍榷诸？'曰：'譬诸父子。为其父而榷其子，纵利，如子何？卜式之云，不亦匡乎！'"见汪荣宝《法言义疏》，中华书局，1987 年点校本，第 241 页。扬雄此处也发挥了统治者为"民之父母"的思想，对桑弘羊与民争利的行为予以谴责，可见贤良文学思想的影响十分深远。
③ 王利器：《盐铁论校注》，第 394 页。
④ 王利器：《盐铁论校注》，第 430~431 页。

儒生群体与御史大夫在追求国富兵强、抵御蛮夷的目的上是一致的，但是正如李祥俊所说："从文学义利之辨可以看出，它倡导的重义轻利是针对官僚阶层而言的，实际是对民间势力追求利益的保护。"① 双方的立场差异尤其是对于义利的不同认识，最终导致了难以调和的争辨。这与孟子对追求短期利益的梁惠王进行劝谏的场景是十分相似的。与孟子强调"何必曰利"、高扬仁义一致，儒生群体也对盐铁官营与民争利的本质及其后果有着清醒的认识。② 贤良文学始终将道义置于根本性地位，鄙视统治者仅仅追求现实利益的短视行为，体现出对于道义与仁政的诉求。

三　义以为上，仁者无敌

楚汉相争时期，北方的匈奴政权就对中原地区虎视眈眈。西汉初年，汉帝国采取了"和亲"策略与匈奴交好。随着休养生息政策的推行，汉帝国元气逐渐恢复，武帝时已经充分认识到匈奴对中原地区的侵扰与掠夺给西汉王朝的安全造成了严重威胁，因而发动了一系列战争有效地打击了匈奴。但是，连年争战也造成了许多社会问题。如《史记·平准书》所载："匈奴绝和亲，侵扰北边，兵连而不解，天下苦其劳，而干戈日滋。行者赍，居者送，中外骚扰而相奉，百姓抏弊以巧法，财赂衰耗而不赡。入物者补官，出货者除罪，选举陵迟，廉耻相冒，武力进用，法严令具。兴利之臣自此始也。"③ 在诸多问题之中，最为直接的便是穷兵黩武而导致的财政紧张问题，

---

① 李祥俊：《秦汉价值观变迁史论稿》，中国社会科学出版社，2017，第131页。
② 我们认为，盐铁官营并非有百害而无一利。有学者指出，盐铁官营对于西汉王朝具有一定的积极意义：一、有利于增加官府的经济收入，以解决封建国家的财政困难。二、使国家直接掌握了盐、铁等重要生产、生活资料，有利于更好地为整个国家的经济服务。三、有利于封建国家统一利用与开发自然资源，可以避免私人控制盐、铁等自然资源所造成的资源浪费和破坏性开采。四、打击了富商大贾，削弱了他们的经济实力。五、有利于巩固封建的中央集权制度。六、有利于清除当时社会存在的奴隶制残余等。参见高凯《略论汉代官营盐铁的利和弊》，载《汉魏史探微》，大象出版社，2014，第4~9页。想必贤良文学也会对这些现实作用有所察觉，但是他们仍然极力反对盐铁官营，究其原因在于认识到了政府全力坚持盐铁官营的实质是将利置于根本位置，这将会导致孟子所说"上下交征利而国危"局面的出现。
③ 《史记》，中华书局，1982，第1421页。

而这也是盐铁官营政策大规模施行的导火索。桑弘羊等御史大夫主张延续武帝时期的盐铁官营政策，正是为了集中国家财富以支持对匈奴的军事行为，从而维护西汉王朝的政局安定。从这一角度看，相较盐铁政策而言，如何对待匈奴侵扰是更为根本的问题。

针对匈奴问题，御史大夫主张依靠武力予以痛击，使匈奴俯首称臣，从而解除汉帝国的边境隐患。大夫说："汉兴以来，修好结和亲，所聘遗单于者甚厚；然不纪重质厚赂之故改节，而暴害滋甚。先帝睹其可以武折而不可以德怀，故广将帅，招奋击，以诛厥罪。"① 在大夫看来，仅仅依靠和亲以及财富施予等小利反而会助长匈奴的嚣张气焰，必须要延续武帝时的军事策略。与御史大夫主张对匈奴进行武力征伐不同，文学说："阻险不如阻义，昔汤以七十里，为政于天下，舒以百里，亡于敌国……由此观之：冲隆不足为强，高城不足为固。行善则昌，行恶则亡。王者博爱远施，外内合同，四海各以其职来祭，何击拓而待？"② 汉帝国军事实力的强盛并不能确保匈奴永远保持臣服，只有内修仁政，向外对少数民族施以仁义之道进行感化，才能不战而屈人之兵，彻底解决匈奴问题。由此可见，双方关于匈奴问题的论辩实质上也是一种"义利之辨"：追求迅速依靠大规模武力战争使匈奴臣服的眼前利益，抑或是追求道义，以王道教化使匈奴心悦诚服？儒生群体选择坚守后者。文学有言："畜仁义以风之，广德行以怀之，是以近者亲附而远者悦服。故善克者不战，善战者不师，善师者不阵……王者行仁政，无敌于天下。"③ 在这一问题上，贤良文学广泛继承了孟子反对强战、"仁者无敌"（1·5）的王道思想。

首先，儒生群体再次强调了施行仁政的重要性，指出国防的根基在于统治者的德性，而不在于城邦的坚固。儒生有言："地广而不德者国危，兵强而凌敌者身亡。"④ 抵御匈奴并不在于汉帝国国土广博，而在于统治者是否施行仁政、赢得民心。因此，面对御史大夫"有备则制人，无备则制于人"⑤，主张增强武备以抵御匈奴侵扰的观点，文学指出只有施行仁政才能天下归

---

① 王利器：《盐铁论校注》，第445页。
② 王利器：《盐铁论校注》，第488~489页。
③ 王利器：《盐铁论校注》，第2页。
④ 王利器：《盐铁论校注》，第439页。
⑤ 王利器：《盐铁论校注》，第487页。

心，匈奴自然也不敢再行冒犯，因此国防的根本"在德不在固"。正如文学所言："诚以仁义为阻，道德为塞，贤人为兵，圣人为守，则莫能入。如此则中国无狗吠之警，而边境无麋骇狼顾之忧矣。"①"以道德为城，以仁义为郭，莫之敢攻，莫之敢入，文王是也。以道德为盈，以仁义为剑，莫之敢当，莫之敢御，汤、武是也。"②

大夫认为："古者，为国必察土地、山陵阻险、天时地利，然后可以王霸。故制地城郭，饬沟垒，以御寇固国"③，主张通过修筑边防来抵御匈奴。文学则继承了孟子"地利不如人和"（4·1）的思想，认为人和的首要前提在于统治者施行仁政："地利不如人和，武力不如文德。周之致远，不以地利，以人和也。百世不夺，非以险，以德也。"④在仁政的感召与引领下，不仅国内统治安定，匈奴也自然会望风归附。儒生说："若陛下不弃，加之以德，施之以惠，北夷必内向，款塞自至"；⑤"去武行文，废力尚德，罢关梁，除障塞，以仁义导之，则北垂无寇虏之忧，中国无干戈之事矣"⑥。从而最终达到天下咸服的效果。

其次，贤良文学吸收了孟子仁者"以大事小"的思想，认为针对匈奴问题应当采取孟子所说的"以德服人"，追求以道德教化为本，而非"以力服人"。面对齐宣王"交邻国有道乎"的提问，孟子认为"惟仁者为能以大事小，是故汤事葛，文王事昆夷"（2·3），即在孟子的王道政治立场看来，仁者不会恃强凌弱、以大欺小，而是以仁心与文德来感化小国，从而避免战争。贤良文学全面继承了孟子的这一思想。御史大夫说："圣主循性而化，有不从者，亦将举兵而征之，是以汤诛葛伯，文王诛犬夷……自古明王不能无征伐而服不义，不能无城垒而御强暴也。"⑦御史大夫认为对匈奴予以武力反击是一种正义战争，"汤诛葛伯，文王诛犬夷"是从反面化用《孟子》文本，其立场与孟子的反战思想相左。文学对御史大夫的主张予以反驳："汤

---

① 王利器：《盐铁论校注》，第487页。
② 王利器：《盐铁论校注》，第498页。
③ 王利器：《盐铁论校注》，第487页。
④ 王利器：《盐铁论校注》，第488页。
⑤ 王利器：《盐铁论校注》，第149页。
⑥ 王利器：《盐铁论校注》，第471页。
⑦ 王利器：《盐铁论校注》，第482页。

事夏而卒服之，周事殷而卒灭之。故以大御小者王，以强凌弱者亡。"①"以大御小"可以视作对于孟子"以大事小"思想的发展，在儒生看来，虽然汉帝国国土与实力较匈奴而言具有绝对优势，但是穷兵黩武必然会导致劳民伤财，因而使匈奴归顺的最好结局并非屠灭匈奴或者占据其领地，而是使其真心实意地归附。

可以说，儒生群体总体上继承了孟子"尊王黜霸"的思想，反对任逞武力的霸权政治，追求以德服人的王道政治。在孟子那里，"尊王黜霸"不仅处理的是诸侯国内部的政治问题，也意在处理各个诸侯国之间的关系问题。与之类似，贤良文学坚持从道义与仁政思想出发，不仅要处理汉帝国内部的经济政治问题，更要处理与北方少数民族政权的关系问题。文学说："古之用师，非贪壤土之利，救民之患也。民思之，若旱之望雨，箪食壶浆，以逆王师。故忧人之患者，民一心而归之，汤、武是也；不爱民之死，力尽而溃叛者，秦王是也。孟子曰：'君不乡道，不由仁义，而为之强战，虽克必亡。'……匈奴稍强，蚕食诸侯，故破走月氏，因兵威，徙小国，引弓之民，并为一家，一意同力，故难制也。前君为先帝画匈奴之策：'兵据西域，夺之便势之地，以候其变。以汉之强，攻于匈奴之众，若以强弩溃痈疽，越之禽吴，岂足道哉！'上以为然。用君之义，听君之计，虽越王之任种、蠡不过。以搜粟都尉为御史大夫，持政十有余年，未见种、蠡之功，而见靡弊之效，匈奴不为加俛，而百姓黎民以敝矣。是君之策不能弱匈奴，而反衰中国也。善为计者，固若此乎？"②与孟子认为实行霸道的军队占领天下"不能一朝居也"（12·9）相似，儒生推崇汤武广得民心的仁义之师，鄙视孟子所说依靠霸道实行侵略的强战之军，认为奉行霸权政治的势力虽然可能获得短期利益，但是难以收获民心，统治也难以久长。类比于匈奴问题，儒生认为汉帝国仅依凭武力只能让匈奴暂时屈服，难以维护汉帝国边疆的长久安宁，对内更导致了民生凋敝等社会问题，可谓事倍功半，足以证明霸道绝非长久之计。

在孟子看来，霸道偏向于"以力服人"，追求以武力迫使对方服从，对方只是因为力量暂时不足才仰人鼻息，内心实则难以屈服；而王道是"以德

---

① 王利器：《盐铁论校注》，第446页。
② 王利器：《盐铁论校注》，第459～460页。

服人",被感化的对方往往"中心悦而诚服"(3·3)。贤良文学认为,在对匈奴施以"以德服人"的王道政治时,首要工作是进行道德教化。贤良说:"匈奴处沙漠之中,生不食之地,天所贱而弃之,无坛宇之居,男女之别,以广野为闾里,以穹庐为家室,衣皮蒙毛,食肉饮血,会市行,牧竖居,如中国之麋鹿耳。好事之臣,求其义,责之礼,使中国干戈至今未息。"① 放弃道德教化而纯以武力进行霸道比拼,才导致汉帝国一直战事不断,因此施行文德教化对于汉帝国而言就显得非常迫切。正如文学所讲:"舜执干戚而有苗服,文王底德而怀四夷。《诗》云:'镐京辟雍,自西自东,自南自北,无思不服。'普天之下,惟人面之伦,莫不引领而归其义。故画地为境,人莫之犯……故善攻不待坚甲而克,善守不待渠梁而固。"② 正是继承了孟子义以为上的王道立场,儒生群体才选择坚持以德服人的"仁者无敌"思想,意欲促使北方少数民族政权真正受到德化感召而心悦诚服,最终维护汉帝国的长治久安。

结 语

从盐铁会议儒生与御史大夫等当权派的论争中可以发现,儒生关于义利之辨的讨论重心并不是个人修身维度,而是主要在于政治领域,继承并发展了孟子政治领域的义利之辨思想。面对现实政治问题,儒生强调在治国方略上统治者应当重视德教而非逐利,对外重视以德服人而非武力征服,其核心主张是王道仁义而非与民争利,因而他们与大夫争论的焦点实际在于汉帝国治国路径的价值选择问题,即在义利之中选择从哪一方面出发,并以之构建稳定的价值秩序。正如李祥俊所说:"《盐铁论》中的价值观论争是以义利之辨为中心的,其中固然有一般性的义利轻重论争,但更主要的则是发展为价值主体间关系的论争和国家作为整体的价值秩序论争。《盐铁论》中的义不同于先秦孔子、孟子等所倡导的纯粹的道德主体性的意义,而更多地表现为利益规范、价值秩序的意义,所以,关注谁的利益的价值主体间关系的论争和关注什么样的价值秩序的关于国家作为整

---

① 王利器:《盐铁论校注》,第414页。
② 王利器:《盐铁论校注》,第482页。

体的价值秩序的论争遂成为义利之辨的真正内容。"① 《盐铁论》中记载了大量关于盐铁官营、均输等具体经济问题的讨论,背后指向的却是关乎价值秩序与治国路径的王霸问题。这一思想向度很明显承接自孟子,而在先秦其他儒者的思想中较少看到。尽管与孟子所处时代不同,西汉儒生所面对的问题却是相似的。

在盐铁会议中,贤良文学严守儒家立场,捍卫了孔孟的仁义之道;大夫则从统治集团的现实利益出发,以富国强兵为第一要旨。正如《盐铁论·国疾》所言:"大夫难罢盐、铁者,非有私也,忧国家之用、边境之费也。诸生间阎争盐、铁,亦非为己也,欲反之于古而辅成仁义也。"② 因此,论辩双方往往有"自说自话"之感,始终未能有效地驳倒对方。甚至在态度上,位高权重的御史大夫以一种居高临下的姿态,表现出对于儒者的不屑:"先生之道,轶久而难复;贤良、文学之言,深远而难行。"③ "孔子修道鲁、卫之间,教化洙、泗上之,弟子不为变,当世不为治,鲁国之削滋甚。齐宣王褒儒尊学,孟轲、淳于髡之徒,受上大夫之禄,不任职而论国事,盖齐稷下先生千有余人。"④ "孟轲守旧术,不知世务,故困于梁、宋。孔子能方不能圆,故饥于黎丘。"⑤ 御史大夫屡屡讽刺孔孟等先秦大儒不识时务、不耕而食,其学说具有空想色彩而于现实无补。从这些批评可以看出,贤良文学与御史大夫其实并不处于完全平等的对话地位。盐铁会议的结局,清儒钮树玉指出:"及乎武帝,好大喜功,以靡其财,财用不济,乃与民争利,于是盐、铁、榷酤,一切言利之端兴焉。余读《盐铁论》所载贤良、文学与桑大夫及御史丞往复辩难甚具,大抵贤良宗儒术,桑大夫尚商、韩,至其究竟,终不能夺贤良,而盐、铁亦不能罢者,迫于势也。"⑥ 论辩双方最终没有分出高下,而是由统治者左右盐铁官营政策的结果。结合当时的政治背景,在昭帝时期,汉政权总体上仍享受着武帝盐铁官营政策的经济红利,昭帝及其后的宣帝也仍然在政治思想上趋向于功利性的霸术,因此盐铁官营的政策短期内未能被

---

① 李祥俊:《秦汉价值观变迁史论稿》,第146页。
② 王利器:《盐铁论校注》,第307页。
③ 王利器:《盐铁论校注》,第424页。
④ 王利器:《盐铁论校注》,第138页。
⑤ 王利器:《盐铁论校注》,第139页。
⑥ 钮树玉:《匪石先生文集》,转引自王利器《盐铁论校注》,第745页。

废除。

但是，我们并不能就此认为贤良文学以义为上的王道追求在汉代只是流于空想。正如陈苏镇先生所说："盐铁之议中，桑弘羊极力为武帝的政策和事业辩护。事后，朝廷对贤良文学的批评只是敷衍了一下，霍光和宣帝都继续坚持武帝的事业和政策。儒生们对此无可奈何，但他们的态度并未改变，对'汉家制度'的不满仍在隐伏着，蔓延着，一旦出现机会，他们还会旧事重提。"① 儒学经过武帝朝董仲舒等人的提倡以及昭帝时期盐铁会议贤良文学的宣扬，已经渐渐成为汉帝国的主导思想，并且对汉帝国产生了愈加实质性的影响，越来越多的儒生走上政治舞台。及至"柔仁好儒"② 的汉元帝即位之后"征用儒生，委之以政"③，儒生群体也从政治的中下层逐渐迈入庙堂之上。获得政治权力的儒生再也无法忍受盐铁官营"与民争利"的状况，结合时局最终促使元帝罢免了这一政策。据《汉书·食货志》载："元帝即位，天下大水，关东郡十一尤甚。二年，齐地饥，谷石三百余，民多饿死，琅琊郡人相食。在位诸儒多言盐、铁官及北假田官、常平仓可罢，毋与民争利。上从其议，皆罢之。"④ 元帝时掌权的儒生并非盐铁会议时的贤良文学群体，"毋与民争利"却是儒生们一以贯之的原则。儒生群体以其持久不懈的价值追求，最终在盐铁会议三十余年之后实现了他们罢免盐铁官营政策的主张。由此可见，汉帝国虽然总体秉持着"霸王道杂之"的治国理念，但是就现实政治情况而言并非一成不变的单线条演进。针对武帝以降偏重霸道而显现的功利性弊端，王道思想就自然而然地被凸显出来，并且对汉帝国起到良好的纠偏作用，例如："元帝肩负的历史使命则是纠正武帝的错误，重新建立以

---

① 陈苏镇：《〈春秋〉与"汉道"：两汉政治与政治文化研究》，中华书局，2011，第311页。金春峰也指出儒生群体对于汉代政治进行批判的意义："这些批判的内容和盐铁会议上贤良文学议论的主题、思想、主张，完全相同……中心思想则是孟子式的王道、仁政和民贵君轻思想。因此，盐铁会议贤良文学的发言，可以说是整个汉代中后期社会政治批评的滥觞，反映出整个社会政治批判思潮的路标与趋向。"[金春峰：《汉代思想史（增补第三版）》，中国社会科学出版社，2006，第265页。]
② 《汉书》，第277页。
③ 《汉书》，第298~299页。在汉元帝朝及之后一段时间，儒生进一步得到重用，王道思想也进一步抬头。扬雄《长杨赋》形象地体现了这一点："今朝廷纯仁，遵道显义，并包书林，圣风云靡；英华沉浮，洋溢八区，普天所覆，莫不沾濡；士有不谈王道者则樵夫笑之。"（《汉书》，第3563页。）
④ 《汉书》，第1142页。

'教化'为重心的'纯任德教,用周政'的汉家制度。"① 在这一过程中,儒生是其中最重要的承担者,而倡导义以为上、推崇王道的孟子哲学自然提供了最为重要的思想资源。② 盐铁会议以及之后很长一段时间,贤良文学一直站在王道立场上,企图剔除"汉家制度"中的霸道成分。在这样一种辨析义利、王霸互动的多元政治局势中,孟子思想得以展开并且获得尊崇也就不足为奇了。

---

① 陈苏镇:《〈春秋〉与"汉道":两汉政治与政治文化研究》,第329页。
② 关于两汉持孟学立场的儒者对于"霸王道杂之"治国理念的影响,详参钮则圳《从孟荀分野重审汉代"霸王道杂之"的政治哲学》,《岭南学刊》2022年第2期。

"三代"的发展与回归：对龚自珍"以制作自为统"的命题新释

高思达

(清华大学国学研究院　清华大学哲学系)

摘　要：在"以制作自为统"的命题中，龚自珍以"天"为溯源性意象，将承载了历史精神的"述—作"关系融合在"制—作"结构之中，打开了中华文化多元诠释的空间。在此阐释的基础上，儒家经典中的"圣人"不再指代具体的圣王人物，而是成长于众人之中的、以民意为综合的抽象代表。龚自珍化用公羊学"三统论"，着重强调"存二王之后"，使得"三世说"呈现出秩序的连贯与精神的宏广。"三代"也在"三统"之中，成为"天道"于纷繁人世之归元的完整见证。

关键词：龚自珍　制作　三代　天道

在中国哲学的表述中，从孔子自评"述而不作，信而好古"以来，"述—作"结构就成为钩沉"三代"经典的阐释方法。对于生活在晚清变局中的龚自珍来说，"述—作"结构不只是"三代"政教合一的历史叙述，更在于如何从中引申出"所以公"的原理阐释，即怎样在"变在"之中保持"常在"，这是对公共解释力的一个挑战，也是对"后16世纪问题"[①]的必要性回应。对此，龚自珍提出的方案是"圣人者，不王不霸，而又异天；天异以制作，

---

① 〔日〕岸本美绪：《"后16世纪问题"与清朝》，刘凤云、刘文鹏编《清朝的国家认同——"新清史"研究与争鸣》，中国人民大学出版社，2010，第319页。

以制作自为统"①，纠葛其中的"制作"概念、"制作"主体、天意与政统的关联等，需要内在于"三代"价值之中加以进一步的梳理。

一 "述—作"与"制—作"的关联

在龚自珍的文章中，对于"作"的讨论大致可以分为两类，一类是以经史学为脉络，强调"经"之正名的必要性，将"述—作"结构视为对经学精神的承继。如在《六经正名》一文中，针对后世学者或以"传"入经、或以"记"入经、或以"子"入经而导致出现了九经、十三经、十四经等盲目分类，龚自珍严明申斥此乃是对传注者和子学家的侮辱，"名为尊之，反卑之矣"②，其中的批判依据来自：

> 仲尼未生，先有六经；仲尼既生，自明不作；仲尼曷尝率弟子使笔其言以自制一经哉？乱圣人之例，渎圣人之名实，以为尊圣，怪哉！③

龚自珍对"六经"的分类，在后世产生正反两种声音。皮锡瑞就认为此段话"如龚氏言，不知何以解夫子之作《春秋》，是犹惑于刘歆、杜预之说，不知孔子以前不得有经之义也"④，而刘师培却从龚氏对"六经"的明确定义中感受到学术思路的共鸣，认为"不察以传为经，以记为经，以群书为经，以释经之书为经，此则不知正名之故也"，并自注此看法"参用龚自珍《六经正名说》"⑤。撇开皮、刘二人坚守的今古文立场不论，若需解释为何同一段话出现差异巨大的悖反释读，需要梳理龚自珍心中的"孔子"定位。

龚自珍将由孔子删定而成的史家书法称为"孔氏家法"，其中可以包括两层含义：一是从流传上而言，"孔氏家法"不受阴阳灾异论的影响，表现出历史书写的真实性和可靠性，从知识论的角度最大限度地保证了"以史证道"的坚实基础；二是从源头上而言，"孔氏家法"象征了政教合一的综合

---

① 龚自珍：《壬癸之际胎观第三》，《龚自珍全集》，王佩诤校，上海古籍出版社，1999，第15页。
② 龚自珍：《六经正名》，《龚自珍全集》，王佩诤校，第38页。
③ 同上。
④ 皮锡瑞：《经学历史》，中华书局，2011，第17页。
⑤ 刘师培：《经学教科书》，岳麓书社，2013，第4页。

性原理，这种原理立足于"大一统"思想，超越于王朝更替、帝王独尊，表现出历史时间的价值凝结与意义开放。此两点正是龚氏为何重《公羊》而轻《穀梁》的原因："今夫穀梁氏不受《春秋》制作大义，不得为《春秋》配也。"① 其中"大义"，既是对"元年，春"之"天"的广覆无私、公正中道精神的继承，也是对"亲尊有别、文质互异"之伦常纲纪中的立法秩序的认可。其他"六经"之经典性亦复如是，张寿安称："龚自珍把六经当作一类特定的学问，是一种整合性的学问，有特定的诠释途径和特殊的意义。"② 一言以蔽之，以孔子为核心的"孔氏家法"，代表的是基于天地自然情感而发的人性真实，在"群而有分"之中打通"三代"隔阂，实现价值共同体的团结与永在。龚自珍将孔子视为历史"述—作"精神的承担者和过渡人，或者说是经史学以自我革新之手段保持政治原理不坠的人格化身。

另一类对"作"的理解来自"圣人制作"，强调制度的创新性和阶段性，龚自珍称之为"圣人之道"：

> 圣人之道，本天人之际，胪幽明之序，始乎饮食，中乎制作，终乎闻性与天道。民事终，天事始，鬼神假，福祺应，圣迹备，若庖牺、尧、舜、禹、稷、契、皋陶、公刘、箕子、文王、周公是也。③

在龚自珍的理解中，"圣人之道"包含着物质、精神等多方面的完备秩序，或可称之为：凡人类世界一切非自然的存在，皆可归功于"圣人"的创造。值得注意的是，在龚氏开列的"圣人"名单中，周公是"三代"有迹可循的最后一位圣人，而孔子并不在其中。

在《五经大义终始论》的论述中，龚自珍认为"五经"的篇章布局皆按照"饮食—制作—祭礼"的步骤展开。以《春秋》为例：不同于"述—作"结构中孔子赋予"元年"以历史形上学的意义，"制—作"关系成立的前提在于"元年"首先被理解为农业上的丰收："谨求之《春秋》，必称元年。年者，禾也。无禾则不年，一年之事视乎禾……元年者，从食以为纪。"④ 在

---

① 龚自珍：《六经正名答问五》，《龚自珍全集》，王佩诤校，第40页。
② 张寿安：《从"六经"到"二十一经"：19世纪经学的知识扩张与典范转移》，张寿安主编《晚清民初的知识转型与知识传播》，北京师范大学出版社，2018，第30页。
③ 龚自珍：《五经大义终始论》，《龚自珍全集》，王佩诤校，第41页。
④ 龚自珍：《五经大义终始论》，《龚自珍全集》，王佩诤校，第42页。

完成"食无灾"的果腹环节之后,为了将松散的部落民众抟成一体,具体的"制作"方才登场,其内容包括《洪范》《诗经》中的测方向、立城郭、伐木为材、明数造器,也包括《春秋》中的天子鞭蛮夷而挞六合。"制作"的成功意味着物质文明的极大提高,随之而来的就是对民众精神需求的慰藉,即政教系统的设置和名分伦常的辨别。可以看到,龚氏对"五经"的划分带有明显的《公羊》"三世说"的痕迹,其中"饮食"阶段对应据乱世,"制作"阶段对应"升平世","祭礼"(政教)阶段对应"太平世"。只是,龚氏借"三世说"仅为阐述"五经"之"大义",目的在阐释制度的自我更新与革命,这是其与庄存与、刘逢禄对《公羊》的不同之处,后者更注重《春秋》书法,若记载中出现不合"三世"书写体例者,则必有"微言"以阐之①。或许应当说,龚自珍并非严格意义上的《公羊》学者,只是借用《公羊》的外衣而抒发自己积极的政治理想;同样,龚氏借用"五经"所描绘的"三代圣人之道",亦非严格意义上的文字训诂与礼制考订,而是以此为观照,通过想象的上古而给现实弊政贩售起死回生的丹药。

结合龚自珍思想中对"作"的两种分类,我们能够直观感受到的是其对"制—作"的热情与期望,而"述—作"结构的阐释空间正孕育其中,最明显的可见于《五经大义终始论》中的第一句话:

> 昔者仲尼有言:"吾道一以贯之"。又曰:"文不在兹乎!"文学言游之徒,其语门人曰:"有始有卒者,其惟圣人乎!"诚知圣人之文,贵乎知始与卒之间也。②

从上述引文中,我们可以推断出龚氏的三种隐义:首先,"圣人之文"在文序上先于"圣人之道",如果说"圣人之道"是对人类现实存有的详细筹划,那么"圣人之文"则是对"所以如此筹划"的问题说明。其次,尽管

---

① 如庄存与在《春秋正辞》中,对"滕国"之书法有言:"滕,微国也。所闻之世始书卒,所见之世乃书葬,曷为于所传闻之世称侯而书卒?以其子来朝,思录其父,王者所不辞也"。刘逢禄亦有言:"有见三世,有闻四世,有传闻五世。于所见微其词,于所闻痛其祸,于所传闻杀其恩。由是辨内外之治,明王化之渐,施详略之文"。不过,庄、刘二人虽注重《春秋》书法,但并非"极力回避现实问题",只不过龚自珍受时代的影响,对现实问题的抨击确比庄、刘更胜一筹。(汤志钧:《庄、刘和龚、魏》,汤志钧:《清代经今文学的复兴——庄存与和经今文》,中国人民大学出版社,2015,第163~173页)。

② 龚自珍:《五经大义终始论》,《龚自珍全集》,王佩诤校,第41页。

"三代"的发展与回归：对龚自珍"以制作自为统"的命题新释

孔子不在"三代""制—作"圣人之中，却名列"三代"所有圣人的首席，并且其后学在没有区分"作"的含义之下为"三代"圣人的行为做了总结。最后，孔子既言"吾道"，又言"文在兹"，取消了"圣人之文"与"圣人之道"的隔阂，与其说仲尼学说是"一以贯之"，倒不如说龚氏对孔门的理解更接近与"文"与"道"的"以一贯之"。

"以一贯之"得以成立的前提，在于对"天"的意象溯源。无论是商周时期的卜辞祷告，还是作为文明连续象征的"上帝降德、受命于天"，都是在对"天"的认识中而开展的一系列人事活动。在章学诚的思想中，"天"是"作"得以传承和创造的根本性原理所在。

> 或曰："周公作官礼乎？"答曰：周公何能作也！鉴于夏、殷而折衷于时之所宜，盖有不得不然者也。夏、殷之鉴唐、虞，唐、虞之鉴羲、农、黄帝，亦若是也，亦各有其不得不然者也，故曰"道之大原出于天"也。孔子曰："吾学周礼"，学于天也，非仅尊周制而私周公也。①

按照章学诚的理解，无论是一般意义上列举的周公"治礼作乐"，还是孔子自谦的"述而不作"，都是对"天道"的继承和模仿，亦即对"万事万物之所以然"的"当然化"描摹——一个"述—作"徐徐展开的过程。"天道"即本身，是无谓界限的时空整体，是万物一体的大元大本，是事实与价值尚未分化的最高境界，既不仅仅属于自然有机体的部分，也不仅仅属于人为认定的神性。"天道"之下，时间分叉，世系诞生，无论是羲、农、黄帝，还是唐、虞、夏、殷，都是"天象"的作用，是统合于整全之中的分有，是浑然未显的入世生长，是完满视野中的显化。后世有了这些"不得不然者"的入世遗憾，"制—作"才成为必然的弥补，于是人为世界的意义具有了一个动态、开放、自生自成而永不停歇的可能。简言之，"述—作"保存了对先验存在的连贯化状态，而"制—作"则是对完全状态的自我检查与精神复归。

在章学诚的理解上，龚自珍进一步深入。他认为：

> 有天，有上天，文王、箕子、周公、仲尼，其未生也，在上天。其

---

① 章学诚：《礼教》，仓修良编注《文史通义新编新注》，商务印书馆，2017，第69页。

死也,在上天。其生也,教凡民必称天,天故为群言极。①

其中,"天"与"上天"在龚自珍的理解中并非同一类概念定义,"天"是域中之言的浑称,而"上天"是域外之言的默示。两种"天"的差异表明,以"天"为精神本源的生成结构包含着两种形式的转换:在认识"天"和认识世界的关联过程中,"天"逐渐通过赞美、认同的方式内化为对民众的现实伦理规范和价值引导,这是"象因境生,物随时转",更多地表现出形式与实质的动态交融;与此同时,"上天"因其恒常确定而内涵饱满,在外部境遇的生死存灭中,超越了偶然性和情境性,始终保持着状态的平衡和周全。简言之,"上天"是内嵌于"天"之中的一种精神定势。

有意思的是,在龚自珍消解了人我彼此而实现对立面统一之"上天"存在的逻辑表述中,周公和仲尼在同一视域中成为普遍平等的对象。这一处理方式,打破了经验世界对于特定事物或过程的管窥之见,在生命的往复来回之中,以无生和有生、感性和理性的互换形式而构成一个统一的整体。要而言之,"述—作"也好,"制—作"也罢,皆起于人为的流转变迁,从"上天"真实和真诚的视角观之,二者皆是"天道"整全的默示。

可以看出,倘若将"作"当成形上学的自在先验,那么"作"即"不作"——因为完美性不需要任何解释和再生,恒久性毋须经历和延续;下落到"器"的层面,如果说"制—作"是成己之于成人的意义保护,那么"述—作"就是在成人之中实现成己的永生。"述—作"结构的存在是"制—作"关系得以被需要的先决条件,也是"制—作"得以铺陈的内在价值逻辑。

二 "制作"主体的公共向度

依照对"以制作自为统"的语境分析,龚氏将"作"的主体描述为"不王不霸,而又异天"的"圣人",其中"圣人"是指:

大人之聪明神武而不杀,总其文辞者曰圣人。②

"大人"者,仗势立言,或可谓"三代"史上的"文化先觉者"。只是,

---

① 龚自珍:《壬癸之际胎观第八》,《龚自珍全集》,王佩诤校,第19页。
② 龚自珍:《壬癸之际胎观第三》,《龚自珍全集》,王佩诤校,第15页。

"三代"的发展与回归：对龚自珍"以制作自为统"的命题新释

"文化先觉者"并不代表"文化制作者"，缺少了文化主体的存在，文化的意识延展将成为虚无，故而"圣人总其文辞"之"其"为何，需做进一步讨论。

相对于"制—作"主体的不确定性，龚自珍对人类社会的初始阶段给出了一个颇具荀学色彩的解说：天地间的万物，皆以"群生"的状态"部居"而存，分为"倮人、毛人、羽人、角人、肖翘人"五大种类；"倮人"由于的力量不敌"角人"和"毛人"，为了保护自己部族的势力，需要以一定的组织规模进行抵御，于是"后政"——原始的政治结构——开始出现。① 由此可见，在龚氏的思考中，社会甫伊始即以群体高于个体的存在而呈现。并且，不同于后世的自然存在与价值存在的意义纠纷，在此，自然存在高于一切，或可言种族生命的延续高于一切。

对自然世界和人文世界的形成，龚自珍以相当豪迈的语气给出了描述：

> 天地，人所造，众人自造，非圣人所造。圣人也者，与众人对立，与众人为无尽。众人之宰，非道非极，自名曰我。我光造日月，我力造山川，我变造毛羽肖翘，我理造文字言语，我气造天地，我天地又造人，我分别造伦纪。②

从上述引文中，我们可以看到龚自珍对"众人"做了以下阐发：一、"众人"先于一切言说对象而自在；二、"众人"的意向主体称之为"我"，正是有了灵明之"我"，"众人"一词始有人文色彩；三、"众""圣"有别，其谓"对立"者，表面为多寡之争，实质则"共相、殊相皆为无尽"，尚有集合包含在其中。一言以概之，天地之中一切可言说之对象的命名与价值皆来自具有智慧灵明之群众的创造。

关于引文中所言之"我"如何理解，历来学界众说纷纭，多见将"自我"列于与"众人"的关系当中，并认为龚氏对"自我"的提倡反映了对个体私欲的保护。③ 关于这个问题，其中的论争焦点在于："众人"之"我"

---

① 龚自珍：《壬癸之际胎观第一》，《龚自珍全集》，王佩诤校，第13页。
② 龚自珍：《壬癸之际胎观第一》，《龚自珍全集》，王佩诤校，第12~13页。
③ 顾红亮认为，龚自珍"自我"观是近代主体性思潮兴起的重要源头，肯定了"自我"本体论实体化延伸中"自我情欲"的合理性和对"私利"的价值肯定。（顾红亮：《龚自珍自我观与主体性哲学的开端》，《学术月刊》2005年第8期）；陈居渊认为，龚自珍的理论"实际上是把'私欲'的'我'作为宇宙的创造者，并要以'私欲'的'我'来否定圣人，否定自古相传的'道'与'极'，而另立一套标准。"（陈居渊：《龚自珍的创作个性与思想》，《复旦大学学报》1995年第1期）。

是一个以个体为主体的自然人构成还是一个以群体为主体的文明人构成？

事实上除了作为"众人之宰"之佶屈聱牙的"我"，龚自珍在同一系列文章的另一处亦提到了对"我"的定义：

> 群言之名我也无算数，非圣人所名；圣何名？名之以不名。群言之名物也无算数，非圣人所名；圣何名？名之曰我。①

按照龚自珍对"圣人"作为"文化先觉者"之职责的理解，此"先觉者"对文化的影响来源于"群言"，"群言之名我"名以"不名"，"群言之名物"名以"我"，怎样理解此处"名我"与"名物"成为问题解答的关键。

对万物何以为此"名"，龚自珍的回答是：

> 万物不自名，名之而如其自名。是故名之于其合离，谓之生死；名之于其生死，谓之人鬼；名之于其聚散，谓之物变；名之于其虚实，谓之形神；名之于其久暂，谓之客主；名之于其客主，谓之魂魄；名之于其淳浊、灵蠢、寿否、乐否，谓之升降；名之于其升降，谓之劝戒；名之于其劝戒取舍，谓之语言文字。②

在此，龚氏一共给出了九对事物的存在状态，每对都是彼此的悖反，也都是具体的存在；九对状态皆有其可称的名称，每组名称亦以反义格象成词。可以说，"自名"者，乃事物之实然存在，可以被当作认识的对象，却无法到达言说意义的生成境界；"名之"者，实然存在的不断人格化，在行为主体的介入与推动下，状态成为一个过程，在融合事实认知与价值评价之中，成为具有普遍意义的连贯经验和道德劝诫。在这其中，"物"与"人"中间之实质与形式的隔膜逐渐衍化凝合，最终主体以感性体验的方式彰显了"物与人"的一致性："物"不仅仅是认知意义上的理性与绝对，更是在渗透了主体情感之中得以人格化的感受与认同。由此而形成的语言文字，也不仅仅是知识系统的外在传递，更是主体生命与其他所有存在的休戚与共、融合统一。

---

① 龚自珍：《壬癸之际胎观第九》，《龚自珍全集》，王佩诤校，第19页。
② 龚自珍：《壬癸之际胎观第八》，《龚自珍全集》，王佩诤校，第19页。

"三代"的发展与回归：对龚自珍"以制作自为统"的命题新释

因此，与其说"名物"是对实然世界的认知掌控与空间突破，不如说它指向的是人性境界和价值本然——一种不同于先验独立之存在的经验性道德本真。无论是生死、离合还是物变，都不能单纯地理解为实然世界的自在有无，而是灌注了人之品格的真实有机变化。在此意义上，"圣人"之"我"亦非傲然独立的个体"自我"，而是象征了沟通自然和社会、合乎人道的存在形态：人道以共在之"群"作为保护生命和绵延后嗣的存在状态，这就意味着"圣人"之"我"不是霍布斯丛林状态下的"人与人为敌"之个体紧张，而是在"人与人为伴"之中超越了孤绝生理条件限制的道德理性与感性自然的获得式统一。换言之，"群我"是"私我"存在的前提条件，也是调和"私我"差异的公共原则，以维护"大一统"为核心而运作的"群我"治理结构，其目的正是保证"私我"的基本生存权利和成为联结各"私我"之间的情感信任。

在更为深层的价值中，龚自珍理解中的"圣人"不是儒家道统意义上具体的某个人物或者某个学派，而是"群我"的表达代理人：

> 大人之听众人也，耳击之也，曰：皆然；目击之也，曰：无所否。何谓无所否？众人之名亦与名，众人之守亦与守，众人之争亦与争。[①]

尽管在龚氏的定义序列上，"大人"之神武英明低于"圣人"，只是既然"大人"对存在之"所名"皆随众人而"名"，遑论"圣人"。由此可以看出，"圣人"绝非一标新立异而与群众相脱离的自诩豪杰，而是来自"群我"之中的文辞发声人，或可称之为来自共同体中之普遍认同的发声渠道。

倘若做进一步解读，如果说"制—作"是内在于"述—作"之中的架构延伸和意义延续，那么在某种程度上，"圣人"可以被视为"群我"智慧的人格结晶和行为引领。从数量关系上来看，相对于"群我"之众多，"圣人"只是其中的极少一部分，然而这并不意味着少数的"圣人"有资格成为垄断特权的享受者和个体欲望的放纵者；恰恰相反，正是由于"圣人"来自"群我"，"群我"皆有发展个体性欲望的冲动，集合而成强大的社会性欲望发展动力，"圣人"就是代表了此种动力的全局整合与行为落实。"圣人"的重要性在于：他必须是公共性和完全性的象征，并且必须保证是整合个体欲望的目标前提和过程导向，即并不仅仅是"集私成公"的单个意向指示链条和外在行动的轨迹

[①] 龚自珍：《壬癸之际胎观第七》，《龚自珍全集》，王佩诤校，第18页。

线索，还是之所以必然"集私成公"的意义归宿和价值依托。

因此，龚自珍在讨论"自我"问题时，尽管从字面意思上表达了对"私欲"的肯定，但其实还有另一层隐藏的含义在其中：一方面，集"自我"之意向即为发展"群我"之动力，集众民之"私欲"即为形成国君之"公欲"；另一方面，"自我"必须以"群我"为衡量，"私欲"必须以"公欲"为终极。譬如在《论私》一文中，针对朝廷官员自矜"某甲可谓大公无私"，龚氏从四个方面予以批判：首先，天地日月皆有私，"天有闰月，以处赢缩之度，气盈朔虚，夏有凉风，冬有燠日，天有私也；地有畸零华离，为附庸闲田，地有私也；日月不照人床闼之内，日月有私也"①；其次，古来圣明帝王皆有私，其所劬劳者在于"庇我子孙，保我国家"②；再次，人禽之异的本质在于人懂得亲属厚薄之分，内外隐私之别，其中讽刺的是"过从宴游，相援相引，款曲燕私之事"③，邀名卖直，不过皆虚伪脸面；最后，《诗经》中有"先私而后公"、"先公而后私"、"公私并举"及"公私互举"④四种不同情况，需要做细致梳理。从文章的内容上来看，似乎龚自珍无一处不在于认同各种"私"存在的必要性和合理性；但是换个角度，从文章的结构上来看，无论是"天地之私""圣王之私"也好，"人之隐私""《诗经》论私"也罢，这四项都有一个公共的逻辑前提，即对作为载体的"天地"、"圣王"、"人"及"《诗经》"本身具有的抽象公共性的普遍认同。换言之，唯有活动在公共意象之中，各种具象之私欲才能名正言顺地表露。

沟口雄三指出，清代弥漫的"人欲自然"这一与传统儒学相异反的用语，语境前提在于高层次的"公"的变化：

> 我们要特别注意的是，这一廓然大公、人己为一，在宋代，是士大夫一己内的道德性的公，即视人己为一的主观性的公，但到了明末是作为万人各得其所的社会性的"公法"，而这一"公法"出于传统的天理自然观念，将廓然大公、万物一体看作是先在的天理之自然。⑤

---

① 龚自珍：《论私》，《龚自珍全集》，王佩诤校，第92页。
② 同上。
③ 同上。
④ 龚自珍：《论私》，《龚自珍全集》，王佩诤校，第92~93页。
⑤ 〔日〕沟口雄三：《中国的公与私·公私》，郑静译，生活·读书·新知三联书店，2011，第25页。

"三代"的发展与回归：对龚自珍"以制作自为统"的命题新释

明末这一由自然之"天理大公"向社会之"人际公法"的转型经过，在清代思想中发挥着持续的影响。不论是顾炎武在《郡县论》中主张的圣人"用天下之私以成一人之公而天下治"①，还是戴震将王道描述成为"圣人治天下，体民之情，遂民之欲，而王道备"②，皆以一个公共的抽象意象作为论述的假设，这一"意象"从宋明理学的维度可称为"天理"或者"理一"，从社会人际的维度可称为"群我"或者"万民"，总之是没有区分的所有完全。只有在这所有完全之中，"物分"或者"私我"方可证得存在的应然与发展的应当，亦方可证得个体即是整体、私利当为公利之前提、这一结论相一致的思维推衍。龚自珍上承清代中前期的学术路径，对于"私"的历史与社会学认识与前辈多有相似；稍有差异的地方，大概在于龚氏放大了"私"的前提，侧重于对"公"中之"私""群"中之"我"的挖掘，而不仅仅是含义模糊的"合私成公"。

在此理解之上，与其说是面目两可的"圣人以制作自为统"，不如说是主体明确的"群我以制作自为统"。"圣人"不再是某一类政权、神权或者知识权垄断的特定代表，而是内在于群众之中，以群众的思考和取向为汲取之营养，是人民精神的浓缩和全体步伐的口号。"圣人也者，与众人对立，与众人为无尽"③，不是圣人与众人的道德对立，也不是众人的平淡无奇与圣人的天命眷顾的对立，而是相较于普遍意义上的"众人"而言，"圣人"是"众人"的抽象化身，是民意的载体渠道，是公共的个体呈现，"圣人"来自"众人"而复归于"众人"，成就"众人"而所以成就"圣人"，人民无尽，圣人无尽。是故，圣人之心同乎万民之心，圣人之名皆是万民之名，圣人制作即为万民共作。

三 "自为统"中的"三代"经史精神

在龚自珍的讨论中，"自为统"是基于"天异以制作"为先决条件而展开的。与"自为统"密切相关的，主要是公羊学的"三统说"。按照董仲舒的理论设计，"王者必受命而后王。王者必改正朔，易服色，制礼乐，一统

---

① 顾炎武：《郡县论五》，黄珅、严佐之等主编《顾炎武全集（21）》，上海古籍出版社，2011，第60页。
② 戴震：《孟子字义疏证·理》，《戴震集》，上海古籍出版社，2009，第275页。
③ 龚自珍：《壬癸之际胎观第一》，《龚自珍全集》，王佩诤校，第12页。

于天下，所以明易姓，非继人，通以己受之于天也。王者受命而王，制此月以应变，故作科以奉天地，故谓之王正月也"①。王者为了证明自己是顺应天道、"受之于天"的易姓新王，必须通过"改正朔，易服色，制礼乐"的途径方能有"一统于天下"的号令资格。其中，夏、商、周"三代"做了如下"改制"：夏，以建寅为岁首，色尚黑，正黑统；商，"应天变夏作号殷"，以建丑为岁首，色尚白，正白统；周，"受命而王，应天变殷作周号"，以建子为岁首，色尚赤，正赤统。②"三正以黑统初"③，故而董仲舒认识中的孔子"《春秋》应天作新王之事，时正黑统。王鲁，尚黑，绌夏，新周，故宋"④。可以说，董仲舒的理论创说，为汉武帝的"改制"提供了历史经验的借鉴，对于推动汉王朝的经史连贯性和制度新异化起到了铺垫作用。然而，董氏对于"三统说"的问题在于，"不说明是由具体史实变化归纳而得，而采用了相反的逻辑方法，说成演绎而得。于是这一理论颠倒过来，成为由夏、商、周三统不同，故有正朔、服色、迁都、作乐的不同；不幸又由于当时科学认识水平的限制和有意识宣言'天命论'，更使'三统说'蒙上神秘的色彩"⑤。

鉴于董仲舒的认识局限和逻辑倒置，龚自珍抛弃了其中的怪力乱神，从经史学的脉络出发，强调"三统论"中"存二王之后"的重要性：

> 古之王者存三统，国有大疑，匪一祖是师，于夏于商，是参是谋。⑥
> 圣者虽有天下，功德为百世祖，犹且考三王，存三统，奉二王之后，与己而三，毋是傲弃，以章文质循环之大本。⑦

龚氏从两个方面对古时"存二王之后"的举措给出解释：一是"器用"层面的必要性。与"宾宾"相类似，"二王之后"是古代政教知识的掌握者之一，也是具体古史的经历者之后，对其优待有助于为新朝的治理难题出谋划策。二是"天道"层面的必要性。"二王之后"不仅是历史真相的知情人，还是"历史之道"的见证者，是作为集体共有之历史世界的精神象征。圣者创

---

① 苏舆：《春秋繁露义证·三代改制质文第二十三》，中华书局，1992，第185页。
② 苏舆：《春秋繁露义证·三代改制质文第二十三》，第185~187页。
③ 苏舆：《春秋繁露义证·三代改制质文第二十三》，第187页。
④ 苏舆：《春秋繁露义证·三代改制质文第二十三》，第187~189页。
⑤ 陈其泰：《清代春秋公羊学通论》，华夏出版社，2018，第25页。
⑥ 龚自珍：《古史钩沉论二》，《龚自珍全集》，王佩诤校，第23页。
⑦ 龚自珍：《祀典杂议五首》，《龚自珍全集》，王佩诤校，第103页。

造新世，却无法创造"三代"时间，亦无法建构空无所凭的价值空间，新世之"新"，是一个关乎断裂中的连续和变化中的永恒的问题，倘若仅以"新"义立国，则国将无归，民将无附。在此，"二王之后"是来自"天道"的声音，也是"天道"不断证成的经验尺度，唯有"奉二王之后"，历史时间方能成为连续的历史经验，新朝方能将文质的循环打通而成为历史记忆的一贯。

相较于董仲舒以结论而推过程的论述方式，龚自珍更接近于以史实钩沉史义。这种将立法立教的现实性融合在文明的整全性和"天道"的完形性之中的思考，使得龚氏将自己的改革思想奠基于坚实的"历史之道"中。不论是激烈猛进的革命以至于改朝换代，还是温和稳健的制度修正，其本质都是一种回归，一种将"天道"等于"历史之道"的无外印证，一种即经验即先验的同轨合辙。

正是在坚信"三统论"为经史学必不可少的思想背景之下，龚自珍的公羊"三世说"才能呈现出秩序的自生与自成。有人问他："《礼运》之文，以上古为据乱而作，以中古为升平。若《春秋》之当兴王，首尾才二百四十年，何以具三世？"① 显然，对于《春秋》一书言尽"三世"，时人多视为狂妄，龚自珍对此的回答是：

> 通古今可以为三世，《春秋》首尾，亦为三世。大桡作甲子，一日亦用之，一岁亦用之，一章一蔀亦用之。②

可见，虽然龚氏借用了《公羊》"三世说"的理论资源，但是前提是对古今历史一以贯之的全面认识，其中贯穿着的正是对"三统论"何以必坚持"存二王之后"之意义链的具体落实。倘若对龚自珍之"三世说"缺少了对以"三统论"为先决条件的重视，则难免有"虚诞欺人""不知量"③ 的

---

① 龚自珍：《五经大义终始答问八》，《龚自珍全集》，王佩诤校，第48页。
② 同上。
③ 陈澧评价龚自珍所作《五经大义终始论》说："凡人学问深浅，当有自知之明。读书十年二十年，潜心研究，就其所学以为文章，或高或下，总有可取。若动于客气，欲以虚诞欺人，当知不可欺者不少，适为所笑而已。此学者之大戒也。以孔子至圣但为《易传》七十子以下，至汉之大儒所著者《礼记》、《春秋传》、《书大传》、《诗传》、《外传》，从无极五经主义以著论者，但观此题，即知其人之无学问，直狂妄而已，此之谓不知量。"（陈澧：《定庵文评》，孙文光、王世芸编《龚自珍研究资料集》，黄山书社，1984，第74～75页）。事实上，结合本节分析可知，陈澧对龚自珍此文的批评并不能成立，不是"虚诞欺人"，而是建构于经史相续之上；不是"不知量"，而是统贯历史精神之宏量。

307

误解。

在"三统论"的背景下,龚自珍的"三世说"不再拘泥于《春秋公羊传》一家之说,而是推而广之,认为五经皆有"三世之法",事事皆有"三世之法",更具新意的开创则是,"《洪范》八政配三世,八政又各有三世"①。不得不承认,此种打破一《传》家法而将其遍用各经的论述,是一个大胆的尝试,也是一种灵活的改造。②"三世说"本是一通过书面文字表达而传递的礼义精神,《春秋公羊传》称之为"异词":"所见异辞,所闻异辞,所传闻异辞。"③目的在于以史实为参照而达到拨乱反正的礼治效果。《春秋繁露·楚庄王第一》篇中,董仲舒将《春秋》十二世按照距离孔子所在年代的时间远近,分为三等,"有见、有闻、有传闻"④,"于所见,微其辞,于所闻,痛其祸,于传闻,杀其恩,与情俱也"⑤。其中,"等"者,主要是从伦理亲疏的角度考虑而将十二世划分为三种不同的情感体会;"世"者,主要是指鲁国一公的在位时间。⑥可见,董氏之时,"三等"尚未完全同于"三世"。东汉何休之时,结合胡毋生和董仲舒之论而加以阐发,认为"于所传闻之世,见治起于衰乱之中……于所闻之世,见治升平……至所见之世,著治大平"⑦,正式以"三世说"命名"异辞"各阶段,并以"渐进"义和"改制"义解读各世象征的内涵,公羊学由此而呈现出王道广被的道德教化进程。到了龚自珍这儿,尽管仍采用"三世说"的叙论框架,却将道德进程扩充为制度文明进程:

食货者,据乱而作。祀也,司徒、司寇、司空也,治升平之事。宾

---

① 龚自珍:《五经大义终始答问一》,《龚自珍全集》,王佩诤校,第46页。
② 根据龚自珍在《六经正名》一文中的思考,有"以经归经、以传归传"之义,但一则《六经正名》成于1833年,《五经大义终始论》成于1823年,前者继承于后者而稍有改变;二则《六经正名》的核心论述并不影响《五经大义终始论》中的义理发挥,或者说前者属于对经学体制的正统恪守,后者属于义理思想的沿革创新,但本质都可归结为追求对中华文明核心价值成长的关切。
③ 李学勤主编《春秋公羊传注疏·哀公十四年》,北京大学出版社,2000,第717页。
④ 苏舆:《春秋繁露义证·楚庄王第一》,第9页。
⑤ 苏舆:《春秋繁露义证·楚庄王第一》,第10页。
⑥ 关于"三世"与"三等"的差异,详见阮芝生《从公羊学论〈春秋〉的性质》,华夏出版社,2013,第81~82页。
⑦ 李学勤主编《春秋公羊传注疏·哀公十四年》,第31页。

"三代"的发展与回归：对龚自珍"以制作自为统"的命题新释

师乃文致太平之事，孔子之法，箕子之法也。①

按照龚氏的理解，"据乱世"、"生平世"和"太平世"不仅仅是关乎伦理价值的厚薄详略，更是物质建设逐渐完备的过程。仅就这一点而言，与其说龚自珍是严格规范上的公羊学家，不如说他是以经史致用的经世学家。

另外，龚自珍未完全放弃董仲舒对"三等"的判断，只是其所谓"三等"，并非伦理之义，而是世风之变：

吾闻深于《春秋》者，其论史也，曰：书契以降，世有三等，三等之世，皆观其才；才之差，治世为一等，乱世为一等，衰世别为一等。②

引文中有两点值得注意：一是"三等"划分是史家根据现实社会状况而给出的历史事实引鉴。也就是说，"三等"说虽然来自公羊学的论说框架，但却不离"三统论"的历史精神。二是"三等"判立的依据是人才的优劣。其中，"衰世者，文类治世，名类治世，声音笑貌类治世"，"当彼其世也，而才士与才民出，则百不才督之缚之，以至于戮之。戮之非刀，非锯，非水火；文亦戮之，名亦戮之，声音笑貌亦戮之"③。很明显，这是龚氏对所处衰世时代的切身感受，在如此的人才待遇之下，"起视其世，乱亦竟不远矣"④。因此，"三等"的顺序应当是：治世为一等，衰世为一等，乱世为一等。

如果说"三世"是对物质文明逐渐进步的赞扬和渴望，那么与之顺序几乎相反的"三等"可谓是充满了对现世的焦虑和批判。应当说，正是因为衰世的暗沉无光，"三世"才成为龚自珍改革社会的理想目标和施展步骤。从这个角度来看，公羊学在龚自珍的思想中，更多地充当的是框架搭造的角色，而非义理的核心，这再次证明了龚氏不可被简单地归为公羊学意义上的传人。

龚自珍的义理核心在于以"天道"为依归、依照经史学而叙述的"三统论"，这就不难理解为何龚氏一方面积极倡导物质渐进主义，另一方面却始终不离历史循环的"三代"：

---

① 龚自珍：《五经大义终始答问一》，《龚自珍全集》，王佩净校，第46页。
② 龚自珍：《乙丙之际箸议第九》，《龚自珍全集》，王佩净校，第6页。
③ 同上。
④ 龚自珍：《乙丙之际箸议第九》，《龚自珍全集》，王佩净校，第7页。

> 万物一而立,再而反,三而如初。天用顺教,圣人用逆教。逆犹往也,顺犹来也。生民,顺也。报本始,逆也。①

"顺教"者,万物如其实而是,各顺其生而成,无待修饰,自然纯朴而成生机盎然;"逆教"者,集万物之精神而归之于一,分拢各处而统全于元;"顺教"是天道的自我化身,"逆教"是对天道所以如此的印证。一顺一逆,一来一返,这是"天道"之为根本的教化依据,也是"三世"改革的根本参照。

在龚自珍的世界中,经史学应当是在基于历史政治经验的总结之中产生,进而对现实活动发挥作用的一种指向功能;同时,这种指向功能又必须具备分有于全体而复归于完整的可能。可以说,经史学初生,就以人文理性为思考形式,承担了政治教化的责任;与此同时,由政治教化积累而来的经验,又反向哺育经史学的自我成长。正如钱穆先生所言:"……故中国经史之学,可谓即中国之政治学。"② 这一定义的文本场合是为了将中西方政治学进行差异比较,并就中国古典政治学之名实问题做一细致梳理,但这并不妨碍理解"经史学"的根本作用——经史学的呈现,本质上是一种"政治精神"的建立,一种诞生于"天道"的"天象",一种时时刻刻以"天道"为参考系的前进。因此,"三统"、"三等"、"三世"及"三代",皆以"三"为立论之始,其中的道理就是:"三代政治文化传统的不同,恰恰构成天道适应历史变化而变化的完整体现,是'天道'经历穷变通久的一个完整过程……当'三代'成为'三统',成为'天道'在变化中的完整体现,中国文明的价值根基、根本定向也就成形了。"③ 总体而言,"三代"视域下的龚自珍"大一统"思想,一扫蒙盖于"天授君命"之上的神秘面纱,使得"天道"成为至公无私的本源价值。

作为中华民族历史开端的"三代"文明,从来都不是仅仅属于帝王将相的书写记载,而是包括了你我他在内的全体民众、所有民族在实践中诞生的智慧、形式与方法,它来自一朝一代的特殊命运,又以超越的姿态将所有的

---

① 龚自珍:《壬癸之际胎观第五》,《龚自珍全集》,王佩诤校,第16页。
② 钱穆:《现代中国学术论衡》,钱宾四先生全集编委会整理《钱宾四先生全集25》,台北:联经出版事业有限公司,1998,第209页。
③ 张志强:《"三代"与中国文明政教传统的形成》,《文化纵横》2019年第6期。

经验衍化成为共同的回答。无论是宾主共享共治的语言知识,还是以"述—作"为框架的"群我"经史学的谱写,都是内在于"三代"生命之中、包含着自我实现动力的"历史之道"。

不仅如此,"三代"同时也是"天道"的身份定义。子所罕言,性与天道;非不言也,"三代"皆为"天道",无可言也,实可行也。"三代"者,以廓然大公为核心,以政教相维为支撑,以天道为价值归元,由之成为中华文化的发轫源泉。

清华国学

莘莘年少子，相期共艰危*

——1920年代的梁启超及其教学生活

黄 湛

（清华大学国家研究院　清华大学哲学系）

1917年11月，梁启超卸任段祺瑞政府财政总长一职，于1918年底，偕同蒋百里、丁文江、张君劢等人，从上海启程，展开了酝酿一年的欧游计划。此次远行，历经伦敦、巴黎、比利时、荷兰、瑞士、意大利、德国诸国，并于1920年3月归国。《欧游心影录》就是梁启超对这一年多来欧游经历的观感纪闻，从中可以发现梁氏心境的转变：目睹一战后欧洲空前失落萧条的景象，梁启超开始重新审视西方社会，反观和重估中国固有文化，由此催生出晚年的教育思想。故丁文江等人为梁氏所作年谱，谓欧游"是为先生此后致力于教育事业的起点"。[①]

近人为梁氏作传，一般根据其政治活动、学术思想，将梁氏一生划分为四个时期，每个时期都有特殊的贡献与影响。第一期自万木草堂到戊戌变法，是"通经致用"时期；第二期为立宪请愿到辛亥革命，是为介绍西方思想，并以新方法批评中国传统学术时期；第三期为参与内阁、兴师讨袁至欧游以前，是为"纯粹政论家"时期；第四期为入校讲学、专力学术时期。[②]

---

* 两句出自梁启超《甲寅冬假馆著书于西郊之清华学校成〈欧洲战役史论〉赋示校员及诸生》。该诗作于1914年冬，其中有："莘莘年少子，济川汝其楫。相期共艰危，活国厝妥帖。"见梁启超《饮冰室合集·文集之四十五（下）》，中华书局，2015，第71页。

① 丁文江、赵丰田编《梁启超年谱长编》，上海人民出版社，2009，第553页。近年清华大学国学研究院开展"院史工程"，编纂清华国学院师生、职员的文存。其中，《梁启超文存》即以《欧游心影录》为节点，收录梁氏此后与学术、教育相关的重要文章。刘东、翟奎凤选编《梁启超文存》，江苏人民出版社，2012。

② 参见张荫麟《近代中国学术史上之梁任公先生》，载夏晓红编《追忆梁启超》（增订本），生活·读书·新知三联书店，2009，第84页；另见徐佛苏《记梁任公先生逸事注》，载丁文江、赵丰田编《梁启超年谱长编》，第775页。

20世纪20年代,步入晚年的梁启超,似已过了人生的全盛期。此时的他虽在社会上仍极具名望,但政治上的黯淡收场以及思想上趋于保守,已不再如早年一样能够引领风尚,成为青年人崇拜的偶像。或许正是因为这些既有的认知,人们仅关注任公晚年的治学成果,却容易忽视其具体的生活和经历,并从中体察任公心境的变化及其思想主张背后的情感寄托。

一 文献与德性:治国学的两条大路

梁启超在学术研究和讲学教育上夙具心得,欧游归国后,即决心不再过问政治,专心教育事业,着手承办中国公学,同时组织共学社和讲学社,又整顿原研究系的杂志《解放与创造》(更名为《改造》)。其中,讲学社的主要工作是邀请国际学术名家来华讲学。在梁启超的领导下,讲学社先后请来美国哲学家、实用主义大师杜威,英国哲学家罗素,德国生机主义哲学家杜里舒,和印度诗人、哲学家泰戈尔。从"四大名哲"在世界文化史上的崇高地位,可见讲学社的学术品位和工作成果。

尽管欧游让梁氏错过了国内如火如荼的五四运动,但到了20年代,新文化运动余波未了,大江南北仍充斥着"打倒孔家店""全盘西化"的口号,传统文化被视为不适应现代文明社会、保守落后的"旧文化"。梁启超对传统文化的提倡,正是为了纠正这种极端的西化论。新文化运动中,新青年们把西方科学抬到至高无上的位置,梁启超却要为传统文化发声。胡适后来就说:"自从中国讲变法维新以来,没有一个自命为新人物的人敢公然毁谤'科学'的,直到民国八九年间梁任公先生发表他的《欧游心影录》,科学方才在中国文字里正式受了'破产'的宣告。"[1] 胡适的说法或许有些夸大其词,其批评旨在说明,梁启超作为文化舵手、广大青年的引导者,他对西方文明的批评可能会导向一种极端——蔑视科学的"不良"效应。

实际上,在崇尚学术研究的"科学精神"上,梁启超与胡适志同道合,这一点就国学而言,特别体现在两人对乾嘉治学"科学方法"的阐扬上。早先胡适《戴东原的哲学》、梁启超《清代学术概论》已对戴震的"科学方法"及其哲学有一番深入讨论。在两人的努力下,学界兴起一股"戴震热"。

---

[1] 胡适:《科学与人生观》,载《胡适全集》第2卷,安徽教育出版社,2003,第196页。

1923年10月，梁启超发起"戴东原生日二百年纪念会"，一个月后，尚在上海的胡适致书表示愿赴此会，并言及东原遗像坊间不传，已托人向其族中求索（东原为休宁人，胡适祖籍绩溪，两人是徽州老乡）。① 在研究思路和学术评价上，两人都强调戴震反程朱理学、批判宋学的特质；同时认为戴震在治学方法上吸收了传统考据学和西方科学，具有"科学精神"。不过据说到了纪念会那天，《晨报》特别印刷专刊，场内散发的全部都是梁启超一人的文章。开会时，他又几乎独占了两小时的讲演时间，只给胡适留下十分钟，并介绍说："现在请不讲理的胡适之，来讲不讲理的戴东原!"② 不知任公如此"霸道"，胡适做何感想。抑或两人事先有所商量，亦未可知。

来到清华国学院之前，梁启超正筹备办一所"文化学院"，培养国学人才。最终因缺乏资金，未能成事。清华国学院的办学宗旨与他一直以来振兴国学的想法不谋而合，故当即应允国学院的邀请。1923年初，曾有一个清华学生前往天津，告诉梁启超清华学生苦于无人指导国学，并向他请教哪些学者可堪清华国学导师之任。梁启超则告以无人可选——如此回答，是由于梁氏认为学问渊博者多，但教育未必得法。③ 他心中实已形成一套成熟的教育理念，按照他自己的话也可以理解成：一种科学的教育方法。这套方法早先呈现在《治国学的两条大路》中。这是梁启超1923年在东南大学国学研究会的一次演讲。他指出，治国学应遵循"文献的学问"和"德性的学问"两种门径。其中，"文献的学问"运用客观方法加以研究；"德性的学问"则通过内省和躬行的工夫来完成。④ 科学方法和道德修养是梁启超晚年提倡的并行的学术宗旨。他在给清华国学院学生做演讲时，对这一学术宗旨做了更明确的说明。

> 我这两年来清华学校当教授，当然有我的相当抱负而来的，我颇想在这新的机关之中，参（掺）合着旧的精神。吾所理想的，也许太难不容易实现：我要想把中国儒家道术的修养来做底子，而在学校功课上把他体现出来。在已往的儒家各个不同的派别中，任便做那一家，那都可

---

① 胡适：《致梁启超》，载《胡适全集》第23卷，第416页。
② 梁容若：《梁任公先生印象记》，载夏晓红编《追忆梁启超》（增订本），第284页。
③ 《与梁任公先生谈话记》，《清华周刊》第271期，1923年3月1日，第20～22页。
④ 梁启超：《治国学的两条大路》，《晨报副刊》1923年1月15日，载刘东、翟奎凤选编《梁启超文存》，第373页。

以的，不过总要有这类的修养来打底子；自己把做人的基础，先打定了。吾相信假定没有这类做人的基础，那末做学问并非为自己做的。至于智识一方面，固然要用科学方法来研究，而我所希望的是：科学不但应用于求智识，还要用来做自己人格修养的工具。①

梁氏坦言自己到清华国学院任教，是要借此实现教育理想和抱负。自从新文化运动鼓吹"德先生"与"赛先生"（民主与科学）以来，中国传统学术——特别是儒家思想——成为封建、愚昧的代名词。梁启超试图打破这种偏见，一方面强调应在学术研究上秉持科学方法，"在学术界上造成一种适应新潮的国学"；另一方面身体力行，宣扬磨砺人格的重要性，希望与一班弟子共建国学的精神，"在社会上造成一种不逐时流的新人"。②

在那些受其启蒙的"新青年"看来，梁启超竟落入文化"保守"的窠臼。但是，与当时从未涉足欧美大陆、未尝了解西方文化的"旧派学者"相比，梁启超实在不能算是"传统知识分子"。30年前鼓吹变法改革时，梁启超就以介绍西洋文化为务，启蒙思想，创造新民。只不过在详细了解西方文明之后，梁氏回过头来，比任何人都对本国文化抱有温情，甚至不讳言："只要旧的是好，守旧又何足诟病？"他所谓的好与坏，取舍标准不在于本国传统还是舶来品，而在于文化价值本身。从这一点看，国学相比西方先进的科学，自有其特别的长处，这也正是国人建立文化自信的根源所在："我们中国文化，比世界各国并无逊色。那一般沉醉西风，说中国一无所有的人，自属浅薄可笑。"③ 梁氏在充分了解西方文化的基础上，对中西文化比较后所进行的深刻反思，绝不是盲目排外一类学者所可企及的。他反对的其实更应该说成是一种"轻下批判"的态度，对国学也好，西学也好，都应予以全面周到的考察。

同样是在1923年，梁启超在策划创办文化学院所作宗旨中，曾给国学研究的大课题列出一张详细的清单，其中写道：

> 启超确信我国儒家之人生哲学，为陶养人格至善之鹄，全世界无论

---

① 周传儒、吴其昌：《北海谈话记》，载刘东、翟奎凤选编《梁启超文存》，第692页。
② 周传儒、吴其昌：《北海谈话记》，载刘东、翟奎凤选编《梁启超文存》，第697页。
③ 梁启超：《治国学的两条大路》，载刘东、翟奎凤选编《梁启超文存》，第381页。

何国无论何派之学说，未见其比。在今日有发挥光大之必要。

启超确信先秦诸子及宋明理学，皆能在世界学术上占重要位置，亟宜爬罗其宗别，磨洗其面目。

启超确信佛教为最崇贵最圆满之宗教，其大乘教理尤为人类最高文化之产物，而现代阐明传播之责任，全在我中国人。

启超确信我国文学美术在人类文化中有绝大价值，与泰西作品接触后当发生异彩，今日则蜕变猛进之机运渐将成熟。

启超确信中国历史在人类文化中有绝大意义，其资料之丰，世界罕匹，实亘古未辟之无尽宝藏，今日已到不容扃镉之时代，而开采须用极大劳费。①

以上述五事为基础，本国学术为"内发的心力"，培养国民"新元气"，进而"创造新中国"——这是梁启超由学术以至于经世致用的教育兴国方针。他观察到，当时全世界正处于"怀疑沉闷时代"，中国在精神和智识方面都足以贡献全人类。西方科学固须重视，但国人不应妄自菲薄，鄙夷传统文化。知识分子在任何时期都应保持头脑清醒，偏执守旧或者盲目崇洋媚外都不是客观科学的态度。值逢举国崇尚西学，趋之若狂之际，梁启超即以发明整理本国学术为自己应负的教育义务，他说："启超虽不敢自命为胜任，然确信我在今日最少应为积极负责之一人；我若息弃，无以谢天下。"② 由于对本国文化抱有充分自信，其从事研究方能投入完全的热情和精力。也只有纯粹的不计个人名利的教育信念，才能不惧怕受到万众的非议以及自诩进步知识分子的诬蔑。梁启超同时也清醒地认识到，教育事业非他一人发宏愿即可促成，必须集合相当学力的同志，培养热心兹业的青年，做好长期奋斗的准备。事实上，直到去世，梁启超都在贯彻这一理想，为此孜孜不倦，鞠躬尽瘁，死而后已。

梁启超所划定的"两条大路"，在他日后执教清华国学院时，完全展现在课程讲义和指导研究中。历史是"文献的学问"中"最浩博、最繁难而且最有趣的"，也是他晚年投入最多心力的研究领域。至于如何研究历史，他认为应

---

① 梁启超：《为创设文化学院事求助于国中同志》，《晨报》1923年1月21日，载刘东、翟奎凤选编《梁启超文存》，第389页。
② 梁启超：《为创设文化学院事求助于国中同志》，载刘东、翟奎凤选编《梁启超文存》，第390页。

借助中国丰富的文献史料,加以西方的科学方法,"只要把这种方法运用得精密巧妙而且耐烦,自然会将这学术界无尽藏的富源开发出来"①。梁启超在1922年即已完成《历史研究法》这部名著,几年后到清华及其他学校,又陆续开设"中国近三百年学术史"、"中国文化史"、"历史研究法"和"读书法及读书示例"等课程,这些讲义稿后来都刊行成书,成为梁氏晚年学术著作的主体。在国学院任教时,梁启超又设立中国文学史、中国哲学史、宋元明学术史、清代学术史、中国史、史学研究法等研究领域,供学生选择专题完成论文。②

针对"德性的学问"门径,梁启超在清华国学院任教时,除了平日演讲中不厌其烦地宣扬道德修养的重要性,还专门就系统讲授"儒家哲学"一课做理论的说明。③梁启超认为,在哲学领域中,西方的形而上学虽有其独到之处,但讲到人生哲学,难望国学项背。所谓人生哲学,即以人生为出发点思考各种问题。儒家讲宇宙人生不可分,"宇宙的进化,全基于人类努力的创造"。儒家又讲求"仁"的人生观和人格的社会群体性,即人类之间精神相通,通过内省的工夫进行体验,进而躬行实践,提升个体的人格,以此作为社会整体人格进步的动力。此外,佛教自传入中国以来发展壮大,形成一套独特的哲学。虽讲出世,但中国的佛教在宇宙人生的问题上却与儒家哲学一样,都追求"一大人格实现之圆满相,绝非求得少数个人超拔的意思"。儒佛也同样以"自由之精神"作为人生的境界,"把精神方面的自缚,解放净尽,顶天立地,成一个真正的自由的人"。在梁氏看来,人格修养不仅是学术的重要组成部分,且是"国学里头最重要的一部分"。④

二 来到清华:既开风气又为师

三江五岭钟灵气,惯会八方风雨。草堂万木开经筵,一时豪杰如

---

① 梁启超:《治国学的两条大路》,载刘东、翟奎凤选编《梁启超文存》,第374页。
② 学生中如姚名达、吴其昌、谢国桢,即分别从梁氏研究"章实斋之史学""宋代学术史""清代学术史征"。《研究院纪事》,《国学论丛》第1卷第1期,1927年6月,第299~302页。
③ 课程内容涉及"儒家哲学是什么"、"为什么要研究儒家哲学"、"儒家哲学的研究法"、"二千五百年儒家变迁概论"和"儒家哲学的重要问题"(性善恶、天命、心体)等方面。参见梁启超《儒家哲学》,载刘东、翟奎凤选编《梁启超文存》,第701页。
④ 梁启超:《治国学的两条大路》,载刘东、翟奎凤选编《梁启超文存》,第376、381页。

许。扬南海，抑中山，高睨雄谈如龙虎。维新未遂，算滇南护法，马厂誓师，平生志半吐。

廉颇老，晚年息影清华，遍释群经诸史。春风桃李三千人，黔发朱颜玉树。凌云志，生花笔，甚似五星聚东鲁。鹅湖盛会，朱陆各扬镳，独步杏坛，呼王陈共语。①

这是清华国学院的学生周传儒为悼念导师梁启超所作的《摸鱼儿》，完整地呈现了梁氏一生各阶段的重要行迹。词的上阕总结梁氏从事政治的过往，下阕则是对其晚年到清华国学院担任导师的描写。1925 年，清华学校成立研究院国学门，简称"清华国学院"。② 聘王国维、梁启超、陈寅恪、赵元任、李济为导师，五星繁奎，盛比鹅湖。梁启超讲儒家哲学、历史研究法等课，又在大学部讲中国文化史，同时为燕京大学讲古书真伪及其年代，实为一生用力最专、治学最勤、写作最富的时期。

清华大学始建于 1911 年，由一所留美预备学校成为中国著名高等学府。1925 年 2 月，先是"学衡派"领袖吴宓出任清华国学院的筹备主任。导师人选吴宓心中早已锁定王国维、梁启超两人。他最早接触的是住在京城的王国维，不久后，又赶赴天津，亲自谒见梁启超。梁氏当时住在天津河东旧意租界玛尔谷路的花园洋房（二楼房间即"饮冰室"，供梁氏写稿作文之用）。吴宓拟聘梁启超，不仅考虑到梁氏具有良好的社会和学术声望，与当时不少人的经历一样，吴宓少时即得梁氏"启蒙"，素有崇拜之心，他说："儿时读《新民丛报》，即于梁任公先生倾佩甚至。梁先生之行事及文章，恒大影响我的思想精神。"③ 两人在一番洽谈之后，梁氏即表示"极乐意前来"。

清华学校坐落于北京西郊，其中游泳池、图书馆、科学馆和大礼堂为近代著名建筑。园内旧有建筑则有工字厅及古月堂，后临荷池，石山起伏，松柏环绕，名曰"水木清华"。位于东侧的清华学堂，则是学校重要的办公场所和师生活动场所。梁启超执教清华后，入住于北院 2 号。北院在当时是校

---

① 周传儒：《史学大师梁启超与王国维》，载夏晓红编《追忆梁启超》（增订本），第 324~325 页。
② 当时"清华学校"正转型为新制大学，原打算把研究院与大学部一起筹办，建立与本科相衔接的多科研究院。但因经费所限，以及根据国内文化教育事业发展现状，考虑到其时国学研究"尤为重要"，便决定先设国学门一科。
③ 吴宓：《吴宓诗集·空轩诗话》，中华书局，1935，第 149 页。

内造价最高、设备齐全的别墅式洋房,建校之初专为外籍教师居住,故又有"外国地"或"小租界"的别称。梁启超任教的年代,只有国内极少数最有声望的中国学者才有资格居住,可见清华对梁氏的重视。

梁启超与清华渊源颇深,早在 1914 年,梁启超就假馆清华学校著书①,清华校训"自强不息,厚德载物"亦来自梁氏当年在清华的演讲。其中,梁启超勉励学生树立远大理想,培养"完全人格",做"真君子":

> 英美教育精神,以养成国民之人格为宗旨。国家犹机器也,国民犹轮轴也。转移盘旋,端在国民,必使人人得发展其本能,人人得勉为劲德尔门(笔者按:英文 gentleman 绅士的音译),即我国所谓君子者。……《周易》六十四卦,言"君子"者凡五十三。乾、坤二卦所云尤为提要钩元(钩玄)。乾象曰"天行健,君子以自强不息"。坤象曰"地势坤,君子以厚德载物"。推本乎此,君子之条件庶几近之矣。②

所谓君子,一方面应志愿宏大,具有坚忍强毅的精神,于逆境中不屈不挠,见义勇为;另一方面,还应宽以待人,气度雍容。于此乱世之中,作为留美预备部的清华学校集合四方俊秀,崇德修业,师友间切磋学问,互相促进。以本国学问为根柢,他日海外游学,方有能力学习西方知识和文明,进而为国家社会做出贡献,"挽既倒之狂澜,作中流之底柱"③。

1925 年 9 月 9 日,清华国学院第一期正式开学。开学典礼于上午举行,下午全体师生到工字厅举行茶话会,会议由吴宓主持,梁启超、王国维、赵

---

① 梁启超于 1920 年后常来清华讲学。1922 年起在清华兼课,担任国学讲师。1925 年应聘为国学院导师,为国学院规划和教学贡献良多。1927 年下半年,梁氏因身体状况欠佳,在 8 月 3 日给弟弟梁启勋的信中,透露准备陆续辞去一切工作及社会职务,却"独于清华不能无眷眷"。是时清华刚刚设立董事会,梁氏与清华素有"历史上关系",故感情上于董事一职"总不能恝然"。意欲担此要职,以便对学校发展和教育方针有更多话语权。(信件参见《南长街 54 号梁氏档案》,中华书局,2012,第 264~265、486 页。)到了 1928 年,因时局及身体原因,梁氏内心更倾向于归隐养病著书。虽然自去年以来频频表示要辞去诸事(特别是久病不愈及与校长曹云祥不睦的人事原因),但他在 5 月 8 日的家书中仍表示:"我清华事到底不能摆脱,我觉得日来体子已渐复元,虽不能摆脱,亦无妨,因为我极舍不得清华研究院。"[梁启超:《与思顺书》(1928 年 5 月 8 日),载丁文江、赵丰田编《梁启超年谱长编》,第 758 页。] 直到当年 6 月,他才彻底辞职。
② 梁启超:《梁任公先生演说词》,《清华周刊》第 20 期,1914 年 11 月 10 日,载《饮冰室合集·集外文》(中册),北京大学出版社,2005,第 602~603 页。
③ 梁启超:《梁任公先生演说词》,载《饮冰室合集·集外文》(中册),第 602~603 页。

元任、李济四位导师相继发言（时陈寅恪尚未到校）。在学生的要求下，梁启超额外做了《旧日书院之情形》的演讲。之所以在新式大学的研究院成立大会上讲"旧日书院"，实是看到大学授课制度基本上只专注智识的培养，缺乏传统书院对个人道德修养的重视。梁启超在一年后的国学院茶话会上，再次表达了相近的观点："我们觉得校中呆板的教育不能满足我们的要求，想照原来书院的办法——高一点说，参照从前大师讲学的办法——更加以最新的教育精神。各教授及我自己所以在此服务，实因感觉从前的办法有输入教育界的必要。"①

每于暑期将近时，梁启超还会约学生同游北海公园，"俯仰咏啸于快雪、浴兰之堂"。乾隆年间，直隶总督献上所获《快雪时晴帖》石刻，乾隆帝遂特增建快雪堂院落，并将四十八方书法石刻放置其中。1923年，为纪念蔡锷将军的"倒袁"功绩，快雪堂成为松坡图书馆的馆址（笔者按：蔡锷字松坡）。与蔡锷有师生之谊，且参与"倒袁"的梁启超任该馆馆长。不仅如此，快雪堂还曾是梁启超在北京城内的一处居所。他在给女儿梁思顺的信中就提及，自己一周之间一般在清华住四日，其余三日则入城住在松坡图书馆。② 北海公园及松坡图书馆直到1925年8月才正式对外开放，此年恰逢清华国学院成立，快雪堂不仅是梁氏师生的雅集场所，还是名师讲学的场所。1926年暑假，梁启超即请张君劢同游。学生吴其昌记录称，张氏"为诸同学讲宋贤名理，盖穆然有鹅湖、鹿洞之遗风焉"③。不难想见当日群贤毕至、偕游论道的情形。

1906年，张君劢东渡扶桑，考入早稻田大学，其间结识梁启超。梁启超赴欧考察，张君劢亦随侍左右。1923年，文化界兴起一场关于"科学与玄学"的论战，张君劢提出："科学无论如何发达，而人生观问题之解决，决非科学所能为力，惟赖诸人类之自身而已。"④ 针对丁文江驳之以"科学万

---

① 梁启超：《清华研究院茶话会演说辞》，《清华周刊》第389期，1926年11月12日，载刘东、翟奎凤选编《梁启超文存》，第628页。
② 梁启超：《与宝贝思顺书》（1923年11月5日），载丁文江、赵丰田编《梁启超年谱长编》，第646页。
③ 见《北海谈话记》文前吴其昌附识。周传儒、吴其昌：《北海谈话记》，载刘东、翟奎凤选编《梁启超文存》，第690页。
④ 张君劢：《人生观》，《清华周刊》第272期，载黄克剑、吴小龙编《张君劢集》，群言出版社，1993，第114页。

能"的观点，张君劢回应说，科学是就经验界的知识而言，无法解决形上真理的问题，从而提倡一种"新宋学"。① 当时梁启超正在翠微山养病，因怕二人过用意气有伤和气，便充当调人，撰文表达客观中立的立场。他说："人生问题，有大部分是可以——而且必要用科学方法来解决的。却有一小部分——或者还是最重要的部分是超科学的。"② 既批评张君劢轻蔑科学的态度，又否定丁文江对科学万能的迷信。特别是针对当时社会甚嚣尘上的科学至上、全盘西化的论调，梁启超提出在"德先生""赛先生"之外，还应讲求"爱先生""美先生"。爱与美是作为生活原动力的"情感"。"'科学帝国'的版图和权威无论扩大到什么程度，这位'爱先生'和那位'美先生'依然永远保持他们那种'上不臣天子，下不友诸侯'的身分。"③ 认为无法用科学方法分析情感、宗教和人生观的全部问题，其主张显然与张君劢强调的"主观的、直觉的、综合的、自由意志的、单一性的"人生观一致。④ 梁启超邀请张氏一同游北海讲宋明理学，亦不难窥见其中深意。

1927 年，南方的国民革命军攻占上海、南京、武汉等重镇，北伐势如破竹。此年的北海之游"以时故，诸贤因不能莅止"，梁启超遂亲自为诸生讲学。身处松坡图书馆，梁启超回忆起三十多年前，只有二十几岁的自己在长沙兴办时务学堂的情景。当时的弟子如蔡锷、李炳寰、林圭等人，后来都成为革命先驱。梁启超想要借此告诉学生，做学问要先立志。当务之急，须先抱定为国家服务的意志，努力提高自身修养，日后才能成就一番事业。梁启超晚年好言阳明学精神，以此作为人格修养的一种途径。如他在给司法储才馆（梁氏担任馆长）的学员做演讲时，即以《陆王学派与青年修养》为题。他说，对于一般青年的修养，当下"最稳当最简捷最易收效果的"就是陆王之学。具体而言，其一是"致良知"，凡事遵循自己的良心，推致良心于事事物物；其二是"重实验"，行事上注重客观的实际；其三是"非功利"，不计较个人的毁誉、得失、利害，把为社会国家谋利益当作矢志；其四是"求

---

① 张君劢：《再论人生观与科学并答丁在君》，《努力周报》第 50、51 期，1923 年 4 月 29 日、5 月 6 日，载《张君劢集》，第 167 页。
② 梁启超：《人生观与科学》，《晨报副刊》1923 年 5 月 29 日，载刘东、翟奎凤选编《梁启超文存》，第 401 页。
③ 梁启超：《人生观与科学》，载刘东、翟奎凤选编《梁启超文存》，第 403 页。
④ 张君劢：《人生观》，载《张君劢集》，第 114 页。

自由",即指本心不受外力的束缚和压迫,精神上追求绝对自由的境界。唯有如此,才能避免外物的引诱,保持一种宁静淡泊、寂然不动的状态。①

梁启超又以晚清中兴名臣曾国藩、胡林翼、罗泽南、江忠源等人作为做学问的榜样。在清代学术的研究上,梁氏最为人印象深刻的是他对乾嘉学者"科学精神""科学方法"的推许。但他在宣传自己的道德理念以及为学子树立志向的演讲中,却多以晚清理学家为典范。这些理学家都是以儒家道术为根柢而成就勋业者,是时下国家急缺的理想人才。梁启超指出,曾国藩等人不仅通过军事行动救国家于危难之际,更使社会风气焕然一新。李鸿章、袁世凯掌政后,却网罗追求功名财富而不讲气节廉耻的人,致使风气日弊——这在梁启超看来,是清王朝走向灭亡的根本原因。如今民国出现了同样的问题,不仅北洋政府唯利是图,不思进取;孙中山建立的国民党,也不过都是政治的投机分子,缺少真正道德高尚、为国家奉献的大政治家。道德修养的问题需要通过教育的改革和实践才能在根本上得到改善,而新式学校大都只推求智识主义,于道德修养、磨炼人格上鲜少注意,因此难以造就栋梁之材。

有关梁启超的诸多传记,大都对他晚年的学术生活着墨较少(多仅就其学术著述本身讨论)。这或许是因为任公早前的事迹太过富有传奇色彩,从维新变法、遍日刊报,到参与立宪,再到讨伐洪宪及复辟,再造共和。相比晚年政治上的沉寂,以及在大学中著书教学的安逸生活,以往的每一桩似乎都显得更为精彩,更易引人入胜。就连晚年的梁启超也总担心自己"志气消磨了""怠惰了"。不过这种警醒鞭策,也是其自强不息的动力。他不断告诉自己:"要拿自己做青年的人格模范。"②

欧游归国后,梁启超频繁游走于各大学和文化机构中间,宣传自己的教育理念。清华国学院则如"理想的实验场所",梁启超可大展拳脚,与吴宓、王国维等志同道合的学者一同实践他的教育理念。他曾告诉学生,学校本就是个"社会",与朋友如何相处以至一切应接事物,均是用力磨炼人格的机会。至于他自己,在传授知识、指导论文外,用言传身教的方式,希望学生

---

① 梁启超:《陆王学派与青年修养》,《司法储才馆季刊》第一期,载刘东、翟奎凤选编《梁启超文存》,第676~680页。
② 梁启超:《给孩子们书》(1927年5月5日),载丁文江、赵丰田编《梁启超年谱长编》,第730页。

受到他的熏陶感染:"对于诸同学,我不敢说有多少人格上的感化,不过我总想努力,令不至有若干恶影响到诸同学。诸同学天天看我的起居,谈笑,各种琐屑的生活,或者也可以供我同学们相当的暗示或模范。"梁氏希望教导出一些具备道德人格的知识分子,由这些个体出发,进而感染身边的人。此种方法实际上正是《大学》讲求的修身以治世的为学途辙。"风气虽坏,自己先改造自己,以次改造我的朋友,以及朋友的朋友,找到一个是一个,这样继续不断的努力下去,必然有相当的成功。"① 有别于通过政治方针纸上谈兵,或者鼓吹某种口号式的"主义",唯有遵循此种笨拙而踏实的方法,才能挽救和改造日渐沉沦的社会,最终形成一种实在的"新风气"。

三 "听讲不如读书":学生眼中的大师课

梁启超文满天下,名声斐然,"舌端笔底带感情,使亲闻謦欬者如坐春风,披阅文章者如沃醇醪"②。梁氏晚年落志江湖,游迹讲堂之间,不仅文科生,理、工、农、商科学生和不少社会人士都会慕名前来听课。很多时候连过道也挤满了人,甚至有踞于窗槛一睹风采者。他们都怀着崇敬而好奇之心,想要看看这样一个叱咤风云的文豪,究竟会带来怎样不同凡响的课堂。

第一印象总是外貌上的:五十余岁的梁启超上课常穿着青褂长袍,衣履朴洁,他的样貌不甚出众,短小精悍,发秃如镜,呈苍老态。但目光如炬,奕奕有神,"步履稳健,风神潇洒,左右顾盼,光芒四射",令人记忆深刻。他讲话时严肃而诚挚,手势和表情十分丰富,笑声爽朗。但有的回忆,则区别于那种文质彬彬的印象,形成一种反差:"下午的课常迟到五分钟,走上讲台,匆匆忙忙,面红耳热,呼吸喷出酒气。第一、二时中间的十分钟休息,全部用于吃烟,他的烟瘾很大,一空闲就摩挲烟盒,连手指头都熏得黄黄的。"③

梁启超讲课有时像说书艺人,手舞足蹈,酣畅淋漓,别具一种感染力。他所征引的作品大部分都能背诵出来,"有时候,他背诵到酣畅处,忽然记不起下文,他便用手指敲打他的秃头,敲几下之后,记忆力便又畅通,成本

---

① 周传儒、吴其昌:《北海谈话记》,载刘东、翟奎凤选编《梁启超文存》,第693~695页。
② 周传儒:《史学大师梁启超与王国维》,载夏晓红编《追忆梁启超》(增订本),第321页。
③ 梁容若:《梁任公先生印象记》,载夏晓红编《追忆梁启超》(增订本),第285页。

大套的背诵下去了。他敲头的时候，我们屏息以待，他记起来的时候，我们也跟着他欢喜。先生的讲演，到紧张处，便成为表演。他真是手之舞之足之蹈之，有时掩面，有时顿足，有时狂笑，有时太息"[1]。熊佛西则把梁氏讲课的情景描摹得绘声绘色，他说："先生讲学的神态有如音乐家演奏，或戏剧家表演：讲到幽怨凄凉处，如泣如诉，他痛哭流涕；讲到激昂慷慨处，他手舞足蹈，怒发冲冠！总之，他能把他整个的灵魂注入他要讲述的题材或人物，使听者忘倦，身入其境。"[2]

据梁实秋回忆，有一次梁启超讲授古乐府《箜篌引》："公无渡河！公竟渡河！渡河而死！其奈公何！"整首诗经他朗诵之后，再一解释，"活画出一出悲剧，其中有起承转合，有情节，有背景，有人物，有情感"。《箜篌引》是写一白首狂夫渡河而死，其妻遂援引箜篌而歌，其声凄怆，曲终投河殉葬的故事。梁启超上课的情景令梁实秋印象深刻，以至二十余年后，梁实秋某次渡河时，"但见黄沙弥漫，黄流滚滚，景象苍茫，不禁哀从衷来，顿时忆起先生讲的这首古诗"[3]。

梁启超讲课时常滔滔不绝，上下古今详征博引，口渴时便喝口热水，掏出大块毛巾揩脸上的汗，不时呼唤他坐在前排的儿子："思成，黑板擦擦！"梁思成便跳上台去，把黑板擦干净。每次钟响，他讲不完，总要拖几分钟，然后于掌声雷动中大摇大摆地徐徐步出教室。听众守在座位上，没有一个人敢先离席。[4]

然而，很多人的记述却与梁实秋的说法恰恰相反，他们被梁启超的新会口音困扰，一节课下来，大部分内容难以明白。梁实秋说梁启超"声音沉着而有力，有时又是宏亮而激亢，所以我们还是能听懂他的每一个字，我们甚至想如果他说标准国语其效果可能反要差一些"[5]。这或许因为梁实秋具有非凡的领悟能力或者语言天赋。但对于大多数人而言，梁启超的口音是十足的减分项："先生拙于口才，其声调，骤听之，国语也，惟夹杂新会土音及广

---

[1] 梁实秋：《记梁任公先生的一次演讲》，载夏晓红编《追忆梁启超》（增订本），第259页。
[2] 熊佛西：《记梁任公先生二三事》，载夏晓红编《追忆梁启超》（增订本），第295页。
[3] 梁实秋：《记梁任公先生的一次演讲》，载夏晓红编《追忆梁启超》（增订本），第259页。
[4] 梁实秋：《听梁任公讲演》，《大成》130期，1984年9月，载夏晓红编《追忆梁启超》（增订本），第259页。
[5] 梁实秋：《记梁任公先生的一次演讲》，载夏晓红编《追忆梁启超》（增订本），第259页。

州方言。北方学生，无法记录，瞪目静听而已。"① 当时在北京的大学中教课的广东籍名教授还有黄节，黄氏讲授六朝诗，印发的讲义十分详细，因此虽有口音，学生听讲不致困难。梁启超不仅自己不携书本，亦不发讲义，只口授大意，让学生笔记。学生们不得已，只好下课后群趋粤籍同学处借抄笔记。

梁容若于20年代初，听梁启超讲"清初五大师"，也有如下描述。

> 他引书成段背诵，背不下去的时候，就以手敲前额，当当作响，忽然又接下去。敲几次想不起来，就问当时陪听的教授钱玄同、单不庵、杨树达等。熟于学术史的单不庵先生，常常能随时提醒他。他懒于写板书，他的广东官话对于我们很生疏，所讲的问题，事前又没有预备知识（这时我对于黄梨洲、王船山、顾亭林、李二曲、朱舜水等的书和传记全没有读过），所以两小时讲演的内容，听懂的实际不到六成。当晚在日记里写"见面不如闻名，听讲不如读书"，因而联想任公先生南北奔驰，到处登坛讲学，究竟是否收到比著书更大的效果，怕要大成问题。②

笔者因在香港读过书，有一段学习粤语的经历。其实北方人最初接触粤语，仿佛听一门外语，茫然无措。但若坚持一两个月时间，摸索其发音规律，在听的方面不难有所收获。只不过，梁启超一般每周只上一两堂课，很多记录者也不过偶尔蹭课或来听讲座，一时间无法熟悉口音，无足怪哉。

除了口音问题，梁启超还缺乏流利明白的口才，在说话时常加上"啊啊""这个这个"，语讷讷不易出口，使人怀疑他患有口吃。他在北京师范大学任董事时，开设"中国文化史"课，据说开学时听者有一两千人，要在"风雨操场"上开课。但几次开讲后，来听课的人就越来越少，只有一百个左右，便挪到教室里进行。实际上，旁听他课的人，很多来一次或几次就被"劝退"了。虽然梁启超自己要背负一部分责任，但更大程度上，很多人只是想亲眼瞻仰梁氏的丰采，或者来评判一下这位大学者是否名副其实。满足了好奇心，便不必再受"不知所云"的煎熬。这大概是"名人效应"引发的必然结果，梁启超对这一状况心如明镜，他清楚地知道："他们不是要跟我作学

---

① 江父：《忆梁任公先生》，载夏晓红编《追忆梁启超》（增订本），第261页。
② 梁容若：《梁任公先生印象记》，载夏晓红编《追忆梁启超》（增订本），第284页。

问，只是要看看梁启超，和动物园的老虎大象一样，有的看一次就够了，有的看两三次就够了。"① 梁启超多少会为学生不能真心求学而动气，但他并不失望。他常拿时务学堂的往事激励自己：尽管只有四十多个学生，但中间却出来蔡锷、范源廉、杨树达等人才。学生贵精不贵多，从前如是，以后亦如是。

对于常年追随梁氏左右的弟子而言，口音便不再是妨碍，如此始可以感受梁启超授课的精髓所在。在这些弟子的描述中，梁氏讲课给人以天才横溢、兴会淋漓之感。最令他们叹服的，在于梁启超的博闻强识："既汪洋若千顷之波，莫测涯涘，又扼要勾玄，深入浅出，使人人可游溯，处处可有得。"② 梁启超一生最后一位及门弟子黎东方回忆说："回想起来，像梁先生那样渊博的人，才真正配讲中国历史研究法。上下五千年，南北东西一万里，三坟五典、八索九丘、二十四史、两通鉴、十通、五记事本末、《太平御览》、《图书集成》，难以数计的诗集、文集、笔记、传记、碑志被他顺手拈来，我田引水，都成了他的妙论和注脚。"相比清华国学院的另一位导师王国维的治学精深，梁启超则可谓博大。面对王国维，学生感受到的是仰之弥高，钻之弥坚；面对梁启超，则觉得"犹河汉之无极也"。③

另一点常被记起的，是梁启超"生龙活虎一样的超人精力"。④ 年轻的时候他便已习惯夜间写作，经常彻夜不眠。清末所作《国会期限问题》两千言，乃一晚所成；《论锦爱铁路问题》、《横滨商会会报发刊辞》及续写《美国东方政略记》未成稿，三篇合计八千言，自向晚至次日清晨一气呵成。20年代，他大部分时间都在四处讲学和讲课，一年到头总不肯歇息，就连星期日也是如此。1921年应清华学堂邀请，为学生讲《国学小史》前后连续五十余次。1922年到北京、济南、南京、上海、南通、武昌、长沙等地做巡回演讲二十余次。在南京一地，除每日到东南大学讲授《中国政治思想史》外，还分别为学校各团体及法政专科学校、第一中学、女子师范等校讲演。即使忙碌至此，还要每周抽出时间，到内学院听欧阳竟无讲佛学。1923年，病中读《陶渊明集》消遣时发现问题，发奋三日作成《陶渊明年谱》。同年，为纪念戴东原二百年诞辰撰文，用一昼夜时间完成《戴东原先生传》；又连续

---

① 梁容若：《梁任公先生印象记》，载夏晓红编《追忆梁启超》（增订本），第285页。
② 周传儒：《史学大师梁启超与王国维》，载夏晓红编《追忆梁启超》（增订本），第321页。
③ 黎东方：《大师礼赞》，载夏晓红编《追忆梁启超》（增订本），第328~329页。
④ 梁容若：《梁任公先生印象记》，载夏晓红编《追忆梁启超》（增订本），第284页。

34小时不眠不休，写就《戴东原哲学》……张君劢称"铁石人也不能如此做。"① 可以说丝毫没有夸张的成分。

梁氏有一"特异功能"，在写作的过程中，同时间还可以做好几件事。据学生回忆：

> 他精神饱满到令人吃惊的程度——右手在写文章，左手却扇不停挥，有时一面在写，一面又在答复同学的问题。当他写完一张，敲一下床面，让他的助手取到另室，一篇华文打字机印稿还未打完，第二篇稿又摆在桌面了。无怪梁启超是一个多产作家。其实还不止此，他每天必得看完《京沪日报》和一本与《新青年》等齐厚的杂志，还得摘录必要材料。每天固定要读的日文和中文书籍纵在百忙中也全不偷懒。他好像善于五官并用，不但不致令人感觉冷漠，反而从他的一颦一笑的问答中流露出热情。②

令人惊讶的是，即使如此分神的情况下，梁启超的每篇文章、每回讲稿，还能做到切中时事而脉络清晰，内容充实，未见空言。

由于操劳过度，梁启超被查出患有心脏病。由此不准吃酒、吃茶、吃烟，亦不许读书、著书、演讲，但梁氏显然未能遵守。后又因误诊，被割去右肾。"自是之后，便血之多寡，辄视工作之劳逸而定。医者惟嘱静养，每二三月则注血一次，以补所失，舍此而外，医者盖已无能为矣。"虽然身体状况不佳，梁氏自出医院之后，仍继续到各大学讲学，或伏案忙碌，奋笔疾书。"家人苦谏节劳，然以学问欲太强，不听也。"③ 一直坚持到1928年，身体实在无法支撑，始停止授课和各种公务。即使病势沉重，仍与"死神"斗争。在人生的最后一年，梁启超集中精力搜集宋词史料，并写成《跋（宋）程正伯书舟词》《吴梦窗年齿与姜石帚》《记兰畹集》《记时贤本事曲子集》等论文。最后数月，还拼着最后一口气，要撰述一部《辛稼轩年谱》。④ 他常

---

① 梁启超：《与思顺书》，1922年11月29日，载丁文江、赵丰田编《梁启超年谱长编》，第624页。
② 黄伯易：《忆东南大学讲学时期的梁启超》，载夏晓红编《追忆梁启超》（增订本），第266页。
③ 梁思成等：《梁任公得病逝世经过》，载丁文江、赵丰田编《梁启超年谱长编》，第772~773页。
④ 杨鸿烈：《回忆梁启超先生》，载夏晓红编《追忆梁启超》（增订本），第236~237页。

勉励学生"百行业为先,万恶懒为首"①,在勤恳治学方面,梁氏确实做到了以身作则。

尽管身体状况不佳,又忙于教学演讲等事,但梁启超在短短数年间竟完成数百万字的著述,且所论都是言之有物,有感而发。当然,对于梁启超治学宽泛,写作迅猛,以致鲜少专精研究,也不免引来诟病。论者或谓梁启超"对于各种不同的思想学术极能吸收,最善发挥",故能风靡一时,但所论往往浅尝辄止,"缺乏含蓄深厚之致,因而亦不能绵历久远"②;或批评梁氏论学喜与胡适等人"浪相角逐","其浮于笔,非失诸契勘,即泛泛立论,等身著作竟似过眼烟云"③。但须注意,如此立论恐有苛责贤者的危险——所谓知人论世,吾人应留意梁启超晚年学术著述大半来自讲义稿,其所讲多属为诸生指示治学途径及方法的入门之学,故评价其学问功底,便不能单纯依据最终成形的学术著作,而应该把视野放在更多层面,比如结合梁氏生平读书情况和学术交游的具体细节处把握。

四 "报国惟忧或后时":未竟的政治计划

1901年,梁启超流亡日本时,作《自励二首》,诗曰:

> 平生最恶牢骚语,作态呻吟苦恨谁。万事祸为福所倚,百年力与命相持。立名岂患无余地,报国惟忧或后时。未学英雄先学道,肯将荣瘁校群儿。

> 献身甘作万矢的,著论求为百世师。誓起民权移旧俗,更研哲理牖新知。十年以后当思我,举国犹狂欲语谁。世界无穷愿无尽,海天寥廓立多时。④

---

① 语出《敬业与乐业》,系梁启超1922年8月14日上海中华职业学校演讲稿,后梁氏常以此语教导学生。梁启超:《敬业与乐业》,载《饮冰室合集·文集之三十九》,第26页。黄伯易记作"万恶懒为首,百行勤为先"。见黄伯易《忆东南大学讲学时期的梁启超》,载刘东、翟奎凤选编《梁启超文存》,第266页。
② 梁漱溟:《纪念梁任公先生》,载夏晓红编《追忆梁启超》(增订本),第218页。
③ 陈登原:《无剧谈往录·梁启超》,载夏晓红编《追忆梁启超》(增订本),第275页。
④ 梁启超:《自励二首》,载《饮冰室合集·文集之四十五(下)》,第16页。《自励》诗再次被任公引用,是在1926年。此时正值国学院兴办之际,学生以"实事求是整理国故"为志趣,组织创办《实学》刊物,用以发表师生作品。梁氏即以《自励》诗为刊物题词,鼓励诸生。孙敦恒:《清华国学研究院史话》,清华大学出版社,2002,第137页。

此诗流传甚广，其"牺牲悲壮之热情，救世爱国之弘愿，高尚纯洁之怀抱，清醒鲜新之头脑，勇迈前进之精神，少年激昂之沸血"，犹能体现人格的精神与魄力。① 烈士暮年，壮心不已。梁启超晚年的忙碌和辛苦不肯为外人道，只是偶尔在写给儿女的书信中吐露心声。正是这些掏心窝子的话最易流露真情。如他描述自己刚搬入清华及校课忙碌情形，说："校课甚忙——大半也是我自己找着忙——我很觉忙得有兴会。新编的讲义极繁难，费的脑力真不少。"② 研究院初办之际，"百事须计画"。与此同时，梁启超的"名人效应"给他带来的繁杂琐事和人际问题，不得不花许多时间来处理。就在他入职清华不久，多家大学都希望聘请他去做校长，他写信絮叨此中烦恼说：

> 日来许多"校长问题"，纠缠到我身上，亦致忙之一。师大不必论，教职员、学生、教育部三方面合起来打我的主意。北大与教部宣战，教部又欲以我易蔡，东南大学则教部、苏省长、校中教员、学生，此数日内又迭相强迫。北大问题最易摆脱，不过一提便了。现在师大、东大尚未肯放手。我惟以极诚恳之辞坚谢之，然即此亦费我时间不少也。③

两年后，清华功课有增无减，由于兼行导师制，每位教授担任指导十名学生，"这是由各教授自愿的，我完全不理也可以，但我不肯如此"。而梁启超同时间要指导十六人，出于责任感，亦"不好拒绝"。加之又接受了司法储才馆的任命，需要每周讲课指导，这些工作当然都是梁启超可以推辞掉的，但他不如此做，只是在信中吐吐"以后我真忙死了"之类的苦水。清华之外，又因为燕京大学的师生请他过去讲课，"热诚恳求"之下，"也不好拒绝"，由此也就"真没有一刻空闲了"。④ 如果说指导清华本部的学生还在工作责任范围内，那么接受燕大的邀请，就只能以他的热心肠来解释了。

在学术上，他充满理性，推崇"科学精神"，但他又是极为感性的人。

---

① 吴其昌：《梁任公先生晚年言行记》，载夏晓红编《追忆梁启超》（增订本），第341页。
② 梁启超：《与思顺书》（1925年9月13日），载丁文江、赵丰田编《梁启超年谱长编》，第681页。
③ 梁启超：《与思顺等书》（1925年9月20日），载丁文江、赵丰田编《梁启超年谱长编》，第682页。
④ 梁启超：《给孩子们书》（1927年1月2日），载丁文江、赵丰田编《梁启超年谱长编》，第714页。

投我以木瓜，报之以琼琚。只要是真心求学，喜欢热爱他的演讲，他都不辞辛苦予以回馈，"兴致勃勃，不觉其劳"。① 有一年冬天，梁启超到旧众议院做了数次学术演讲，每次都是座无虚席。在寒冷的冬日，开不起火炉的情况下，全场肃静无哗，认真听讲，令梁启超大受感动。他后来在家书中写道："我常感觉我的工作，还不能报答社会上待我的恩惠。"②

对于梁启超在20年代政治和学术上的处境，梁漱溟有一番深刻的审视。他谈及五四以后的梁启超无论是在政治还是学风上，都无法与早年相比：

> 当任公先生全盛时代，广大社会俱感受他的启发，接受他的领导。其势力之普遍，为其前后同时任何人物——如康有为、严几道、章太炎，章行严、陈独秀、胡适之等等——所赶不及。我们简直没有看见过一个人可以发生像他那样广泛而有力的影响。康氏原为任公之师，任公原感受他的启发，接受他的领导。但是不数年间，任公的声光远出康氏之上，而掩盖了他。但须注意者，他这一段时期并不甚长。像是他登台秉政之年（民国二年、民国六年两度），早已不是他的时代了。再进到五四运动以后，他反而要随着那时代潮流走了。③

全身心投入教学和研究工作中，梁启超似乎彻底忘却政治了。有关梁氏的各种传记，也常把20年代视为他"为学术而学术"的时期。当然，这一说法渊源有自，1918年欧游启程之前，梁启超特地找张东荪等人谈了一个通宵，说自己"着实将从前迷梦的政治活动忏悔一番，相约以后决然舍弃，要从思想界尽些微力"④，换一个新生命。1923年，在东南大学"自由讲学"的讲坛上，胡适、张君劢、江亢虎、张东荪等人都大谈政治，大谈主义。当有听课的学生问梁启超何以原先活跃于政治，现在却绝口不谈时，梁启超回应说："我在政治上经过几次风险，现在决心闭门读书，不问政治。"⑤ 面容

---

① 梁启超：《给孩子们书》（1927年1月26日），载丁文江、赵丰田编《梁启超年谱长编》，第718页。
② 梁启超：《给孩子们书》（1927年1月2日），载丁文江、赵丰田编《梁启超年谱长编》，第714页。
③ 梁漱溟：《纪念梁任公先生》，载夏晓红编《追忆梁启超》（增订本），第218页。
④ 梁启超：《欧行途中》，载《饮冰室合集·专集》（第5册），第39页。
⑤ 黄伯易：《忆东南大学讲学时期的梁启超》，载夏晓红编《追忆梁启超》（增订本），第263页。

庄重而又矜持，似乎彻底和政治划清界限了。

真实情况却是，梁启超恐怕只是不再担任政要职务，或参与政党活动，但他并未与政治做绝对的分割。他在回国后其实不时撰文发表政见，如1922年奉直之战时，梁启超就曾发文表达解决时局的主张，其实质内容在于声援吴佩孚。因为在天津时听说"抵制吴说之谋极多"，因吴氏势孤，出于道义，故有所行动，而不夹杂任何利益考虑或私交偏袒。随后，梁氏好友陈叔通等人即相约，一同制止其再次"从政"。陈叔通在写给籍忠寅的信中这样说道：

> 此次政局之变动，弟绝对不信可以解决一切。报载任公加入所谓名流会议，深不谓然，仍以讲学为是，勿又以一时冲动，大谈政治，公能转达否？弟于私谊不能嘿嘿。任公肯自认在政治上为已失败之人，刻自忏悔，他日当有见谅于天下人之一日，否则不知所云，窃为任公不取也。①

他们希望梁氏能保持沉默，一方面是对时局不抱希望，另一方面则是鉴于梁启超前几次政治上的失利经验。对于梁启超晚年是否应当从政，梁氏的友人学生分别持两派相反的意见，反对者多，亦不乏拥护者。特别是1927年5月前后，社会上如"国家主义"派、实业界及国民党右派的一些人，都希望梁启超能出面组建"一种大同盟"，以与南方的政党相角逐。梁氏的内心早已蠢蠢欲动，"天天在内心交战苦痛中"。他在家书中说：

> 我实在讨厌政党生活，一提起来便头痛。因为既做政党，便有许多不愿见的人也要见，不愿做的事也要做，这种日子我实在过不了。若完全旁观畏难躲懒，自己对于国家实在良心上过不去。所以一个月来我为这件事几乎天天睡不着。②

内心纠结的结果，梁启超既不组织或加入党派（根据梁氏与国民党的过往，以及此时梁氏听说南方党派的种种传闻，他已根本不相信政党能救中国）；但也不能全然不谈政治，这会让他感觉在良心上过不去。他最终"决

---

① 陈叔通：《致亮才老兄书》，载丁文江、赵丰田编《梁启超年谱长编》，第616~617页。
② 梁启超：《给孩子们书》（1927年5月5日），载丁文江、赵丰田编《梁启超年谱长编》，第728~729页。

定自己的立场",还是通过写作著书,"在最近期间内把我全部分的主张堂堂正正著出一两部书来"①,通过抒发在政治制度上的见解,说明代议制和政党政治断不适用。梁启超自信所开的方子确能根治中国的病症,是否会被患者所采纳服用虽不是他所能左右的,但参政的念头一起,便一发不可收。从现有的资料看,至少在五个月后,梁启超已有一系列更为详细的计划。他在10月29日的家书中说:

> 我现在虽没有直接作政治活动,但时势逼人,早晚怕免不了再替国家出一场大汗。现在的形势,我们起他一个名字,叫做"党前运动"——许多非国民党的团体要求拥戴领袖作大结合,(大概除了我,没有人能统一他们)我认为时机未到,不能答应,但也不能听他们散漫无纪。现在办法,拟设一个虚总部(秘密的)——不直接活动而专任各团体之联络——大抵为团体(公开的),如美之各联邦,虚总部则如初期之费城政府,作极稀松的结合,将来各团事业发展后,随时增加其结合之程度。②

梁启超富有政见,勇于担当,但似是不具备从政的天赋,这几乎在当时及日后都是世所公认的评价。然而却没有人敢说,假若不是因为疾病拖累,不是两年后便撒手人寰,天假其年,梁启超在政治上将有怎样一番作为?能否创造奇迹?

因此,若说梁启超晚年远离政治,埋首学术,是不恰当的。周传儒在1928年初曾写信给同学谢国桢,讲到自己的老师梁启超时,就感慨梁氏冒天下之大不韪,重回政坛,犹如"入井救世,徒自苦耳!"周、谢两人都是梁氏的入室弟子,20年代中后期常伴其左右,对他的生活习惯和性格所知至深。他们完全理解老师不肯"放弃俗累"、积极入世的心情。其所以如此者,全在性格使然:"师座为人毫无城府,说话作文,对人对世,俱有一种热情,俗所谓菩萨心肠,生平自得处在此!自苦处亦在此!"③到了1928年12月,

---

① 梁启超:《给孩子们书》(1927年5月5日),载丁文江、赵丰田编《梁启超年谱长编》,第729页。
② 梁启超:《给孩子们书》(1927年10月29日),载丁文江、赵丰田编《梁启超年谱长编》,第746页。
③ 周传儒:《从上海给研究院同学谢国桢君的一封信》,《清华周刊》第429期,第160页。

梁氏病笃，诸同学曾联名致信慰问，其中亦言：

> 师座以一身关系国家前途，文化前途。今政治方面虽较黯淡，而全国学术待师座之整理，全国学子待师座之指导者极多。即就政治方面言，初亦非全然绝望，惟暂时不得不权安缄默耳。他日春雷陡起，万象或能更苏矣。尚望师座节忧寡虑，清心静养，留得梁木，为他日用。①

梁启超的政治计划在国学院师生间已不成秘密，"急于成事"的他疏于休养，也是众所周知的事。对待疾病，他一贯如此随意，这一次也以为过段时日自无大碍，可惜不能如愿。

五 "孰谓公死，凛凛犹生"：《桃花扇》与辛稼轩

世人论梁氏晚年学术，往往只留意其史学，对其研究《桃花扇》和辛弃疾则关注较少。实际上，只有知道梁启超在政治上始终抱持希望和热情，才能对他晚年尤好讲《桃花扇》及临终前仍在编纂《辛稼轩年谱》有更深入的理解。在欧游结束后回国之初，梁启超最先着墨的是陶渊明的研究，这或许是因为陶渊明的生平经历与他当时离开政坛相仿佛的缘故。"采菊东篱下，悠然见南山。"曾经有那么一段时间，梁启超是真的打算当一个隐士了。但他终究是心系家国的热心肠，永远站在时代潮流之中，不愿也无法做一个冷漠无情的旁观者。因此，《桃花扇》的家国兴亡之感、稼轩词的豪迈振兴气概，更能引起他真实的情感共鸣。

对于《桃花扇》，梁启超进行过深入的阅读和研究。某次友人拜访梁宅，见其书斋案头放有精本《桃花扇》，凡警句妙词均经朱红圈点，并在正文旁边加上许多顶批与注解（梁氏于1925年有《桃花扇注》出版）。某次清华国学院举办的同乐会上，几位导师都要献上拿手好戏，当时王国维背诵了《两京赋》，赵元任则用茶杯演奏乐曲，还用全国各地的方言表演了一段"全国旅行"（陈寅恪是个例外，不肯在聚会上说笑），梁启超则即兴表演一段《桃

---

① 徐中舒、程璟、杨鸿烈等：《致任师夫子大人书》，载丁文江、赵丰田编《梁启超年谱长编》，第771页。

花扇》。① 梁氏去世十多年后，学生冯国瑞重回母校拜谒吴宓和陈寅恪，畅谈起往昔国学院的盛况，仍对梁氏那次表演记忆犹新。在他所作《古月堂感赋陈（寅恪）吴（雨生）两先生》一诗中，就有："当时耳热正酒酣，前席生徒共笑谈。杨柳笛中歌出塞，桃花扇底哀江南。"并自注言："任公师唱《桃花扇·哀江南》一曲，同学各有和歌，余独不谙。"②

梁启超的《桃花扇》表演常给听者以惊喜，原来一个致力史学、崇尚科学方法，而又长期从政的人，还有这样多愁善感的一面。1923年，新月社在北京成立，胡适、徐志摩、闻一多、梁实秋等文人学者常到松树胡同聚谈，或研讨学问，或赋诗写文，或评论时事，颇极一时之盛。梁启超亦参与其中。某次由梁氏主讲，他便选了《桃花扇》传奇，用他的广东话，将《桃花扇》的时代背景、作者及其戏曲文学上的价值，一一加以解释分析，娓娓道来。最后还朗诵其中几首填词，"诵读时不胜感慨之至，顿时声泪俱下，全座为之动容"③。某次课上，梁启超讲《桃花扇》中左良玉听闻崇祯煤山自缢，痛哭哀悼，正说到《哭主·胜如花》："高皇帝，在九京，不管亡家破鼎……"突然悲从中来，痛哭流涕，不能自已。"他掏出手巾拭泪，听讲的人不知有几多也泪下沾巾了！"接下来讲到杜甫诗"剑外忽传收蓟北，初闻涕泪满衣裳"，梁氏竟又于涕泗交流之中张口大笑了。④

他就是这么一个容易流露真情实感的人。然而，在梁启超身处的时代中，哪里有什么收复山河的捷报？他对于国家，感情上常是哀戚悲悯的，振奋之中总有种无力的挫败感。这或许可以解释，何以在《桃花扇》诸章节中，梁氏尤其钟情于"余韵·哀江南"。《桃花扇》虽是传奇，但"哀江南"独系北曲，被视为"散曲之冠"。内容是教曲师傅苏昆生在南明灭亡后，重游南京所见的凄凉景象，话兴亡之感，抒亡国之痛。梁启超喜欢在聚会上聊《桃花扇》，与人分享心得，且善于歌唱："俺曾见金陵玉殿莺啼晓，秦淮水榭花开早，谁知道容易冰消！眼看他起朱楼，眼看他宴宾客，眼看他楼塌了！这青苔碧瓦堆，俺曾睡风流觉，将五十年兴亡看饱。"在梁氏的演绎下，

---

① 姜亮夫：《忆清华国学研究院》，载傅杰编《姜亮夫论学集》，商务印书馆，2020，第249页。
② 冯国瑞：《古月堂感赋陈（寅恪）吴（雨生）两先生》，《绛华楼诗集》第4卷，民国二十五年（1936）北平印本，第55页。
③ 熊佛西：《记梁任公先生二三事》，载夏晓红编《追忆梁启超》（增订本），第294~295页。
④ 梁实秋：《记梁任公先生的一次讲演》，载夏晓红编《追忆梁启超》（增订本），第259页。

"其声雄浑悲壮",听者无不为之感动。①

如果说钟情于《桃花扇》,是因为厚重悲凉的历史感带来的情感共鸣。那么致力研究辛弃疾,除了喜好稼轩词的原因外,更多的是个人身世的投射。梁启超少年得志,风云政坛,再到落寞下野,壮志难酬——其人生轨迹与辛弃疾何其相似?且两人性情怀抱均相合,梁氏平日谈词,必及稼轩。至于撰写《辛稼轩年谱》的缘起,一是在校勘时发现明抄本《唐宋名贤百家词》所收四卷本《稼轩长短句》与坊间所传刻本次序不同,选择尤精,于是综合各本,详作编年,辨明原委。② 二是梁氏鉴于"稼轩先生之人格与事业,未免为其雄杰之词所掩。使世人仅以词人目先生,则失之远矣",因此意欲给世人还原出"整个之辛弃疾"。③

《辛稼轩年谱》虽系编年考证,但其中偶尔夹杂梁氏个人的情感体会,予稼轩词以同情之理解。如其讲《水龙吟·登建康赏心亭》"落日楼头,断鸿声里,江南游子。把吴钩看了,栏干拍遍,无人会,登临意",以及"倩何人唤取,红巾翠袖,揾英雄泪"等句,则谓此词是:"满腹经纶在羁旅落拓或下僚沉滞中勃郁一吐情状。"④ 又如解《水调歌头·再用韵答李子永提干》,谓此词乃李氏为稼轩抱不平,稼轩反以达语开解之,其中有"君莫赋幽愤,一语试相开""我愧渊明久矣,犹借此翁湔洗,素壁写归来"等语,谓稼轩"皆达观中尚带痛愤也"。⑤ 梁氏晚年作文感情充沛,能鼓舞人,其中辛酸苦闷唯有独自消解,其论稼轩词,实是借以自况。

诸考证中,梁氏于《摸鱼儿》(更能消几番风雨)所论尤多。其中先引宋人罗大经《鹤林玉露》的记录,说宋孝宗曾读此词,见其词意殊怨,然终未问罪。梁氏素以宋人说部之书多附会小说家言,不足凭据,却认为罗氏之论颇可采信。继而议论说:

---

① 蒋善国:《我所认识的梁启超与王国维》,载夏晓红编《追忆梁启超》(增订本),第 291~292 页。
② 梁启超《辛稼轩年谱》撰作缘起,见梁启勋《稼轩词疏证序例》,载梁启超辑,李志强标点,梁启勋疏证《稼轩词疏证》,上海古籍出版社,2020,第 1 页;梁启超:《跋四卷本稼轩词》,载梁启超辑,李志强标点,梁启勋疏证《稼轩词疏证》,第 361 页。
③ 梁启勋:《稼轩词疏证序例》,载梁启超辑,李志强标点,梁启勋疏证《稼轩词疏证》,第 2 页。
④ 梁启超:《辛稼轩先生年谱》,载《饮冰室合集·专集》(第 22 册),第 8 页。
⑤ 梁启超:《辛稼轩先生年谱》,载《饮冰室合集·专集》(第 22 册),第 29 页。

> 词意诚近怨望……盖归正北人,骤跻通显,已不为南士所喜。而先生以磊落英多之姿,好谈天下大略,又遇事负责任,与南朝士夫泄沓柔靡风习尤不相容。前此两任帅府皆不能久于其任,或即缘此。诗可以怨,怨固宜矣,然移漕未久,旋即帅潭,且在职六七年,谮言屡闻,而天眷不替,岂寿皇(笔者按:宋孝宗)读此词后,感其朴忠,悯其孤危,特加赏拔调护耶?①

以上所记,皆为梁氏读《鹤林玉露》后,结合词意进行的推断。除却详细的考证外,其中写稼轩政治上遭受排挤,抱负难以舒展,与梁氏自己饱受非议,壮志难酬又何其相似?

尤可注意者,梁氏将人生的最后时光,放在书写稼轩与理学家朱熹的交谊上。《贺新郎》(把酒长亭说)词序记载稼轩与陈亮同游鹅湖十日,约朱熹为紫溪之会而未果。② 梁启超感慨:"鹅湖胜游,朱、陆以后,复有辛、陈。此地真足千古矣。"③ 其书就稼轩与陈、朱过往详加考证,前后两千余言,为全书最长。梁氏又于《跋四卷本稼轩词》一文末尾,认为谀颂宰相韩侂胄的《六州歌头》《西江月》绝非出自稼轩手笔。在他看来,韩侂胄严禁理学,稼轩却与朱熹情同莫逆,似不当为此。朱熹去世时,"门生故旧至无送葬者",唯有稼轩"为文往哭之"(《宋史·辛弃疾传》,所作文即《祭朱晦庵文》)。梁启超遂认为:"时稼轩之年已六十一矣。其于韩,不惮批其逆鳞如此,以生平淡荣利尚气节之人,当垂暮之年而谓肯作此无聊之媚灶耶?"④ 对于韩侂胄酿造党禁、伐金失利究当如何评价,暂且不论,至少梁氏无视稼轩受韩氏重用、关系密切的事实,仅以其与朱熹交好,便推测阿谀韩氏的诗词尽出伪作,殊难服人。尽管如此,从动机上看,大概出于对韩侂胄奸臣形象的固有认识(韩被列入《宋史·奸臣传》),以及对朱熹抱有同情,梁启超在感情上无法接受稼轩献词之事,因为这有损于他心目中拥有完美人格的悲剧英雄形象。

梁启超于1928年9月10日病笃,无法继续工作。27日入协和医院,住

---

① 梁启超:《辛稼轩先生年谱》,载《饮冰室合集·专集》(第22册),第20页。
② 鹅湖在铅山县北十五里,紫溪在铅山县南四十里。梁启勋的考证,见梁启超辑、李志强标点,梁启勋疏证《稼轩词疏证》,第118页。
③ 梁启超:《辛稼轩先生年谱》,载《饮冰室合集·专集》(第22册),第38页。
④ 梁启超:《跋四卷本稼轩词》,载梁启超、梁启勋:《稼轩词疏证》,第363页。

院期间，托助理储皖峰帮忙搜觅稼轩资料，储氏每来省视，梁启超辄询问进展。① 无意中获得《信州府志》等资料数种，可作为著述之助，便不待病愈，携药出院，回天津抱病续草年谱。直至10月12日力不能支，卧床不起。当时年谱方写至宋宁宗庆元六年稼轩61岁一条，《祭朱晦庵文》即作于本年，全文已佚，《宋史》稼轩本传录有佚文四句存世，其文曰："所不朽者，垂万世名。孰谓公死，凛凛犹生。"此"生"字即为梁氏所书最后一字，而他的生命至此已走到尽头。② 辛稼轩与朱熹，一词人，一哲人，是梁启超最敬重的具有高尚道德人格的名士先贤。这16字，犹如任公的辞世诗，也是他的墓志铭。

---

① 储皖峰：《〈跋稼轩集外词〉后记》，载夏晓红编《追忆梁启超》（增订本），第352页。
② 详细记述见梁启勋为《年谱》所作跋文。梁启超：《辛稼轩先生年谱》，载《饮冰室合集·专集》（第22册），第61页。

图书在版编目（CIP）数据

清华国学. 第一辑 / 陈来主编. -- 北京：社会科学文献出版社，2022.10
ISBN 978 - 7 - 5228 - 0409 - 5

Ⅰ.①清… Ⅱ.①陈… Ⅲ.①国学 - 文集 Ⅳ.①Z126.27 - 53

中国版本图书馆 CIP 数据核字（2022）第 120119 号

《清华国学》第一辑

主　　编 / 陈　来

出 版 人 / 王利民
责任编辑 / 卫　羚
责任印制 / 王京美

出　　版	/ 社会科学文献出版社·人文分社（010）59367215
	地址：北京市北三环中路甲29号院华龙大厦　邮编：100029
	网址：www.ssap.com.cn
发　　行	/ 社会科学文献出版社（010）59367028
印　　装	/ 三河市尚艺印装有限公司
规　　格	/ 开　本：787mm × 1092mm　1/16
	印　张：21.75　字　数：359 千字
版　　次	/ 2022 年 10 月第 1 版　2022 年 10 月第 1 次印刷
书　　号	/ ISBN 978 - 7 - 5228 - 0409 - 5
定　　价	/ 128.00 元

读者服务电话：4008918866

版权所有 翻印必究